Mijn rode schaduw

Xiao Rundcrantz

Mijn rode schaduw

Het leven van een jonge vrouw
in het Chinese rechtssysteem

KOSMOS

Kosmos Uitgevers, Utrecht/Antwerpen

KOSMOS

www.kosmosuitgevers.nl
www.boekenwereld.com

Oorspronkelijke titel: *Röd åklagare*
Oorspronkelijke uitgever: Bokförlaget DN, Zweden
© 2006 Xiao Rundcrantz
© 2007 Kosmos Uitgevers B.V., Utrecht/Antwerpen
Vertaling uit het Chinees in het Zweeds door Anna
Gustafsson-Chen
Vertaald uit het Zweeds door Michiel van Lint
Omslagontwerp: Studio Jan de Boer
Omslagillustraties: Imageselect/Alany en Corbis
Vormgeving: Julius de Goede
ISBN 978 90 215 1120 7
NUR 402

Deze uitgave is met de grootst mogelijke zorgvuldigheid
samengesteld. Noch de maker, noch de uitgever stelt
zich echter aansprakelijk voor eventuele schade als gevolg van eventuele onjuistheden en/of onvolledigheden
in deze uitgave.

Aan mijn vader. Ik hou van hem, ondanks alles.

Inhoud

Noot van de vertaler

Een aantal namen in dit boek is gefingeerd om de identiteit van de werkelijke personen te beschermen. De meeste Chinese namen van plaatsen en personen zijn getranscribeerd volgens het pinyinsysteem. Enkele namen zijn echter volgens andere systemen getranscribeerd om de duidelijkheid voor westerse lezers te vergroten overeenkomstig de wens van de schrijfster.

Omdat het Chinese Openbaar Ministerie meer niveaus kent dan het Nederlandse, is in de vertaling het gefingeerde begrip 'kantonparket' gebruikt.

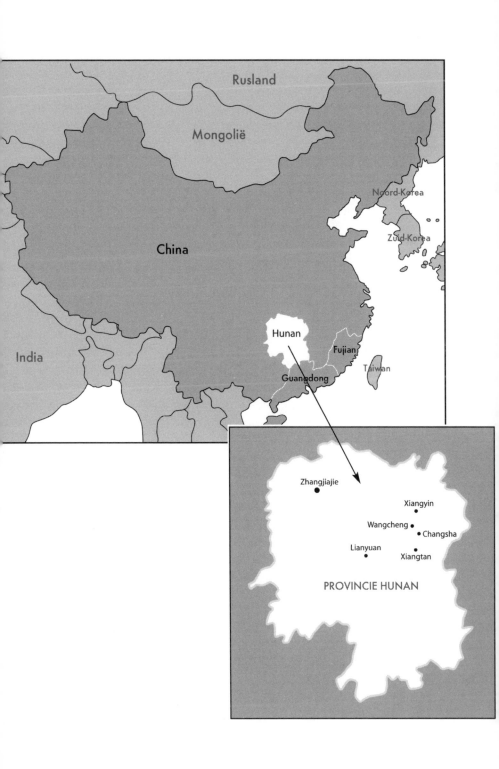

Proloog

Wij zouden zijn doodstraf voltrekken op oudejaarsavond 1988 – een ijskoude, grauwe dag.

De aankondiging van de terechtstelling had al lange tijd op openbare aanplakborden in de hele provincie gehangen. Er komen zeker veel toeschouwers, dacht ik, terwijl ik mijn officiersuniform aantrok. Ik bekeek mezelf in de spiegel, schoof mijn pet recht, rekte me uit en trok mijn uniform in de plooi. Op deze dag zou ik, eenentwintig jaar oud, voor de eerste keer toezicht houden op het voltrekken van een doodvonnis. Ik had zelf aanbevolen dat deze veroordeelde, Yan, zou worden aangeklaagd, maar vond niet dat hij terechtgesteld moest worden.

Ik stapte in de auto. Daar zaten officier van justitie Zhou en hoofdofficier van justitie Dan al. In nog andere auto's zaten twee adjunct-hoofdofficieren en de lokale partijvoorzitter Wu, en verder een groot aantal rechters en politiefunctionarissen. Allemaal waren ze gekleed in uniform en droegen ze hun pistool.

Motoren met zijspan en politieauto's met loeiende sirenes gingen voorop. Daarachter volgden de twee open vrachtwagens met op elk twee ter dood veroordeelden, staand op de laadvloer, voorzien van hand- en voetboeien. Hun hoofd was kaalgeschoren en op hun borst hing een wit houten bord met de tekst 'Moordenaar Yan', 'Verkrachter Dong Hua' enzovoort. Over ieders naam was een bloedrood kruis geschilderd. Naast iedere ter dood veroordeelde stonden twee soldaten van halverwege de twintig met een machinegeweer in de hand. Hun gezicht stond serieus en hun houding was kaarsrecht. Ze zagen eruit als robots.

Onze auto volgde na de vrachtwagens en door de voorruit zag ik hoe Yan met een uitdrukkingsloos gezicht en lege blik recht voor zich uit staarde.

Waar denkt hij aan? vroeg ik me af.

Tijdens het vooronderzoek had hij angst getoond, zijn misdaad erkend en gehoopt zijn leven te mogen behouden, wat ik hem had beloofd. Hij wilde niet dat hun twee kinderen, die hun moeder al verloren hadden, nu ook nog hun vader zouden verliezen. Maar op deze dag zou hij definitief teruggevoerd worden naar de aarde waar hij uit voortgekomen was, om zijn schuld in bloed te betalen.

De stoet auto's rolde langzaam schuddend en rammelend vooruit. Langs de weg stonden massa's nieuwsgierige mensen te kijken. Mannen en vrouwen, kinderen en ouderen wezen naar de veroordeelden en becommentarieerden levendig wat ze zagen. Na een halfuur stopte de vrachtwagen voor ons plotseling. Door de ruit zag ik hoe de ter dood veroordeelde man naast Yan ruziemaakte met de soldaten. Zijn handen waren geketend, maar hij zwaaide met zijn schouders alsof hij de soldaten wilde omgooien. Toen de twee soldaten zijn armen vastpakten, spuugde hij ineens een van hen in het gezicht. De jonge soldaat had nog nooit zo'n wanhopige persoon ontmoet. Hij werd uitzinnig, hief zijn geweer en richtte de loop tegen het voorhoofd van de man.

Ik kreeg de opdracht van Dan meteen uit te stappen om de situatie op te helderen. Ik rende naar de soldaat en zei met ernstige stem: 'Laat het geweer zakken!'

Maar hij hield zijn wapen toch gericht op het hoofd van de gevangene en snauwde: 'Dit hier is een domme idioot.'

Op autoritaire toon beval ik hem zijn geweer te laten zakken en ik vroeg de veroordeelde wat er aan de hand was.

'Ik klaagde erover dat als ik toch doodgeschoten word, jullie het dan net zo goed in de gevangenis hadden kunnen doen,' antwoordde hij. 'Wat heeft het voor zin om een eeuwigheid rond te rijden om de straf in een of ander gat te voltrekken?'

De doodsangst was zwaar voor de veroordeelde. Onder de toeschouwers van de terechtstelling waren zeker zijn klasgenoten, vrienden, gezin en familie. Ze zouden allemaal met eigen ogen zien hoe hij in elkaar zakte voor de loop van een geweer. Hij was woedend en voelde zich vernederd door de lokale autoriteiten, die zijn doodstraf gebruikten om anderen af te schrikken een misdaad te begaan. De angst en zenuwen die hij had gevoeld gedurende de maanden dat hij op zijn oordeel wachtte, explodeerden plotseling.

Toen ik zijn verklaring had gehoord, probeerde ik hem te kalmeren. 'Het is nu eenmaal zo en het is het beste dat jullie je allemaal rustig houden. Het heeft geen zin om ruzie te maken.'

Yan had de hele tijd stil toegekeken wat er gebeurde. Hij rilde van de kou. 'Waarom heb je niet meer kleren aan?' vroeg ik.

'Ik heb het niet koud,' antwoordde Yan met trillende lippen in de koude wind. 'Vanmorgen heb ik mijn trui en lange onderbroek aan de gevangenbewaarder gegeven, die heeft beloofd om ze naar mijn vader te sturen. Hij kan geen nieuwe kleren kopen. Het zou verkwisting zijn om die trui te verpesten met bloed en een kogelgat.'

Ik stond even stil en liep toen terneergeslagen terug naar de auto.

De stoet reed naar de gemeente Shutang, waar de executiearena al gevuld was met publiek, en het geroezemoes van de mensen weerklonk zelfs buiten de arena. Net toen we er binnen zouden rijden, hoorde ik geschreeuw en gehuil. Het waren Yans twee kinderen. Ze zagen hun vader geboeid op de laadvloer van de vrachtwagen en probeerden wanhopig om naar hem toe te rennen. Ma Pin, Yans schoonzus, hield aan elke hand een kind vast. De kinderen hadden hun vader heel lang niet gezien, ze sloegen, schopten en schreeuwden hysterisch: 'Papa, papa! We willen naar papa toe!' Ma Pin durfde niet naar Yan te kijken. Haar tranen stroomden.

Yans armen werden vastgehouden door de soldaten. Hij kon alleen maar zijn lichaam naar voren duwen, zijn nek uitstrekken en de namen van zijn kinderen roepen. De tranen gutsten langs zijn wangen. Toen de kinderen zagen dat hun vader huilde, raakten ze nog meer verhit en vochten ze nog harder om bij hem te komen.

Ik keek vragend naar Dan. Hij knikte naar mij. Ik rende naar de vrachtwagen en zei tegen de chauffeur dat hij moest stoppen. Daarna beval ik de twee soldaten die Yan vasthielden om hem van de vrachtwagen af te laten klimmen om wat laatste woorden tegen zijn kinderen te zeggen.

Eenmaal beneden op de grond kreeg hij het bevel te knielen. Ze maakten zijn handboeien los, maar lieten de voetboeien vastzitten. Ik liep vooruit naar de ingang van de executiearena en zei tegen Ma Pin dat ze de kinderen los kon laten.

De vierjarige zoon klemde zich stevig om zijn vaders nek en zei: 'Ik heb je zo erg gemist.' De zesjarige dochter droogde de tranen op haar vaders wang met haar vingers en bracht uit: 'We doen gehoorzaam alles wat tante zegt. Ze heeft gezegd dat jij snoep voor ons zou kopen. Heb je dat gedaan?'

Yan lag op zijn knieën met om ieder kind een arm. De woorden stokten in zijn keel en het duurde een tijdje voordat hij zichzelf bij elkaar had geraapt en ophield met snikken. De dochter zei: 'Tante heeft gezegd dat je aan een film meedoet vandaag. Ze zei dat het een tragische film is waarin je veel moet huilen. Je bent echt net een toneelspeler.'

Yan kuste het gezicht van zijn dochter eindeloos vaak en maande haar: 'Je moet precies doen wat tante zegt. Je moet voor je broertje zorgen en jullie moeten bij elkaar blijven, wat er ook gebeurt.'

'Ga je op reis?' vroeg de dochter.

'Papa gaat weg naar een plaats die heel ver weg is om jullie mama te ontmoeten.'

'Ik wil mee. Ik wil ook naar mama toe,' zei het meisje en ze glimlachte.

'Ik wil ook mee,' zei de zoon blij. 'Je komt vanavond toch weer thuis, papa? Ik wil niet bij tante wonen, ik wil bij jou wonen.'

Yans tranen stroomden zonder ophouden en hij kon geen woord uit-brengen. Hij drukte zich tegen zijn kinderen aan alsof hij de warmte van hun lichamen nog een laatste keer wilde voelen. Ik keerde hun de rug toe om het niet te hoeven zien. De tranen brandden achter mijn ogen, maar ik durfde ze niet toe te laten. Ik moest me beheersen. Mijn positie stond me niet toe om te huilen wanneer ik maar wilde. Men zou zeggen dat ik me niet gedroeg als een officier van justitie, dat ik laf en kinderachtig was. Ik zei te-gen Ma Pin: 'Je mag de kinderen zo mee naar huis nemen. Laat ze niet toe-kijken wanneer de doodstraf voltrokken wordt.'

Ze droogde haar betraande ogen en knikte.

Gemene commentaren klonken uit de rumoerige menigte: 'We hadden nooit kunnen denken dat die daar, die vaak dagenlang geen kik gaf, zijn ei-gen vrouw zou kunnen vermoorden. Zo zie je maar, het zijn de stilste hon-den die het hardst bijten.' 'Je leert de buitenkant van mensen kennen, maar niet wat er in hun hart zit. We moeten in het vervolg uitkijken met wie we het kussen delen,' antwoordde een ander.

Het was tijd om Yan naar de executieplaats te voeren. Hij weigerde los te laten. De twee soldaten rukten de kinderen bij hem vandaan en kregen hem de laadvloer weer op. Hij draaide zijn hoofd om en hield zijn kinderen vast met zijn blik. Ma Pin sleepte struikelend de beide schreeuwende en vechten-de kinderen weg en ze verdwenen langzaam uit zijn blikveld. Hij begon hartverscheurend te huilen.

De auto's reden naar het midden van de executiearena, een gewoon, sim-pel sportveld. Aan alle vier de kanten verdrong het publiek zich, dat soms honderden kilometers had gereisd om de voorstelling mee te maken. Op een podium zaten de hoge politieke afgevaardigden. De vier ter dood veroor-deelden werden van de vrachtwagens gevoerd en een paar meter van elkaar neergezet met gebogen hoofd. De massabijeenkomst, waarin het vonnis over de misdadigers werd uitgesproken, begon. De gouverneur verklaarde de noodzaak om misdaad met kracht te bestrijden teneinde de orde in de sa-menleving overeind te houden. Hij hield een toespraak van een halfuur. Daarna maakte de chef van het gerechtelijk gezag door de schetterende luid-spreker openbaar welke voor de samenleving zo gevaarlijke misdaden de verdoemden hadden begaan. Ten slotte declameerde hij met ernstige stem: 'De woede van het volk krijgt zijn uitlaatklep. We wijzen de massa terecht en schrikken misdadigers af. Door er één te doden waarschuwen we er honder-den. Daarom voltrekken wij deze doodstraffen.'

De soldaten bevalen de ter dood veroordeelden om te knielen. Hun han-den waren nog steeds geketend op hun rug en ook hun voeten waren geboeid. Achter ieder van hen stond een soldaat. Ze hielden hun geweer met bajonet gericht op de ruggen van de veroordeelden, ter hoogte van het hart. De veroordeelden mochten niet voorover leunen, maar werden gedwongen rechtop te zitten zodat het makkelijker zou zijn op hun hart te richten. Ik stond achter de soldaat die verantwoordelijk was voor Yan. Naast mij stonden officier van justitie Zhou en de gerechtsarts vrolijk met elkaar te kletsen.

'Het moment is aangebroken!' riepen de luidsprekers.

Er klonk slechts een gedempte knal toen de kogel Yans rug binnendrong. Zijn lichaam viel voorover alsof hij getroffen was door de bliksem en stortte op de grond.

Ik was voorbereid op wat er zou gebeuren, maar schrok toch enorm van het gedempte schot. Mijn hart sloeg heftig. Ik stond, net als Zhou, een soldaat en de gerechtsarts, slechts een paar meter van Yan af en ik zag zijn lichaam stuiptrekken. We stonden te wachten tot hij zou sterven. De ene kant van zijn gezicht lag op de grond, de andere was naar boven gedraaid. Zijn ogen waren gesloten en zijn gezicht zag asgrauw. Na een minuut begon er bloed uit zijn borst en rug te sijpelen, waardoor zijn grove, verschoten jasje rood kleurde. Zijn voeten schopten en zijn hele lichaam schokte spastisch. Na een moment van stilte bewoog hij zijn voeten nog een beetje en schoof hij zijn lichaam op die manier een stukje vooruit. Ik was gedwongen zijn doodsstrijd met open ogen te volgen. Het was mijn plicht.

Ik dacht eraan hoe mijn vader 's zomers altijd een haan slachtte. Hij greep dan de hanenkam met zijn ene hand en draaide de kop naar achteren. Met de andere hand trok hij een paar veren los uit de nek. Daarna sneed hij twee keer snel en precies met zijn keukenmes in de hals van de haan, zodat het bloed eruit spoot. Hij hield de kop en de poten vast terwijl het lijf leegstroomde. Daarna draaide hij de kop onder de ene vleugel. Hij liet de haan op de grond vallen en wachtte tot hij de geest zou geven. Hoewel de haan geen bloed meer overhad, was hij nog niet dood. De haan spartelde af en toe vooruit met zijn poten, precies zoals Yan.

Ten slotte lag Yan helemaal stil.

'Nu is het wel voorbij,' zei de gerechtsarts. 'Ik geloof dat hij de geest heeft gegeven.' Hij liep naar Yans lichaam en draaide het om. Aarde en grind waren aan zijn lippen vastgeplakt. De gerechtsarts voelde met zijn hand voor Yans neus en bracht zijn vingers daarna vluchtig naar Yans pols en hals. Hij richtte zich op en zei: 'Hij is dood.'

'Jij moet naar hem toe gaan, Xiao,' zei Zhou beslist. 'Voel aan zijn hals of er een hartslag is. Daarna til je de oogleden op om te zien of de pupillen verwijd zijn. In dat geval is hij dood. Anders heeft de soldaat niet goed gericht en zijn hart gemist. Dan moet hij nog een keer schieten en daarna moeten we het weer controleren.'

Ik voelde hoe het bloed in mijn lichaam omhoog welde en mijn gezicht begon te koken van de warmte. Ik kon mijn voeten nauwelijks bewegen, maar ik haalde diep adem en deed mijn best mezelf te kalmeren. Ik zei tegen Zhou: 'Je kunt me deze keer toch wel helpen om het lichaam te onderzoeken? Ik kijk toe om te leren hoe het moet, zodat ik de volgende keer weet wat ik moet doen.'

Hij liep voorop en ik volgde. We hurkten voor het lichaam. Yans bloed was donderrood en gestold, dikker dan dat van een dier. De geur van het bloed was anders, misselijkmakender dan kippen- of varkensbloed, dat je kon ruiken als ze dieren slachtten op de markt. Zhou voelde eerst aan de halsslagader en mompelde: 'Zijn lichaam is nog warm, het is nog niet koud geworden.' Daarna gebruikte hij zijn duim en middelvinger om Yans ooglid op te lichten, zodat het wit zichtbaar werd.

Plotseling hoorden we Yans rochelende stem: 'Ik ben nog niet dood, het doet pijn alsof mijn hele lichaam verwoest is. Geef me nog een kogel zodat ik snel mag doodgaan.'

'Het lijk' praatte! Zijn kreunende woorden joegen mij de stuipen op het lijf. Ik moest mijn mond stijf dichtknijpen om niet heel hard te gaan schreeuwen. Mijn hart bonsde in mijn keel. Zijn ogen waren ineens half-open, maar slechts het oogwit was zichtbaar. Ik kneep mijn ogen dicht om Yans verwrongen gezicht niet te hoeven zien. Zijn geest wilde niet loslaten. Hij zou me wel vervloeken omdat ik me niet aan mijn belofte had gehouden. Hij zal me altijd blijven kwellen. Het koude zweet brak me uit. Ik was verlamd van schrik.

Zhou vermaande me met strenge stem: 'Ga achter de soldaten staan, Xiao!'

Ik schrok op, ging haastig staan en liep wankelend weg.

Zhou kwam met grote stappen achter me aan gelopen en beval een van de soldaten die een stukje verderop opgesteld stond: 'Hij is nog niet dood. Vuur onmiddellijk nog een schot af.'

De soldaat liep naar Yan toe en schoot hem in de hals. We wachtten een paar minuten, toen zei Zhou dat ik erheen moest gaan om weer te controleren. Mijn hart kromp ineen. Mijn knieën knikten. Het voelde of de hemel over me heen was gevallen, mijn adem stokte in mijn keel. Ik schudde instinctief mijn hoofd en zei: 'Ik doe het niet. Ik kan het niet. Ik wil naar huis.'

Zhou schudde zijn hoofd, glimlachte begripvol en ging naar Yan toe om te controleren of hij dood was.

Daarna zei hij tegen de familieleden dat ze naar de plaats van executie moesten komen om voor het lijk te zorgen. Ze kregen ook te horen dat ze geen herdenkingsdienst of begrafenis mochten regelen. Iedereen die wordt geëxecuteerd, moet in de aarde gestopt worden zonder ceremonie.

Ik weet niet meer precies hoe die dag eindigde of hoe ik terugkwam bij het bureau van het Openbaar Ministerie. Mijn hersens waren leeg en alles was als een verwarde droom. Op de terugweg zaten mijn collega's in de auto grapjes te maken over Yan: 'Hij was echt een taaie rakker. Eén kogel was voor hem niet genoeg, hij vroeg zelf om nog ééntje.' Ze lachten om mijn lafheid: 'Vandaag heeft ons kleine meisje kunnen zien hoe het in de werkelijkheid gaat. Jij zult wel lekker slapen, hè? Ha, ha, ha...'

Dan leerde me hoe ik de problemen moest hanteren die ik in mijn verdere carrière zou tegenkomen: 'Je moet meer trainen om een sterke geest te krijgen. Later zul je meer en zwaardere taken krijgen. Daar moet je op voorbereid zijn.'

Het vlees dat we 's avonds in de kantine kregen, deed me denken aan Yans bloed en ik kon de misselijkheid niet tegenhouden. Ik tilde mijn eetstokjes op, maar kon me er niet toe zetten om iets te eten. Ik ging naar een winkel, kocht een flesje brandewijn en goot de drank naar binnen om moed te verzamelen. Maar tegen de avond zag ik de uitdrukking op Yans stervende gezicht steeds duidelijker voor me.

Onze kamer lag achter in de gang, zo'n twintig meter van de gezamenlijke toiletten. Zoals altijd wilde ik naar de wc voordat ik in slaap viel. De lange gang was pikzwart. Ik deed de enige zwakke lamp aan die er was en zette een paar stappen, maar durfde toch niet verder te lopen. Ik ging terug naar de slaapkamer en vroeg aan mijn kamergenoten Lee en Bo: 'Kunnen jullie niet meelopen?'

Ze kwamen uit hun bed en liepen allebei aan een kant van mij naar het toilet. Toen we daar waren, vroeg ik of ze mee naar binnen konden gaan. 'Vooruit,' antwoordde Bo. Aan het plafond van het toilet hing een lampje van 15 watt heen en weer te slingeren door de tocht van het kapotte raam, zodat het licht flakkerde. 'Schiet je op, het is koud,' zei Lee ongeduldig.

's Nachts droomde ik dat Yans vrouw naast me liep. Ze had geen gezicht, haar haar was lang en in de war en ze liet rare geluiden horen. Yan lag op zijn knieën voor mijn voeten. Zijn armen waren abnormaal lang en hij strekte ze uit naar mijn gezicht. Zijn tien nagels waren ontzettend scherp en het leek alsof hij ze in mijn ogen wilde steken. Ik week achteruit maar ontkwam niet aan hem. Met elke stap die ik achteruit probeerde te doen, deed hij er één vooruit. Uit zijn keel kwamen heel krachtig doffe, hese geluiden. 'Geef ze terug! Geef mijn kinderen aan me terug, jij beul!' Ik was lamgeslagen van schrik en wilde hard gillen, maar iets drukte op mijn borst waardoor ik dat niet kon. Ik vocht om te kunnen schreeuwen en plotseling werd ik wakker uit de droom, nat van het zweet.

Ik trok aan het snoer van de lamp die naast mijn bed hing, Bo en Lee werden wakker van het licht en vroegen slaperig hoe laat het was. 'Ik had een nachtmerrie en werd bang voor het donker, daarom deed ik de lamp aan,' antwoordde ik moe.

Ze draaiden zich om in hun bed, kreunden wat, maar sliepen al snel verder. Ik lag maar te draaien en kon niet meer in slaap vallen. Het donker achter het raam leek nooit meer te willen verdwijnen. Ik wachtte onrustig op het ochtendgloren. In mijn slapeloosheid speelde zich voor mijn ogen steeds de scène af waarin ik me aanmeldde voor het toelatingsexamen voor het Openbaar Ministerie.

Deel een
1966 – 1989

De eerste fout die mijn ouders maakten, was om mij naar mijn oom op het platteland te sturen toen ik drie was.

Op een dag was mijn moeder langs het dagverblijf gekomen en had gezien hoe ik met een apathische blik op een plastic speelgoedje kauwde dat met een touwtje aan het spijlenbed was vastgebonden, zonder dat iemand zich om mij bekommerde. Een paar andere kinderen zaten in hun spijlenbedjes te huilen, misschien omdat ze honger hadden of in hun broek hadden geplast. De twee kinderverzorgsters hielden zich Oost-Indisch doof, kletsten en aten van het eten van de kinderen. Mijn ouders vonden dat het personeel op het dagverblijf nonchalant was en niet op een bevredigende manier voor kinderen kon zorgen en daarom brachten ze mij bij een gastmoeder.

Voordat ik drie werd, had ik al vier gastmoeders gehad, maar elke nieuwe poging eindigde ermee dat ik ziek werd en dat mijn vader me naar het ziekenhuis moest brengen. Mijn moeder weet alles aan tekortschietende zorg, schold de gastmoeders uit en ontsloeg hen. De laatste keer kreeg ik een acute nierinfectie bij de gastmoeder thuis en ik huilde zonder ophouden. Mijn moeder zag zich gedwongen mij naar het medisch centrum vijf kilometer verderop te dragen, omdat er geen bussen reden na acht uur 's avonds. Mijn grote broer was toen al vijfenhalf en zat bij een andere gastmoeder. Door de problemen met mij raakten mijn ouders nagenoeg door hun spaargeld heen en bovendien waren ze totaal uitgeteld. Daarom belandde ik bij mijn oom.

Ooit was hij een rijke playboy geweest, maar tijdens een nacht spelen en dobbelen verloor hij de drie familiewinkels en honderd *mu* (ongeveer zes hectaren) akkerland en veranderde hij in een echte proletariër, wat er gelukkig voor zorgde dat hij de revolutie overleefde. De man die zijn vermogen had gewonnen en eigenaar was geworden van de landgoederen, werd namelijk het hoofd afgehakt toen de communisten een paar maanden later aan de macht kwamen. Toen mijn oom het hoofd bekeek dat daar op de grond lag, zag hij in dat leven en dood, geluk en ongeluk dingen zijn die je niet zelf in de hand hebt en dat je maar het beste alles kunt laten gebeuren zoals het gebeurt. Het feit dat hij al zijn geld had verloren, betekende ook dat mijn moeders leven als deftige juffrouw plotseling stopte. Het gezin had geen geld meer om haar naar school te laten gaan, maar wat mijn oom háár had aangedaan, compenseerde hij door mij te verwennen. Hij hield zich niet bezig met mijn toekomst en stelde geen grenzen, hij liet me spelen en plezier hebben zoals ik wilde en gaf me zo een kindertijd die gelukkiger en vrijer was dan die van de meeste kinderen. Maar tegelijkertijd werd ik een wild en ongehoorzaam kind.

Vier jaar later keerde ik terug naar mijn strenge ouders om naar school te gaan. Het duurde niet lang voordat ik mijn eerste pak slaag kreeg. Ons huis lag vlak bij de rivier. De meesten van mijn vriendinnen moesten zich overdag zelf redden terwijl hun ouders werkten en ik kreeg vaak te horen hoe een van de buurkinderen naar de rivier was gelopen, erin was gevallen en was verdronken. Bij mijn oom had ik zo ongeveer mogen doen wat ik wilde, dus trok ik me niet zo veel aan van het strenge verbod van mijn ouders om op de oever te spelen. Op een dag besloot ik daarheen te gaan. Ik was ijverig bezig een zandkasteel te bouwen toen mijn vader zich vertoonde, kokend van woede, me bij de hand nam en mee naar huis trok. Eenmaal thuis haalde hij de bamboebezem tevoorschijn en hij beval me om me uit te kleden, op mijn onderbroek na. Met zijn ogen wijd open van razernij vertelde hij dat hij van plan was mij een flinke les te leren. Daarna moest mijn grote broer zout halen uit de keuken.

'Wat ga je daarmee doen?' vroeg mijn broer niet-begrijpend en hij staarde hem aan.

'Ik ga haar slaan tot haar vel barst en daarna ga ik er zout op strooien,' antwoordde hij.

Mijn broer werd zo bang dat hij begon te beven. 'Laat mijn zusje met rust,' smeekte hij en hij trok aan mijn vaders arm. 'Ik beloof voortaan op haar te passen. Ik zal ervoor zorgen dat ze nooit meer naar de oever gaat.'

'Ga het zout halen!' brulde mijn vader. 'Als ik haar geen lesje leer, zal ze een keer verdrinken en dan zullen we het lijk niet eens vinden.'

Mijn broer haalde het zout en ik trok trillend mijn broek uit terwijl ik mijn vader smeekte: 'Sla me niet, alsjeblieft. Ik zal doen wat je zegt, ik beloof het.'

Mijn vader besteedde geen aandacht aan mijn geroep maar hij greep me bij mijn arm en liet de slagen op mijn lichaam kletteren. Hij pakte het serieus aan en ik hoorde het suizen als hij de bezem ophief voordat die op mijn rug neerdaalde. Mijn broer durfde niet toe te kijken, maar rende weg en ik riep hem achterna: 'Ren naar de buren! Zeg dat ik slaag krijg en dat papa van plan is zout in de wonden te strooien!'

Mijn vader hield op, liep naar de deur en deed die op slot voordat hij onbarmhartig doorging met slaan. Ik schreeuwde van de pijn en kronkelde heftig, maar zonder resultaat. 'Je kunt het zout er nu op strooien,' verzocht ik ten slotte. Ik dacht dat als mijn vader zout in de wond ging smeren, hij in elk geval moest ophouden met slaan.

'Het is te vroeg. Je vel is nog niet gebarsten. Het zout zal nog niet genoeg pijn doen,' antwoordde hij en hij ging door met slaan.

'Het zal wel pijn doen!' riep ik terwijl ik terugvocht. 'Het zal wel pijn doen!'

Hij negeerde me en ging door. Het voelde als een eeuwigheid. De buren bonkten op de deur en ik huilde en riep om hulp. Het gebonk werd steeds harder. 'Als je niet ophoudt, sla je haar nog dood!' riepen ze.

'Dat is beter dan dat ze verdrinkt!' luidde mijn vaders antwoord.

Tegen die tijd was de huid op mijn armen en rug gebarsten en ik zag rode striemen vlees zichtbaar worden. Mijn vader hield op, nam een handvol zout en streek dat uit over de gebarsten huid op mijn arm alsof het huidcrème was. De pijn stak, zodat ik bijna geen adem kon halen. Ik had me al helemaal hees gehuild. Pas toen hij ook mijn rug nauwgezet met zout had ingesmeerd, liep hij langzaam achteruit en opende de deur. De buurvrouw snelde onmiddellijk naar binnen en toen ze al het bloed, het vlees en het witte zout op mijn lichaam zag, sloeg ze haar armen om me heen en droeg me naar de gang terwijl ze haar zoon beval een emmer water te halen. Het duurde niet lang voordat hij daarmee aan kwam rennen en toen depte ze mijn lichaam voorzichtig af met een washand, terwijl ze met tranen in haar ogen voor zich uit mompelde: 'Arme stakker. Zo klein en dan zo veel slaag krijgen.'

Toen mijn moeder thuiskwam, brak een heftige ruzie los. Mijn vader gaf haar als verklaring: 'Je hebt zelf gezegd: als je met de bezem slaat, schaad je alleen het vlees, niet het skelet. Over een paar dagen is ze weer helemaal in orde, er is niks aan de hand.'

Ook mijn moeder had een traditionele opvoeding gehad en geloofde er heilig in dat kinderen lief worden met behulp van de stok, maar ze was bang dat een stok het beendergestel kon beschadigen en slecht voor de gezondheid zou zijn. Daarom had ze bedacht dat je de bamboebezem kon gebruiken als gereedschap voor tuchtiging. Die leverde alleen vleeswonden op, maar liet een enorme pijn achter en leerde je een les die je nooit zou vergeten.

Ondanks het feit dat ik vaker slaag kreeg, was ik nog steeds even halsstarrig. Op school was ik een luidruchtige leerling en de leraren zuchtten en zeiden tegen mijn ouders dat er nauwelijks iets van mij terecht zou komen als ik groot werd.

De tweede fout die mijn ouders maakten, was dat ze te veel naar mijn leraren luisterden en zich zo veel zorgen maakten over mijn toekomst, dat ze mij aanmeldden voor de vechtsportploeg, in de hoop dat ik een professionele sportvrouw zou worden en op die manier in mijn levensonderhoud zou kunnen voorzien. Elke ochtend om vijf uur werd ik gewekt om mee te doen aan de training. Slecht weer was geen belemmering en soms was ik zo moe dat ik in slaap viel tijdens de warming-up.

Mijn ouders hadden een kip. Die huisde in de keuken, die we deelden met drie andere gezinnen. 's Middags haalde ik meestal de eieren uit het nest van gras. Op een ijzig koude winterdag kwam ik de keuken in, waar de cementvloer bedekt was met een laagje rijp, en ik vond er die zielige kip rillend van de kou. Ik wilde haar verwarmen, dus legde ik een paar houtblokken midden in de keuken, deed de deur dicht en stak ze aan. Daarna probeerde ik de kip naar me toe te lokken. Maar toen ze de vlammen zag, weigerde ze van haar plaats te komen. Dus tilde ik haar op en droeg haar naar het vuur en liet dat haar verwarmen terwijl ik haar zachte vederdracht aaide.

Op hetzelfde moment werd de deur opengegooid en een vrouw rende naar binnen, stampte het vuur uit en schreeuwde naar mij: 'Waar ben je mee bezig? Speel je met vuur? Als er brand ontstaat, is het niet alleen maar jouw huis dat afbrandt, kleine lummel!'

De vrouw schudde haar halfgeschoren hoofd en zwaaide met haar handen. Het duurde niet lang voordat het vuur gedoofd was. Ik vermoedde dat de vrouw onlangs een officiële vermaning had gekregen en dat ze daarom zo heftig reageerde. Ze was een van onze buren en omdat ze buitenlandse contacten had – familieleden in Hongkong – moest ze elke week deelnemen aan een massabijeenkomst waar ze met gebogen rug en hoofd en met een houten bord hangend om haar nek de kritiek van het volk in ontvangst moest nemen.

Toen mijn vader thuiskwam van zijn werk, vertelde ze hem van het vuur. 'Als de kritiekbijeenkomst niet eerder afgelopen was dan gewoonlijk, zodat ik het op tijd ontdekte, waren we allemaal ons huis kwijt.'

Mijn vader schrok enorm en siste tegen me: 'Dit is te veel! Ik ga jou levend villen!' Hij rukte de bezem naar zich toe en vloog op me af zonder me de gelegenheid te geven het uit te leggen. Ik rende van de ene naar de andere kant om te ontkomen en om een klap met die bamboesteel te ontlopen. Mijn vader rende achter me aan en sloeg wild. Ik kroop onder mijn bed. Mijn vader was een grote man en kon er niet onder kruipen en hij kon me met de bezemsteel ook niet bereiken. Hij viel op zijn knieën naast het bed, legde zijn gezicht op de grond, wees naar mij en bulderde woedend: 'Kom tevoorschijn!'

Ik verroerde me niet, maar staarde verlamd van schrik naar hem. Toen hij merkte dat ik niet van plan was te gehoorzamen, ging hij op zoek naar een lange stok waarmee hij onder het bed zwaaide. Ik pakte het ene eind vast maar weigerde nog steeds om onder het bed vandaan te komen.

'Als je nu niet tevoorschijn komt, sla ik je verrot!' brulde hij. 'Probeer je de stok af te pakken, rotkind? Je oom heeft je zo verwend dat je helemaal verpest bent, maar ik zal je wel weer op het rechte pad brengen!' Zijn gezicht was grijsgroen en zijn ogen vonkten als vuur terwijl hij de stok heftig heen en weer bewoog onder het bed. Uiteindelijk was ik gedwongen om er onderuit te komen.

Ik dook meteen ineen en rende de trap af. Mijn vader volgde. De slagen van de bamboebezem kletterden op mijn hoofd en rug.

'Mama zegt dat je mij niet op mijn hoofd mag slaan!' riep ik terwijl ik rende. 'Anders kan ik idioot worden en hoe moet het dan met mij in de toekomst?'

'Wat denk jij dat je voor toekomst hebt, rotkind!' tierde hij. 'Het enige wat jij doet, is zorgen voor een hoop ellende en het lukt niet om jou manieren bij te brengen, hoeveel je ook geslagen wordt.'

Ik rende over de binnenplaats, sprong over de drempel en holde door het hek de weg op. Op het moment dat ik de weg op stormde, kwam er een met de hand getrokken vierwielige houten wagen van de heuvel af. De bestuurder zag een kind opduiken uit het niets, maar kon niet meer remmen. Ik werd door de wagen geraakt en vloog meters door de lucht voordat ik op de grond viel. Toen mijn vader, die achter mij aangesneld kwam, dat zag, werd hij helemaal wit in zijn gezicht, rende naar me toe en sloeg zijn armen om me heen.

'Hoe gaat het?' vroeg hij. 'Heb je je pijn gedaan?'

Ik was zo bang dat hij door zou gaan met slaan, dat ik in elkaar dook en haastig antwoordde: 'Het is niet zo erg, ik heb geen pijn. Maar sla me niet.'

'Nee, nee, ik ga je niet slaan,' zei hij meteen en toen hielp hij me op de been.

Ik had schrammen op mijn handpalmen en geschaafde knieën en ik bloedde behoorlijk. Mijn vader droeg me naar het ziekenhuis.

Afgezien van schaafwonden was ik ongedeerd, dus hij kon opgelucht ademhalen. Toen we uitgerust waren en ik allerlei pleisters en desinfecterende zalf op handen en knieën had, liepen we langzaam weer naar huis.

'Vertel niet tegen mama dat je gewond bent omdat ik je achterna zat,' zei hij. 'Zeg maar dat je onvoorzichtig was en per ongeluk viel. Je krijgt twee jiao van mij.'

Twee jiao (twee eurocent) was een tamelijk aanlokkelijk bedrag! Het was genoeg voor twee pindasnoepjes en een koek. Alleen al bij de gedachte liep het water me in de mond. Toch zei ik: 'Ik wil je geld niet.'

Mijn vader bleef staan en begon serieus te onderhandelen. 'Dan beloof ik je om je morgen mee te nemen naar de melkbar en daarna gaan we naar de bioscoop.'

'Dat ook niet,' antwoordde ik. Eigenlijk wilde ik het allemaal. Het zou geweldig zijn.

'Wat wil je dan hebben?' vroeg hij geduldig. 'Ik stem in met wat dan ook.'

'Ik wil dat je zorgt dat ik morgen niet om vijf uur hoef op te staan om naar de training te gaan. Ik wil een uitslaapochtend hebben. Ik word er zo moe van elke dag te moeten trainen.'

Mijn vader lachte. 'Goed, morgen hoef je niet te trainen. Ik zal tegen de trainer zeggen dat je je bezeerd hebt en niet mee kunt doen.'

Ik kreeg toch een jiao en toen ik de munt had aangepakt, huppelde ik weg naar de snoepwinkel, zo blij dat ik de pijn in mijn handen en benen helemaal vergat.

'Ren niet zo hard!' riep mijn vader me na. 'Pas op dat je niet valt!'

Toen ik snoep had gekocht, ging ik naar huis en pronkte ermee tegenover mijn grote broer. Hij was jaloers en smeekte om te mogen proeven. Ik onthulde het geheim achter mijn succes.

'Als jij valt en je pijn doet, krijg je ook snoep.'

Blij leende hij een snoepje van mij. 'De volgende keer dat het mijn beurt is om slaag te krijgen, ga ik ook vallen en snoepgeld van papa vragen. Dan mag jij van mij proeven.'

Maar dat is nooit gebeurd en hij is me nog steeds een snoepje schuldig.

Het kungfu dat ik geleerd had, gebruikte ik vaak om de sterke jongens in de klas bont en blauw te slaan. In het jaar dat ik tien werd, organiseerde de school een herinneringsceremonie voor voorzitter Mao, die net was overleden. Alle leerlingen legden witte bloemen voor zijn portret en huilden openlijk. Ik deed erg mijn best, maar ik kon geen enkele traan tevoorschijn toveren. De leerling die naast mij liep, vertelde dat aan de meester en hij bekritiseerde mij voor de hele klas door te zeggen dat ik niet het juiste klassenbewustzijn had waar het de voorzitter betrof. Na de les gaf ik de klasgenoot twee oorvijgen. Als straf kreeg ik de opdracht van de meester om zelfkritiek te schrijven, in de hoek te staan en de klas schoon te maken. Mijn vader dwong me op handen en voeten op een houten bank boete te doen – een heel uur moest ik zo blijven staan.

Maar het hielp niet, ik bleef even gewelddadig.

Het jaar erop nodigde de school zoals gewoonlijk soldaten uit om ons een week lang militaire exercitie te geven. We moesten allemaal een stok in de hand houden en net doen of het een bajonet was en dan naar de vijand rennen met de bajonet omhoog en roepen: 'Doden! Doden! Doden!' Mijn familie was zo arm dat we niet eens het soort stok hadden dat je nodig had en daarom bleef ik thuis. De meester vroeg zich af wat er aan de hand was. Een van mijn klasgenoten kwam bij me thuis en deed of ze met mij wilde spelen, maar ze kwam alleen om te controleren. Ik zei tegen haar dat mijn vader vond dat het genoeg was dat ik mijn schoolwerk niet verwaarloosde – aan dit soort onnodige oefeningen hoefde ik niet mee te doen. Zij bracht rapport uit, de meester was natuurlijk boos en vervloekte mijn domheid. Hij stuurde me de klas uit met de opdracht naar huis te gaan en mijn vader te gaan halen. Ik gaf mijn klasgenote een aframmeling en haar ouders gingen naar school om daar aangifte van te doen. De meester schudde zijn hoofd en zei dat er voor mij geen redding meer was. Hij raadde mijn ouders af om me te laten doorgaan met het trainen van vechtsporten en zei dat hij anders gedwongen was om mij van school te sturen. Toen mijn vader had gezien hoe teleurgesteld de meester was, dwong hij mij te knielen op de hobbelige kant van het wasbord terwijl hij zuchtte en tobde over een manier om ervoor te zorgen dat ik een lief en gehoorzaam kind werd. Na een uur sliepen mijn knieën vanwege de pijn in mijn benen en ik boog mijn bovenlichaam naar voren en liet mijn billen op mijn kuiten rusten. Zo gauw mijn vader dat zag, gaf hij me een klap en zei: 'Ga recht zitten! Je mag blij zijn dat je vandaag geen slaag hebt gekregen.'

Vanaf die dag had ik geen enkele vrijheid meer, behalve op school. Zelfs op feestdagen en in vakanties sloten ze me thuis op. Ik mocht van huis naar school lopen en weer terug, maar nergens anders heen. Ik mocht niet meedoen aan welke activiteit dan ook of bij mijn vriendinnen zijn. Als ik een lager cijfer had dan 95 voor een proefwerk (100 was het hoogste), gaven ze me slaag en dat gold ook als ik niet de beste van de klas was. Weliswaar leefde ik constant met de angst geslagen te worden, maar tijdens de hele middelbare school was mijn gemiddelde cijfer altijd het hoogste van de klas. Ik mocht geen plezier maken, had geen vriendinnen en geen ander gezelschap dan boeken. Als ik op mijn eenzaamst was en niets anders te doen had, las ik romans. In die tijd werden er in China niet zoveel boeken gepubliceerd, dus wat ik las was vooral vertaald werk uit de negentiende eeuw van schrijvers als Flaubert, Dostojevski, Tolstoj en Dickens. Van een deel daarvan begreep ik geen snars, maar ik ontdekte dat de opvoedingsmethoden van mijn oom leken op wat Rousseau beschreef in zijn *Emile*. Na vier jaar in afzondering was ik alleen nog maar lastiger geworden, want nu was ik beïnvloed door de westerse kapitalistische manier van denken in de boeken en verlangde ik naar vrijheid en gelijkheid. Ik wilde anderen niet langer blind volgen en mijn onvermogen om in een groep op te gaan, bezorgde mijn leraren en mijn ouders hoofdbrekens. Toen ik zeventien was, zagen mijn ouders in dat ik veel te eenzaam en eigenaardig was geworden en ze begonnen me aan te moedigen om met klasgenoten om te gaan. Maar toen was het al te laat, ik was verliefd geworden op de afzondering en leefde in de wereld van de romans.

De derde fout die mijn ouders maakten, was dat ze besloten dat ik wiskunde, natuurkunde en scheikunde zou gaan studeren, terwijl ik de hoogste cijfers had voor Chinees en Engels. Ze hoopten dat ik een technisch beroep zou kiezen, zodat ik niet bang zou hoeven zijn om werkloos te worden. In de zomer van 1984, toen ik achttien was, werd ik daarom gedwongen mee te doen aan een toelatingsexamen voor de universiteit. Natuurlijk zakte ik. Het streven van mijn ouders om me van een veilige toekomst te verzekeren, had me een bittere en donkere jeugd bezorgd en uiteindelijk had het geen resultaat.

Toen mijn vader de brief kreeg met het examenresultaat, werd hij meteen waanzinnig kwaad en gaf me een flinke klap. 'Nu heb je me helemaal te schande gemaakt,' zei hij en hij begon erover te klagen dat ik nog een jaar langer op de etensvoorraad zou teren terwijl ik verder moest leren in afwachting van de volgende gelegenheid om toelatingsexamen te doen. Ik schaamde me ook en voelde me een last voor mijn ouders. Ik knipte op goed geluk mijn haar af tot het maar een paar centimeter lang was en ik eruitzag als een jongen.

Mijn klasgenote Lin kwam op bezoek. Ze was zowel ongerust als verdrietig. 'Mijn vader is van plan me naar het platteland te sturen om verder te leren voor het toelatingsexamen van volgend jaar,' vertelde ze. 'Ik heb echt geen zin om naar een of andere saaie, armoedige plaats te gaan waar ik geen vrienden of familie heb.'

'Maar waarom dwingt hij je naar het platteland te gaan?'

'Hij zegt dat de omstandigheden daar slechter zijn, dat het leven hard is en dat ik in alle rust kan studeren als er niets is wat me kan afleiden. In de stad gebeurt er altijd zo veel en dan word je makkelijk afgeleid.' Ze had rode ogen van het huilen.

Ik had geen zin om haar te troosten, want ik vond mijn eigen situatie niet veel beter.

'Dat korte kapsel is echt vreselijk,' zei ze plotseling. 'Is het een straf van je moeder?' Ze wist dat mijn ouders heel streng waren.

'Nee, ik heb het zelf afgeknipt. Ik was boos, maar ik had niks anders om me op af te reageren dan mijn haar.' Terwijl ik dat zei, maakte ik een fles alcohol open die ik had gekocht van geld dat ik had geleend van mijn broer. 'Vandaag gaan we ons helemaal bezatten en alles vergeten. Dat wordt mijn afscheidsfeest voor jou.'

'Dronkenschap lost alle problemen op.' Nu huilde ze weer. We dronken stil.

'Ik zal je schrijven,' zei ik.

In 1983 was er de eerste landelijke 'Sla hard toe'-campagne. Heel veel criminelen werden gegrepen en velen werden terechtgesteld, maar toch lukte het niet de toenemende criminaliteit de baas te worden. Politiebureaus, Openbaar Ministeries en rechtbanken schreeuwden op alle niveaus om versterking. In september 1984 kondigde de centrale regering aan dat ze van plan was om toelatingsexamens voor het Openbaar Ministerie en rechtbanken te organiseren die openstonden voor alle leerlingen die eindexamen hadden gedaan aan de middelbare school. Dat was als een geschenk van boven. Het nieuws over het toelatingsexamen redde me. Eerder was dat soort werk alleen maar voorbehouden aan kinderen van hoge partijfunctionarissen of militairen.

Op het kantoor waar je je moest aanmelden, zaten twee vrouwen van middelbare leeftijd achter een lange tafel. De een was gekleed in een geelbruin uniform, de ander in donkerblauw. Ze hadden allebei bijpassende petten. Het donkerblauwe uniform met de rode epauletten en het merkje op de pet was heel opvallend en imponerend. Het deed me denken aan de helden die ik als kind had gezien in de revolutionaire modelopera's. Ik zuchtte als ik bedacht hoe heldhaftig en mooi ik in die uitrusting zou zijn. De ruimte zat vol met andere kandidaten die eerder waren binnengekomen dan ik en ik vroeg een van hen: 'Bij welke instantie hoort zij in het blauwe uniform?'

'Het Openbaar Ministerie,' antwoordde hij.

Zonder me verder te bedenken meldde ik me aan voor het toelatingsexamen voor het Openbaar Ministerie. Toen het tijd was voor het lichamelijk onderzoek, ontdekte ik dat het een vergissing was – het waren de officieren van justitie die het geelbruine uniform droegen en de ambtenaren van de rechtbank hadden het donkerblauwe. Ik had enorme spijt.

In Changsha, een regio met zes miljoen inwoners in de provincie Hunan in het zuiden van China, hadden 6500 middelbare scholieren zich aangemeld voor het toelatingsexamen voor het Openbaar Ministerie. Slechts 64 werden aangenomen. Nog een paar duizend meer hadden zich aangemeld voor het toelatingsexamen voor de rechtbank en van hen werden er 96 aangenomen. Degenen die waren toegelaten, werden verdeeld over elf Openbaar Ministeries en rechtbanken op verschillende bestuursniveaus.

In oktober slaagde ik voor de toetsen in taal, eigentijdse politiek en steno, maar ik had nog een lichamelijk en een politiek onderzoek voor de boeg.

Toen mijn moeder het informatieblad had gelezen, gaf ze me meteen de vijf *yuan* voor de bijdrage voor de test. Tranen glansden in haar ogen – zowel van hoop als van ongerustheid. Ze zuchtte en zei zacht: 'Ik ben benieuwd of je het redt.' Mijn vader liet een zucht van verlichting horen.

Toen de 64 scholieren die door de eerste ronde waren gekomen zich hadden verzameld voor de poort van het Openbaar Ministerie, werden we in groepen ingedeeld en mochten we in zes dienstauto's plaatsnemen met een blauw zwaailicht op het dak en 'Officier van justitie' op de zijkanten. Bij het ziekenhuis deelde parketsecretaris Hu, degene die verantwoordelijk was voor de kandidaten, formulieren aan ons uit en ze zei ons de afdelingen op te zoeken die op het formulier aangegeven stonden om diverse onderzoeken te ondergaan. De leeftijd van de kandidaten varieerde van zestien tot eenentwintig. We haastten ons op weg, de trappen op met het formulier in de hand.

Mijn eerste tests betroffen kleurenblindheid, ecg, bloeddruk, longcapaciteit, lengte en gewicht. Ik kwam er goed doorheen. Toen ik van de gewichtscontrole kwam, zag ik een meid die tegelijk met mij was binnengekomen en die er nu helemaal gebroken uitzag. Alle vreugde die ik net had gevoeld verdween ineens. Ik vroeg wat er aan de hand was en ze zei dat ze slechts 1 meter 56 lang was en daarom waarschijnlijk niet uitgekozen zou worden. Volgens de regels moest een vrouwelijke ambtenaar minstens 1 meter 58 lang zijn en tussen 45 en 65 kilo wegen. Mannelijke ambtenaren moesten minstens 1 meter 65 lang zijn en tussen de 50 en 75 kilo wegen. Dit was gebaseerd op de speciale omstandigheden waaronder de ambtenaren bij het Openbaar Ministerie moesten werken als ze onderzoek deden.

Toen ik de laatste ogentest met goed gevolg had afgelegd, rende ik met Lin, die was teruggekomen van het platteland, overgelukkig over de grasmat voor het ziekenhuis. We keken naar de hemel en lachten hard van blijdschap – de wereld was van ons!

Op een koude novemberdag kwamen twee mannen van middelbare leeftijd in geelbruine uniformen op bezoek. Ze stelden zich voor: 'Wij zijn politieke ambtenaren van het lokale Openbaar Ministerie in de provincie Wangcheng. Waar zijn je ouders? We willen hun vragen waarom je bij ons hebt gesolliciteerd.'

Ze wilden niet met mij praten omdat ze van mening waren dat ik nog maar een jong wicht was, nauwelijks droog achter de oren. Mijn ouders boden hun een zitplaats aan en maakten snel een pot thee.

De ambtenaren vertelden mijn ouders hoe het politieke onderzoek was gegaan: 'Eerst bezochten we haar middelbare school om te horen hoe ze zich daar gedragen heeft en men had geen aanmerkingen. Daarna zijn we naar het straatcomité gegaan en ook daar was men positief. We zijn ook op het plaatselijke politiebureau geweest om te controleren of ze aantekeningen heeft in haar persoonlijke dossier. Tot slot hebben we jullie werkplekken bezocht om erachter te komen of jullie overtredingen of andere fouten hebben begaan. Als de ouders een problematische geschiedenis hebben, kan hun kind niet voor het Openbaar Ministerie werken. Uw dochter is al geslaagd voor het politieke onderzoek en ze is ingedeeld bij het lokale kantonparket in de provincie Wangcheng. Ze moet zich melden op het kantoor op 18 januari 1985, dan begint ze met haar werk.'

Toen mijn moeder hoorde dat ik een baan had gekregen in een 'kleine' stad – naar Chinese maten, Wangcheng had een half miljoen inwoners – verdween de blije uitdrukking van haar gezicht en ze wist niet wat ze moest zeggen. Mijn vader twijfelde een ogenblik, maar toen drukte hij zijn grote dankbaarheid uit. 'Dan laat ik haar over aan de organisatie, jullie mogen voor haar zorgen als was ze je eigen dochter. Als ze problemen veroorzaakt op het werk of privé, dan staat het jullie vrij om haar te slaan of uit te schelden. Kinderen begrijpen niet zo veel, dus jullie moeten haar flink opvoeden en trainen.'

Eindelijk was ik in staat in mijn eigen levensonderhoud te voorzien! Mijn ouders hadden zich zoveel jaren zorgen over mij gemaakt. Ik moest denken aan toen ik negen was en we op een ochtend drie kilometer naar het acrobatengezelschap van de provincie liepen.

'Dit was voor ons niet eenvoudig,' had mijn vader gezegd. 'We moesten een vriend vragen ons te helpen om dit gezelschap te overreden jou een plaatsje te geven. Als ze je aannemen, hoef je je nooit meer zorgen te maken over eten en woning, de staat zal ervoor zorgen.'

'Hoeveel uur per dag moet ik oefenen?' vroeg ik. 'Mag ik af en toe thuiskomen?'

Mijn moeder aaide me over mijn haar en legde daarna haar handen om mijn wangen heen, die ik ingesmeerd had met een beetje rouge voordat we van huis gingen. 'Je moet elke dag zes, zeven uur oefenen,' zei ze. 'En alleen op zondag mag je thuiskomen. Het acrobatengezelschap heeft een slaapzaal waar je mag wonen.'

Ik werd verdrietig en draaide mijn gezicht weg om niet naar hen te hoeven kijken. 'Je zult het op de slaapzaal beter hebben dan thuis, er zijn leeftijdgenootjes die je gezelschap houden.'

De trainer van het acrobatengezelschap onderzocht me en vroeg me te trappen, te buigen en salto's te maken. Ik deed alles wat hij vroeg. 'Je hebt een goede basistraining,' mompelde hij voor zich uit. Mijn vader haastte zich te verklaren: 'Ze traint vier uur per dag vechtsporten, dus ze heeft goede vooruitzichten.'

Ik was erg bang dat de trainer me aan zou nemen. Dan zou ik gescheiden worden van mijn familie. Hij onderzocht mijn benen en vroeg me mijn mouwen op te stropen. Nadat hij mijn armen nauwgezet had onderzocht en had geconstateerd dat mijn ellebooggewrichten erg geprononceerd waren, schudde hij zijn hoofd en zei tegen mijn vader: 'Haar armen zijn niet recht. Er is een risico dat haar ellebogen de belasting niet aan zullen kunnen met al die ongewone draaiingen tijdens extreme bewegingen en acrobatische oefeningen.'

Mijn ouders waren wanhopig over het feit dat ik niet aangenomen werd, maar ik was stiekem heel blij.

Een jaar later kwam het nationale ballet naar school om nieuwe kandidaten te zoeken. Zodra mijn vader dat hoorde, meldde hij me aan en nam me mee naar de toelatingstest. Dit was een groep van nationaal niveau en als je aangenomen werd, zorgde de staat voor je levensonderhoud. Maar bij het onderzoek werd het duidelijk dat mijn onderlijf tien centimeter langer was dan mijn bovenlijf, wat twee centimeter meer was dan toegelaten. Ik werd niet aangenomen en mijn ouders moesten me mee naar huis nemen na weer een mislukking.

Maar nu had ik een aanstelling bij het Openbaar Ministerie. Ik was achttien jaar.

E en zwaar gehavende, roestige oude bus stopte bij de halte op het westelijke busstation in Changsha. Zodra de conducteur de deur opendeed,
stroomden de boeren naar binnen met hun grote en kleine koffers, als een
vloedgolf door een gebarsten dam, en vochten ze om de zitplaatsen. Een ijskoude regen kletterde tegen de ramen en een koude wind drong naar binnen,
die de hele bus vulde, zodat je vingers en tenen pijn deden van de kou. Ik
stampte af en toe op de vloer om het gevoel in mijn voeten niet te verliezen. De
weg naar Wangcheng was waardeloos, zo hobbelig en vol kuilen dat de bus de
hele tijd heen en weer schudde. Vele malen stuiterde ik van mijn stoel. De reis
duurde ongeveer tweeënhalf uur, hoewel Wangcheng maar dertig kilometer
van Changsha lag. Ik was op weg naar het plaatselijke kantonparket om me te
melden en 's middags moest ik ook nog de hele weg terughobbelen.

Het traliehek om het kantonparket werd geflankeerd door twee witte
borden met witte tekens; op het linker stond 'Openbaar Ministerie van het
volk in het kanton Wangcheng' en op het rechter 'Rechtbank van het volk in
het kanton Wangcheng'. Het kantonparket en de rechtbank zaten in hetzelfde gebouw. In het midden van het gebouw was een gang naar de eetzaal en
de badruimte. Op de begane grond en de eerste verdieping waren kantoren,
op de tweede verdieping woonden de alleenstaande werknemers en op de
derde verdieping was de vergaderzaal annex zaal voor filmvertoningen annex tafeltennisruimte. De tafeltennistafel werd gebruikt als vergadertafel,
maar als er geen vergadering was, was het een sporttoestel en 's avonds verzamelden de alleenstaande ambtenaren zich hier voor de televisie.

Ik stak de met cement bedekte tuin over voor het kantoorgebouw, schoof
de deur met het bord 'secretariaat' open en stak mijn hoofd naar binnen.
Daarbinnen stonden twee mensen voor een haard die ze stookten met steen-
koolbriketten en een man van in de vijftig zat aan een tafel bij het raam te
schrijven.

De kamer was ongeveer veertien vierkante meter. Bij het raam aan de
westkant stonden twee schrijftafels en bij het raam aan de oostkant stond er
nog een, met een telefoon. Aan de noordkant stonden twee zwartgeverfde

archiefkasten van hout. Midden op de vloer was een steenkoolbrander neergezet die warmte moest geven tijdens de winterdagen. De man van in de vijftig glimlachte en wenkte me om binnen te komen.

'Welkom! Ik ben Ning, de bureauchef. Ik ben verantwoordelijk voor het beleid en de administratie van het kantoor.'

Een van de anderen was juridisch agent en werkte als chauffeur. Als hij geen auto reed, zat hij te niksen op het kantoor. Juridische agenten vormden een speciale groep werknemers op het Openbaar Ministerie en de rechtbank. Ze mochten niet zelf onderzoek doen maar omdat ze de officieren van justitie en rechters vervoerden, onderscheidden ze zich van gewone chauffeurs. Ze droegen een politie-uniform en kregen dezelfde speciale behandeling als andere agenten. Bijna geen enkele officier van justitie of rechter kon autorijden, dus als ze een misdadiger gingen verhoren op het politiebureau of een ander onderzoek gingen doen, moesten ze een auto van het kantoor vragen.

De derde persoon was een vrouwelijke ambtenaar, die er best aardig uitzag. Ze was verantwoordelijk voor de financiën en werd boekhouder Fan genoemd. Ze had gestudeerd aan de economische faculteit van de universiteit van de arbeiders, boeren en soldaten. Ze had hier een baan gekregen bij het plaatselijke kantonparket, waar ze al zes jaar in dienst was en benoemd was tot parketsecretaris.

Ning legde uit hoe het kantoor werkte en wat de basiseisen waren. Aangezien ik een proefaanstelling had, zou mijn loon 45 yuan per maand zijn.

Om twaalf uur hoorde ik het geluid van een bel en toen ik uit het raam keek, zag ik een magere man van in de veertig gekleed in een blauw maopak en met gele gymnastiekschoenen. In zijn rechterhand hield hij een bronzen bel vast, waar hij op volle kracht mee rammelde. Bureauchef Ning ging met me mee naar de eetzaal en ging daarna alleen verder naar het vijf verdiepingen hoge woonhuis voor gezinnen, dat er vlak achter lag.

De eetzaal was ongeveer 25 vierkante meter. Hier stonden twee vierkante tafels en in een van de hoeken lag onder andere een stapel briketten. De anderen die hier aten waren de man met de bel, Pan, de juridisch agent en een officier van justitie van rond de dertig die Wang heette. We deelden met z'n vieren de drie gerechten die op tafel stonden. Wangs vrouw woonde in een dorp op het platteland, samen met hun kinderen. Toen Wang van de middelbare school kwam, had hij zich als vrijwilliger aangesloten bij het leger en na tien jaar hard ploeteren werd hij bevorderd tot ambtenaar en kreeg hij hier een betrekking bij het plaatselijke parket in zijn eigen provincie. Hij had nooit op een universiteit gezeten en geen rechten gestudeerd, maar hij mocht toch zaken onderzoeken volgens een standaardmodel. Tijdens de twee oogstperiodes in het jaar, wanneer de boeren het het drukst hadden, nam hij vrij om zijn vrouw thuis te helpen met het oogsten van de vroege lenterijst of het planten van de late herfstrijst. Elke keer kwam hij afgemat terug met een door de zon bijna koolzwart gebrande huid om zijn kantoorwerk voort te zetten.

Na de lunch maakte ik een wandeling in de stad. Er was maar één iets grotere straat en er waren drie kleine winkels, een bioscoop, een hotel en drie of vier restaurants. Naast de weg begonnen de velden en daartussen stonden een paar lage flatgebouwen waarin de plaatselijke autoriteiten huisden. Naast het parket lag het politiebureau en daar tegenover was het gemeentehuis. Daar weer naast lagen het kantoor van de rijkspolitie en de penitentiaire inrichting.

De vijf andere nieuwe medewerkers meldden zich na de lunch. 's Middags gingen we aan de slag en de adjunct-hoofdofficier van justitie, die verantwoordelijk was voor het onderzoek naar strafzaken, wilde dat wij met ons zessen de stukken over een bepaalde zaak zouden bekijken. Daarna zouden we meedoen aan een vergadering, waar de zaak bediscussieerd werd om ons begrip van wet en onderzoek te vergroten. De zaak zelf ging om verkrachting.

De afdeling strafzaken nam alle zaken aan die de politie aanbracht en als de officier van justitie van mening was dat er werkelijk sprake was van een misdaad, vaardigde die een aanhoudingsbevel uit. Dan kon de politie de misdadiger formeel aanhouden. Als de officier van justitie niet van mening was dat het om een misdaad ging, werd het verzoek van de politie afgewezen en dan was men gedwongen de verdachte te laten gaan. Als het bewijs niet sluitend werd geacht, kon de politie aanvullend onderzoek doen en daarna een nieuw verzoek indienen. Als het niet lukte, had de politie het recht om zelf de verdachte te veroordelen tot heropvoeding door werk gedurende drie jaar.

Heropvoeding door werk was ook een vorm van vrijheidsstraf. Over de heropvoedingskampen hield de politie het toezicht. In theorie was het een administratieve straf, maar in de praktijk fungeerde het gewoon als een vonnis; het enige verschil was dat het vonnis niet was vastgesteld door een rechtbank. Als de politie het idee had dat de verdachte misdadig was ondanks dat bewijs ontbrak of als de misdaad gewoon te onbeduidend was om in een rechtszaak te behandelen, kon ze de verdachte naar een werkkamp sturen. De politie had daar speciale bevoegdheden voor en kon zo het Openbaar Ministerie en de rechtbank passeren.

De omstandigheden in de zaak die wij zouden bediscussiëren waren de volgende. Een boerenvrouw was al jaren getrouwd maar werd niet zwanger.

Op het platteland is het een ramp om onvruchtbaar te zijn en je man geen erfgenaam te kunnen schenken. De vrouw probeerde alle mogelijke huismiddeltjes zonder succes en ten slotte ging ze naar het gezondheidscentrum om zich te laten onderzoeken. De dokter daar had slechts middelbare school en een jaar praktijkervaring in het gemeentelijk ziekenhuis, waardoor zijn kennis niet verder reikte dan simpele diagnoses en algemene gezondheidsleer. Hij was de enige arts in het gezondheidscentrum en was bovendien ook verpleger en apotheker. Hij behandelde allerlei soorten ziektes, bij zowel kinderen als vrouwen, uitwendig en inwendig. In speciale, ernstige gevallen kon hij patiënten doorverwijzen naar het plaatselijke ziekenhuis voor onderzoek. De boeren waren doorgaans analfabeten, die niet twijfelden aan zijn kennis van de geneeskunde.

Toen de boerenvrouw haar situatie aan de dokter had uitgelegd, vroeg hij haar om haar kleren uit te doen omdat hij haar borsten moest onderzoeken. Toen hij haar een tijdje in haar borsten had geknepen, zei hij dat ze haar broek uit moest doen en op de onderzoekstafel moest gaan liggen. zodat hij haar vagina kon onderzoeken en kon controleren of daar niets in de weg zat wat een zwangerschap kon verhinderen. De vrouw had alle vertrouwen in hem en deed wat hij zei. De dokter onderzocht eerst de borsten nog een keer en liet daarna zijn handen over haar middel glijden. Hij voelde aan haar benen en stak toen zijn vingers in haar vagina. Toen hij haar zo een tijdje had betast, zei hij dat hij moest controleren of de passage door de vagina helemaal vrij was en dat ze haar benen flink moest spreiden. Toen ze dat had gedaan, trok hij zijn broek naar beneden en duwde zijn penis bij haar binnen. Na een paar minuten kreeg hij een zaadlozing buiten haar lichaam, deed zijn broek weer aan en zei als verklaring: 'Nu heb ik je onderzocht. Je bent helemaal gezond. Misschien heeft je man te weinig zaadcellen en word je daarom niet zwanger. Ga naar huis en als je weer met je man naar bed bent geweest, neem je een beetje van zijn sperma mee hierheen zodat ik het kan onderzoeken.'

'Er is niks mis met mij,' zei de vrouw tegen haar man toen ze thuiskwam. 'Dat zei de dokter. Waarschijnlijk ligt het aan jou.'

'Hoe kan hij nou weten of er niks mis is met jou?' vroeg de man.

De vrouw vertelde wat er in het gezondheidscentrum gebeurd was. Toen haar man het verhaal hoorde, begreep hij natuurlijk dat die lummel van een arts zijn positie had misbruikt om zich aan haar te vergrijpen. Hij ging meteen naar de plaatselijke politie om aangifte te doen.

De officier van justitie onderzocht de zaak, maar kon het niet over de kwestie eens worden met zijn chef. De een vond dat het niet onder verkrachting gerekend kon worden omdat de wet stelt dat verkrachting inhoudt dat iemand zich aan een vrouw opdringt terwijl de vrouw er uitdrukkelijk op tegen is. In dit geval had de verdachte zeker wel seks gehad met de vrouw, maar hij had geen geweld gebruikt of haar bedreigd om zijn wil door te drukken en de boerenvrouw had niet tegengestribbeld, geschreeuwd of gesmeekt om genade. Dus kon je niet stellen dat hij tegen haar wil had gehandeld. De ander stelde dat de boerenvrouw niet wist hoe het er bij een medisch onderzoek aan toegaat en dat ze dus onder valse voorwendselen tot seksuele handelingen was gebracht. Ze wilde helemaal geen seks hebben met een onbekende man en daarom had de arts zich schuldig gemaakt aan verkrachting toen hij tot gemeenschap was overgegaan. De beide officieren besloten volgens het voorstel van de afdelingschef om een vergadering te houden met de commissie van officieren van justitie om de zaak te bediscussiëren.

De commissie van officieren van justitie bestond uit de verschillende afdelingschefs, de bureauchef, twee adjunct-hoofdofficieren en de hoofdofficier van justitie. De afdelingen waren:

1. strafzakenafdeling één, verantwoordelijk voor de vaststelling of de verdachte schuldig was of niet en om aanhoudingen en inhechtenisnemingen goed te keuren;
2. strafzakenafdeling twee, verantwoordelijk voor de zaken die doorgingen naar de rechtbank;
3. de afdeling voor economische aanklachten, verantwoordelijk voor onderzoek naar economische criminaliteit;
4. de afdeling voor discipline, die zaken onderzocht waarin ambtenaren in strijd met de wet handelden;
5. de gevangenisafdeling, verantwoordelijk voor inspectie van en onderzoek in politiecellen, gevangenissen, opvoedingsgestichten en heropvoedingskampen.

Wij, de nieuw aangestelde collega's, mochten bij de vergadering zijn als toehoorders. Toen we zaten, ontdekte ik dat er maar één vrouw in de commissie zat, de andere negen waren mannen. Er waren dertig mensen op het parket werkzaam, maar slechts drie ervan waren vrouwen. Een was boekhouder en een regelde de betalingen – slechts één enkele vrouw deed mee aan de onderzoeken.

De meeste mannen schaarden zich achter de eerste theorie, omdat ze meenden dat de vrouw had kunnen tegenspartelen en schreeuwen als ze had gewild, aangezien ze zwakzinnig noch stom was. Maar misschien was ze wel opgewonden geraakt van de aanrakingen van de dokter en stemde ze in met de gemeenschap. Toen ze zo ver waren in de discussie, lachten ze lang en veelbetekenend op een zeer onserieuze manier die helemaal niet overeenkwam met mijn beeld van bijna op goden lijkende officieren van justitie.

Alleen de vrouwelijke officier van justitie en de man die verantwoordelijk was voor het onderzoek vonden dat de arts bewust een misdaad had begaan en – in de wetenschap dat een arts zijn penis niet kan gebruiken om de vagina van een patiënte te onderzoeken – de boerenvrouw misleid had om seks met haar te hebben.

De zaak werd twee uur lang bediscussieerd. Iedereen vond dat beide kanten goede argumenten konden aanvoeren en iedereen kon er begrip voor hebben, maar het was onmogelijk om het eens te worden. Uiteindelijk werd besloten tot een stemming middels het opsteken van handen waarbij de minderheid zou moeten zwichten voor de meerderheid. Het bewijs was niet genoeg voor een aanklacht wegens verkrachting. De arts kon ook niet veroordeeld worden wegens onzedelijk gedrag, omdat je voor die overtreding volgens de wet een vrouw verschillende malen moest lastigvallen of het bij verschillende vrouwen moest doen. Maar aangezien hij had laten zien een zedeloos persoon te zijn met de intentie vrouwen te verleiden, besloot men de politie aan te bevelen om de man naar een heropvoedingskamp te sturen.

De meeste aanwezigen waren al bezig om hun pen en schrijfblok op te bergen om weg te gaan, toen ik voorzichtig aan de officier van justitie naast mij vroeg: 'Is de vergadering nu voorbij? Wat gebeurt er als de boerenvrouw niet tevreden is met jullie besluit om de arts niet aan te klagen?'

Hij lachte een beetje en antwoordde: 'Kent zij de wet het best of wij? Hoe zou een boerenvrouw nou bezwaar kunnen maken tegen een gerechtelijke instantie? We hebben een gezamenlijk besluit genomen met behulp van onze gezamenlijke kennis – wij kunnen het onmogelijk fout hebben gedaan.' Hij zag er heel zelfverzekerd uit.

'Wat een seksisten zijn het toch!' siste de vrouwelijke officier van justitie boos toen de anderen weg waren. 'Ze denken dat wij vrouwen altijd willig zijn en bereid om door hen gepakt te worden.' Al op weg naar de deur wees ze naar de nieuw aangestelde meiden en zei, half als grap: 'Ik ben benieuwd wie van jullie de pech heeft om verantwoordelijk te worden voor deze walgelijke verkrachtingen.' Natuurlijk zou ik die persoon worden.

Een week later hielp mijn moeder me om drie dekens, een koffer met kleren en twee reistassen mee te krijgen in de rammelige, vieze bus naar Wangcheng. Drie van ons, nieuwe medewerkers, kregen een woonplek op de tweede verdieping van het kantoorgebouw in een kamer van veertien vierkante meter. We hadden allemaal een eigen eenpersoonsbed met plankenbodem, een schrijftafel en een stoel. Onze kleren lieten we maar in de koffers liggen die we onder ons bed hadden gelegd, samen met onze schoenen. De kamer was zo krap dat er nog geen windvlaag doorheen kon, maar er was altijd plaats voor onze vrolijke lach.

Toen onze chef Dan hoorde dat mijn moeder op bezoek was, kwam hij haar begroeten. 'Het is krap in die kamer, maar daar is niks aan te doen.' Daarna ging hij verder: 'Maakt u zich niet ongerust, wij zullen voor uw dochter zorgen. We hebben een strenge discipline op dit kantoor, ze mogen niet zomaar met iedereen omgaan en ze moeten voor tien uur 's avonds binnen zijn.' Hij wendde zich tot mij. 'Jullie stadsmeiden zijn wel een beetje verwend, dat je je moeder meeneemt naar je werk. Als jij in de toekomst officier van justitie wilt worden, moet je nu wel gaan oefenen om een goede erfgenaam van de revolutie te worden.'

Onze bedbodems bestonden uit acht planken van twintig centimeter bij twee meter die op de bedombouw waren gelegd. De kamer had geen verwarming. We aten gezamenlijk in de eetzaal en mijn moeder bleef slapen, dicht tegen mij aan onder de nieuwe deken.

'Hemel, wat heb ik een pijn in mijn lichaam!' was het eerste wat ze zei toen ze de volgende ochtend opstond. Het bed was keihard. Zelf had ik er niets van gemerkt – als je jong bent, slaap je meestal wel goed – en ik was ingeslapen zodra mijn hoofd op het kussen lag.

's Morgens riep hoofdofficier Dan de twee adjunct-hoofdofficieren, bureauchef Ning en de zes nieuwelingen bijeen voor een vergadering. Dit was de eerste keer dat we een order kregen van onze baas, dus we zaten allemaal heel gespannen en waren een en al oor.

Dan begon met ons welkom te heten en ging toen op ernstige toon verder: 'Sinds de "Sla hard toe"-campagne hebben velen van ons wel eens een hele nacht doorgewerkt. Jullie zijn hier om het kantoor te versterken. Het Openbaar Ministerie functioneert niet als andere overheidsinstellingen, wij zijn een semi-militaire organisatie waar de medewerkers onvoorwaardelijk de instructies en orders van hun meerderen moeten opvolgen. Hier wordt geen individualisme of liberalisme geduld. Wat het beste is voor het collectief, gaat voor alles. Het Openbaar Ministerie is een onderdeel van de rechterlijke macht in dit land en is er verantwoordelijk voor om staats- en partijgeheimen te bewaren. Jullie zijn gehouden aan een strikte geheimhoudingsplicht, jullie mogen geen staatsgeheimen, feiten over misdaden, orders van meerderen of besluiten van autoriteiten onthullen aan wie dan ook – niet eens aan je ouders, echtgenoten, broers of zussen. Als uitkomt dat iemand van jullie informatie heeft gelekt, wordt de persoon in kwestie onmiddellijk ontslagen, zonder de mogelijkheid dat besluit aan te vechten.' Door deze woorden en zijn ernstige toon zag ik in dat ik nu definitief mijn vrije leven als student vaarwel had gezegd.

Dan vertelde hoe een eind was gemaakt aan de organisatie van openbare aanklagers tijdens de Culturele Revolutie, die begon in 1966, en dat die niet heropgebouwd was voor 1978. 'Tachtig procent van de medewerkers komt uit het leger,' verklaarde hij. 'Meer dan negentig procent van hen heeft nooit rechten gestudeerd op een universiteit. Ze hebben in de praktijk geleerd onderzoek te doen. Jullie hebben al een basisopleiding en als jullie maar onderdanig genoeg zijn om jullie oudere collega's om raad en hulp te vragen, als jullie maar hard genoeg werken, vlijtig studeren en je vermogen om initiatief te nemen verbeteren, dan zullen jullie in de toekomst de steunpilaren van de samenleving worden.'

Adjunct-hoofdofficier van justitie Jin heette ons ook hartelijk welkom en voegde eraan toe: 'Jullie moeten niet vergeten dat de wet gemaakt wordt door de sturende klasse en dat de wet er is om die klasse te dienen. Onze taak is om de pistolen te zijn in de hand van de partij.'

Daarna was het de beurt aan bureauchef Ning om ons een concrete werkopdracht te geven. Hij bladerde door zijn aantekeningenboek, boog zijn hoofd een beetje en zei langzaam, met een zachte stem die ervaring en betrouwbaarheid verried: 'Na Nieuwjaar komen jullie hier weer een week werken en daarna krijg je zes maanden les op het arrondissementsparket in de hoofdstad Changsha. Op dit moment hebben we geen specifieke taken voor jullie, dus jullie mogen de omgeving gaan verkennen. Jullie oudere collega's zullen je meenemen naar het politiebureau en laten zien hoe je in de praktijk te werk gaat wanneer er een aangifte binnenkomt. De autoriteiten en de partij hebben overlegd en zijn tot de volgende indeling gekomen: Xiao wordt geplaatst op strafzakenafdeling één, Lee op strafzakenafdeling twee en Bo op de gevangenisafdeling. De drie jongens worden op de economische afdeling en bij de secretarie geplaatst.'

Tegen lunchtijd waren er twee tafels gedekt in de eetzaal. Aangezien het personeelsbestand was uitgebreid met zes mensen, die allemaal drie maaltijden per dag aten, had Pan, de kok, ongewoon veel te doen. Hij stond om vijf uur 's ochtends op, kookte water voor alle medewerkers en vulde voor elke kamer een thermoskan met heet water. Daarna reed hij naar de markt en haalde rijst, meel en groente, waarna hij het eten ging bereiden. Na de maaltijd deed hij de afwas. Pan sliep in een kamer van tien vierkante meter naast de keuken en hij was erg tevreden met zijn leven.

'Dat ik als boer mag werken op een zo belangrijke en fameuze overheidsinstelling als het Openbaar Ministerie en eten mag koken voor jullie – gestudeerde mensen met stijl – dat maakt mij zo blij dat ik me helemaal niet moe voel,' zei hij altijd. 'Ik heb een baan waar anderen alleen maar van kunnen dromen!'

Na de lunch hadden we een rustpauze en om halfdrie begonnen we weer

met werken. Ik meldde me bij strafzakenafdeling één op de eerste verdieping. In de kamer, die drie bij vijf meter groot was, stonden vier bureaus
met een lamp erop. Tegen de muur stond een zwartgelakte archiefkast zonder slot en daarnaast een houten bank waar mensen meestal op zaten tijdens een verhoor. Afdelingschef Ang had Fa aangewezen als mijn begeleider en besloten dat ik op de lange duur het papierwerk zou overnemen van
parketsecretaris Wang.

Er was een hoop intern papierwerk op elke afdeling bij het kantonparket
en de rechtbank. Op strafzakenafdeling één bestond dat uit:

1. registratie van aangemelde zaken, wat inhield: het aannemen van rapporten van de politie, het tijdstip van aangifte registreren, het aantal ingekomen stukken en het soort kwestie (misdaadrubricering);
2. uitvaardiging van aanhoudingsbesluiten en vordering van aanvullend bewijsmateriaal;
3. als het parket van mening was dat er behoefte was om getuigen op te roepen of verdachten te verhoren: een oproep uitvaardigen aan de betrokkenen, die door de juridisch agent persoonlijk werd overhandigd;
4. aan het eind van elke maand statistische gegevens verzamelen die lieten
   zien hoeveel zaken de afdeling had behandeld, om welke soorten zaken
   het ging, hoeveel zaken geseponeerd waren, hoeveel personen er aangehouden of in hechtenis genomen waren, hoeveel er niet aangehouden of
   in hechtenis genomen waren, hoeveel tijd er besteed was aan het onderzoek naar elke zaak en hoeveel oproepen er uitgevaardigd waren;
5. aan het eind van het jaar een jaarverslag schrijven van ongeveer vijftien
   kantjes, waar al het uitgevoerde werk in beschreven stond.

Wang was heel geduldig toen hij de administratie aan mij overdroeg en liet
zien hoe ik te werk moest gaan met het registreren van ingekomen zaken,
het invullen van formulieren en dergelijke. Hij zei dat hij het eenvoudigweg
niet meer uithield met die eentonige taken – hoeveel hij ook werkte, hij had
nooit iets om te laten zien bij de evaluatie aan het eind van het jaar, waar het
belangrijkste was hoeveel zaken men had onderzocht en hoe serieus en gecompliceerd die waren.

Fa liet zien hoe ik de zaken moest behandelen. Als ik de zaak had ontvangen, was mijn eerste taak om nauwgezet alle stukken te lezen, van begin
tot eind. Ik moest de pagina's nummeren en werkaantekeningen maken,
zoals:

1. de verklaring van de verdachte;
2. het verhaal van degene die aangifte had gedaan;
3. alles wat was aangetekend tijdens een getuigenverhoor;

4. de aanwezigheid van foto's van bewijsmateriaal en van de plaats van delict, en op welke pagina van het proces-verbaal de bevindingen van de gerechtsarts terug te vinden waren;
5. de waarde van het weggeraakte in het geval van diefstal, beroving of frau-
   de en ook op welke pagina van het proces-verbaal dat aangetekend was.

Bovendien moesten wij – degenen die verantwoordelijk waren voor een bepaalde zaak – naar de politiecellen om de verdachte te verhoren om te controleren of de getuigenverklaringen overeenstemden met datgene wat hij of
zij aan de politie had verteld. Ook moesten we erachter komen of de politie
bij haar verhoor een bekentenis had afgedwongen met geweld. Als het bewijsmateriaal niet sluitend was, moesten we naar de plaats van delict om
aanvullend onderzoek te doen, mensen te ondervragen en bewijs te verzamelen.

De dag voor de Chinese oudejaarsdag, in het begin van februari, kreeg ik
voor het eerst loon. We waren weliswaar pas op 28 januari begonnen, maar
werden beschouwd als werknemers vanaf het moment dat we door de ge-
zondheidstest heen waren. Daarom kregen we drie maandlonen – 135 yuan.
Ik had nog nooit zo veel geld bij elkaar gezien. Ik was er trots op dat ik niet
langer een economische last voor mijn ouders was en ook dat ik, afkomstig
uit een heel gewoon arbeidersgezin, een baan had gekregen op het parket.
De hele ochtend huppelden wij, de drie meiden, van de ene kamer naar de
andere terwijl we praatten en lachten. Lee neuriede de hele tijd een liedje.
Zelfs de hoofdofficier werd besmet door ons jeugdige enthousiasme en hij
kwam de gang op om te praten. Het gewoonlijk zo saaie kantoor had nieuw
leven gekregen met de komst van ons, jongeren.

Met Nieuwjaar was het traditie dat je gezamenlijk je nieuwjaarswensen
uitsprak. Wij brachten met onze afdeling een bezoekje aan de andere afdelingen, aan de speciale rechercheafdeling van de politie, aan de rechtbank
en aan andere instituten waar we contact mee hadden.

Op 20 februari 1985 verzamelden alle 64 nieuw aangestelde kandidaat-
officieren zich voor de basisstudie rechten. Het grootste deel van de lessen
werd gegeven door twee personen die examen hadden gedaan aan de universiteit voor politiek en rechten en die tegenwoordig werkten bij het ressortsparket van de provincie. Ook de professor in de rechten aan de universiteit
van Xiangtan was gevraagd om een lezing te geven. Bovendien kwamen er
geregeld hoofdofficieren van justitie en afdelingschefs van strafzakenafde-
lingen uit de provincie en de stad op bezoek om rechtszaken te bespreken.
Eens per week trokken we naar de rechtbank om bij een proces te luisteren.
De lessen duurden van acht uur 's ochtends tot vijf uur 's middags, zes da-

gen per week. Op het programma stonden de grondwet, het wetboek van strafrecht, strafzaken, onderzoekswerk en het bestuderen van bewijsmateriaal. In augustus deden we examen en wie dat niet haalde, werd ontslagen.

De zaterdagmiddag was gewijd aan politieke studie en groepsdiscussie. De officieren van justitie die verantwoordelijk voor ons waren, benadrukten elke keer het belang van discipline en drukten ons op het hart om toe te slaan wanneer de partij dat beval. We zouden er onze levenstaak van maken om trouwe officieren van het vaderland te zijn en we waren bereid om daarvoor onze jeugd en onze levens te offeren.

Op een keer kregen we te horen dat er een openbare rechtszaak was georganiseerd in de aula van Changsha's avondkrant. Het zou een speciale zaak zijn die grote invloed zou hebben op de samenleving in de toekomst.

De aula werd normaliter gebruikt voor personeelsbijeenkomsten en andere samenkomsten voor het personeel van de krant. Op het podium stonden vier bureaus en in het midden zaten twee rechters en twee juryleden, links zaten twee openbare aanklagers en achter de tafel rechts zat een vrouw van vijftig met kortgeknipt haar en een bril, die er zowel bekwaam als onbewogen uitzag. Zij was de aanleiding voor onze aanwezigheid. Ze was Changsha's bekendste vrouwelijke advocaat en professor in de rechten aan Changsha's universiteit. Wij, toekomstige officieren van justitie, moesten natuurlijk horen hoe een ervaren advocate argumenteerde. Als men zijn vijand kent, kan men hem overwinnen.

De rechtszaak begon ermee dat de openbare aanklager de aanklacht en de beschrijving van de misdaad voorlas. De zaak zelf was heel eenvoudig. Een twintigjarige werkloze jongere had in een van Changsha's oude parken twee Amerikaanse toeristen ontwaard. Omdat hij ervan uitging dat buitenlanders rijk zijn, had hij de portefeuille van de Amerikaanse vrouw gerold. Het paar begon te schreeuwen en de toeristen in het park achtervolgden de jongeling, die naar de uitgang rende. Daar werd hij tegengehouden door de poortwachter en naar het dichtstbijzijnde politiebureau gebracht. De politiechef bood zelf zijn verontschuldigingen aan het Amerikaanse paar aan.

De reden dat de rechtbank in zo'n heldere zaak de bekende advocate als verdedigster had gekozen, was simpelweg dat het slachtoffer buitenlands was en dat men bang was het aanzien van de natie te schaden als er iets fout zou gaan.

Het Openbaar Ministerie eiste een strenge straf. Weliswaar was de waarde van het gestolene niet zo groot, maar de gedaagde had China's internationale aanzien bezoedeld, wat serieuze consequenties diende te hebben.

Toen was het de beurt aan de advocate. Zij bestreed niet dat de gedaagde de daad begaan had – er waren genoeg getuigen en de man was op heterdaad betrapt, dus ontkennen was zinloos. Daarentegen argumenteerde zij tegen de eis van de tegenpartij. Er waren geen paragrafen in het wetboek van strafrecht of in de jurisprudentie die stelden dat de identiteit van het slachtoffer de afloop van de zaak kon beïnvloeden. Volgens Chinese bepalingen is iedereen voor de wet gelijk en daarom maakte het niets uit of degene die was bestolen buitenlander was of Chinees burger, de straf moest hetzelfde zijn. Dat het slachtoffer buitenlander was, kon niet gezien worden als verzwarende omstandigheid. Wat de internationale aandacht voor China of China's aanzien betreft: dat was een politieke kwestie die niet de basis mocht vormen voor het opleggen van een straf of het toepassen van de wet.

De advocate oreerde gedecideerd gedurende een uur, wijzend op verschillende omstandigheden met een heldere en duidelijke logica waarmee ze de toehoorders imponeerde. Toen ze klaar was, zag de openbare aanklager ervan af om haar pleidooi te bestrijden of in twijfel te trekken. Een van de rechters verklaarde dat ze zich nu terug zouden trekken voor overleg.

Tijdens de schorsing discussieerden wij ijverig. We waren allemaal onder de indruk van de retorische begaafdheid en de juridische kennis van de professor en we vonden dat zij zo redelijk en wettelijk gesproken had dat je er bijna niet tegen in kon gaan.

Twintig minuten later werd de rechtszitting hervat en de rechters lazen het vonnis voor: de gedaagde werd veroordeeld tot zes jaar gevangenisstraf voor beroving. De toehoorders begrepen er niets van en zeiden geen woord, maar er kwam een gemurmel van de nieuw aangestelde officieren van justitie. Als rechtenstudenten wisten we dat de straf veel te zwaar was. Wat ons het meest verbaasde was dat de advocate helemaal gelijk had – de straf mocht niet bepaald worden door de status van het slachtoffer – maar desondanks was het duidelijk dat de rechtbank er gewoon voor had gekozen zich op te stellen aan de kant van het Openbaar Ministerie.

De advocate leek daarentegen niet verbaasd, het leek eerder of ze wel had vermoed wat er zou gebeuren. Toen de gedaagde het vonnis hoorde, keek hij haar verstijfd van schrik en smekend aan. Zij schudde slechts gelaten haar hoofd, spreidde haar armen en glimlachte bitter. Zo werd de rechtszitting afgesloten.

Ik begreep niet waarom de rechtbank had geweigerd te luisteren naar de mening van de advocate, maar toen ik later zelf de verantwoordelijkheid voor onderzoeken kreeg, ging ik snel inzien dat in China de positie van advocaten zo laag is dat politie, officieren van justitie en rechters hen geheel kunnen negeren en dat ze slechts in de rechtszaal aanwezig zijn als decoratie om de grote massa te behagen.

In juli is het verschrikkelijk warm in Wangcheng. Golven hete lucht maken het lastig om adem te halen en elke seconde heb je het gevoel dat je rondloopt in een enorme sauna.

Tegelijk is het de tijd van het jaar waarin de boeren het meest buiten op het veld te doen hebben. De eerste rijstoogst moet worden binnengehaald en gedorst, en de korrels moeten worden gedroogd. Daarna is het tijd om de loten uit te zetten voor de volgende oogst. De boeren beginnen al om vijf uur 's ochtends rond te sjokken door de zware klei met de tere rijstplantjes in hun handen, die ze uitzetten in de aarde – rij na rij, veld na veld, terwijl de zon de hele tijd op hun rug steekt tot hij eindelijk achter de berg verdwijnt en ze naar huis mogen om uit te rusten. Iets als elektrisch licht was er toen niet in de dorpen en natuurlijk ook geen ventilatoren en televisies. Als het hoogzomer was, was er nauwelijks een boerengezin dat 's nachts de deur dichtdeed, men hoopte juist dat de koele nachtlucht de benauwde kamers binnen zou dringen. Afgemat van het werk sliepen de boerenvrouwen al tegen tienen, terwijl de mannen – beu van het saaie en eentonige werk – zich verzamelden bij de winkel en daar bier dronken om bij te komen.

Het was ongeveer twaalf uur 's nachts toen een twintigjarige dief stilletjes een van de huizen binnensloop. Aangezien zowel deuren als ramen openstonden om lucht binnen te laten, kon hij zonder moeite in de hal, de woonkamer en de keuken komen om die te doorzoeken. Juist deze mensen waren zo arm dat ze niets bezaten wat ook maar enigszins de moeite van het stelen waard was, wat de dief een slecht humeur bezorgde. Hij sloop de slaapkamer binnen en opende voorzichtig alle vijf laatjes van de kast die daar stond, zonder iets te vinden. Midden in een handeling draaide hij zich om en zag hoe een manestraal door het raam scheen, recht op de boerenvrouw in het bed. Omdat het zo heet was, had ze haar bovenkleren uitgedaan en in het maanlicht zag haar halfnaakte lichaam er weelderig en zacht uit. De dief ging naar het bed en stond daar enige minuten voordat hij voorzichtig de broek van de vrouw uittrok, op haar ging liggen en steunend op beide handen langzaam zijn penis in haar vagina schoof. De vrouw was zo

moe na het harde werken dat ze niet helemaal wakker werd. In het begin bewoog de dief zich heel langzaam, maar langzamerhand werd hij steeds op-
gewondener en bewoog hij zich sneller en krachtiger.

'Het is warm en ik ben ontzettend moe,' zei ze boos. 'Hoe kun je nou zo
actief zijn? Kun je niet opschieten met klaarkomen, dan kunnen we gaan
slapen. We moeten morgen vroeg op.' Daarna gaapte ze een paar keer. Er
ging een tijdje voorbij en de man op haar bewoog zich nog steeds. 'Schiet
nou op!' riep ze geïrriteerd. 'Waarom duurt het zo lang? Ben je nog niet
klaar? Mij zo wakker maken midden in de nacht... Je gaat er toch niet dood
aan als je een keertje overslaat. Ik word het zo zat...' Terwijl ze praatte,
kneep ze haar benen bij elkaar en tilde mechanisch haar onderlichaam omhoog om de man te stimuleren klaar te komen.

De dief durfde niks te zeggen. Het was duidelijk dat de boerenvrouw, die
zo moe was dat ze haar ogen niet open kon krijgen, dacht dat hij haar man
was. Hij was zo opgewonden dat hij er niet aan dacht op te houden, maar hij
wiegde heen en weer, sneller en sneller onder steeds heftiger gehijg, tot hij
ten slotte een zaadlozing kreeg. Niet in staat zich te beheersen slaakte hij
een kreet.

Door het geluid werd de vrouw wakker. Die stem klonk helemaal niet zoals die van haar man en toen ze haar ogen opendeed, zag ze een vreemde
jongeling die hijgend op haar lag. Ze voelde hoe het sperma uit haar vagina
vloeide en schreeuwde van schrik. De dief sprong op, trok zijn broek aan en
rende naar de deur. De vrouw kwam achter hem aan, zonder zich erom te
bekommeren dat ze naakt was. 'Pak die schurk!' riep ze zo hard ze kon.
'Stop hem!' De kreet echode door de stille nacht en alle buren hoorden haar.
De dief kwam niet verder dan een kilometer, toen hadden de boeren hem
gepakt.

Dit was de eerste zaak die ik zelf ter hand moest nemen. Het proces-verbaal met de beschrijving van het vergrijp en het proces-verbaal van het verhoor van de dief waren zo gedetailleerd dat het voelde als het lezen van een
roman.

In augustus, toen we terug waren gekomen van de opleiding, had Dan
ons benoemd tot secretaris. Voordat ik 's ochtends aan het werk ging, haalde ik de thermosfles voor onze kamer, maakte de bureaus schoon – alle vier
– en mopte de vloer, zowel in de kamer als op de gang. Pas als dat klaar was,
kon ik gaan zitten en met het werk beginnen. Als secretaris mocht ik met de
drie officieren van justitie mee en aantekeningen maken bij verhoren in het
huis van bewaring of wanneer ze naar de plaats van delict gingen om naar
bewijs te zoeken, getuigen te verhoren of met slachtoffers te praten. Later
liet Ang, de afdelingschef, een aantal makkelijkere gevallen aan mij over en

toen mocht ik elke maand minstens één zaak alleen afhandelen.

Toen ik een typische verkrachtingszaak als deze mocht overnemen, ging ik eerst de processen-verbaal sorteren die de politie had gestuurd, daarna las ik ze terwijl ik aantekeningen maakte. Ik typte de verklaring uit van de aangeklaagde – dat wil zeggen: de dief – en de boerenvrouw en vergeleek hun verhalen. Daarna typte ik de getuigenverklaringen uit van degenen die de dief gegrepen hadden en ook de analyse van de gerechtsarts van het sperma dat op het laken was aangetroffen.

Het bewijs leek onbetwistbaar.

'Zit de verdachte al in verzekerde bewaring?' vroeg Fa.

Ik antwoordde dat bij de stukken een papier zat dat ondertekend was door de verdachte waarin hij verklaarde dat hij aangehouden was.

Fa vroeg me mee te gaan naar het huis van bewaring om de verdachte te verhoren, deels om helderheid te krijgen over de omstandigheden en over de vraag of er sprake was van opzet of dat hij een motief had, deels ook om te zien of hij iets in zijn verklaring wilde veranderen.

Op het kantoor had ik een zwarte aktetas gekregen waar ik de ter zake doende documenten in stopte, een identiteitskaart uitgevaardigd door de overheid en een aantekeningenblok, voordat Fa en ik, met allebei een strohoed op ons hoofd, sjokkend op weg gingen onder de brandende zon. Eerst volgden we de kleine paadjes langs het veld, daarna liepen we dwars door een bosje en over twee heuvels en na een wandeling van vijftig minuten zag ik een muur met een grote poort midden op een op het oog verlaten open heuveltop. Bij de poort stonden twee jonge soldaten op wacht met een geweer in de hand. Fa groette hen en ik gaf mijn identiteitskaart, die ze nauwgezet controleerden. Fa hoefde dat niet te doen, hij was hier zo vaak geweest dat alle wachters hem herkenden.

Een smalle, geasfalteerde weg leidde naar het volgende wachthuisje. Rechts van de weg lagen twee rijen barakken waar de gewapende gevangenbewaarders huisden, alles bij elkaar ongeveer dertig huizen. Links lag een sportveld, waar de soldaten trainden in worstelen en boksen.

Na dertig meter lopen waren we bij het wachthuisje. De soldaat bij de poort was ook bewapend en zag er erg serieus uit zoals hij daar rechtop stond in vol ornaat. De twee dikke houten deuren achter hem waren gesloten. Ik haalde weer mijn identiteitskaart tevoorschijn, waarop de wacht de deur opende en ons binnenliet. Binnen zagen we een ijzeren spiraaltrap, die omhoog leidde naar een drie verdiepingen hoge toren. Helemaal bovenin was een kleine wachtpost waar een bewapende wachter stond die over de cellen waakte. Aan elke kant van de wachttoren lag een tien vierkante meter grote luchtplaats zonder dak met vijf meter hoge muren. De wachter in de toren had er een perfect uitzicht op. De gevangenen mochten twee keer per dag gedurende vijftien minuten de luchtplaats bezoeken om wat zon te krijgen en een sigaret te roken.

Ik liet mijn verhoorvergunning zien aan de man die in het kantoor naast de wachttoren zat – hij was de directeur van het huis van bewaring, Se Lin. Hij keek ernaar en zei iets tegen Fa als: 'Sinds wanneer hebben jullie zulke mooie jonge medewerksters bij het parket?' voordat hij opstond, een sleutelring tevoorschijn haalde met circa twintig sleutels en de andere deur voor ons opende. Ik keek naar binnen. Voor ons lag een open binnenplaats en aan de andere kant daarvan lag een langwerpig gevangenisgebouw met tien ijzeren deuren. Midden in elke deur zat een opening zo groot als een mensenhoofd waardoor het eten naar binnen werd geschoven. De cellen hadden geen ramen en het enige licht dat binnendrong, kwam door dit kleine gaatje, dus als de gevangenen een maandlang niet naar buiten mochten komen, verbleekte hun huid en kregen ze een vale, witte teint. Er zaten ongeveer tien gevangenen in elke cel en die verdrongen zich op een cementen bed dat even lang was als één muur – dat wil zeggen, ongeveer zes meter – en twee meter breed. De gevangenen aten, dronken en scheten daarbinnen. Een van de cellen was gereserveerd voor vrouwen.

Se Lin ging naar cel nummer drie en riep: 'Zhang Ming!'

'Hier!' antwoordde iemand binnen.

'Trek je kleren aan!' riep Se Lin. 'Je wordt verhoord!'

Een minuut later deed hij de deur van het slot en de dief Zhang Ming stapte verward naar buiten. Zijn hoofd was kaalgeschoren en lichtte wit op in de zon. Van alle gevangenen werd het hoofd kaalgeschoren zodra ze werden opgesloten. Plotseling zagen we gezichten achter alle deurgaten – iedere gevangene wilde zien wat er gebeurde. Zhang Ming volgde Se Lin naar het kantoor.

Se Lin gaf mij een vel papier. Ik schreef op:

> Getekend voor ontvangst: Xiao
> Afdeling: Plaatselijke arrondissementsparket
> Datum: 30 augustus 1985, 15.00 uur
> Soort rechtszaak: Verkrachting
> Naam van de verdachte: Zhang Ming

Dit betekende dat ik de wetsovertreder had meegenomen en verantwoordelijk voor hem was tot ik hem terugbracht, dat ik met hem doen mocht wat ik wilde en dat ik de schuld op me moest nemen als hij ontsnapte.

We gingen naar de verhoorkamer – ik voorop, Zhang Ming in het midden en Fa achteraan. De ruimte was zo kaal en simpel dat het mij verbaasde. Midden tegenover de deur zat een raam met tralies van bamboestokken en daarvoor stond een houten stoel voor de gevangene. Slechts van moord verdachten moesten handboeien om. Op de cementen wand zaten twee affiches die verkondigden: 'Wij zijn mild voor hen die bekennen, maar hard voor hen die tegenwerken.' De bruingele vloer was ongelijk en hobbelig. Bij de deur stond een tafel met twee stoelen waaraan wij, officieren van justitie, onze aantekeningen maakten.

Zo begon ik Zhang Ming te verhoren. Fa pakte een stapel andere stukken uit zijn aktetas en begon die te lezen. Hij was om drie redenen meegegaan: omdat de wet eiste dat er minstens twee personen bij het verhoor aanwezig waren, om aanvullende vragen te stellen als ik, als secretaris en nieuwe medewerker, iets zou vergeten, en ten slotte omdat ik jong was en vrouw en hij bang was dat de misdadiger mij plotseling zou kunnen overmannen en vluchten.

Ik vroeg zoals gebruikelijk naar de naam van de verdachte, zijn leeftijd, adres, etnische afkomst en familieachtergrond.

Hij antwoordde: 'Ik heet Zhang Ming, ben 21 jaar en kom uit Overwinningsdorp in de gemeente Rongshan in de provincie Wangcheng. Ik ben Han-Chinees en kom uit een boerenfamilie.'

'Wie zijn je familieleden?'

'Vader, 51 jaar, boer, werkt in de landbouw. Moeder, 48 jaar, boerin, huisvrouw. Oudere broer, 23 jaar, boer, werkt in de landbouw. Jongere zus, 15 jaar, scholier.'

'Je eigen achtergrond?'

'Ik ben nooit veroordeeld.'

'Wanneer ben je begonnen met stelen?'

'Dit was de eerste keer.'

Fa zette hem meteen op zijn plaats: 'Nu lieg je maar wat, jij landloper! Dit was vast niet de eerste keer dat je wat stal, jij hebt vast een lang strafblad. Spreek de waarheid nu!'

'Het was echt de eerste keer dat ik bij iemand binnensloop. En meteen werd ik gepakt.'

Fa kon het tegendeel niet bewijzen, dus hij drong niet verder aan.

Ik ging door met vragen: 'Wanneer en waarom werd je gegrepen en hier opgesloten?'

'Dat was op 15 juli. Ik probeerde vergeefs iets te stelen en toen neukte ik die vrouw. Ze pakten mij en namen me mee naar het politiebureau. Na twee dagen verhoren hebben ze me hier in de cel gestopt.'

Toen kwam Fa ertussen: 'Ik wil je erop wijzen dat het beleid van de partij mildheid is tegenover hen die bekennen en strengheid tegenover hen die weigeren. Je moet gehoorzaam zijn en je misdaad bekennen opdat de staat je wellicht grootmoedig behandelt. Snap je?'

'Ik snap het.'

Fa stelde een nieuwe vraag: 'Geef ons dan nu een gedetailleerd verslag van de hele loop der gebeurtenissen. En geen leugens!'

Zhang Ming vertelde van de verkrachting. Toen ik de hoofdlijnen van de daad had opgeschreven, wilde Fa ingaan op details: 'Kreeg je een zaadlozing?'

'Ik begrijp niet wat u bedoelt.'

Fa las hem de les. 'Speel geen stommetje nu, lummel! Kwam je klaar of niet?'

'Ja. Ja, dat wel. Ik kwam klaar in haar. Ik wist niet dat dat zaadlozing heette.'

Ik fronste mijn voorhoofd, ik begreep niet waarom Fa zo'n vraag stelde. Nu begon ik de verdachte uit te horen over andere zaken die belangrijk waren, over zijn beweegredenen, of het opzet was, of hij het gepland had of slechts zijn zelfbeheersing had verloren.

'Waarom verkrachtte je haar?'

'Ik vond niks om te stelen, dus dacht ik dat ik in plaats daarvan haar kon "stelen". Ze lag me daar helemaal naakt te verleiden. Het is toch logisch dat ik toetastte op het moment dat ik zo'n goede kans kreeg!'

'Zag je in dat je een misdaad aan het begaan was voordat je haar verkrachtte?'

'Zover dacht ik helemaal niet. Ik was alleen maar bang dat zij of haar familie wakker zou worden en me in elkaar zou slaan!'

'Deed ze haar ogen open en keek ze je aan terwijl je met haar vree?'

'Nee, dat deed ze niet. Stelen is een misdaad, dat weet ik, maar ik stal toch helemaal niks. Verdomme, ze waren zo verdomd arm dat ze geen enkel prul hadden dat ook maar iets waard was.'

Fa keek op van zijn papieren en viel uit: 'Hou op met vloeken! Uitschot als jij kan kennelijk nooit ophouden met die slechte gewoonten.'

'Vergeef me, ik zal niet meer vloeken. Het is voor mij nou eenmaal normaal, ik kan mezelf niet zomaar totaal veranderen.'

'De boerenvrouw kende jou niet en lag bovendien te slapen. Begreep je niet dat je iets deed wat zij niet wilde toen je met haar ging vrijen? Dacht je dat ze seks met je wilde?'

'Ik had wel geraden dat ze nooit met me zou willen neuken als ze wakker was. Maar ze had geen kleren aan en lag me te lokken met haar tieten. Ik had al in maanden niet geneukt en ik werd zo geil dat ik me niet afvroeg of het misdadig was. Ik wou alleen maar plezier hebben en ik dacht: ik zie later wel wat ervan komt.'

Fa stelde nog een paar vragen over wat er tijdens de verkrachting gebeurde, bijvoorbeeld hoe lang het duurde vanaf het moment dat hij haar penetreerde totdat hij zijn zaadlozing kreeg, hoe de vrouw reageerde en of ze zelf een orgasme kreeg. Hij wees me erop dat waar het ook over ging, ik altijd op details moest durven ingaan.

Toen ik klaar was met het verhoor, reikte ik Zhang Ming het aantekeningenblok aan. 'Kijk dit goed door om te zien of het is wat je hebt verteld. Daarna moet je op elke bladzijde je handtekening zetten en een vingerafdruk plaatsen.

Hij bladerde snel door het blok en zei: 'Ik hoef het niet zo goed te lezen, het klopt vast wel. Ik heb toch al bekend en kan hier niet ontsnappen.' Daarna schreef hij onder aan elke bladzijde: 'De aantekeningen komen overeen met mijn verklaring, Zhang Ming, 30 augustus 1985.'

'Als je over misdaden hoort die je celgenoten hebben begaan of er meer over weet, dan kun je het aan ons melden,' zei Fa. 'Als je ons helpt om informatie te krijgen over nieuwe misdaden of om zaken op te lossen, dan kunnen we eventueel overwegen je een mildere straf te geven.'

Zhang Ming verklaarde dat hij tot nu toe niets had gehoord, maar dat hij zijn best zou doen om het in de gaten te houden.

Ik pakte de rode inkt en vroeg hem een beetje op zijn duim te nemen om daarmee een vingerafdruk te zetten op elke bladzijde van het verslag. Overal waar we iets hadden veranderd of toegevoegd, moest hij ook zijn vingerafdruk plaatsen. Terwijl hij bezig was met de vingerafdrukken, vroeg ik: 'Je wou het even leuk hebben – vind je het leuk in de gevangenis?'

Hij leek niet verontwaardigd, maar glimlachte en antwoordde: 'Zuster ambtenaar, het is helemaal niet leuk. Toen ik hier net was, vroegen de andere gevangenen wat ik gedaan had en toen ze begrepen dat ik een vrouw had verkracht, gaven ze me een pak slaag. Als je daarbinnen zit, zie je amper de zon en je krijgt nooit genoeg te eten. Er zit nog geen druppel olie in het eten. En je hebt de hele dag helemaal niks te doen. Het is dodelijk saai.'

'Je moet blij zijn dat je eten krijgt,' zei Fa. 'Klaag niet over wat je aangeboden wordt. Verveel je je dood? Wacht maar, in het werkkamp krijg je zo veel werk dat het meer dan genoeg is.'

Zhang Ming zag er niet zo bang uit. Hij zei dat hij niet bang was om in een werkkamp terecht te komen – hij was het gewend om rond te trekken en een hard leven te leiden. Soms werd hij gesnapt als hij iets stal en kreeg hij een afstraffing, maar meestal lieten ze hem weer gaan zonder aangifte te doen omdat hij toch alleen maar kleine dingen jatte. 'Zuster ambtenaar, hoeveel jaar denk je dat ik krijg?' vroeg hij voorzichtig.

'Volgens de wet krijg je voor verkrachting ten minste drie en ten hoogste tien jaar,' antwoordde ik. 'Dus dat betekent minstens drie jaar in de nor voor jou.'

'Wat een kankerzooi,' zei hij wanhopig. 'Eén neuk en dan drie jaar in de gevangenis. Dat is de duurste buit die ik ooit gehad heb.'

Ik vond dat hij een beetje te familiair werd, dus ik zei alleen maar: 'Ja, ja. We gaan.'

Omdat hij merkte dat ik best aardig was, lachte hij sluw en hij vroeg of hij een sigaret kon krijgen: 'Zuster ambtenaar, alsjeblieft, geef me een sigaret tegen de onthouding.'

'Ik rook niet,' antwoordde ik. 'Ik heb geen sigaretten om weg te geven.'

Hij keek een beetje teleurgesteld, boog zijn hoofd en bekeek de peuken op de grond. Plotseling ontdekte hij een half opgerookte sigaret, die onder mijn stoel was gegooid. Hij wierp zich naar voren, zette zijn knie op de vloer en strekte zich uit naar de peuk.

'Gooi hem weg!' riep ik meteen uit. 'Die heeft er misschien ik weet niet hoe lang gelegen en is vreselijk vies. Je zou ziek worden.'

Hij glimlachte en antwoordde onbewogen: 'Lui als ik worden toch niet ziek? Ik heb alle mogelijke viezigheid gegeten, dus mijn darmen zijn het wel gewend en hebben aardig wat weerstandsvermogen. Ik word alleen maar ziek als ik niet mag roken.'

Toen wilde hij vuur, dus vroeg ik Fa om hem te helpen.

Fa stak met tegenzin zijn sigaret aan en zei op een schoolmeesterstoon tegen mij: 'Je begrijpt deze dingen niet. In het vervolg mag je ze niet meer op die manier verwennen, dan worden ze alleen maar erger. Je mag niet het minste medelijden voelen voor de gevangenen.'

Zhang Ming zoog gulzig aan zijn sigaret en luisterde terwijl Fa mij de les las. Hij glimlachte onderdanig en zei: 'Dankjewel, lieve zuster ambtenaar.'

Ik wachtte tot hij was uitgerookt en toen voerde ik hem terug om hem aan Se Lin over te dragen.

Terug op kantoor vulde ik het formulier in met het verzoek tot inhechtenisneming en in het hok voor 'commentaar van de verantwoordelijke onderzoeker' schreef ik: 'De verdachte, Zhang Ming, maakte van de gelegenheid gebruik zich te vergrijpen aan de vrouw terwijl ze sliep. Daarmee maakte hij zich schuldig aan verkrachting. Ik ondersteun de inhechtenisneming. Verantwoordelijk onderzoekster: Xiao.'

Daarna tekende Fa op de regel eronder. Afdelingshoofd Ang controleerde mijn aantekeningen en het verhoorverslag en ondertekende daarna met het commentaar: 'Ben het eens met de mening van de onderzoekster en vraag de hoofdofficier van justitie om goedkeuring.'

Nadat het stempel van het kantonparket erop gezet was, nam ik het verzoek tot inhechtenisneming mee naar de politieafdeling voor vooronderzoek. Op die manier werd Zhang Mings schuld officieel vastgelegd en werd hij officieel in hechtenis genomen.

Hierna moest ik alle verkrachtingszaken behandelen die bij de afdeling werden aangemeld. 'De verkrachte vrouwen willen geen details van het vergrijp vertellen aan een man,' zei Ang. 'Ze schamen zich en voelen zich hulpeloos, dus het is beter als een vrouw die onderzoeken doet.'

Op een middag in hartje zomer stapten Fa en ik op de bus naar het politiebureau van Jinggang. Het was zo heet dat het voelde alsof ik in brand stond en mijn doornatte uniform kleefde aan mijn rug. Zelfs mijn haar was nat van het zweet. Zodra ik in het politiebureau was, dronk ik twee flesjes ijskoude frisdrank die de dienstdoende agent aan kwam reiken en daarna ging ik vlak voor de elektrische ventilator staan met mijn mond open om alle hete lucht uit me te krijgen. De dienstdoende agent had het meisje en haar moeder gevraagd te komen, ze zaten al te wachten in het kantoor. Het meisje was pas acht jaar en haar gezichtje straalde angst en nervositeit uit. De moeder had een donkere huid en grove wenkbrauwen die op harige rupsen leken en haar gezicht een schrikaanjagende uitstraling gaven. Ik vroeg aan de agent: 'Waar kan ik het verhoor houden?'

Hij leidde ons naar de bovenverdieping, naar een vrij grote kamer. Ik ging achter de schrijftafel zitten, waar een elektrische ventilator brommend op zijn voet heen en weer draaide. Ik gebaarde naar het meisje dat ze bij de tafel moest komen zitten en ze gehoorzaamde zwijgend. Haar moeder volgde en ging op de stoel naast haar zitten. Ik pakte mijn stukken, opende mijn aantekenblok en begon het meisje uit te horen over hoe de verkrachting was gegaan.

Het meisje zei niets, ze draaide onrustig heen en weer en keek naar haar moeder, die een pijnlijk gezicht trok. Fa begreep dat ze gegeneerd was, daarom gingen hij en de agent weg. Zodra ze verdwenen waren, beklaagde de moeder zich hoe schaamtevol het was wat er gebeurd was en ze verweet haar dochter: 'Jij bent altijd ongehoorzaam geweest en zo stout dat je nauwelijks kon geloven dat je een meisje bent. Het maakte niet uit hoeveel slaag je kreeg, je was altijd zo en kijk nou wat er gebeurd is. Nu kun je de mensen nooit meer onder ogen komen. Het is allemaal jouw fout!'

Het schuim spoot uit haar mond en ze boorde haar blik in haar dochter, die uit schaamte haar hoofd boog. De moeder was nog niet klaar, maar ging verder met haar boze kritiek: 'Hoe kon je zo onvoorzichtig zijn om je door hem te laten verkrachten? De hele familie schaamt zich! Iedereen in de buurt praat erover – je hebt ons voor schut gezet.' Opgewonden en boos gaf ze het meisje een paar harde klappen op haar hoofd.

Het meisje dook bang ineen en haar tranen begonnen te stromen. 'Ik ben niet verkracht,' zei ze smekend en ze keek naar mij. 'Het was maar een leugen. Ik heb gelogen dat hij me verkracht heeft.' De hele tijd keek ze naar haar moeder, die dreigend terugkeek.

'Wees niet bang,' zei ik, 'vertel gewoon de waarheid over wat er gebeurd is.' Daarna vroeg ik de moeder om even weg te gaan en buiten de kamer te wachten.

Ik begon met het meisje te troosten, zodat ze tot rust kwam. Daarna legde ik uit dat wat er gebeurd was niet haar fout was, dat het helemaal niet was zoals haar moeder zei. Na een tijdje leek ze niet meer zo bang. Het was erg warm in de kamer, dus ik dronk de hele tijd water en toen ik de droge lippen van het meisje zag, vroeg ik of zij ook wat wilde. Ze schudde haar hoofd.

Ik verhoorde haar geduldig en ze vertelde langzaam hoe de verkrachting had plaatsgevonden. Op elke vraag die ik stelde, antwoordde ze heel kort, waardoor ik gedwongen was steeds door te vragen en het verhoor duurde lang. Een aantal keren stond ze op van haar stoel en stond ze een tijdje met haar benen wijd terwijl ze met haar rok zwaaide. Ik dacht dat ze rusteloos was en probeerde haar gerust te stellen door te zeggen: 'We zijn bijna klaar,' maar ze werd rood en keek me aan zonder te antwoorden. Ik zat inmiddels al zo lang dat de stoel nat en kleverig aanvoelde en toen ik opstond, kon je een vochtige afdruk zien die mijn billen op de stoel hadden achtergelaten. Ik moest een andere stoel nemen. Ik vulde het water aan en omdat ik de zweetdruppels op haar voorhoofd had opgemerkt, schonk ik voor haar ook een glas in, maar ze weigerde te drinken. Toen ik uitlegde dat het belangrijk was om veel te drinken om niet uit te drogen, antwoordde ze dat ze bang was om te moeten plassen en naar de wc te moeten.

'Dat maakt niks uit,' zei ik. 'Ik wacht op je, we hebben geen haast.'

Ze schudde haar hoofd en zei dat ze dat niet bedoelde, maar ik begreep het niet en dacht er niet zo lang over na.

Na een tijdje vroeg ze voorzichtig: 'Mag ik naar de wc? Ik moet heel nodig nu, ik kan het niet meer ophouden.'

'Natuurlijk, ga maar gauw. Je had het eerder moeten zeggen, ik zei toch dat je naar de wc mag.' Ik glimlachte naar haar.

Toen ze opstond, merkte ik op dat ze ongewoon wijdbeens liep, op een nogal onnatuurlijke manier, en toen ze na een tijdje terugkwam, had ze rode ogen en ik kon sporen van tranen op haar wangen zien.

'Moest je huilen?' vroeg ik. 'Waarom dan? Heeft je moeder je geslagen?'

Ze schudde haar hoofd. 'Het doet pijn als ik plas,' snikte ze. 'Ik durf het aan niemand te vertellen, ik huil alleen.'

Ik keek naar haar tengere lichaam, wees naar haar onderlichaam en vroeg: 'Doet het daar pijn?'

Ze knikte en daarna begon ze te vertellen. Die dag dat een buurman van middelbare leeftijd zijn penis in haar duwde, deed het zo'n pijn dat ze huilde en vanaf die dag deed het pijn bij het plassen. Het deed ook pijn als ze zweette. Nu begreep ik waarom ze niets wilde drinken: ze was bang dat ze naar de wc moest omdat het pijn deed. Hoe zou ze deze hitte overleven als ze niet dronk?

'Heeft je familie je meegenomen naar het ziekenhuis voor onderzoek?' vroeg ik.

'Nee. Ik heb tegen mama gezegd dat het pijn doet als ik plas, maar zij zegt dat we geen geld hebben om naar een dokter te gaan en dan scheldt ze op mij en zegt ze dat ik haar geld verspil en moeilijkheden maak. Daarom doe ik maar net alsof het geen pijn doet.'

De houding van de moeder tegenover haar dochter was het gevolg van een duizendjarige traditie waarin dochters minder waarde hebben voor de familie dan zonen.

'Is zij jouw echte moeder?'

'Ja.'

Toen werd ik boos en ik ging naar de vrouw op de gang. 'U neemt nu meteen uw dochter mee naar het ziekenhuis voor onderzoek! Ze heeft al dagen pijn in haar vagina en urinewegen en in deze hitte kan ze gemakkelijk infecties oplopen en flink ziek worden. En u houdt ook op met haar de schuld van alles geven!'

Toen de moeder en de dochter het politiebureau hadden verlaten, vroeg ik aan de agent of het meisje lichamelijke en psychische hulp zou krijgen van de plaatselijke overheid. 'Helaas, wij hebben geen overheid of organisaties die zoiets op zich nemen,' antwoordde hij. 'Er is geen geld om te zorgen voor gedupeerde meisjes, omdat het zo vaak gebeurt.'

Op weg naar huis dacht ik aan het zielige meisje, dat werd bespot door haar buren en vrienden en uitgescholden door haar ouders – wat een naar leven wachtte haar. Omdat het niet tot mijn verantwoordelijkheid behoorde, kon ik haar niet helpen. Het enige wat ik kon doen, was een zo zwaar mogelijke straf eisen tegen de verkrachter.

In september 1985 besloot men van hogerhand dat wij, de 64 studenten die gerekruteerd waren door het kantonparket en de 96 die door de rechtbank waren gerekruteerd, allemaal aan de universiteit zouden gaan studeren. Hunans televisiehogeschool en de juridische faculteit aan Xiangtans universiteit hadden de handen ineen geslagen om een driejarige beroepsopleiding in de rechten te creëren. Het parket en de rechtbank betaalden het studiegeld. Wij zouden vier dagen per maand studeren en de rest van de tijd werkten we zoals gewoonlijk.

Net voor Nieuwjaar wilde een vriend van afdelingschef Ang een familielid bezoeken die in hechtenis zat. Ang nam hem mee en dacht dat gevangenischef Se Lin wel een uitzondering zou maken voor zijn vriend, maar tegen de verwachting in weigerde hij. Ang voelde zich vernederd en hij schold en tierde toen hij terugkwam op kantoor.

'Verdorie nog aan toe! Hoe erg kan het nou zijn om een gevangene te bezoeken? Niemand zou zoiets toch aangeven? Hij denkt zeker dat hij iemand is alleen maar omdat hij de macht heeft om nee te zeggen. Maar ik zal de politie eens laten zien wie er de baas is.'

En zo ging het echt: in het vervolg was er geen zaak die Ang behandelde waarin hij geen aanleiding vond om te beweren dat het bewijs ontoereikend was, waardoor het teruggezonden moest worden naar de politie. Zelfs bij zaken die wij drieën onderzochten, was het kleinste punt genoeg om hem te doen besluiten: 'Terugsturen naar de politie voor aanvullend onderzoek.' De politie kreeg zaak na zaak terug en ze begrepen niet wat ze gedaan hadden dat ze zo gestraft werden. Ze stuurden zelfs dienstdoende agenten om ernaar te vragen, maar Ang deed alsof er niets aan de hand was. Op een dag had de afdelingschef van de politie er genoeg van, hij kwam zelf naar ons kantoor om met ons te praten en de situatie uit te zoeken. Nu alle zaken terugkwamen met het verzoek om aanvullend onderzoek te doen, kregen hij en zijn mannen een slechte naam bij zijn meerderen. Het gaf de indruk dat de kwaliteit van hun werk niet bepaald hoog was. Vanzelfsprekend konden zij op hun beurt het onderzoek terugsturen naar de plaatselijke politie en die vragen om naar nieuw bewijsmateriaal te zoeken, maar het was allemaal toch een teken dat het politieonderzoek niet voldeed aan de eisen van het parket. Als dit nog langer zo doorging, zou het hun carrière kunnen beïnvloeden. Dit was de werkelijke reden waarom verantwoordelijke mensen bij de politie niet op slechte voet wilden staan met ons op strafzakenafdeling één.

Toen hij was gaan zitten, begon hij niet meteen over de reden van zijn komst, maar zat hij een tijdje grappen te maken, totdat de stemming op haar hoogtepunt was. Ik maakte als gewoonlijk een kop thee voor hem. Ervaren als hij was, begon hij met mij. 'Is er iets in ons werk waarmee jullie niet tevreden zijn? In dat geval wil ik graag dat jullie dat vertellen – ook als het maar om een kleinigheid gaat. We zijn kameraden, er is toch geen reden om problemen te maken door de hele tijd onderzoeken terug te sturen?'

Ik onderbrak hem met opzet. 'Ja, er is eerlijk gezegd iets waar ik niet tevreden over ben. Pan, onze kok, maakt altijd hetzelfde eten en ik heb er zo genoeg van.'

'Dan mogen we je zeker wel een keer uitnodigen voor een maaltijd in een restaurant?' antwoordde hij.

Ik lachte en pruilde met mijn mond richting Ang. 'Hij is degene die chagrijnig is. Hij vindt dat jullie te zeer aan principes vasthouden en daarom doen wij dat ook maar.'

'Maar goeie ouwe vriend,' zei hij tegen Ang. 'Vertel nou wat er is, zodat we het recht kunnen zetten.'

Angs lange gezicht ontdooide en hij vertelde hoe Se Lin hem vernederd had door zijn vriend zijn familielid niet te laten bezoeken. Toen de afdelingschef dat hoorde, leunde hij achterover en lachte schaterend.

'Dus het was alleen maar zo'n klein dingetje! Gevangenischef Se Lin is een echte boerenpummel. Hij zit daar ver van zijn meerderen te beslissen over een stelletje gevangenen en voelt zich alsof hij heel wat is. Je had toch mij kunnen bellen, dan had ik het probleem opgelost.'

De afdelingschef, de politiecommissaris en de chefs van de plaatselijke politiebureaus waren allemaal erg verontwaardigd over wat Se Lin had gedaan. Ze hadden een onvoldoende gekregen voor het ene na het andere onderzoek en hun meerderen hadden hen flink uitgescholden. Se Lin zou het na dit voorval moeilijk krijgen om in rang te stijgen. Een paar dagen later belde hij Ang op en vroeg hem zijn vriend mee te nemen naar de gevangenis. 'Voor officieren van justitie kunnen wij een uitzondering maken,' zei hij. 'Het belangrijkste is toch dat we elkaar steunen.'

Dit bleek een zeer bruikbare methode om je wil door te drukken. Later zou ik het verscheidene keren proberen en het werkte altijd.

Een jaar later was onze proefaanstelling ten einde en het kantonparket deed nog een onderzoek om te controleren of wij zessen werkelijk ambtenaren konden worden. Ik was de enige tegen wie bezwaar werd gemaakt. Ning, die de afdeling voor politieke arbeid en de partijleden vertegenwoordigde, vond dat ik niet genoeg gekwalificeerd was. De reden was dat ik te vaak lachte en me niet zo serieus gedroeg als een officier van justitie zou moeten doen. Mijn collega's hadden een aantal keren gezien dat ik liep te praten met jongemannen en omdat ik te jong was om een relatie te hebben, duidde dat erop dat ik geen discipline had.

Het ergste was dat een van mijn collega's mij een keer had zien wandelen op straat met een jongen wiens moeder was veroordeeld tot drie jaar gevangenisstraf voor ontucht. Dat ik omging met de zoon van een veroordeelde misdadiger wees erop dat ik inzicht ontbeerde en niet in staat was om een scherpe lijn te trekken tussen mij en de vijand. De misdaad die zijn moeder had begaan was dat ze verliefd was geworden op een knappe man die ze toevallig had ontmoet. Ze sliepen met elkaar en om haar man in dezelfde richting te duwen, stelde ze hem voor aan een alleenstaande vriendin, met wie hij een keer seks had. Alle vier werden ze verhoord en de vrouw werd veroordeeld tot drie jaar gevangenisstraf voor ontucht en slechte moraal.

Toen ik hoorde dat ik niet werd goedgekeurd, werd ik zo neerslachtig dat ik niet kon eten of drinken. Dit betekende dat ik slechter was dan de anderen en dat ik elk moment ontslagen kon worden. Die avond nam ik een cadeau mee en ging op bezoek bij Ang. Ik verklaarde geschokt dat ik nooit een verhouding had gehad met een man en dat die arbeidersjongen alleen maar een stukje met mij was opgelopen. Ik had er geen idee van dat zijn moeder veroordeeld was voor ontucht. Ik beloofde Ang vanaf nu niet meer zo levendig te zijn en niet de hele tijd te lachen.

De volgende dag maakte Ang zijn bezwaar kenbaar aan het partijcomité. 'Waarom zou mijn ondergeschikte niet goedgekeurd worden? Ze heeft een hele serie onderzoeken afgehandeld en nooit iets fout gedaan, ze is nauwkeurig en vlijtig. Dat haar privéleven niet perfect is, behoort de beoordeling van haar werk niet te beïnvloeden. Jongeren zijn van nature blij en levendig, dat verandert wel met de tijd.'

Uiteindelijk gaven ze toe en stemden ze ermee in mijn loon te verhogen tot 56 yuan per maand.

5

In de winter van 1986 kwam de kou ongewoon vroeg en in november begonnen we op kantoor te stoken. Juist toen kreeg ik een heel irritant geval van diefstal. De dief was een recidivist die pas na vijftig diefstallen gepakt was. Ik moest een formulier invullen waarop ik voor elke misdaad tijd, plaats, aanduiding van het gestolene, kosten of berekende waarde, het verslag van de bestolene, wat er gebeurd was met de gestolen waren en het verslag van de koper of de heler moest invullen. Uit de twee dikke, ongenummerde papierstapels met stukken moest ik daarna het bewijs halen en dat op het formulier aantekenen. Omdat het ging om vijftig diefstallen, moest ik telkens heen en weer bladeren, zodat de pagina's ritselden en klapperden en de hele tijd vloekte ik voor me uit: 'Wat een verschrikkelijke schurk! Dit kost me mijn leven. De hele maand kom ik aan niets anders toe.'

Wang maakte van de gelegenheid gebruik om te zeggen: 'Dus het meisje klaagt zo gauw ze een beetje ongemak voor haar voeten krijgt. Toen ik in het leger bij de genietroepen zat, bouwden we elke dag wegen en bruggen, alleen maar van klei en zand. Denk maar niet dat ik klaagde!'

Fa lichtte zijn hoofd op. 'Zat jij bij de genie? Ik dacht dat je bij de artillerie zat?'

Daarna begonnen ze weer te kletsen over de oude tijden – over hoe zwaar alles toen was, hoe ze dagenlang ploeterden en 's nachts rapporten schreven over hun politieke stellingname, hoe ze Mao's rode boekje hadden bestudeerd en hoe hard de discipline toen was. Tot slot richtten ze zich tot mij om me op mijn plaats te zetten. 'Jullie jongeren krijgen een goede baan zonder ervoor te hoeven vechten. Je hebt niks om over te klagen, je zou dankbaar moeten zijn.'

Zulke praat had ik al vaker moeten aanhoren – ze waren grotere zeuren dan mijn moeder. Maar ik beet op mijn lippen en boog me over mijn berekeningen van de waarde van de gestolen goederen. Dat was een van de factoren die de strafmaat bepaalden, want pas als het gestolene meer was dan tweeduizend yuan, werd de misdaad officieel diefstal genoemd. Juist op dat ogenblik duwde iemand de deur open (die niet op slot was). Toen ik mijn blik oprichtte, zag ik een vrouw van middelbare leeftijd die een meisje van rond de twaalf aan de hand hield. De vrouw zag eruit alsof ze iets wilde vragen, maar haar mond niet durfde open te doen. Het meisje staarde naar de grond, trok aan haar oor en leek onverschillig in elkaar te kruipen in haar veel te grote blauwe katoenen jas.

'Wilden jullie iets zeggen?' vroeg ik aan de vrouw.

Ze glimlachte verontschuldigend en antwoordde: 'Ja, ik heb iets erg belangrijks te rapporteren.' Ze leek verontwaardigd en was zo zenuwachtig dat ze hijgde.

Ik vroeg haar te gaan zitten en haar verhaal rustig te vertellen. De vrouw trok het meisje mee naar binnen, deed voorzichtig de deur achter zich dicht en ging naast de kachel zitten.

'Mijn dochters leraar heeft zich aan haar vergrepen. Ik heb aangifte gedaan bij de gemeenteraad, maar alle gemeenteambtenaren beschermen elkaar en dus deden ze niks met mijn aangifte.' Van verontwaardiging trilden haar lippen een beetje.

'U moet uw aangifte indienen op het politiebureau,' zei ik. 'Alleen de politie kan zo'n onderzoek in gang zetten.'

'Ik ben bij de politie geweest, maar die wilden de aangifte niet aannemen. Ze praatten alleen maar een beetje en stuurden me toen weg. Toen ik terugkwam, trokken ze zich niks van me aan en ze zeiden dat ik geen bewijs had en dat ik alleen maar probeerde de volksleraar zwart te maken. Ik heb rondgevraagd of er niet een andere plek is waar ik heen kan gaan en men zegt dat jullie officieren van justitie ook onderzoek doen, bovendien beter dan de politie. Dus dacht ik: het is het waard om te proberen.' Ze praatte heel snel, alsof ze bang was dat ik haar zou afbreken.

'Vertel me eens wat er gebeurd is,' zei ik. 'Als hij werkelijk een misdaad heeft begaan, dan zullen we ervoor zorgen dat de politie de zaak oppakt.'

'Mijn dochter zit in de vijfde klas op Guanzhens basisschool. In mei ontdekte ik dat ze ineens haar eetlust had verloren en dat ze overgaf zodra ze iets binnenkreeg. Ik vroeg haar of ze ziek was en ze zei dat ze zich misselijk voelde. Ik dacht dat het een gewoon virus was en gaf haar medicijnen. Maar toen ze zich na ruim een week niet beter voelde, nam ik haar mee naar het ziekenhuis. Een dokter onderzocht haar en nam een urineproef, die aantoonde dat ze zwanger was. Ik was helemaal gechoqueerd.'

Het meisje boog haar hoofd nog verder en staarde naar haar schoenen. Ze wrong haar handen en zag er vertwijfeld uit, alsof ze zelf een verschrikkelijke misdaad begaan had.

De vrouw nam geen pauze, maar vertelde meteen verder: 'Toen ik thuiskwam, vroeg ik haar uit. De wiskundeleraar had gezegd dat haar cijfers slecht waren en dat ze zou blijven zitten. Hij vroeg haar vaak in zijn klas te komen als de school uit was voor "bijlessen". Mijn dochter ging erheen en dan dwong hij haar op zijn schoot te gaan zitten, waarop hij haar onderlichaam betastte. Soms trok hij haar onderbroek uit en had gemeenschap met haar. Na afloop overreedde hij haar om er niets over te vertellen en zei hij dat hij haar extra lessen wilde geven omdat hij zo veel om haar gaf. Ik vroeg wanneer het begonnen was en of het vaak gebeurd was. Ze zei dat het al bijna een jaar aan de gang was en dat ze ongeveer één keer in de week "bijlessen" kreeg. Ik kon met eigen ogen zien hoe haar buik steeds dikker werd, en er zat niets anders op dan haar mee te nemen naar het ziekenhuis voor een abortus. De arts zei dat ze nog niet helemaal ontwikkeld was en dat hij nog nooit een abortus had uitgevoerd bij een zo jong meisje met een zo gevoelige baarmoeder. Ik werd erg bang en wachtte buiten de operatiekamer. Daarbinnen kon ik mijn dochter horen schreeuwen en ik werd helemaal zweterig in mijn handpalmen en week in mijn benen. Na de abortus was ze zo zwak en bleek dat ze twee maanden in bed moest liggen.'

Het was dus niet zo verwonderlijk dat ik vond dat het meisje er mager en zwak uitzag.

'Hoe meer ik erover piekerde, hoe bozer ik werd. Daarom ging ik naar het gemeentebestuur. Ik kon niet weten dat voorzitter Yi de oom was van de wiskundeleraar. Macht heeft hij ook. De ambtenaren daar vroegen me op welke grond ik hem durfde te "belasteren". Toen dat niet lukte, ging ik naar het politiebureau, maar zij hebben nauwe contacten met het gemeentehuis. "Dat is lang geleden gebeurd en je hebt geen bewijs," zeiden ze en ze stuurden me elke keer dat ik het probeerde naar huis. Maar ik kon het niet verteren en daarom heb ik het aangegeven bij de vrouwenbond en het provinciebestuur. Daar zeiden ze dat het hun zaak niet was, maar een kwestie voor het rechtsapparaat. Ze stelden voor dat ik naar jullie toe zou gaan.' De vrouw was harder gaan praten en haar gezicht drukte zowel vernedering als woede uit.

Ik vroeg hoe oud haar dochter was en ze zei dat ze net veertien was geworden. Als je je vergrijpt aan een kind onder de veertien, wordt dat voor de wet beschouwd als verkrachting en levert het minstens zeven jaar gevangenisstraf op. Deze leraar had zich ongetwijfeld schuldig gemaakt aan verkrachting. Ik schreef de naam van het meisje op, adres, school en naam van de leraar, en toen zei ik: 'Wees niet ongerust. We zullen er alles aan doen om de politie ertoe te bewegen de zaak op te pakken. Zo'n man hoort een strenge straf te krijgen.' Ik aaide het meisje over haar hoofd en glimlachte vriendelijk naar haar.

Zodra ze weg waren, rapporteerde ik de kwestie aan hoofdofficier Dan en hij vond het goed dat ik de zaak oppakte.

De volgende ochtend vroeg ging ik naar de politie en ik vertelde het hoofd van de recherche over de zaak. 'Ik ben van mening dat we deze zaak moeten behandelen volgens de wet,' zei ik. 'Eerst doen jullie een onderzoek en dan sturen jullie de zaak naar ons op strafzakenafdeling één voor goedkeuring.' Het hoofd van de recherche stemde ermee in de zaak meteen in behandeling te nemen.

Er verstreek een week en ik hoorde niets van de politie. 'Waarom zijn jullie zo traag?' vroeg ik hem. 'Er is een week voorbij en ik heb geen woord van jullie ontvangen. Je hebt niet eens wat laten weten.'

Het hoofd van de recherche toverde een onschuldige uitdrukking op zijn gezicht en spreidde zijn armen. 'Lieve mevrouw de officier van justitie, ik heb twee man op de zaak gezet, maar zodra ze die leraar verhoord hadden, ging de telefoon. Dat waren lui die mij en de verantwoordelijke agent wilden spreken om te controleren wat er aan de hand was. We hebben verteld dat de plaatselijke officier van justitie ons had bevolen de zaak op te pakken, maar toen we de volgende dag teruggingen om het verhoor met de leraar voort te zetten, was hij verdwenen. Niemand weet waar hij heen is, op school niet en thuis niet. Er is een week voorbij maar hij is niet opgedoken.'

Zodra ik dat hoorde, begreep ik dat de vrouw gelijk had – de familieleden van de leraar hadden werkelijk buitengewone macht. 'Wie was degene die belde om de zaak te controleren?' vroeg ik.

'Er kwamen telefoontjes uit verschillende richtingen – van het politiebureau, van het gemeentehuis, van de school. Allemaal zeiden ze dat ze alleen maar wilden weten wat er aan de hand was, maar ze wezen er ook op dat de wiskundeleraar zich altijd zeer correct gedroeg en helemaal niet op een schurk leek.'

'Dan wil ik dat je mensen erop uitstuurt om hem voor mij te grijpen,' zei ik. 'We weten niet eens hoeveel meisjes hij al verkracht heeft.'

'Ja, ja, mejuffrouw,' antwoordde hij. 'Ik zal de stukken opmaken voor vluchten tijdens verdenking van misdaad en dan zal ik een opsporingsbevel uitvaardigen. Goed?'

Maar we kwamen nooit ergens met die zaak.

Acht jaar later was mijn oude kamergenote Lee op bezoek op het parket in Changsha en ze kwam ook even bij mij langs; ik was toen al overgeplaatst naar de grote stad. We bespraken hoe we op het werk konden merken dat een stijgend aantal misdaden met corruptie te maken had en ik klaagde over juist deze zaak.

'Dat zelfs iemand die burgemeester is in zo'n klein stadje zijn macht en netwerk kan gebruiken om zijn familieleden straf te laten ontlopen.'

Lee antwoordde: 'Hij is nu veroordeeld. Die wiskundeleraar kreeg zes jaar. Ik heb de zaak net afgerond.'

'Wat? Hij was toch gevlucht? Wanneer en waar hebben jullie hem gevonden?'

'Hij was de hele tijd thuis, deed er zelfs zaken. Hij was helemaal niet gevlucht.'

'Maar de politie zei dat hij gevlucht was omdat hij bang was gestraft te worden.'

'Ze hebben je erin laten lopen. Hij heeft zich een paar maanden ergens anders verborgen gehouden, maar toen de zaak niet meer zo actueel was, ging hij terug naar huis. Omdat hij familie was van burgemeester Yi, verkoos de politie om maar niet aan hem te komen.

'Dus hij kon zijn straf ontlopen vlak voor mijn ogen zonder dat ik het begreep? De politie deed of ze met ons samenwerkte, maar hield me voor de gek. Terwijl ik ze zo dicht op de huid heb gezeten en hun heb gezegd dat ze hem moesten pakken.'

Lee zag hoe kwaad ik werd en lachte: 'Laat het los! Je hoeft niet boos te worden. Zo'n moraal hebben ze nou eenmaal bij de politie.'

'Maar wat bewoog jullie om de zaak weer op te nemen?'

'Simpelweg op grond van een machtsstrijd,' antwoordde Lee rustig.

'Is burgemeester Yi afgetreden?'

'Ja. Iedereen wist natuurlijk dat Yi zijn familieleden beschermde en lak had aan de wet, maar zolang hij aan de macht was, durfde niemand tegen hem in te gaan. Maar daarna kreeg hij een concurrent die zijn positie wilde overnemen en die via eigen contacten de politie zover wist te krijgen de zaak te heropenen. Gelukkig was er net een nieuwe politiecommissaris en een nieuw hoofd van de recherche en die waren nog erg bezig om te laten zien wat ze konden. Het kostte ze niet veel tijd om bewijs te vinden en de zaak aan ons te sturen. Yi's politieke tegenstander pookte de zaak op om Yi te pakken te krijgen, zodat die aftrad zonder te protesteren. Nu is die ander dus burgemeester.' Lee lachte weer, ze had genoeg meegemaakt om gewend te zijn aan de telkens wisselende politiek.

'Dus dat verkrachte meisje moet blij zijn dat er een politieke machtsstrijd is? Anders zouden zij en haar moeder nooit genoegdoening hebben gekregen.'

'Maar het liep uiteindelijk goed af. Hij heeft zijn straf gekregen.' Lee probeerde me in een beter humeur te krijgen. 'Wij hebben niet genoeg macht om de samenleving te veranderen, dus boos worden is energieverspilling. Laten we over iets leukers praten.'

De zon scheen onbarmhartig op de kwetsbare begroeiing van de doordrenkte rijstvelden, de hitte rolde in golven door de lucht. Het veld lag er verlaten bij, de mensen rustten verborgen in hun koele huizen, terwijl ik als een gek langs de smalle paadjes tussen de akkerlandjes fietste in een poging mijn tijd in de brandende zon zo kort mogelijk te houden. Puffend en hijgend worstelde ik me over de heuvels en toen ik bij het huis van bewaring aankwam, was ik doornat van het zweet.

Ik nam mijn pet af en wapperde ermee, hijgde een tijdje en zei toen in het voorbijgaan tegen Se Lin: 'Mijn fiets is heel smerig. Kun je niet een van de gevangenen halen en zorgen dat hij schoongemaakt wordt? De ketting moet ook gedroogd.'

Se Lin liep door het wachthuisje met zijn sleutelring, liep naar de binnenplaats en riep: 'Luister allemaal! Kameraad Xiao van het Openbaar Ministerie heeft een man nodig die haar fiets schoonmaakt. Is er een vrijwilliger?'

Op het moment dat hij zweeg, werden er achttien armen door de luikjes van de negen deuren gestoken en het geluid steeg in golven uit de cellen op: 'Ik meld me aan, kameraad! Ik meld me aan!'

Se Lin had er niet op gerekend dat zovelen zich zouden aanmelden, maar hij lachte, vloekte even en zei: 'Trek die armen terug! Het gaat maar om een fiets poetsen, niet om een bank beginnen of een goudmijn afgraven. Dat zou je bijna denken als je ziet hoe hard jullie je best doen om eruit te komen om te werken.'

Ik kon me niet inhouden en begon te lachen met mijn handen voor mijn mond. Se Lin lachte ook en zei met harde stem: 'Het gebeurt niet zo vaak dat je de fiets van een officier van justitie mag schoonmaken. We hebben een vakman nodig! Is er hier iemand die fietsenmaker is of een fietsenzaak heeft gehad? Strek dan je arm uit.'

Een minuut later stak er een arm uit het luikje in deur nummer vijf. 'Kameraad!' riep iemand daar binnen. 'Ik heb eerder fietsen gerepareerd, ik ben een vakman.'

Se Lin ging erheen en deed de deur open. Een jonge man met geschoren hoofd, gekleed in een kreukelig overhemd, korte broek en plastic sandalen, kwam naar buiten. Hij zag eruit alsof hij nog geen twintig jaar was. Ik leidde hem naar buiten, het bewaakte gebied uit, en wees naar de fiets, die ik onder een boom had geparkeerd.

'Hoe lang duurt dat, denk je?' vroeg ik.

'Het is klaar als u klaar bent met uw verhoor.'

'Mijn verhoor duurt zeker twee uur – zo lang heb je toch niet nodig om een fiets droog te wrijven?'

Hij vouwde zijn handen samen voor zijn borst en schudde die met een brede glimlach op zijn lippen. 'Mevrouw de officier,' zei hij smekend. 'Wees een beetje aardig alstublieft. Laat me even wat licht zien. Binnen in de cel is het zo warm en het stinkt, er zijn er al een heleboel ziek geworden van de zomerhitte. Ik heb het geluk dat u mij naar buiten hebt laten komen om uw fiets te poetsen – stel je voor dat ik nooit fietsen had gerepareerd, dan had ik de kans nooit gekregen. Laat me nou twee uurtjes frisse lucht inademen.'

'Maar maak hem dan echt goed schoon, geen trucjes!'

'Dat zou ik nooit durven. Ik beloof dat uw fiets schoon wordt. U zult gegarandeerd tevreden zijn.'

Ik draaide me om naar de soldaat die er vlakbij stond met een geweer. 'Bewaak hem goed, laat hem niet ontsnappen.'

De soldaat glimlachte en riep zelfverzekerd naar ons: 'Waar zou hij heen kunnen? Het stikt van de gewapende soldaten in deze legerplaats. Hij vast bang om doodgeschoten te worden.'

Ik ging weer naar binnen en liet Hang halen voor verhoor; hij werd verdacht van diefstallen op langeafstandsbussen en restaurants. Hij had een blauw oog, zijn bovenlip was gezwollen en hij miste een voortand. Ik vroeg hem wat er gebeurd was en hij zei dat hij mishandeld was. 'Ik had een tas gestolen van een klant in een restaurant en hij ontdekte mij. Er zaten zeven, acht mensen rond de tafel die me omringden en een enorm pak slaag gaven voordat ze me naar het politiebureau sleepten.'

'Heb je eerder vastgezeten?'

'Ik heb nooit eerder een stommiteit begaan. De politie heeft me twee dagen en twee nachten verhoord, ze waren heel hard en ik was moe en had honger. Ze zeiden dat dat en dat restaurant en die en die bus last hadden gehad van diefstal en vroegen of ik dat geweest was. Ik bekende alles wat ik me herinnerde. Daarna vroegen ze wanneer de diefstallen hadden plaatsgevonden en hoeveel alles waard was. Dat heb ik ook verteld. Op die manier vinkten ze zaak na zaak af in hun papieren van onopgeloste diefstallen.'

Het is lastig om bewijs te vinden van zakkenrollerij. Om die reden ging de politie in zulke gevallen vaak met harde hand te werk, begreep ik.

Toen het iets over vieren was en ik bijna klaar was met mijn verhoor, ont-dekte ik een mager, krom, oud mannetje dat vlak bij de deur was komen staan. Zijn gezicht was overdekt met diepe rimpels en hij miste een paar voortanden. Hij stond daar doodstil en staarde naar Hang en mij. Hang keek naar mij en zijn lippen bewogen alsof hij iets probeerde te zeggen, maar niet durfde.

'Wie is dat?' vroeg ik.

'Dat is mijn vader,' zei Hang en hij wees naar de oude man.

Ik schrok op en wendde me tot de man. 'Kunt u alstublieft ietsje verder-op wachten. Ik ben nog niet klaar met mijn verhoor.'

De oude man knikte, boog en zei 'ja' voordat hij haastig een stuk achter-uitging. Toen het verhoor klaar was, nam ik Hang mee naar Se Lin en de man die buiten wachtte.

'Volgens de regels mag je Hang niet bezoeken voordat het vonnis geveld is,' zei Se Lin tegen de man. 'Je mag alleen maar kleren en geld naar hem sturen. Vandaag had je extra geluk dat je precies kwam toen de officier van justitie hem verhoorde. Geef hem nu maar wat je meegenomen hebt en be-dank dan de officier van justitie dat ze jullie met elkaar laat praten.'

De oude man glimlachte en bedankte vele malen. De strohoed op zijn hoofd was kapot aan de rand en het witte overhemd met korte mouwen, dat zo vaak gewassen was dat het bijna doorschijnend was, hing zwaar van het zweet om zijn lichaam. Het hemd eronder zat vol gaatjes en aan zijn voeten droeg hij schoenen van gevlochten stro.

Ik was gedwongen te blijven staan en toezicht te houden op hun gesprek. De oude man vertelde hoe hij drie dagen had gelopen om bij het huis van bewaring te komen. 'Gisteren en eergisteren mocht ik een bamboebed le-nen van een paar aardige mensen en buiten slapen op de plaats waar ze graan drogen. 's Morgens gaven ze me zelfs een schaaltje geweld rijst en een bordje ingelegde groente...'

'Heb je iets lekkers voor me bij je?' vroeg Hang aan zijn vader. Hang zag er helemaal niet blij uit.

'Eergisteren vertelden de kameraden op ons politiebureau dat jij gepakt was voor diefstal en dat je hier in hechtenis zat,' zei de oude man. Ik heb drie dagen en twee nachten gelopen en ik heb erg pijn in mijn benen. Het gestoomde brood dat ik had meegenomen, heb ik onderweg opgegeten. Ik durfde niet zo veel mee te nemen, omdat het zo warm is, ik was bang dat het zou bederven. Daarom heb ik geen eten bij me voor jou...'

Hang brak zijn vader geïrriteerd af: 'Ik vroeg niet hoe je hier gekomen bent, ik vroeg alleen maar of je wat bij je hebt voor me.'

De oude man humde een tijdje en zei toen: 'Ik weet dat je veel rookt en ik was bang dat je het niet zou uithouden in het huis van bewaring zonder sigaretten, dus ik heb een aantal pakjes voor je gekocht. Je weet dat ik geen geld heb en het is zo warm nu. Je krijgt niet zo veel meer voor de eieren en die luie hennen leggen ook niet zo veel. Ik had tien yuan gespaard en ik heb er tien geleend van de buren...'

Hang brak hem weer af: 'Zeur niet zo! Heb je geld bij je? Geef het dan!'

De oude man stopte snel zijn ene hand in zijn broek en graaide rond in zijn onderbroek, waarop hij twee kreukelige, vochtige biljetten tevoorschijn haalde. Hang rukte ze naar zich toe en stopte ze in zijn zak. De oude man nam zijn zoon op en begon over de familie te praten: 'Jouw moeder stierf zo vroeg en ik heb geprobeerd je op te voeden zo goed als ik kon. Als kind was je heel lief en ik was ook niet lelijk tegen jou. Waarom moet je dingen tegen de wet doen? Het ziet er niet naar uit dat je thuis zult zijn als het tijd wordt om te zaaien dit jaar. Er is niemand thuis die mij kan helpen en ik ben oud. Ik werk zo langzaam tegenwoordig dat ik nauwelijks mijn stukje grond alleen kan beplanten.'

Hang leek niet erg geraakt. 'Je hebt toch eerder gezaaid en geplant en dat ging ook goed. Alleen omdat ik in de gevangenis beland, begin jij te zeuren en te klagen. Schiet nou op met die sigaretten. Als je niks anders te vertellen hebt, kun je net zo goed gaan.'

De oude man viel stil en wist niet hoe hij verder zou gaan. Hij ging niet in tegen wat zijn zoon zei, maar graaide snel zes pakjes sigaretten uit zijn tas. Toen Hang ze aannam en zag dat het een goedkoop merk was, werd hij weer nijdig: 'Jezus! Koop je zulke goedkope troep voor mij? Die kun je niet roken. Ben je echt straatarm soms?' Daarna gooide hij de sigaretten op de grond, vlak voor zijn vader en mij. De oude man schaamde zich zo dat hij helemaal paars in zijn gezicht werd en voorzichtig pakte hij de pakjes op, een voor een.

'Ik heb echt geen geld,' zei hij zacht. 'Ik had niet eens geld om de bus hierheen te nemen. Je moet maar proberen het ermee te doen. Ik weet dat ik geen goede vader ben.'

Hang was nog steeds nijdig. 'Stomme ouwe sok,' schold hij. 'Ik heb je toch niet gevraagd om hier te komen.'

Ik merkte dat ik er niet meer tegen kon en daarom gaf ik hem een klap op zijn achterhoofd. 'Jij bent een lummel als je niet weet wanneer je dankbaar hoort te zijn! Jouw vader heeft dagenlang gelopen in de stekende zon om jou die sigaretten te geven en dan durf jij te zeggen dat ze niet deugen. En je scheldt hem ook nog uit. Ik zou je eigenlijk in elkaar moeten slaan!' Ik weet niet waarom ik alsmaar bozer werd, maar toen ik klaar was, schopte ik hem tegen zijn achterwerk.

Toen de oude man zag dat ik zijn zoon schopte, werd hij zo ongerust dat hij rood werd en het zweet droop van zijn voorhoofd. Hij pakte me voorzichtig bij mijn arm en smeekte: 'Word niet boos, kameraad. Ik heb hem verwend. Hij is al zijn hele leven zo, ik ben het gewend. Hoe beroerd hij ook is, hij is toch mijn zoon.'

Ik negeerde de liefdevolle gebeden van de oude man en wees naar Hang, die zich over zijn achterwerk wreef. 'Bied je excuses aan je vader aan!'

Hang boog zijn hoofd, pakte de sigaretten aan en zei 'pardon'.

Toen ik naar de zielige oude man keek, voelde ik medelijden en verdriet. Hij had zo ver gelopen om zijn zoon een keer te ontmoeten en ik wilde ze graag nog wat meer tijd geven om te praten. Maar het was niet toegestaan.

Ik liep terug naar de boom en vroeg aan de gevangene die in de schaduw van de takken op mijn fiets steunde: 'Heb je hem schoongemaakt?'

Hij had gezien hoe ik Hang had geschopt en glimlachte breed tegen mij terwijl hij beleefd antwoordde: 'Kijkt u maar, hij is zo schoon dat hij blinkt. Mejuffrouw kameraad, de volgende keer dat u de fiets schoon moet hebben, kunt u mij best weer vragen. En als ik het niet nauwkeurig doe, kunt u mij ook een schop geven.'

'Dat zullen we dan wel zien.' Ik moest glimlachen om zijn welbespraaktheid. Daarna zag ik de peuken die hij in zijn hand hield. 'Heb je peuken lopen verzamelen?'

'Ik heb er vijf gevonden,' antwoordde hij, hij lachte tevreden en liet ze me zien.

'Ga nu terug naar je cel, je hebt voor vandaag genoeg frisse lucht gekregen.'

'Dank u wel, kameraad.'

Toen ik had gezien dat hij terugging naar zijn cel, wendde ik me weer tot Hang en zijn vader. Ik keek op mijn horloge – ik kon niet langer blijven hangen, want dan zou zeker iemand het aan mijn superieuren rapporteren en dan zou ik kritiek krijgen. 'De tijd is voorbij,' zei ik tegen de oude man. 'Ik ga hem terugbrengen naar zijn cel. Ga nu maar naar huis.'

De man pakte meteen vol wanhoop de hand van zijn zoon. 'Wees aardig en beken alles aan de politie. Dan zijn ze misschien mild voor je en word je niet tot zoveel jaar veroordeeld. Je moet goed voor jezelf zorgen en geen misdaden meer begaan.' De tranen glinsterden in zijn ogen en hij volgde zijn zoon op de hielen terwijl hij onophoudelijk praatte. Met weemoed in zijn blik zag hij zijn zoon door de poort verdwijnen naar het omheinde gebied. Hang draaide zijn hoofd niet eens meer om, maar liep rechtdoor.

De man zou weer drie dagen en twee nachten moeten lopen om thuis te komen en onderweg zou hij moeten bedelen om eten. Toen ik hem zijn tranen zag drogen met de zoom van zijn hemd, bedacht ik dat hij de hele weg naar huis zou nadenken over wat er deze middag was gebeurd en hoe naar zijn zoon tegen hem was geweest. Dat deed hem waarschijnlijk meer pijn dan de stekende zon. Op dat moment voelde ik dat ik geen kinderen wilde – de pijn die deze oude man had moeten doorstaan, wilde ik liever ontlopen.

Toen werd het herfst. De bleke zonnestralen drongen door de bladeren van de parasolboom heen en vielen op de tuin voor het kantoor. De forsythia's, die in een rij langs de muur geplant waren, hadden hun bloemen geopend en de lucht was vol van zoete geuren.

Op deze rustige, vredige herfstdag kreeg ik een onverwacht telefoontje van een studiegenote die op een ander parket geplaatst was. Ze vertelde dat haar zus was verkracht en dat ze wilde dat ik de zaak zou behandelen en erop zou toezien dat de man veroordeeld werd.

De verklaringen over de zaak liepen uiteen en ik zag me gedwongen de zaak nauwkeuriger te onderzoeken dan ik eerst had gedacht.

Het meisje had als schoonmaakster gewerkt in het pension waar de aangeklaagde verbleef ten tijde van het gebeurde. Tijdens het politieverhoor had ze het volgende verteld: 'Op een dag sloeg hij zijn armen om me heen en gooide me op bed. Ik spartelde tegen, maar hij hield zijn hand voor mijn mond, waardoor ik het bewustzijn verloor. Toen ik wakker werd was ik ontkleed onder mijn middel. Ik haastte me daar vandaan en lichtte mijn chef in, die de politie belde.'

In aanvulling op de getuigenis van het meisje toonde de politie spermavlekken op het laken aan.

Ai gaf toe dat hij gemeenschap met het meisje had gehad, maar hij zei dat het gebeurd was met haar toestemming, ja, het was zelfs haar initiatief. Toen Ai had gezegd dat hij niet meer haar minnaar wilde zijn, was ze heel kwaad geworden en verdwenen. 's Avonds waren twee politiemannen zijn kamer binnengedrongen, hadden hem handboeien omgedaan, hem meegevoerd naar het politiebureau en hem de hele nacht verhoord.

Ik besloot Ai in de gevangenis te verhoren om duidelijkheid te krijgen over zijn verhaal.

Ai was vierentwintig. Hij had lange benen, een hoge neus, heldere ogen, witte tanden en frisse, roze lippen. Hij was een aantrekkelijke jonge man die er volgens alle logica een expert in moest zijn om vrouwen in zijn bed te krijgen. Waarom zou hij hebben besloten om een plattelandsmeid te verkrachten die niet eens zo mooi was?

Ais verklaring verschilde in niets van wat hij aan de politie had verteld. 'Was het meisje onwillig en verzette ze zich?' vroeg ik. 'Nee, helemaal niet. We zoenden zelfs.' 'Werd er druk op je uitgeoefend tijdens het politieverhoor?' 'Niemand heeft me geslagen, maar de agenten bekritiseerden me omdat ik niet aardig zou zijn en ze beweerden dat ik loog. Ze wilden dat ik de "waarheid" zou vertellen. Ik benadrukte een paar keer dat wat ik zei waar was en ten slotte gaven ze op en sloten het verhoor af.'

Ik zag in dat het politieonderzoek ontoereikend was. Er was geen getuigenverklaring, geen vermelding van sporen van geweld in de kamer. Ook was er geen informatie dat de jonge vrouw een medisch onderzoek had ondergaan na het gebeuren en wat dat aan informatie had opgeleverd. Dat alles moest zo snel mogelijk duidelijk worden.

De volgende middag hadden we een vergadering en zoals gewoonlijk kregen we vermaningen van hogerhand, met betrekking tot strengheid en hard toeslaan, het belang van het bewaren van staatsgeheimen, circulaires met informatie over de interne discipline in het nationale ambt van officier van justitie enzovoort. Ik werd steeds slaperiger.

Plotseling riep iemand van de receptie: 'Bureauchef Ning, u hebt telefoon! Een belangrijk gesprek!' Ning stond op en verliet de vergaderzaal. Na korte tijd kwam hij buiten adem weer binnenrennen en rapporteerde aan hoofdofficier Dan, die nog steeds bezig was om de richtlijnen voor te lezen: 'Er is iemand in hechtenis overleden! Een gevangene is in elkaar geslagen!'

Dan dacht een paar seconden na en zei toen tegen mij en twee andere collega's: 'Xiao van strafzakenafdeling één moet er meteen heen om informatie over deze zaak te verzamelen. Doe onderzoek samen met de politie. Afdelingschefs Jan en Bo van de gevangenisafdeling moeten er ook meteen heen om uit te vinden hoe het kan dat het personeel op zo'n manier de greep heeft verloren.'

Toen we bij het huis van bewaring kwamen, stonden de politiechef, het hoofd van de recherche, de gerechtsarts en gevangenischef Se Lin met bezorgde blikken op ons te wachten. Het lijk lag op de open plaats voor de cellen, bedekt met een wit laken.

Terwijl Jan en de anderen elkaar de hand schudden en beleefdheidsfrases uitwisselden, werd ik bevangen door nieuwsgierigheid, liep naar het lijk en tilde het laken op. Ais gezicht werd zichtbaar. Ik hapte naar adem, terwijl een gedachte door mijn hoofd schoot: 'Stel dat zij...?' Ik duwde die ongewone gedachte meteen weg – mijn studiegenote had misschien wel contact opgenomen met haar vrienden bij de politie, maar ze kon niet de macht heb-

ben om in het huis van bewaring andere gevangenen zover te krijgen dat ze
Ai van het leven zouden beroven.

Se Lin was niet echt zichzelf. Hij was nerveus toen hij het gebeurde aan
ons rapporteerde: 'Bij het ontbijt om acht uur vanmorgen waren er maar zeven etensbakjes naar buiten gestoken uit cel nummer drie. Er zaten daar
acht gevangenen, dus riep ik door het gat: "Wie wil daar niet eten?" Niemand antwoordde. Na een tijdje vroeg ik weer: "Kunnen jullie erachter komen wie er niet wil eten? Is er soms iemand ziek geworden?" Nog steeds
geen antwoord. Toen werd ik kwaad en ik verhief mijn stem. "Zijn jullie allemaal stom of doof?" Uiteindelijk antwoordde er iemand van binnen: "Die
jongen van de universiteit, Ai, die ligt te slapen en we krijgen hem niet wakker." "Er is niemand die je niet wakker krijgt," zei ik. "Roep hem nog eens!
Laat hem opstaan. Eten moet je!"

Er ging een hele tijd voorbij zonder dat er iets gebeurde. Ik voelde dat er
iets fout zat. Ik deed de ijzeren deur open en ging naar binnen om de zaak te
bekijken. Ai lag kaarsrecht op de brits met gesloten ogen. Ik gaf hem een
paar keer een por, maar hij reageerde niet. Toen legde ik mijn hand op zijn
voorhoofd om zijn temperatuur te controleren. Hij voelde ijskoud en zijn lichaam was helemaal stijf. Toen ik met mijn hand aan zijn neus voelde,
merkte ik dat hij niet ademde. Ik ben meteen naar buiten gerend om mijn
meerdere te bellen, die de gerechtsarts hierheen stuurde. Het kon tenslotte
moord zijn. Toen de arts hem onderzocht, merkte hij al snel dat de dode in-
wendige bloedingen had gehad en al verscheidene uren dood was.'

Se Lin liet alle gevangenen uit cel drie halen voor verhoor. In het begin
wilde geen van hen toegeven mee te hebben gedaan aan de mishandeling.
Se donderde als het onweer zelf en zei waarschuwend dat als ze niet de
waarheid vertelden, hij de schuld voor de moord op alle gevangenen in de
cel zou schuiven, zonder onderscheid, en dat ze streng gestraft zouden worden omdat ze een slechte houding toonden en niet meewerkten. Er waren
twee jonge criminelen in de cel die voor kleinere vergrijpen vastzaten. Zij
waren vast bang om een langere straf te krijgen. Se Lin greep hun zwakke
punt aan: 'Waarom zouden jullie de schuld op je nemen voor iets wat anderen hebben gedaan? Als jullie vertellen wie de hoofdschuldige is, krijg je zelf
een mildere straf. Als je ons informatie geeft, wordt dat gezien als een goede
daad en daarvoor kun je strafvermindering krijgen.'

En toen vertelden de twee hoe de mishandeling was gegaan.

'Gisteravond, na het eten, begonnen we de nieuwkomers te "verhoren".
Gao, die al drie maanden vastzit voor oplichting en de leider in de cel is geworden, heeft de rol van rechter op zich genomen. Twee anderen speelden
de officieren van justitie en weer twee anderen deden mee aan de verhoor-

groep. Ze verhoorden Ai zoals ze dat geleerd hadden in de rechtbank. Het is een spel dat de gevangenen hebben bedacht om een beetje lol te hebben in het weinig enerverende bestaan en dat bestaat al jaren. Iedere nieuwe gevangene wordt "verhoord".

Ai wilde niet meedoen, hij gluurde minachtend naar de anderen en zei: "Waarom zou ik, een onschuldige rijksambtenaar, kunnen worden gedwongen me erbij neer te leggen om hier samen met jullie te zitten?"

Gao is recidivist en heeft vele malen in de gevangenis gezeten. "Dan ben jij de meest gewichtige persoon die ik ooit ontmoet heb," zei hij met een superieure toon in zijn stem. "Ik zal je een aframmeling geven totdat je precies doet wat ik wil." Daarna riep hij: "Sla!" Met z'n zevenen renden we op hem af en begonnen Ai te schoppen en te slaan. Na de mishandeling gingen we door met het verhoor.

Ai was erg eigenwijs en negeerde hen nog steeds. Toen ze hem probeerden te dwingen, antwoordde hij door hun een steek onder water geven: "Ik heb vier jaar lang hard gestudeerd aan de universiteit en jullie kunnen je eigen naam niet eens schrijven en je weet nog minder van de wet. Wat hebben jullie voor recht om mij te verhoren? Ik ben veel beschaafder dan jullie."

Gao betaalde hem met gelijke munt terug: "Als jij dan zo beschaafd bent, waarom doe je dan zulke smerige dingen als vrouwen verkrachten? Jij kunt wat van mij leren – ik heb dan nooit gestudeerd aan een universiteit, maar de ervaring leert dat je zowel list als kennis nodig hebt om van oplichting te kunnen leven. Als je niet listig genoeg bent, dan word je gepakt en kun je niet doorgaan."

"Jij bent toch gepakt!" zei Ai terug. "Als jij dan zo slim bent, waarom zit je dan hier?"

Gao was in verlegenheid gebracht en de gêne ging over in woede. Hij begon te schoppen en te schreeuwen: "Jij vecht tegen! Je bent eigenwijs! Sla hem, broeders, laat hem proeven van de dictatuur van het proletariaat!" Daarna beval hij iedereen om zich op Ai te storten en hem zo hard te slaan als ze konden. Het bloed stroomde uit Ais mondhoeken en neusgaten.

En nog week hij geen centimeter. "Zelfs de officieren van justitie hebben mij geen schuld in de schoenen kunnen schuiven! Jullie slaan een onschuldige man en jullie zullen je straf krijgen."

Aangezien Gao al een paar keer veroordeeld was, kende hij de wet vanbinnen en vanbuiten. Hij deed de toonval van de gerechtsdienaren na toen hij zei: "Dus jij stribbelt tegen en houdt vol dat je onschuldig bent! Als jij geen misdaad hebt begaan, waarom zit je dan hier? Wil je beweren dat de volksregering jou slecht heeft behandeld? Hef je blik op en zie wat er staat geschreven aan de wand: wij zijn mild voor hen die bekennen, maar hard

voor hen die tegenwerken! Jij denkt dat je heel wat bent omdat je een paar
rotboeken hebt gelezen en rijksambtenaar bent. Ben je niet eigenlijk maar
een parasiet die leeft van ons, boeren, wij, die ons afbeulen als beesten om
jou van eten te voorzien?"

Gao praatte met inlevingsvermogen en wij anderen stemden bewonderend in met harde uitroepen.

"Vandaag krijg je een pak rammel totdat je je aanpast!" bulderde hij.

Hij riep ons op om onze dekens over Ais hoofd te leggen en daarna begonnen we hem weer te schoppen en te slaan. Ai vocht voor zijn leven, maar
toen we een tijdje bezig waren geweest, bood hij geen tegenstand meer. We
sloegen hem totdat we helemaal afgemat waren en toen haalden we de dekens van hem af. Ai ademde maar zwak en kon niet praten.

"Speel niet alsof je dood bent," zei Gao. "Broeders, jullie zijn moe nu. Ga
maar slapen. We zetten het verhoor morgenochtend voort."

Daarna gingen we allemaal slapen. De volgende ochtend merkten we
meteen dat Ai er precies zo bij lag als we hem hadden achtergelaten. Gao
raakte hem aan, maar hij ademde niet. Nu begreep iedereen dat het helemaal fout gegaan was, maar niemand durfde iets te zeggen.'

Toen Jan het verhaal van Se Lin had gehoord, zei hij: 'Dit is dus gebeurd
hier in dit huis van bewaring en we moeten uitzoeken bij wie de verantwoordelijkheid ligt.' Hij maakte zo impliciet duidelijk dat wij moesten controleren of Se Lin zich schuldig had gemaakt aan een ambtsovertreding. Jan was
ook een doorgewinterd partijlid en gewezen soldaat. Hij voelde een sterke
loyaliteit tegenover de partij, maar was niet zo kundig in rechtsaangelegen-
heden. De gevangenisafdeling van het parket had het toezicht over gevangenissen en werkkampen. Een ambtsovertreding kon leiden tot ontslag, roye-
ment uit de partij, verbod op het krijgen van een overheidsbetrekking en
zelfs gevangenisstraf. Se Lin richtte zijn bange blik op mij, in de hoop dat ik
een goed woordje voor hem kon doen.

'Dit soort "verhoorspelletjes" worden kennelijk niet alleen maar de laatste dagen gespeeld en het feit dat jullie doorgaans niet bedacht zijn op zulke
fenomenen, wijst erop dat jullie daadwerkelijk niet opmerkzaam genoeg
zijn,' zei ik tegen hem waar Jan bij was. 'Aan de andere kant moet gezegd
dat er geen bewakingscamera's zijn in de cellen en dat jullie niet genoeg
personeel hebben om vierentwintig uur per dag de activiteiten van de gevangenen in de gaten te houden. Je hebt ongetwijfeld vele malen uitgelegd welke regels hierbinnen gelden, maar de gevangenen trekken zich daar niets
van aan, wat heeft geleid tot dit sterfgeval.'

Se Lin leek erg aangedaan. Hij had een schok gekregen en was bekritiseerd, maar omdat wij als officieren van justitie aanwezig waren, kon hij zijn

woede niet koelen op de gevangenen.

'Volgens de resultaten van het voorlopige onderzoek,' ging ik verder, 'lijkt het te gaan om mishandeling met de bedoeling te doden. Gevangene Gao is hoofdverdachte, de anderen deden slechts mee aan de mishandeling en zijn dus medeplichtig. Zij moeten een langere straf krijgen. Ik ga nu eerst Gao verhoren. U moet een gedetailleerd verslag opstellen voor de chef van de gevangenisafdeling, Jan.'

Jan gaf het bevel dat alle gevangenen uit cel nummer drie naar buiten geleid moesten worden en zich op moesten stellen naast het lijk. Hij was van plan een vermanende toespraak te houden.

De gevangenen kwamen een voor een de cel uit, met gebogen hoofd, de handen geboeid en in rommelige kleren. Ze staarden naar het lijk op de grond en stelden zich toen op een rij op de binnenplaats op. Hun lichamen gaven de misselijkmakende stank af van rottende watten. Op dit moment waren achter alle kijkgaten in de overige cellen gezichten te zien. Alle gevangenen hadden wel eens meegedaan aan een dergelijk spel en ze leken allemaal te beseffen dat ook zij in een dergelijk onderzoek betrokken konden worden.

Jan nam een voor een leider passende houding aan en met een serieus gezicht en een harde stem zei hij, terwijl hij naar de zeven neerslachtige en verschrikte gevangenen wees: 'Kijk nou eens wat jullie hebben uitgehaald, miserabele klootzakken!' Daarna wees hij naar de gezichten in de kijkgaten achter hen. 'En jullie, onverbeterlijk schuim van de bodem der natie, luister goed, ook jullie! In het vervolg zijn alle spelletjes verboden in de cellen, er wordt geen enkele celleider gekozen en geen enkele vorm van getreiter van nieuwelingen wordt geduld. Als zich iets dergelijks in de toekomst weer voordoet, zullen jullie dat rapporteren en de schuldige wordt in een isoleercel geplaatst. Gisteravond is er iemand gestorven tijdens zo'n spel in cel nummer drie en iedereen die meedeed aan de mishandeling zal zich daarvoor moeten verantwoorden en er flink voor gestraft worden. Een jonge man heeft het leven verloren. Koelbloedig ongedierte! Vanavond wil ik dat jullie jezelf zorgvuldig verhoren. Iets dergelijks mag nooit meer voorkomen!'

Se Lin wees kwaad naar een veertigjarige gevangene in een versleten, vaalbleek legeruniform. 'Dat daar is Gao, de celleider.'

Ik liep recht op hem af. Toen hij mijn snelle passen hoorde, lichtte hij zijn hoofd op, maar misschien was mijn gezichtsuitdrukking wat te schrikaanjagend, want hij wendde snel zijn blik af en boog zich achterover zover hij kon zonder zijn voeten te verzetten. Hij wist niet wat ik met hem zou gaan doen, daarom was hij bang.

Ik staarde hem aan en beval krachtig, met een stem die geen tegenspraak duldde: 'Buig je hoofd!'

Hij boog zijn hoofd.

'Meer,' maande ik met iets zachtere stem.

Hij boog zich naar voren. Ik pakte hem bij zijn oor en trok hem mee naar het lijk op de grond. Hij durfde zich niet te verzetten en was bang dat traagheid zou resulteren in nog meer kwelling, daarom strompelde hij met gebogen rug achter me aan.

Ik sloeg het witte laken terug. Daarna legde ik mijn hand op Gao's geschoren hoofd en drukte hem naar beneden, tot hij op zijn knieën viel voor het dode gezicht.

'Gisteren leefde hij en sprak hij met mij. Kijk eens goed naar hem en zie wat je gedaan hebt. Ik wil dat je je het gezicht van deze man zult blijven herinneren tot op je sterfdag en dat je elke nacht nachtmerries over hem zult hebben.'

Zijn gezicht was heel dicht bij dat van Ai en ik bleef drukken, totdat hij om genade smeekte: 'Laat me los, alstublieft, ik moet spugen.'

Ik liet hem los en hij ging op de grond zitten, wendde zijn hoofd af en begon te braken. De gevangenen in de rij, die doodstil stonden van angst, bogen hun hoofd nog verder.

Se Lin ging met Jan en Bo mee naar de cellen om de gevangenen uit te horen. Het hoofd van de recherche, de chef van de onderzoeksafdeling en ik togen met Gao naar de verhoorkamer om een gedetailleerd verslag te krijgen van de loop der gebeurtenissen.

Volgens de Chinese wet heeft het verschil tussen moord en doodslag te maken met het feit of de dader de intentie heeft gehad om te doden. Als het gaat om een vechtpartij, dan heeft de dader niet het plan gehad om de aangevallene te doden en zelfs als mishandeling de oorzaak was van iemands dood, wordt het slechts als doodslag gezien. Een moordenaar wordt ter dood veroordeeld, terwijl voor doodslag tussen vijftien jaar en levenslang staat. De kans dat iemand die schuldig is aan doodslag terecht wordt gesteld, is heel klein. Onze belangrijkste taak was om door middel van verhoren vast te stellen welke opzet de gevangenen hadden toen ze het slachtoffer mishandelden.

'Begreep je niet dat Ai kon sterven door jullie herhaalde harde slagen?' vroeg ik Gao.

Hij zag er verward uit. 'Hoe had ik kunnen weten dat hij zou sterven van zo weinig? Die studenten zijn kennelijk niet zo sterk als wij werkende boeren. Hij kon niks hebben, stierf zomaar na een paar slagen.'

'Waarom speelden jullie zo'n zinloos spelletje?'

'We mogen toch wel een beetje lol hebben?' wierp hij tegen. 'Je kunt niet alleen maar de hele dag in die cel zitten.'

'Dus nu probeer je je eigen rechten ook nog eens te verdedigen! Je hebt verdorie een mens om zeep geholpen, snap je dat niet?' De gevangenbewaarder gaf Gao een klap in zijn gezicht, zo snel dat ik niet de kans kreeg om te reageren en Gao hem niet kon ontwijken. De rode afdruk van een handpalm en vijf vingers was onmiddellijk op zijn linkerwang te zien.

Gao wreef over zijn gezicht en keek verschrikt naar mij. 'Hij sloeg mij. Zou u daar niet iets van zeggen, kameraad aanklaagster?' Alle criminelen weten dat officieren van justitie milder zijn dan agenten en gewoonlijk niemand slaan. Tegelijkertijd hebben ze de macht ervoor te zorgen dat de politie geen mensen mishandelt of verdachten bedreigt tijdens een verhoor. Dat een agent hem durfde te slaan vlak voor mijn gezicht, maakte hem waarschijnlijk bang. Maar de agent had het zo snel gedaan, dat ik hem niet had kunnen tegenhouden. Ik liet het gaan en zei er niets over omdat ik geen agent wilde bekritiseren in tegenwoordigheid van een crimineel.

'Waarom sloeg je Ai zo vaak?' vroeg ik. 'Hadden jullie nog wat van vroeger te verhapstukken met elkaar? Heb je bedacht dat hij dood kon gaan?'

'Alleen wanneer ik mensen sla, verdwijnt de spanning die in mijn lijf is opgeslagen een beetje,' antwoordde Gao zacht.

'Leg dat eens uit. En doe niet of je dom bent of niet goed wijs!' brulde de agent.

'We zitten daar in de cel en zien nooit zon, weten niet wat voor straf we krijgen of in welk werkkamp we belanden. Ons lot ligt in jullie handen. Het enige wat we kunnen doen is gehoorzamen. Ik heb al een heleboel keer in een werkkamp gezeten en dat zijn onmenselijke plekken, ik raak verlamd van schrik als ik er alleen al aan denk. Maar als ik speel of vecht, verdwijnt die schrik een beetje en hoe harder ik sla, hoe meer ontspannen ik me voel. Toen ik me genoeg had afgereageerd, was Ai al opgehouden met ademhalen.'

Hij nam een pauze en ging ongerust verder: 'Dat spel heb ik niet bedacht. Toen ik gepakt was, werd ik zelf verhoord en geslagen door de oude gevangenen. En geen enkele bewaker nam er notie van of trok zich iets van mijn melding aan. Ik heb heel wat meegemaakt voordat ik celleider werd en het recht kreeg om me te vermaken met de nieuwe gevangenen.'

Voor hen was mishandeling een spel, maar als je de gewelddadige boosaardigheid van de mens de vrije loop laat, is ze net zo moeilijk te beteugelen als een eigenzinnig wild paard. Opgehitst door het slaan vroegen ze zich geen seconde af of Ai hun aanval zou overleven.

Objectief gezien was er een mens vermoord, maar zelfs als je een paar jaar toevoegde aan de straf van de schuldigen, zou de overledene niet meer tot leven komen. Niet eens de hardste straf zou de smart kunnen verlichten die zijn ouders voelden door het verlies van hun kind. Toen ik die zeven mannen goed opnam, kreeg ik een zwaar gevoel op mijn borst: hoe zou je iedereen eerbied voor het leven kunnen laten voelen – zijn eigen en dat van anderen?

De gevangene werd veroordeeld voor doodslag en de straf werd toegevoegd aan wat hij al kreeg. Elke keer dat we daarna bij het huis van bewaring kwamen om iemand te verhoren, namen we de gelegenheid te baat om te informeren naar de situatie in de cellen en probeerden we de gevangenen te laten rapporteren.

Op een zondag lagen de andere meiden en ik in bed om flink in onze juridische boeken te studeren. De herfstzon scheen naar binnen door het slaapkamerraam en lichtte de muren op. De hemel was helderblauw.

Plotseling hoorden we lawaai en stemmen buiten. We keken door het raam en zagen Pan, de juridisch agent en drie jonge collega's, die bezig waren meubels en huishoudelijk gereedschap uit een vrachtwagen te dragen. Een man van in de vijftig in uniform stond hen ernaast te dirigeren.

'Dat is onze nieuwe chef,' fluisterde Lee. 'Hij komt uit het leger, ik heb gehoord dat hij kolonel was. Ze hadden nogal problemen met het vinden van een baan voor hem in deze provincie, omdat hij dezelfde rang heeft als de gouverneur. Waar ze hem ook plaatsen, hij zal altijd enigszins overgekwalificeerd zijn. De provincie en het leger hebben het regiobestuur gedwongen om hem een aanstelling te geven, dus durfden ze geen nee te zeggen. Ze hebben hem hier geplaatst omdat het parket en de rechtbank wat chiquere werkplekken zijn.'

We zwegen een tijd. De manier waarop hij het uitladen van de vrachtwagen regelde, deed nogal denken aan het commanderen van soldaten: snel en effectief.

'Maar wat voor functie krijgt hij hier dan?' vroeg Bo. 'Dan wordt hij toch hoofdofficier van justitie en je kunt toch niet twee hoofdofficieren hebben op één kantoor?'

'Dat laat ze koud bij het regiobestuur,' antwoordde Lee. 'Nu komt het op Dan aan om het probleem op te lossen. Er is geen plaats voor twee tijgers op dezelfde berg, dus het zal hier wel levendig worden de komende tijd.' Lee wist altijd beter wat er speelde dan Bo en ik.

Tijdens de politieke studievergadering op dinsdag verkondigde Dan dat de nieuw aangestelde kolonel Wu aangewezen was als voorzitter van de partijafdeling van het kantoor en verantwoordelijk werd voor het politieke en ideologische werk.

Een paar dagen later maakten we na het avondeten een wandeling.

'Voorzitter Wu kwam vanmiddag bij me langs om te praten,' vertelde Lee.

'Kwam hij nu al naar jou toe, terwijl hij hier pas zo kort werkt? Wat had hij voor goed nieuws dan?' vroeg ik.

'Hij wil dat ik het partijlidmaatschap aanvraag,' antwoordde Lee nonchalant. 'Hij zei dat wij jongeren ambitie moeten tonen. Ik zei dat ik al bevorderd was tot hulpofficier van justitie, maar hij overreedde me door te zeggen dat je alleen als partijlid een betere functie kunt krijgen op het kantoor. Ik heb geantwoord dat ik er goed over na zal denken.'

Bo en ik plaagden haar. 'Dat betekent dat hij een oogje op je heeft. Hij wil ervoor zorgen dat je bevorderd wordt. Vergeet ons niet als je een hoge Piet wordt, alsjeblieft!'

Lee glimlachte ironisch. 'Ik ben er niet goed in om iemand stroop om de mond te smeren en ook niet in het leggen van de juiste contacten. Hoe kan ik nou een hoge Piet worden? Hij zal ook wel met jullie komen praten.'

En inderdaad, niet lang daarna liet Wu me halen en vroeg of we even konden praten. Zijn kantoor lag helemaal aan de westkant op de eerste verdieping, net naast dat van Dan. Hij vroeg me eerst naar mijn familie, hoe het met mijn ouders ging, of ik naar huis verlangde en of ik moeilijkheden of wensen had wat het werk betreft. Ik antwoordde kort en duidelijk, maar diep vanbinnen dacht ik: hou op met dat geklets en zeg wat je wilt zeggen. Ik heb een stapel onderzoeken die liggen te wachten.

Hij nam een slok thee en zei toen ontspannen: 'Xiao, jij bent de jongste ambtenaar hier op het parket. Bovendien kom je uit de provinciehoofdstad, dus het is logisch dat je wat meer verwend bent dan de anderen. Maar de meeste jongeren hebben een kleine karakterfout en dat is niet zo erg, als je er maar naar streeft om jezelf en je manier van denken te verbeteren.'

Ik had altijd mijn best gedaan om geen extra hulp of steun te krijgen alleen omdat ik de jongste ben, dus ik begreep niet waar hij over praatte. 'Zou ik verwend zijn? Ik ben net als alle anderen, ik stof ook elke morgen de bureaus af en boen de vloeren. Ik behandel net zoveel onderzoeken als de oudere collega's en zorg daarnaast voor een berg papierwerk, schrijf jaarverslagen en...'

Wu glimlachte en onderbrak me. 'Je hoeft je niet zo op te winden. Het was niet bedoeld als kritiek. Je hoeft niet te laten zien wat je allemaal doet. Ik heb horen zeggen dat je niet van gesneden pasta houdt en dat Pan voor jou noedels is gaan koken die hij in de winkel koopt.'

Dat hij achter zo'n kleinigheidje was gekomen, bewees dat hij er veel werk aan had besteed om alles over iedere medewerker boven tafel te krijgen. Het was waar dat ik niet van Pans pasta hield. Elke avond zette hij het deeg aan het gisten en 's ochtend sneed hij dan de deegrollen in plakjes, die hij kookte en in schalen met heet water, vet en zout legde. Dat noemde hij pasta en elke ochtend betaalde ik een jiao en vijf *fen* (anderhalve cent) voor zo'n schaal. Twee jaar lang hadden we nooit iets anders als ontbijt gekregen. Uiteindelijk was ik het zat en zei ik hem dat ik de volgende morgen niet in de eetzaal zou eten en hij dus geen ontbijt voor mij hoefde te maken.

'Waarom niet?' had Pan gevraagd.

'Omdat ik jouw gesneden pasta elke dag eet,' antwoordde ik, 'hij smaakt nergens naar en ik wil liever echte noedels, zoals je in een winkel koopt. Als je die op smaak brengt met wat lente-ui en sesamolie wordt het veel lekkerder.'

'Prima, juffie,' antwoordde hij meteen. 'Ik zal naar de winkel gaan en noedels kopen. Die zullen natuurlijk duurder zijn dan die ik zelf maak, maar ik wil er niet verantwoordelijk voor zijn dat jij de hele ochtend hongerig rondloopt omdat je niet van mijn pasta hebt gegeten.' Het klonk als een grapje.

Maar de volgende dag was het menu veranderd en kregen we noedels. Iedereen was heel blij – in elk geval waren er meer die de gesneden pasta zat waren, hoewel niemand anders het had durven zeggen. Ik ben niet iemand die zwijgt en lijdt; als me iets niet bevalt, dan zeg ik het.

Toen Wu merkte dat ik niet tegensprak, nam hij aan dat ik zijn kritiek accepteerde en hij ging verder: 'Dat is een kleinigheid en niemand heeft geklaagd. Maar ik wil dat je één ding niet vergeet: jullie jongeren mogen niet zomaar vriendjes nemen. Wij zijn een overheidsinstelling die veel staatsgeheimen behandelt en als we vrienden nemen, dan moeten die gekeurd worden door onze meerderen. Alleen als ze door de politieke controle komen, kunnen we met ze omgaan. Jij bent jong, goed opgeleid en je hebt een goede baan. Vanzelfsprekend zullen vele jongemannen geïnteresseerd in je raken. Maar je mag niet zomaar met ze omgaan, je moet denken aan je positie.'

Nu werd ik in de war gebracht. 'Maar ik heb geen vriendje. Mijn moeder heeft me verboden om hier op het platteland voor iemand te vallen.'

Toen hij het woord platteland hoorde, schrok hij onaangenaam op, maar hij kreeg snel zijn blije gezicht terug. 'Ik heb gehoord dat het wel eens voorkomt dat jij op straat wandelt met jonge mannen en met ze praat en lacht.'

'Dat was alleen maar een gewone vriend. Ik wandelde wat na het avondeten in de enige straat van deze stad, dus natuurlijk loop je wel eens iemand tegen het lijf die je kent. Dan hoor je te groeten en een paar woorden uit te wisselen, maar dat kan toch niet als seksuele omgang gerekend worden?' Zodra ik verontwaardigd werd, vergat ik dat ik nederig en voorzichtig moest antwoorden. Mijn ouders hadden altijd tegen me gezegd dat als je in een politieke organisatie wilt overleven, je op je tong moet letten, je staart tussen je benen moet stoppen en je zo goed mogelijk moet gedragen. Gelukkig leek hij niet gemerkt te hebben dat ik zojuist in de tegenaanval was gegaan.

'Maar er wordt gezegd dat verscheidene jongemannen hier bij de woon-verdieping hebben aangeklopt om jou te zien en te vragen of je mee ging dansen. Dansen is toch niet echt goed, vind je wel? Mannen en vrouwen die hun armen om elkaar heen slaan. En dat zijn jongelui uit de samenleving. We weten niet wat zij voor bedoeling hebben en ze horen niet tot onze orga-nisatie.'

'Er is toch geen regel die voorschrijft dat ik alleen maar vrienden mag hebben die in het rechtswezen werken? Ik heb hier twee jaar gewerkt en ben alles bij elkaar maar zes keer wezen dansen. En dat zijn altijd dansavonden geweest die het kantoor organiseerde, in een of andere aula waar ze een cas-settebandje met dansmuziek opzetten. Alleen maar dans, niets anders. On-ze vrijetijdsactiviteiten zijn eerlijk gezegd nogal saai.' Toen ik uitgepraat was, had ik meteen spijt dat ik zo eerlijk geweest was. Misschien vond hij mijn verklaring niet aannemelijk en kreeg hij een slechte indruk van mij.

Maar hij werd niet boos, hij leek geduldiger en toleranter dan Dan en Ning. 'Binnen het parket houden we stevig vast aan het reglement, op die manier onderscheiden we ons van andere overheidsinstanties. De reden waarom ik je vandaag vroeg hier te komen was niet om je te bekritiseren, maar omdat ik je wil aansporen om lid te worden van de partij. "Zonder de communistische partij geen nieuw China," weet je.'

'Ik vind niet dat ik daar al rijp voor ben. Ik heb niet de juiste kwalifica-ties. Misschien later.' Ik glimlachte voorzichtig in een poging te compense-ren dat ik zo vrijmoedig en onhandig had gereageerd op kritiek van mijn meerdere.

'Jongeren moeten zich met hart en ziel richten op de partij en niet te libe-raal worden. Voor een ambtenaar binnen het rechtswezen is toetreding tot de partij zoiets als thuiskomen.' Hij leuterde verder en deze ideologische les duurde zo'n halfuur.

Toen hij eindelijk klaar was, stond ik op en zei: 'Ik dank u voor uw be-trokkenheid, voorzitter Wu.'

Terug aan mijn bureau bleef ik piekeren over wat hij had gezegd – achter zijn woorden zat kritiek op mij, omdat ik te levendig was en te veel vrienden had, dat ik me niet aanpaste aan hoe je je hoort te gedragen. Ik pakte een stapel stukken en smeet ze hard op mijn bureau.

Ang merkte dat ik boos was en haastte zich me op te stoken: 'Je ziet er woedend uit. Hier heb je een echte moordzaak om je woede op af te reage-ren.'

Ik nam de stukken aan die hij aanreikte en kon het niet laten ironisch om mezelf te glimlachen, omdat ik zo kinderachtig was. Als Wu ons doen en laten niet onderzocht en ons niet aanspoorde om partijlid te worden, wat moest hij dan de hele dag doen? Hij had geen enkele beroepskennis en kon geen onderzoek uitvoeren. Hij moest iets te doen hebben en zorgen dat hij iets had om over te schrijven wanneer het tijd was om een bijdrage te leveren voor het jaarverslag. Toen ik het zo bekeek, voelde ik me beter. Ik deed de map met stukken open.

De getuigenverklaring van hoofdgetuige Ma Pin luidde als volgt: 'Ik had geen relatie moeten beginnen met mijn zwager Yan. Mijn oudere zus Ma Lin is gestorven nadat ze jaren zwaar ziek was. Een week na de begrafenis kwam Yan naar me toe en vertelde hoe hij mij steeds miste en dat hij wilde dat we weer samen zouden zijn. Ik bedacht verschillende smoezen om dat te ontlopen. Maar Yan bleef me onder druk zetten en op een dag waarop hij nogal buiten zichzelf was, liet hij zich de volgende woorden ontglippen: "Je zus is dood, dus nu is er niets wat ons in de weg staat. Als ik geweten had dat je niet met mij wilde zijn, had ik me de moeite kunnen besparen."

Ik vond dat er iets raars aan was. Mijn oudere zus stierf heel plotseling en ik had altijd gedacht dat er iets niet klopte. Misschien was ze wel vermoord. Ik nam Yans hand in de mijne en vroeg: "Hoe is mijn zus gestorven? Je kunt het mij vertellen. Het is nu toch voorbij, ik kan er nu toch niks meer aan doen."

Yan antwoordde ontwijkend: "Ik dacht dat als zij er niet meer was, ik dan met jou kon trouwen. Waarom heb je je bedacht?"

Om duidelijkheid te krijgen over de dood van mijn zus deed ik of ik onze relatie weer wilde oppakken en ik ging een laatste keer mee naar zijn huis. Die dag was hij bijzonder opgewonden en hij deed er erg lang over in bed. Toen hij klaar was, lag hij ontspannen en tevreden naast me. In een opperbest humeur aaide hij de huid van mijn buik en zei: "Ik heb lang op deze dag moeten wachten."

Ik glimlachte liefdevol naar hem en vroeg zacht: "Hoe voelde het al die dagen dat we niet bij elkaar waren?"

Hij gaf me een lange kus op mijn voorhoofd en antwoordde: "Ik voelde dat ik zonder jou niet kan leven."

Ik kuste hem terug en zei: "Je weet dat ik het jammer vond dat we niet samen konden zijn toen mijn zus nog leefde. Als ik haar pijn zou doen, zou ik zelf verdrietig worden en mijn buren en onze familie zouden het nooit hebben getolereerd als wij tweeën een verhouding hadden gehad."

Hij keek naar me en glimlachte, omhelsde me en zei: "Ik begrijp je gevoelens. Het was om die reden dat ze niet verder kon leven. Nu is het voorbij en kunnen we elkaar liefhebben zo veel we willen, kinderen krijgen en samen oud worden. Dat is mijn enige wens." Hij zag er heel oprecht uit.

Ik legde mijn hoofd op zijn borst en vroeg: "Had mijn zus veel pijn toen ze stierf?"

Hij antwoordde: "Ze had het volgens mij erger toen ze nog leefde. Ze was zo zwak dat ze niet uit bed kon komen, zelfs het lekkerste eten had geen smaak voor haar, elke dag moest ze een heel bitter kruidenmedicijn innemen en toch had ze pijn in heel haar lichaam. Ik zag hoe ze geplaagd werd en voelde dat het het beste was om haar van de pijn af te helpen."

Ik raakte in paniek. Het duizelde me en het zag zwart voor mijn ogen. Toch bleef ik een halfuur liggen voordat ik een voorwendsel bedacht om weg te gaan, rechtstreeks naar het politiebureau, waar ik mijn aangifte deed.'

De politie liet Yan meteen halen voor verhoor. Hij doorstond vele dagen en nachten van ondervragingen en zei diepe spijt te hebben dat hij een seksuele verhouding was begonnen met de zus van zijn vrouw, maar gaf niet toe dat hij zijn vrouw van het leven had beroofd.

In de verhoorkamer bladerde Fa als gewoonlijk door zijn mappen en stukken. Ik verhoorde Yan en maakte tegelijkertijd aantekeningen.

'Weet je waarom je hier in hechtenis zit?'

Yan keek vragend: 'Nee, dat weet ik niet.'

'Denk dan nog eens goed over de verschrikkelijke dingen die je hebt gedaan!'

'Ik heb niets verschrikkelijks gedaan. Ma Lin en ik kregen een zoon en een dochter toen we getrouwd waren. Na de verlossingen was Ma Lin gedwongen om zowel voor de kinderen te zorgen als op het land te werken. Bovendien zorgde ze voor haar zieke ouders. Voordat ze trouwde was zij de voornaamste kostwinner in de familie en vele jaren harde arbeid zonder eten met genoeg voedingswaarde zorgden ervoor dat ze elke lente wel een periode aan bed gekluisterd was.

Omdat we geen geld hadden, konden we niet met haar naar het ziekenhuis gaan en de ziekte werd steeds erger. Ze hoestte slijm op vermengd met bloed. Door haar ziekte hield ons seksleven op. Ik werkte zo hard als ik kon en kon een klein beetje geld sparen. We namen de snelbus naar het ziekenhuis in de provinciehoofdstad zodat ze een behoorlijk onderzoek kon krijgen. De artsen kwamen erachter dat ze een infectie had in de nieren en dat ze in het ziekenhuis moest blijven voor verpleging. Ik gaf de artsen al het geld dat ik gespaard had en zei tegen ze: "Jullie mogen voor haar zorgen tot

het geld op is, daarna weet ik niet meer wat ik moet doen."'
'Hoe was je tegenover je vrouw?' vroeg ik.
'Ik heb alles gedaan om een goede echtgenoot te zijn. Om de ziekenhuis-rekeningen te betalen leefde ik op het bestaansminimum en als ik haar ging bezoeken, stond ik om vier uur 's morgens op om een deel van de reis te lopen om busgeld te besparen. Het eten dat ik meenam, bestond uit eieren en mager vlees dat ik uit mijn mond gespaard had, ik at alleen maar rijst met sojasaus. Onze twee kinderen moeten af en toe goed eten, ik moest eraan denken dat hun lichamen zich nog moesten ontwikkelen. In die tijd was mijn grootste wens dat mijn vrouw weer gezond zou worden zodat we een gewoon leven zouden kunnen leiden.'

Fa riep plotseling: 'Jij zit hier wel flink op te scheppen! Bedoel je dat de politie een heilige heeft gegrepen? Je bent een smerig uitvaagsel met een beroerde moraal. Hou op met die kletspraat over bijkomstigheden en vertel meteen waar het om gaat – erken je misdaad!'

Yan werd bleek van Fa's woorden en hij zat stil, hij kon geen woord uitbrengen, terwijl hij onnatuurlijk met zijn ogen knipperde en naar mij staarde. Ik reageerde niet en keek hem onafgebroken in de ogen. Hij durfde mijn blik niet vast te houden, maar liet zijn hoofd zakken.

Ik zei: 'Denk na nu. Als we geen bewijs hadden, zouden we je niet gepakt hebben. We verhoren geen mensen met een zuiver geweten.'

Hij antwoordde nog steeds niet, schraapte alleen maar onwillekeurig met zijn zwarte linnen schoenen over de grond. Ik wachtte een tijdje ongeduldig en smeet toen mijn pen op tafel, leunde achterover in mijn stoel, kruiste mijn armen voor mijn borst en zei geïrriteerd: 'Til je hoofd op! Denk je dat je eraan ontkomt als je weigert om te antwoorden? Dat gedrag wordt gezien als hardnekkige tegenstand en dat werkt op geen enkele wijze in jouw voordeel.'

Yan lichtte zijn hoofd op en keek naar mij met tranen in zijn ogen. 'Kameraad ambtenaar,' zei hij zacht. 'Wilt u alstublieft vertellen welke misdaad ik begaan heb?'

Fa voer tegen hem uit: 'Je weet zelf best wat je hebt gedaan.'

Ik vroeg: 'Denk jij dat je een zuiver geweten hebt? Wat heb je voor relatie met je schoonzus?'

Yan dacht even na en zei toen: 'Toen Ma Lin in het ziekenhuis lag, moest ik zowel vader als moeder zijn voor mijn kinderen. Bovendien reed ik als een weefspoel heen en weer tussen het ziekenhuis in de stad en het veld thuis. Zodra de akkers omgeploegd waren, moest ik groenten poten, de varkens en de kippen en eenden voeren, hout hakken en stoken, eten klaarmaken, de kinderen in bad doen, kleren wassen – het was voor mij onmogelijk om dat allemaal alleen te klaren. Mijn schoonzuster Ma Pin kwam vaak langs om mee te helpen met de kinderen.

Op een dag tegen lunchtijd kwam Ma Pin naar de akker met wat eten dat ze voor me had klaargemaakt. Ik had al twee jaar niet meer met een vrouw geslapen en toen ik Ma Pin langs het paadje zag aankomen, zo jong en vol van leven, werden mijn sinds lang sluimerende lusten wakker. Toen we daar samen zij aan zij zaten, pakte ik voorzichtig haar hand. Ze probeerde niet om hem los te trekken. Ik voelde me aangemoedigd en zei: "Kun je me helpen de kinderen in bad te doen vanavond? Mijn dochter is zo groot dat ik haar niet meer mag wassen."

's Avonds waste Ma Pin de kinderen, een voor een, en legde ze te slapen. Daarna waste ze de kommen en het bestek af die in gootsteen lagen, waste de vieze kleren van de kinderen en hing ze te drogen voor het huis. Om elf uur borstelde ze het stof van haar kleren, liep naar de deur en zei tot ziens.

Ik greep de hand die ze op de deurklink had gelegd, sloeg mijn armen om haar heen en smeekte haar zachtjes om te blijven. Zij stemde enthousiast toe.

Daarna sliepen we een paar keer in de week met elkaar. Toen mijn vrouw zes maanden in het ziekenhuis had gelegen, kon ik de rekeningen niet langer betalen, dus kwam ze weer thuis. Zodra Ma Lin weer in huis was, kregen Ma Pin en ik nauwelijks de gelegenheid met zijn tweeën te zijn. Uit schaamte en zelfverwijt gingen we terug naar de situatie zoals die vroeger was en langzamerhand raakten we steeds verder van elkaar verwijderd.

Ik had niet verliefd op haar moeten worden, ik weet dat dat fout is en dat ik geen goede moraal heb,' zei Yan zelfkritisch.

'Maar dat was toch niet alles?' oefende ik druk op hem uit. 'Je bent nog niet toegekomen aan de hoofdzaak. Probeer niet om onze aandacht af te leiden.'

Yan verdedigde zich. 'Ik heb niets anders gedaan. Ik heb u alles verteld wat ik gedaan heb.'

Het was een tijdje stil, tot Fa plotseling brulde: 'Hoe stierf je vrouw eigenlijk?'

'Aan haar ziekte. Ze is jaren ziek geweest en is gestorven aan een niergebrek.' Yan zag er doodsbang uit en zijn antwoord kwam instinctief.

'Je liegt! Vertel wat er gebeurde voordat ze haar laatste adem uitblies. Waarom was jij de enige aanwezige toen ze stierf?' Fa gebruikte weer zijn harde stem.

'Voordat ze insliep die avond zei ze dat ze zich erg slecht voelde. Rond middernacht werd ik wakker van haar gekwelde gekreun. Ik vroeg hoe het ging en zij zei dat ze doodging. Ik haastte me om haar kruidenmedicijn te halen, maar toen ze dat had gedronken voelde ze zich nog steeds heel slecht. Maar ze kreunde niet meer, dus viel ik weer in slaap. Toen ik 's morgens wakker werd, ontdekte ik dat ze dood was.'

Ik vroeg: 'Als ze er dan zo slecht aan toe was, waarom nam je haar dan niet mee naar het ziekenhuis?'

Yan antwoordde: 'Er is geen medisch centrum binnen tien kilometer van ons dorp. Het ziekenhuis ligt nog verder weg. Er gaan geen bussen midden in de nacht, dus ik had geen andere keuze dan te wachten tot de morgen.'

Fa keek mij veelbetekenend aan. Ik stond op, stopte mijn handen in mijn uniformjas en liep naar Yan toe. Ik wees op zijn voorhoofd en zei: 'Jij vertelt niet de waarheid. Volgens het bewijs dat wij hebben, ging het niet op die manier.'

Yan boog zijn hoofd achterover en keek naar mijn vinger die op en neer ging voor zijn gezicht. Hij zei niets, maar zijn hals was gespannen. Ik ging nog dichterbij staan, veerde heen en weer op mijn voeten en liep toen om hem heen. 'Het is het beste dat je ophoudt met informatie achterhouden,' zei ik. Daarna ging ik weer voor hem staan en ging door: 'We weten al dat je haar vermoord hebt.' Ik wandelde rustig om hem heen terwijl ik praatte. 'Je kunt ons geen acceptabele verklaring geven voor wat er gebeurd is, maar je denkt dat wij geloven wat je zegt? Zou een mens zomaar in een nacht sterven?'

Yan hield zijn hoofd schuin naar de zijkant en liet zijn blik over de vloer glijden. Als ik links van hem stond, hield hij zijn hoofd naar rechts en keek die kant op, als ik rechts stond deed hij het andersom. Hij zat met kaarsrechte rug, maar zijn lijf trilde een beetje, dus het lukte hem niet om helemaal stil te zitten. Deze verhoormethode hadden mijn oudere collega's mij geleerd – het zou heel effectief zijn omdat het de verdachten schrik aanjoeg.

Yan had een zeer nerveuze uitdrukking op zijn gezicht gekregen. Hij wist niet wat ik van plan was terwijl ik om hem heen liep. Af en toe strekte ik mijn hand uit en voelde aan zijn schouder terwijl ik praatte en dan schokschouderde hij en kroop hij in elkaar alsof hij zich gebrand had. Hij was zo bang dat het leek of hij elk moment op zou springen, omdat hij verwachtte dat ik hem plotseling aan zou vallen.

De hele tijd staarde Fa hem kil aan.

Maar toen ik zeven, acht rondjes had gelopen, terwijl ik ontelbare vragen had gesteld, weigerde hij nog steeds om de moord te bekennen. We hadden vijf of zes uur aan hem besteed zonder enig resultaat en we konden niets anders doen dan het verhoor afsluiten.

Toen we terugkwamen op kantoor, zei Fa: 'Ik heb zijn gezichtsuitdrukking nauwkeurig bestudeerd. Hij was doodsbang en dat duidt erop dat hij iets verbergt. Hij vertelt niet de waarheid.'

'Maar wat doen we nu?' vroeg ik me af. 'Het is een lastig geval. We hebben geen enkel bewijs en kunnen hem niet veroordelen zonder bekentenis.'

'Dan moeten jullie het verhoor voortzetten,' zei Ang. 'Geef niet op voordat hij zijn mond opendoet. We kunnen dit soort moordenaars niet zomaar laten lopen en als we hem loslaten, zal hij verdwijnen en zich verstoppen.'

'Heeft hij zwakke punten?' vroeg Wang. 'Wat is voor hem het belangrijkste van alles?'

'Voor zover ik kan afleiden uit het verhoor, betekenen zijn kinderen heel veel voor hem,' zei ik.

Wang lachte. 'Nou, begin dan met de kinderen.'

'Hoe moet ik dat dan doen? Ik begrijp het niet. Ze zijn heel klein, pas zes en vier.'

Wang legde uit: 'Je moet hem het idee geven dat hij wat te winnen heeft. Vertel hem eerst dat je bewijs hebt dat hij zijn vrouw heeft vermoord en dat hij ter dood wordt veroordeeld. Daarna zeg je dat als hij zich gedraagt en alles vertelt, er misschien nog iets aan te doen is. Wij officieren van justitie hebben de macht om ervoor te zorgen dat hij niet de doodstraf krijgt opdat zijn kinderen niet als wezen opgroeien. Het belangrijkste is om erop te zinspelen hoe zielig het is voor de kinderen en hem ervan te overtuigen dat de enige manier om zijn hachje te redden is om te bekennen.'

Ik dacht er een tijdje over na. Daarna maakte ik op Wangs aanraden een tiental opzetjes voor hoe het verhoor kon lopen zodat het me stap voor stap dichter bij mijn doel zou brengen. Op de derde dag waren de voorbereidingen klaar en begaf ik me alleen naar de gevangenis. Fa zou een onderzoek doen ergens op het platteland en kon niet mee.

'Heb je goed nagedacht deze twee dagen?' vroeg ik Yan. Ik leunde tegen de ruggensteun van de stoel, op het bureau lag geen pen en geen papier.

'Er is niets om over na te denken. Ik heb alles gezegd wat ik te zeggen heb,' antwoordde hij.

Ik staarde een tijdje naar hem en verklaarde toen ernstig: 'Yan, we hebben bewijs genoeg om je voor moord aan te klagen. We bereiden ons voor om de doodstraf te eisen.'

Nu viel zijn mond open van verbazing en zijn hele lichaam begon te beven. 'Maar ik ben onschuldig! Ik heb niemand gedood!'

'Het maakt niet uit dat je ontkent,' ging ik kil verder. 'Omdat we bewijs genoeg hebben, hoeven we jouw bekentenis niet om je hoofd eraf te hakken!'

Hij zat een tijdje stil en viel toen met een bons op zijn knieën voor mijn stoel. Hij richtte zijn hoofd op en vouwde zijn handen voor zijn borst. 'Red mij, alstublieft!' smeekte hij. 'Ik heb echt niemand gedood. Als jullie mijn hoofd afhakken, wie moet er dan voor mijn kinderen zorgen? Die stakkers!'

'We zullen ze bij pleegouders plaatsen of bij een familielid dat geen ei-gen kinderen heeft,' zei ik, geheel volgens mijn rol, en ik kruiste ontspan-nen mijn benen.

Mijn onbewogen manier van doen zorgde dat hij geloofde dat ik de waar-heid sprak. Hij schudde zijn hoofd, zijn lippen trilden onophoudelijk en hij stamelde: 'Het is niet waar. Jullie kunnen me niet ter dood veroordelen. De andere gevangenen zeggen dat als ik niet beken, jullie me niet van het leven kunnen beroven.'

'Wat een mop!' Ik produceerde een minachtende lach. 'Wil je dat ik je voorlees uit de boeken over bewijstheorie? Zijn wij het die de wet kennen of juist de misdadigers? Ik ben hier vandaag juist gekomen om je te vertellen dat je je moet voorbereiden op een executie en dat je niet zo lang meer hebt.'

Yan was verlamd van schrik. 'Alstublieft, alstublieft! Als u mijn leven redt, zal ik u behandelen als vader en moeder in mijn nieuwe leven. Alstu-blieft, vertel wat ik moet doen om de dood te ontlopen. Mijn kinderen red-den zich niet zonder mij, ze zijn zo klein en hebben hun moeder al verlo-ren.' De tranen rolden langs zijn wangen omlaag.

Ik boog mijn hoofd en boog me over hem heen. 'Je had eerder aan je zie-lige kindertjes moeten denken, dan had je je best gedaan om samen te wer-ken met ons en alles eerlijk te bekennen. Dan was er nog een kans geweest om je leven te redden en een uitgestelde doodstraf te krijgen.' Ik glimlachte.

'Kan ik nu dan bekennen? Is het nog niet te laat? Zou u barmhartig kun-nen zijn en een eerdere datum kunnen zetten op mijn bekentenis, zodat het lijkt alsof ik vrijwillig bekend heb?' smeekte hij.

Ik merkte dat het hout vlam begon te vatten, dus ik weifelde met opzet een tijdje en zei toen een beetje bezorgd: 'Nee, dat gaat niet. Dan zou ik zelf een misstap begaan.'

'Ik smeek u! Ik ben niet bang om dood te gaan, maar mijn kinderen zijn zo klein en ze zijn nooit zonder mij geweest.'

'Omdat je kinderen zo klein zijn, zal ik je de mogelijkheid geven om vrij-willig te bekennen en een mildere straf te krijgen. Dus vertel nu!'

Yan leek bang dat ik alles zou terugnemen wat ik had beloofd en wilde dat ik zou beloven dat hij onder de doodstraf uitkwam.

'Vertrouw maar op mij,' antwoordde ik. 'Als je nou maar bekent, beloof ik dat je je leven zult behouden en dat je kinderen je mogen bezoeken in de gevangenis. Je wilt toch niet dat je kinderen wezen worden? Als ze in een pleeggezin terechtkomen, weet je nooit of ze het goed krijgen, misschien worden ze geslagen en lijden ze honger. Zou je het op je geweten willen hebben als je kinderen moeten lijden?"

Yan begon hard te huilen. 'Nee, dat kan ik niet. Ik zou beter kunnen ster-ven! Hoe kon ik zo dom zijn? Ik ben zo naar tegen ze geweest en tegen hun dode moeder!"

Ik liet hem een tijdje huilen, haalde toen pen en papier tevoorschijn en vroeg hem om een nauwkeurig verslag te geven van wat er was gebeurd.

'Toen mijn vrouw terugkwam uit het ziekenhuis, was Ma Pin misschien bang om haar verdriet te doen, want toen weigerde ze om mij nog te ont-moeten. Maar ik kon haar niet geloven. Zodra ik naast mijn zieke en van pijn verwrongen echtgenote lag, bedacht ik wat Ma Pin en ik in hetzelfde bed gedaan hadden en kon ik niet slapen. Plotseling kwam er een slechte gedachte in mij op – als mijn vrouw zou sterven aan haar ziekte, zou ik mis-schien met Ma Pin kunnen trouwen.

Die gedachte kwam steeds vaker terug, maar mijn vrouw ging gewoon door met ademhalen, al was het met grote moeite. Op een dag toen ik in de woonka-mer zat, die stonk naar kruidenmedicijn, wist ik ineens dat mijn vrouw dat af-treksel tot in alle eeuwigheid zou blijven koken. Ik keek naar de potjes en medi-cijnresten. Ik werd zo boos op die afschuwelijke stank van ziekte.

Om negen uur legde ik de kinderen in bed en toen zocht ik een flesje in-secticide op uit de voorraadkast. Ik twijfelde slechts een kort moment en roerde toen een paar eetlepels gif in een van de medicijnkannen van mijn vrouw. Ik rook eraan en het stonk alleen maar naar kruiden, precies zoals al-tijd. Ik schonk een kom in van die zwarte, stroperige vloeistof en zette die naast haar bed.

Ma Lin zuchtte verontschuldigend: "Ik zorg voor zo veel last voor jou, lie-verd." Ze nam de kom, fronste haar wenkbrauwen en dronk hem leeg. Drie minuten later begon ze te klagen over pijn in haar buik. Ze lag te draaien in bed en stootte een hese, gekwelde schreeuw uit: "Water! Water! Geef me water!"

"Ik zal water voor je halen," antwoordde ik meteen. Ik ging de slaapka-mer uit, deed de deur achter me op slot en stond daarna met mijn oor tegen de deur te luisteren naar de geluiden daarbinnen. Na korte tijd werd het stil. Toen ik de deur opendeed en naar binnen ging, zag ik dat mijn vrouw wit schuim om haar mond had, haar lichaam was verwrongen en haar ogen stonden wijd open. Ze ademde niet meer. Ik haalde een handdoek en droog-de het schuim op, sloot haar ogen en legde haar wat rechter in bed zodat ze er mooi bij lag, met haar hoofd op het kussen. De kan met de rest van het medicijn gooide ik op de afvalhoop naast het groentelandje.

Daarna ging ik in de donkere kamer staan roken terwijl ik probeerde rus-tig te worden en te bedenken welke leugens ik de familieleden de volgende dag zou voorschotelen.

Dat was de enige slechte daad waar ik me in mijn hele leven aan schuldig gemaakt heb, maar het kostte een persoon het leven.' Toen hij zo lang gepraat had, was hij lijkbleek geworden en hij begon stil en snikkend te huilen.

Ik lichtte mijn hoofd op en ademde uit. Eindelijk had ik de zaak kunnen oplossen.

Toen ik Yan terugbracht naar zijn cel, smeekte hij me een aantal keren ervoor te zorgen dat hij, omdat hij zelf bekend had, zijn leven mocht behouden.

Ik ging terug naar kantoor als een triomferende heldin en vertelde trots aan Wang en Ang: 'Het is me eindelijk gelukt hem zijn mond te laten opendoen. Hij heeft alles bekend. Ik ga meteen naar zijn huis om bewijs te zoeken.'

'Dan had je dus goede raad gekregen,' zei Wang stralend. 'Juffertje, je moet gewoon af en toe je oudere collega's wat vragen en leren van onze ervaring.' Hij vergat niet om me terecht te wijzen: 'In het vervolg moet je nauwkeurig je onderzoek plannen. Als het niet helpt om hard te zijn, dan moet je soepel zijn, als het niet helpt om recht op je doel af te gaan, dan moet je een omweg nemen. Er zijn geen methoden die je niet kunt proberen, zolang je de misdadigers maar tot een bekentenis krijgt.'

'Bedankt, dat zal ik onthouden,' antwoordde ik blij en opgelucht.

Ang en Dan prezen me ook en zeiden dat de kwaliteit van mijn onderzoeken snel verbeterd was.

Samen met een aantal rechercheurs ging ik meteen op weg naar de plaats van delict en vlak bij Yans groentelandje vonden we de medicijnkan die hij op de afvalhoop gegooid had. Toen de inhoud was geanalyseerd, werd het duidelijk dat er resten inzaten van een giftig insecticide met de naam DDV, zoals Yan had verteld.

Ik eiste dat de politie het graf zou openen zodat de gerechtsarts het lijk kon onderzoeken op resten van het gif in mond en maag. Zij keken nogal onaangenaam getroffen – volgens plattelandszeden brengt het ongeluk om een dode op te graven en het lijk te onderzoeken, dat zou je kinderen en kleinkinderen in vele generaties kunnen beïnvloeden.

'Dat is slechts een plaatselijk bijgeloof en daar heb ik lak aan,' antwoordde ik. 'Ik zoek naar bewijs. Stel dat ze helemaal geen gif in haar lijf heeft – dan hakken we misschien het hoofd van een onschuldige eraf.'

Door mijn woorden verdween hun angst, waarop de politie en de plaatselijke bestuurders aan de chefs van de werkploeg van het dorp vroegen om die verklaring in de omliggende dorpen te verspreiden. Daarna werd het onlangs gevulde graf geopend en het deksel van de kist gehaald. Onmiddellijk sloeg een afschuwelijke stank ons tegemoet die ons de adem benam. De gerechtsarts beval twee mannen met gummihandschoenen om het lijk eruit te halen en op een deken van dierenhaar te leggen dat afgedekt was met een wit laken. Het lijkt was al begonnen te rotten en het was moeilijk om gelaatstrekken te onderscheiden. Ik was ontzettend misselijk en gaf keer op keer over.

De obductie wees uit dat er gif in de maag van het slachtoffer aanwezig was en dat dat ongeveer een halfuur voor haar dood ingenomen moest zijn. Nu had ik genoeg bewijs om Yan aan te klagen voor moord.

Volgens het wetboek van strafrecht staat op moord de doodstraf en de rechtszaak moet worden voorbereid door het arrondissementsparket dat in de stad zit. Als Yan zou worden terechtgesteld, zouden zijn twee kinderen zowel vader als moeder verliezen en wezen worden. De dag voor de grafopening had ik de familie bezocht. De kinderen werden voorlopig verzorgd door Ma Pin terwijl ze bij haar ouders, hun grootouders, woonden. Ze klommen de hele tijd op hun tante en vroegen naar hun vader. Sinds Yan op het politiebureau verhoord was en naar het huis van bewaring was geleid, hadden de kinderen hem niet meer gezien. Ma Pin had zich gedwongen gezien te liegen dat hij vertrokken was om te werken zodat hij nieuwe kleren en snoep voor hen kon kopen. Dus nu zaten de kinderen vol verlangen bij de deur te wachten.

Ik rapporteerde het onderzoek aan Dan en stelde voor dat we levenslang zouden eisen of uitgestelde terechtstelling. Dan was met me eens dat een doodstraf de indruk zou wekken dat het Openbaar Ministerie en de rechtbank twee kinderen tot wezen maakten, dus stemde hij met het voorstel in.

Het duurde niet lang voordat het vonnis werd geveld: de gedaagde, Yan, werd veroordeeld tot de onmiddellijk te voltrekken doodstraf. Het schokte me dat onze superieuren onze aanbeveling niet hadden opgevolgd. Het harteloze besluit van de rechtbank maakte me kwaad en ik stelde voor dat we het vonnis bij het gerechtshof zouden aanvechten.

Een maand later kwam de officier van justitie uit de stad met zijn besluit: de zaak zou niet opnieuw worden opgepakt. Een officier is er slechts verantwoordelijk voor dat de wet wordt gevolgd en mag geen sympathie voelen of tolerantie tonen op grond van het handelen van een misdadiger.

Ik was teleurgesteld. Ik had de smekende Yan beloofd dat hij de doodstraf zou ontlopen. Hoe kon ik mijn verraad aan hem uitleggen? Hij was eerlijk geweest, maar we hadden hem geen mildere behandeling gegeven, wat inhield dat we ook het vertrouwen van de overige gevangenen zouden verliezen. Dat verontrustte me en maakte me erg droevig.

Ang probeerde me te troosten: 'Het besluit van de rechtbank is niet iets wat jij kunt sturen of omzeilen. Het gerechtshof heeft zijn besluit al lang geleden genomen. Het was niet verkeerd van jou om loze beloften in je verhoor te gebruiken.'

'Je hebt niet gelogen,' vulde Fa aan. 'Jij hebt uitgestelde doodstraf voorgesteld en daarmee heb je gedaan wat je kon.'

Wang vond dat het niet iets was om je hoofd over te breken. 'Waarom zou je je beloftes aan een moordenaar houden? Als je hem niets had beloofd tijdens het verhoor, had hij nooit bekend. Dat bewijst dat hij hard en onbuigzaam was. Het was ook weer niet zo dat hij met hart en ziel bekende, toch? Dus waarom zouden wij aardig voor hem zijn?'

Toen ik Yan de laatste keer bezocht, nadat het vonnis was geveld, vroeg ik hem of hij angst voelde nu zijn dood nabij was. Hij antwoordde kalm: 'Eerst was ik banger, daarom heb ik zo mijn best gedaan om samen te werken met u, mevrouw de officier van justitie, om niet ter dood veroordeeld te worden. Nu ben ik niet bang meer. Het wachten op de dood is angstaanjagender dan de dood zelf.'

Gedurende lange tijd na de executie zag ik de doodsstrijd van de neergeschoten Yan voor me, elke keer dat ik eenzaam wakker lag in de donkere nacht. Zijn afscheid van de kinderen gleed als een geestverschijning door mijn gemoed en deed me inzien dat een communistische officier van justitie een sterke psyche moet hebben en het vermogen om alles te verdragen.

Ik vond altijd dat Ang de listigste kerel was die ik ooit ontmoet had. Vanaf de dag waarop ik op strafzakenafdeling één was geplaatst, had ik hem horen klagen over de financiële situatie van zijn gezin. Hij kon vertellen hoe hij naar een bepaalde plaats was gereden om bewijs te zoeken in een zaak en hoe hij met behulp van de politie en plaatselijke politici in contact was gekomen met een plankenmagazijn waar ze hout verkochten tegen productiekosten, waar hij dan meubels van ging maken.

Op een keer onderzocht ik een zaak in een schoenenfabriek en de chef bood me goedkope schoenen aan. Toen Ang merkte dat ik niet geïnteresseerd was, spoorde hij me aan de gelegenheid te baat te nemen om tegen een gunstige prijs te winkelen. 'Zo spaar je geld, je hebt toch niet zo'n hoog loon. Het is niet onwettig, we betalen er toch voor.'

'Zo ver denk ik me niet te verlagen,' antwoordde ik plomp.

Hij lachte hard en daarna stond hij een tijdje stil na te denken. 'Zo'n boekenwurm als jij heb ik nog nooit ontmoet,' zei hij. 'Weet jij eigenlijk wat het leven is? Het leven is hout, rijst, olie en zout. Eten, drinken, schijten en pissen.'

Aangezien hij me meestal goed behandelde, begreep ik dat hij niet de draak met me wilde steken maar simpelweg vond dat ik lachwekkend naïef was.

Een tijd later kwam hij op het idee om een huisje te bouwen dat hij kon verhuren. Het geld dat hij verdiende, gebruikte hij voor de bruiloft van zijn dochter. Dus toen we een onderzoek deden in de cementfabriek in Pingtang, nam hij contact op met hun veiligheidschef en regelde hij dat hij cement mocht kopen tegen productiekosten en toen we een keer een zaak aanpakten bij de keramiekfabriek in Tongguan, zocht hij de hulp van de politie daar om goedkope dakpannen te bemachtigen.

Toen het huis klaar was en verhuurd, kwam de hoofdofficier er eindelijk achter waar zijn collega's over praatten. Zelf begreep ik niet waarom ze zo jaloers waren. Iedereen bij het parket kon goedkope spullen krijgen als ze dat wilden, dat was niet iets van Ang alleen. Maar tijdens de politieke studiebijeenkomst uitte Dan kritiek, echter zonder Ang bij de naam te noemen. 'Er zijn kameraden die hun werk aangrijpen als een mogelijkheid om privévoordelen te krijgen en hun eigen huis te bouwen. Dat leidt tot discussies onder de bevolking en geeft ons een slechte naam. Je moet je niet bezighouden met privéaangelegenheden onder werktijd, dan gebruik je die op de foute manier.'

Ik zag dat Ang rood werd en zich ongemakkelijk voelde door Dans kritiek. Hij durfde niks te zeggen, maar keek om zich heen alsof hij niet helemaal wist waar het over ging.

Toen de vergadering voorbij was, gingen we allemaal terug naar onze afdelingen. Niemand zei er iets over, deels omdat Ang zo geraakt was, deels omdat we wachtten tot hij zelf begon te klagen en zich af zou reageren. En ja hoor, toen hij de kamer binnenkwam, deed hij een paar slepende stappen en zei toen met een asgrauw gezicht: 'Degene die jaloers is, kan dat het best rechtstreeks tegen mij zeggen. Wat zijn jullie voor types om me aan te geven achter mijn rug om? Ik heb niets fout gedaan.'

Ang was niet zo'n geheimzinnig persoon en hij praatte met een harde stem. Hij had elk detail over het bouwen van zijn huis op kantoor verteld. Misschien was hij zo tevreden dat hij zijn blijdschap wilde delen, maar natuurlijk zijn er altijd mensen die zoiets rapporteren. Niet lang daarna werd hij overgeplaatst en Fang van de afdeling voor wet en discipline verving hem.

Wij, de drie meiden, zuchtten – in het vervolg konden we blijdschap, woede, zorg of geluk beter niet meer tonen. We moesten voorzichtig zijn, want elk klein dingetje kon aanleiding voor geroddel zijn.

Toen Fang de eerste keer op onze kamer kwam, was ik stomverbaasd. Hij was zo mager dat zijn gezicht niet meer dan een hand breed leek. Hij was een groot deel van het jaar ziek thuis geweest en ik had hem lang niet gezien. Hij woonde in een personeelswoning van het parket, elke twee of drie dagen kwam hij naar het werk en zat daar een paar uur omdat hij contact wilde blijven houden met wat er gebeurde.

Elke maand was ik gedwongen een maandrapport te schrijven – een vel papier zo groot als vier normale vellen, gevuld met kleine kolommen. Horizontaal moest ik de leeftijd, het werk, eventueel partijlidmaatschap, etnische afkomst enzovoort schrijven van de aangehoudenen, de kolommen waren voor verschillende misdaden. Omdat onze rapporten geheime documenten waren, konden we ze niet versturen met de gewone post omdat we dan riskeerden dat ze wegraakten of onderweg gestolen zouden worden. In plaats daarvan wezen we iemand aan die de verantwoordelijkheid kreeg om persoonlijk maandrapporten, periodieke rapporten en jaarverslagen te overhandigen op het ressortsparket in de provinciehoofdstad. Dat werd gezien als een dienstreis en je kreeg twee yuan en vijf jiao als reisgeld. Ang had mij altijd deze opdracht gegeven, zodat ik van de gelegenheid gebruik kon maken om thuis langs te gaan. Op die manier kon ik het geld besparen dat ik anders moest uitgeven voor een privéreis. Bo en Lee beneden me dat ik zo'n ruimdenkende en onzelfzuchtige chef had, zelf kregen ze nooit zulke hulp van hun bazen.

Zodra Fang de scepter had overgenomen, nam hij mij deze 'speciale opdrachten' af. Hij reorganiseerde ook de verdeling van ons werk. Eerder hadden we altijd de opdrachten gegeven aan wie er aan de beurt was en iedereen was daar tevreden mee. Nu kregen we twee onderzoeken voor elke zaak die hij zelf oppakte. 'Ik ben afdelingshoofd,' zei hij, 'en ik moet al jullie onderzoeksrapporten doornemen. Bovendien moet ik naar allerlei vergaderingen.'

Hij was vaak ziek en soms leek hij het nauwelijks op te kunnen brengen om rechtop te zitten, maar zodra er een hoofdofficier op bezoek kwam, vermande hij zich en deed hij of hij vol energie was, niets dan lachen en vrolijkheid. Soms hadden wij, de medewerkers, het over Ang en hoe onrechtvaardig hij behandeld was. Dan hief Fang zijn theekop op, nam een paar ferme slokken en gaf zijn eigen hoogdravende uitleg: 'Het is het niet waard om gepakt te worden omdat je alleen maar een paar centen wilt besparen. Ik ben zo arm dat ik niet eens een bank heb thuis, maar toch red ik me prima.'

Op een keer onderzocht ik een zaak waarbij we iemand in hechtenis zouden nemen. Volgens de wet moesten we binnen drie dagen een besluit nemen, dus werkte ik als een gek over om op tijd klaar te zijn en juist toen lag Fang ziek thuis. 'Stuur je onderzoeksrapport naar hem thuis met de vraag het goed te keuren,' zei Fa. Ik ging naar Fangs appartement in het personeelsgebouw; het bleek inderdaad dat hij arm was. Maar aan de andere kant waren de meeste collega's spaarzaam en onomkoopbaar in die tijd.

Elke keer dat Fang het huis van bewaring bezocht om iemand te verhoren, nam hij mij mee, zodat ik aantekeningen kon maken. 'Een gratis secretaresse,' zei ik tegen hem.

'Jullie jongeren moeten harder werken,' antwoordde hij. 'Bijt maar op je tanden en probeer het gezwoeg en de woede te verduren. Toen ik jong was, vochten we om opdrachten.'

Ik vond het maar niks dat de ouderen steeds maar zeurden over hoe moeilijk ze het vroeger hadden gehad en zich met ons vergeleken, dus zei ik: 'Het zijn andere tijden nu. U was soldaat, ik ben officier van justitie.'

'Xiao, jij hebt hier nog maar een paar jaartjes gewerkt en je staart nauwelijks omhoog kunnen steken. Hoe komt het dat je niet hebt geleerd je oudere collega's te respecteren?'

'Dat doe ik heus wel. Als ik u niet respecteerde, zou ik niet met u meegaan naar het huis van bewaring en uw secretaresse spelen.'

Fangs verhoren waren uiterst grondig. Normaliter vroegen we bijvoorbeeld alleen naar de namen, het adres en de woonplaats van de naaste familie van de verdachten. Fang daarentegen vroeg ze uit over hun ooms, tantes
enzovoort.

'Dat is nergens voor nodig,' mopperde ik misnoegd. 'U beweegt alleen
maar uw lippen en dat kost niet zo veel moeite, maar ik ga bijna dood van
het aantekeningen maken.'

Die dag duurde het verhoor wel drie uur, terwijl het maar een simpel geval was dat ik in een derde van de tijd geklaard zou hebben. Toen hij zijn
laatste vragen had gesteld, nam hij mijn aantekeningen en reikte die de aangeklaagde aan, die moest opstaan om ze aan te pakken. 'Kom hier om dit
aan te pakken en ga dan zitten om het door te lezen,' zei Fang terwijl hij
eruitzag of hij de god van de ziektes probeerde weg te wuiven. Toen de gevangene klaar was met lezen, vroeg Fang of alles correct was en de gevangene antwoordde ja. 'Kom dan hier om te ondertekenen,' zei Fang. 'En zet je
vingerafdruk daar.'

Hij ging achter zijn eigen stoel staan. Ik bleef aan tafel zitten. Toen de
gevangene bij mij kwam, reikte ik hem de pen aan. De gevangene boog zich
over de tafel en schreef zijn naam op elke bladzijde van het verslag. Daarna
wees ik naar de inkt, hij nam wat op zijn vinger en zette zijn vingerafdruk
naast elke handtekening. Toen de verdachte vroeg of hij een sigaret mocht
roken, zwaaide Fang geïrriteerd met zijn armen.

'Ga terug naar je cel om je misdaden te overdenken,' stuurde hij hem
weg. 'Dat je mij vraagt om sigaretten. Ik heb er geen!'

De aangeklaagde volgde hem verdrietig en teleurgesteld terug naar de
cel. Zodra Fang terugkwam, pakte hij de pen, het papier en de onderzoeks-
stukken in. 'In het vervolg moet je voorzichtiger zijn,' zei hij. 'Laat de gevangene niet te dichtbij komen. Hij kan je aanvallen en in je oog steken met de
pen. Je hebt zeker wel gemerkt dat ik maatregelen nam om mezelf te beschermen door me ver van hem op te stellen.'

'Als het dan zo gevaarlijk is, waarom waarschuwde u me dan niet?' vroeg
ik. 'U dacht er alleen maar aan zelf afstand te houden, terwijl ik u met uw
werk aan het helpen was.'

'Ik geloof gewoon niet dat je vorige baas je daar niet over ingelicht heeft,'
antwoordde hij.

'Dat heeft hij niet gedaan. Hij heeft er waarschijnlijk nooit over nagedacht. Als de gevangene vandaag zoiets werkelijk had gedaan, had u daar alleen maar staan toekijken met uw armen over elkaar.'

'Wat ben jij eigenlijk voor een onredelijk type? Ik vertel je iets voor je eigen bestwil en jij vergeet niet alleen om mij te bedanken, je begint me zelfs
te verhoren!' snoof hij woedend.

Ik weet niet waarom ik volhield. 'Maar u bent afdelingshoofd en u hebt
al jaren hier gewerkt. Het is toch uw plicht om uw jongere collega's te beschermen. Het had u niets gekost om het van tevoren te zeggen. Wat u deed
was alleen maar egoïstisch.'

'Ik heb geen zin om nog langer op deze manier met jou te praten,' zei hij
misnoegd. 'Ondankbaar jong wicht!' Hij draaide zich om en ging weg.

Niet lang daarna liet Wu me bij zich komen. Dit gesprek was totaal anders dan het vorige. 'We willen niet dat een van jullie jongeren ontslag
krijgt, dus we zijn altijd bereid om jullie te helpen. Jouw meerderen en collega's hebben de indruk dat jij niet weet aan welke kant je hoort te staan.'

Ik legde het meteen uit: 'Ik heb noch familieleden, noch vrienden die de
wet hebben overtreden en ik heb nooit geprobeerd iemand te beschermen of
het gemakkelijk te maken. Het enige waar ik aan dacht was hoe het moest
met Yans twee kinderen. Ik kon de gedachte niet verdragen dat ze wees
moesten worden.'

Nu werd Wu serieus. 'Jonge kameraad! Onze opdracht is om onbarmhartig toe te slaan tegen de misdaad. Jij hebt jaren van opleiding van de partij gekregen, dus je weet toch welke eisen er aan het rechtswezen worden gesteld en welke disciplinaire regels er gelden? Waar is je gevoel voor rechtvaardigheid gebleven? Het is niet de eerste keer dat je een dergelijke misstap
doet. Doe dat nooit meer! Anders moeten we heroverwegen of je wel ge-
schikt bent voor het rechtswezen.'

Dit was niet zomaar kritiek, dit was een bedreiging – een bedreiging om
me mijn broodwinning af te pakken. Ning had mij ook bekritiseerd toen hij
verantwoordelijk was voor het politieke werk. Toen ging het om een zaak
die draaide om een ruzie tussen een paar vandalen. Een kennis van mij had
me gevraagd de groeten te doen aan een van de gedaagden. Ik zei dat het een
openbaar proces was en dat hij het zelf kon komen doen. Maar dat schikte
hem niet, daarom hielp ik hem voordat de rechtszaak begon. De gedaagde
was er erg blij mee. Kort daarna beweerden de rechter en een van de parket-
wachters dat ik vrienden had in criminele kringen. Nu legde Wu deze twee
dingen bij elkaar en eiste dat ik mijn ideologische standpunt kritisch zou bekijken. Ik staarde vol haat naar de altijd samenzweerderige ogen en zag zijn
lippen zich openen en sluiten terwijl hij op zijn politieke frases kauwde.
Voelde hij zich soms alleen maar goed als alle anderen bang waren?

Toen ik zijn kamer verliet, was ik alle zin kwijt om terug te gaan naar
mijn bureau en door te gaan met mijn onderzoeken. Ik ging rechtstreeks

naar de slaapkamer, waar ik op bed ging liggen mokken. De gedachte aan Wu's kritiek en de bedreiging maakten me ongerust. Zou hij misschien echt voorstellen dat ik ontslagen moest worden? Ik sloeg met mijn hand op het bed om mijn boosheid kwijt te raken. Na een tijdje kwamen Lee en Bo binnen.

'Verdomme! Verdomme!' vloekte ik tussen mijn tanden.

Lee en Bo haastten zich de deur dicht te doen en probeerden me in een beter humeur te krijgen: 'Vloek maar eens wat harder, dan ga je je misschien beter voelen.'

'Je bent niet de enige die in moeilijkheden is geraakt,' zei Lee. 'Zelfs de hoofdofficier heeft kritiek gekregen van de partijafdeling in de provincie. Hij staat vanbinnen ook in lichterlaaie!'

'Maar wat weet de partijafdeling van de gemeente of het gemeentebestuur van ons werk? Onze taken hebben niets met hen te maken.' Yan was geëxecuteerd en zijn kinderen waren in een pleeggezin geplaatst en toch kreeg ik kritiek. We zaten met z'n drieën lang te klagen.

Maar gejammer lost niets op. Nu moest ik het probleem zien aan te pakken, dus ik verklaarde plechtig: 'Vanaf nu zal ik een totaal afgestompt en koelbloedig wezen zijn.'

Bo en Lee werden stil toen ze de plotseling zo serieuze toon in mijn stem hoorden, maar het duurde niet lang voordat Bo weer begon te giechelen: 'Als het jou lukt je niets aan te trekken van een zielig en ellendig medemens, dan word ik een non, of wie weet een president.'

'Denk jij dat ik dat niet kan?' Ik gooide haar om op het bed en begon haar te kietelen.

'Help!' riep ze, overdreven hard. 'Jij bent helemaal geen ervaren en respectabel officier van justitie!'

Lee stak haar hand onder mijn kussen en haalde er *Jane Eyre* onder vandaan, dat ik aan het lezen was. Ze lachte. 'Het ene moment lees je zulke kapitalistische liefdesromannetjes, het andere moment beweer je dat je koud en methodisch gaat werken voor de dictatuur van het proletariaat. Ben je niet bang dat je schizofreen wordt? Trek je er toch niks van aan en wees jezelf. Ik wil je niet zien veranderen in een gespleten persoonlijkheid.'

'Juist,' zei Bo. 'Ik vind je fantastisch met je levendige temperament.'

Toch kon ik niet zo blij zijn. 'Ik krijg altijd maar kritiek van mijn bazen. Er is nooit iemand die me goed vindt of me eens complimenten geeft.'

Voor de lunch was er maar één tafel gedekt en we zaten er met zijn zevenen omheen. 'Dus advocaat Lo is er weer met de lunch?' vroeg Bo en ze groette Lo, die recht tegenover haar zat.

'Ik had vanmorgen een rechtszaak en nog een vanmiddag,' antwoordde

hij. 'Ik kan niet naar huis rijden om te eten, dus ben ik maar hierheen gegaan. Twee vijftig voor een maaltijd is goedkoop.'

Pan bemoeide zich er meteen mee: 'De prijs is vastgesteld voor degenen
die hier werken, de eetzaal is gesubsidieerd. Anders zou ik zo'n verlies
draaien dat ik mijn broek moest verkopen.'

'Dan heb ik echt misbruik gemaakt van de gastvrijheid van het kantonparket,' schertste Lo.

'En het is niet de eerste keer dat je hier eet,' zei Bo. 'Je komt minstens
een paar keer per maand.'

'Ja,' antwoordde Lo, 'helaas ben ik de enige advocaat in de provincie, ik
heb enorm veel te doen. Het is niet gepast om in de eetzaal van de rechtbank
te eten, want als ik er ben kunnen de medewerkers de zaak niet bespreken.'

Wangcheng had halverwege de jaren tachtig ruim een half miljoen inwoners, maar slechts een enkele advocaat. Toen had men nog niet helemaal
begrepen waar advocaten goed voor zijn. De rechtspraak was geheel in handen van de politie, het Openbaar Ministerie en de rechtbank. Lee was Lo al
vaak tegengekomen in de rechtszaal en had niet het minste respect voor
hem. In ons jargon betekende advocaat niet meer dan stront, dus wie zou
zich iets van zo iemand aantrekken?

Advocaat Lo had examen gedaan aan de universiteit voor politiek en
rechten voordat de Culturele Revolutie begon, maar toen het rechtswezen in
elkaar donderde, was hij gedwongen van beroep te veranderen. In 1978,
toen het Openbaar Ministerie en de rechtbanken weer begonnen te functioneren, keerde Lo naar zijn oude beroep terug.

Elke keer dat een zaak in de rechtszaal werd behandeld, hadden de officieren van justitie de schuld van de gedaagde al vastgesteld. Een rechtspro-
ces kwam erop neer dat de rechter de stukken doorlas die de officier van justitie had aangeleverd en daarna zijn handtekening zette onder het voorge-
stelde vonnis. Daarin schreef de rechter ook de punten van aanklacht en
welke straf geëigend was gezien de omstandigheden. Dat moest daarna
goedgekeurd worden door de president van het kantongerecht. Omdat elke
misdaad volgens de wet een minimum- en een maximumstraf had, was er
voor de rechter en de juryleden maar weinig bewegingsruimte. Ze moesten
opereren binnen het kader van de vastgestelde straftijden. Diefstal bijvoorbeeld werd bestraft met drie tot zeven jaar. De rechtbank en de jury werden
aan het begin van het proces op de hoogte gesteld van de omstandigheden
van de zaak en veroordeelden daarna de dief tot tussen drie en zeven jaar.
Als de advocaat een goede dag had en goed pleitte, kon de rechter aardig zijn
en als ook de juryleden in een goed humeur waren, kon het gebeuren dat de
gedaagde maar drie jaar kreeg. Als de rechter of de jury in een slecht hu-

meur was, was het jammer voor de misdadiger, want dan kon hij net zo gemakkelijk tot zeven jaar veroordeeld worden. De taak van de jury was om het proces te controleren en met voorstellen te komen, maar alleen de rechter had het recht om een vonnis vast te stellen. Als het advocaat Lo lukte om de straf tot drie jaar omlaag te krijgen, was hij heel tevreden met zichzelf, want dat betekende dat hij een goed pleidooi had gehouden. Om er een vrijspraak door te krijgen was onmogelijk, tenzij de rechtbank van tevoren al had besloten dat de gedaagde onschuldig was en dan zou de officier van justitie al zijn bevolen de zaak te seponeren zodra ze de stukken hadden doorgelezen. Maar zulke zaken waren echt heel ongewoon. Als een zaak voorkwam en de verdachte zou worden vrijgesproken, dan zouden de officieren van justitie hun gezicht verliezen. De politie, het Openbaar Ministerie en de rechtbank hadden een vriendschappelijke samenwerking en voor de partij was het basisprincipe van dit werk om de orde in de samenleving te bewaren.

Een van de mannelijke officieren van justitie aan tafel zei tegen Lee en mij: 'Hij weet heel goed dat de rechtbank haar oordeel van tevoren al bepaalt. Waar zou je een college van rechters en een rechtbankpresident voor hebben als ze niet over de straftijd mogen beslissen?'

Lo was het ermee eens. 'Precies. Maar als ik ze kan helpen om ze wat jaren in de gevangenis te besparen, dan is dat toch goed. In de gevangenis lijkt elke dag een jaar, dat zouden jullie moeten weten.'

'Dus jij sympathiseert met de vijandige klasse?' zei ik. 'Ben jij mild en medelevend tegenover misdadigers?'

Lee en Bo, die waarschijnlijk dachten aan de kritiek die ik had gekregen, barstten in lachen uit. Ik pakte mijn kom, stond op en liep naar de eetzaal van de rechtbankmedewerkers.

Lulu, een vrouwelijke rechter die even oud was als ik, klopte op de lege stoel naast haar. 'Kom hier zitten. Waarom ben je zo neerslachtig vandaag? Niemand heeft je nog horen lachen.'

We kenden elkaar zo goed als je iemand kunt kennen. Strafrechters en wij werkten bijna dagelijks samen en soms, als we moesten beslissen over punten van aanklacht of het soort overtreding, zaten we, precies zoals nu, samen in de eetzaal te eten, te praten en te discussiëren tot we het eens konden worden.

Er was nog geen echte rechtszaal gebouwd, dus als het om eenvoudige zaken ging, werd de zaak in de eetzaal behandeld. Omdat niet alle rechtszaken de aanwezigheid van een advocaat vereisten, was het meestal toereikend om de eettafel te verschuiven en drie tafels als schrijftafels neer te zetten. De officier van justitie en de rechter zaten ieder aan hun eigen tafel, de twee juryleden achter de derde en de gedaagde kreeg een stoel. De parketwacht haalde de gedaagde uit het huis van bewaring en zette hem in het zijspan van een driewielige motor, maakte de handboeien vast aan een ijzeren beschermbalkje en reed recht naar de deur van de eetzaal van het rechtbankgebouw. Daarna wachtte hij buiten tot de rechtszaak voorbij was en reed de gevangene weer terug. De juryleden waren oudgedienden, familieleden van rechters – soms waren ze toevallig op bezoek, maar anderen hadden hier een baan. Het kon de schoonvader of opa of oom van de rechter zijn. Ze woonden in de dienstwoningen achter het kantoorgebouw en we kwamen ze de hele tijd tegen, we kenden elkaar heel goed. Aangezien je verscheidene yuan compensatie kreeg voor gederfde inkomsten als je meedeed aan een proces, betekende het baantje extra inkomsten en ze waren allemaal erg blij om voor jurylid te mogen spelen.

Op een middag om vier uur ging ik naar de eetzaal om in de keuken wat warm water te halen en toen ontdekte ik dat de rechters zich hadden teruggetrokken voor overleg. De gedaagde was toen in een kleine badkamer neergezet die tussen de eetzalen van het parket en de rechtbank in lag. De badkamer had geen warmwaterleiding en was lang ongebruikt geweest. Inmiddels gebruikten de ambtenaren van beide instanties de badkamer om briketten, manden, jukken en andere dingen in op te slaan. Zoals altijd had de gedaagde handboeien om, zo waren de regels, we moesten verhinderen dat ze konden vluchten. In deze tijd gebruikte men omgekeerde bewijslast: als de officieren van justitie voor de rechtszaak hadden besloten dat hij schuldig was, dan werd van hem geëist zijn onschuld te bewijzen. Toen ik passeerde, hoorde ik twee juryleden bij de wastafel discussiëren.

'Krijgt hij twee jaar?' zei de een. 'Ik vind dat dat nogal schappelijk is.'

'Twee jaar is te weinig,' antwoordde de ander. 'Daar gaat de rechter nooit in mee. Hij is al dagen in een slecht humeur, zijn vrouw is verliefd op een ander en ze wil scheiden.'

'Echt waar? Weet je dat zeker? Ik dacht al dat er iets raars was met zijn vrouw. Ze is zo koket en mooi, dat je haar niet aan een paaltje kunt vastbinden.' Het eerste jurylid sperde zijn ogen open om te vissen naar meer roddels.

'We gaan voor een paar jaar meer, vier zou toch mooi zijn?' zei de ander, die geen ranzigheden meer wilde vertellen. 'Als de rechter kwaad is, neigt hij altijd naar een hardere straf.'

Toen de twee mij in de gaten kregen, glimlachten ze en begroetten mij. 'Laten we het op een compromis houden en drie jaar vragen,' zei de eerste. 'Het is toch de rechter die uiteindelijk beslist.' De ander aarzelde een paar seconden en knikte toen. Zodra ik mijn thermoskan gevuld had en weer weg wilde gaan, zag ik de rechter met hen staan praten. Ze discussieerden zachtjes en tot slot zei de rechter: 'Nou, goed dan. Dan wordt het drie jaar.'

En op die manier, nadat de juryleden hadden onderhandeld over de straf-maat, precies zoals je afdingt op de markt, werd de gedaagde veroordeeld tot drie jaar gevangenisstraf. Misdadigers wisten niets van de wet en konden geen advocaat betalen. De gedaagden waren simpelweg gedwongen zich te schikken in het besluit van de rechtbank. Het heette een openbaar proces, maar meestal waren er geen toeschouwers en als iemand veroordeeld was, dan was het klaar. In beroep gaan was een zeldzaamheid, aangezien de stuurlieden van het volk het nooit bij het verkeerde eind konden hebben.

Tijdens een politieke studiebijeenkomst vertelde Dan dat de centrale overheid een bepaling had uitgevaardigd dat de eenkindpolitiek harder doorgevoerd moest worden bij de boeren op het platteland. De bestuurders van de stad en de provincie hadden het volgende besluit genomen: elke openbare overheidsinstelling moest een ambtenaar aanstellen die medeverantwoordelijk werd voor het opzetten van een werkgroep voor kinderbegrenzing en die werkgroep moest vervolgens elke gemeente bezoeken om erop toe te zien dat het bevel van de regering werd uitgevoerd.

Dat mensen kinderen ter wereld brengen, heeft toch niets met onze strafzaken te maken, dacht ik, en niemand bij het Openbaar Ministerie had te veel kinderen gekregen. Om een dergelijk bevel een hele middag te zitten bediscussiëren was verkwisting van tijd. Ik fluisterde een beetje met Bo en Lee, die naast me zaten, en keek verveeld om me heen. Ik had er spijt van dat ik geen roman had meegenomen.

Toen was het woord aan voorzitter Wu. Hij praatte over het probleem dat er te veel kinderen geboren werden in de dorpen en verklaarde dat de tijdelijke kinderbegrenzingsgroepen die het provinciebestuur had geïnitieerd twee maanden lang in de gemeentes zouden zijn. Tot slot kondigde hij plechtig aan: 'De partij heeft de zaak onderzocht en besloten om Xiao aan te wijzen om in de groep plaats te nemen.'

Ik dacht dat ik het verkeerd had gehoord en staarde verbluft naar Lee en Bo. De blikken van het hele personeel draaiden onmiddellijk naar mij.

Dus jullie willen mij een beetje laten vechten, dacht ik. Maar ik zal me door deze twee maanden heen slepen al was het het laatste wat ik deed, en als ik terugkom, zullen jullie je ogen niet geloven. Ik had nu verscheidene jaren in deze politieke organisatie gewerkt en gezien hoe het afliep met stijfkoppige oude ambtenaren die weigerden zich te schikken in wat de organisatie voor hen had gepland – ik wist dat ik niet kon weigeren me te voegen naar het besluit van de partij. Ik was gedwongen mee te doen, of ik nou wilde of niet.

Dus hield ik me dom, glimlachte met de anderen mee en deed net of ik het zag als een eervolle opdracht die mij door de leiding was gegund.

'Xiao,' zei Wu, 'na de vergadering gaan wij samen meer concreet praten over de zaak.'

Toen legde hij uit waarom hij ervoor had gekozen juist mij deze opdracht te geven. 'Jongeren moeten niet alleen maar binnen onderzoek doen. Jij hebt niet zo veel levenservaring, jij hebt niet zo veel gezien van de samenleving en dat kan een obstakel voor je zijn als je later promotie wilt maken. Je hebt niet de juiste nijvere en zelfopofferende geest. Dat de partij er nu voor heeft gekozen om jou deze opdracht te geven, is omdat we je de mogelijkheid willen geven om de werkelijkheid in de grote oven van de samenleving te beproeven en te oefenen.'

Als de leiders op iemand een stempel hadden gedrukt, leek het erg moeilijk om eraf te komen, maar het had een directe invloed op mijn politieke toekomst. Ik was gedwongen om nederig te lijken en te doen alsof ik zijn kritiek en opvoedende woorden aannam en ik zei: 'De laatste jaren heb ik mijn best gedaan om aan mijn tekortkomingen te werken, bijvoorbeeld dat ik te liberaal en individualistisch ben.'

Tevreden met mijn zelfkritiek beweerde hij dat ik vooruitgang boekte.

Twee dagen later controleerde ik mijn lichte bagage en meldde ik me aan bij het gemeentebestuur in een klein oord zo'n twee uur met de bus van de provinciehoofdstad. In dezelfde werkgroep zaten een politieman en ambtenaren van de personeelsafdeling, de statistische afdeling, de opleidingsraad, de bouwcommissie en de financiële raad en als leider hadden we een persoon van het provinciale bureau voor kinderbegrenzing. Ons dagschema werd opgesteld door de gemeenteambtenaar die verantwoordelijk was voor kinderbegrenzingsaangelegenheden. De gemeenteambtenaar vond niet dat we een kantoor nodig hadden omdat we in het veld zouden opereren. Ik kon wonen in een kamer van tien vierkante meter in het gemeentehuis. Daar stonden een eenpersoonsbed, een tafel en een stoel. Het leek of er al lang niemand meer gewoond had, want het zat er vol stof en ik vond een spinnenweb in een van de hoeken. Op de grijze gestuukte muren kon je bloedvlekken zien waar iemand muggen had doodgeslagen. Ik bracht er zo min mogelijk tijd door.

Er was geen badkamer, dus elke zondag moest ik naar het arrondissementsparket reizen om een douche te nemen. De mannen konden zich wassen op het herentoilet, maar er waren geen vrouwelijke ambtenaren bij de gemeente en het uiterst eenvoudige damestoilet was gemaakt van bamboetwijgen en had niet eens een deur, er zaten alleen twee gaten in de grond die voor toevallige vrouwelijke bezoekers waren gegraven. Vliegen met groene koppen vlogen er rond en kluitjes witte wormen wriemelden op de vloer. Je kon niet spoelen, dus de ontlasting droogde in het gat en stonk verschrikkelijk, terwijl onbeschrijfelijk grote ratten erin rondscharrelden. Omdat er geen elektrisch licht was, moest je een zaklamp meenemen als je er 's avonds heen moest. Het toiletbezoek werd een groot probleem voor me, elke keer dat ik dat hok binnenging werd ik zo misselijk dat ik bijna moest spugen.

'Waarom zouden ze mij verdorie naar zo'n plek sturen?' vloekte ik inwendig. 'En het bovendien mooier maken dan het is en beweren dat het een soort oefening is. Wat een afschuwelijk besluit van de organisatie, de leiders, het collectief. Het is allemaal één grote rotzooi, wacht maar, ik geef ze zo gauw ik de kans krijg de volle laag...'

's Avonds had de gemeente een welkomstfeest georganiseerd. Er waren twee tafels gedekt die bezweken onder het eten en de drank. Toen ik was gaan zitten, bedacht ik dat ik de enige vrouw in het gezelschap was. Na drie rondjes sterkedrank waren de meesten al redelijk dronken en een van de ambtenaren greep de dronkenschap aan om onzin uit te kramen: 'Het werken met kinderbegrenzing betekent het gebruiken van handen en voeten, ja, het hele lichaam. Het is niet zomaar een borduurwerkje, echt niet. En dan sturen de officieren van justitie een klein grietje hierheen, wat kan zij nou helemaal? Zij is er natuurlijk alleen maar voor de schijn. Nou ja, we zullen wel leren om voor haar te zorgen, denk ik...'

Ik was al vol van opgekropte woede en dit was genoeg om mij te doen ontploffen. Ik stond op, gooide mijn stokjes met een klap op mijn bord en sloeg met mijn vlakke hand op tafel zodat de kommen omhoog sprongen. 'Als er nog een klein beetje pit in jou zit, mag je dat meteen aan mijn bazen gaan vertellen! Denk je dat ik het leuk vond om hier te komen om me met dit soort dingen bezig te houden? Als jij van je werk houdt, mag je zo veel werken als je maar wilt, ik zal je het brood niet uit de mond stoten. Denk je dat je wat bent alleen maar omdat je een grote, sterke kerel bent? Ik ben hier gekomen om te werken en niet om te vechten. We leven in een geciviliseerde samenleving, niet in een barbaarse tijd waarin de macht uit de loop van een geweer komt. Ga eens wat lezen, jij!'

Iedereen zat er als versteend bij. Het was de eerste dag, we waren er nog niet aan toegekomen elkaar te leren kennen en ik was helemaal razend geworden vanwege een kleinigheid. Zij hadden nog nooit een op het oog welgemanierd meisje als ik zo boos zien worden. Na een korte stilte zei iemand verschrikt: 'O jee! Je kunt zo zien dat ze officier van justitie is. Maar die zijn wel een beetje licht ontvlambaar als zelfs een jong meisje zo agressief en strijdlustig is.'

Het Openbaar Ministerie lag een bestuursniveau hoger dan de andere uitvoerende overheidsinstanties en twee hoger dan de gemeente. Een van de

taken van het Openbaar Ministerie was om controle uit te oefenen op de politie en de rechtbanken en daarom hadden we wat meer macht dan zij. Bovendien gingen officieren van justitie veel om met misdadigers en dat maakte ons hard en stijfkoppig. In deze tijdelijke werkgroep had ik officieel de
hoogste positie en de belangrijkste contacten.

De gemeenteambtenaar glimlachte en probeerde te bemiddelen: 'Het
was maar een grapje, je hoeft niet zo boos te worden. Zodra hij morgen
nuchter is, zullen we ervoor zorgen dat hij zijn excuses aanbiedt. We werken
hier tenslotte voor een gemeenschappelijk doel en we moeten een geheel
zien te vormen.'

De man bood de volgende ochtend echt zijn excuses aan. Hij beweerde
dat hij dronken was geworden en onzin had uitgekraamd en vroeg me er
geen belang aan te hechten. Ik glimlachte en deed begrijpend. Ik wist best
dat ik gisteravond mijn kans had gegrepen om mijn kwaadheid op hem af te
reageren omdat ik zelf slecht behandeld en buitengesloten was door mijn
meerderen.

De gemeenteambtenaar vertelde over de situatie ter plaatse en zei dat we
elke familie zouden bezoeken om erachter te komen wie meer kinderen had
gekregen dan het quotum en wat we eraan zouden doen. De provincie zorgde voor transportmiddelen in de vorm van auto's, de gemeente had fietsen
beschikbaar en de boeren waren ook behulpzaam.

'Wat moeten we met die boeren?' vroeg ik onbegrijpend.

Hij glimlachte en antwoordde: 'Wacht maar tot we met het werk beginnen, dan begrijp je het zo.'

Alle gemeenteambtenaren legden hun overige werk aan de kant om ons
zo nodig te kunnen helpen met de kinderbegrenzingstaak. Om tien uur verdeelden we ons over twee auto's en gingen we op weg. Een speciale politie-
agent van het plaatselijke politiebureau volgde ons per motor met een gemeenteambtenaar achterop en daarachter kwam een hele rij fietsen met gemeenteambtenaren. In een lang, slingerend konvooi reden we het eerste
dorp binnen zodat de stofwolken om ons heen opwoeien.

De eerste familie die we bezochten, had een kast met vijf laden, een klerenkast, een tweepersoonshemelbed en daarnaast een schrijftafel, houten
stoelen, een eettafel, een naaimachine en een fiets. Voor op het platteland
was dat best een hoge levensstandaard. Ze hadden twee kinderen. Volgens
de regels mocht een boerenvrouw die een zoon had gebaard niet meer kinderen krijgen. Maar als het eerste kind een meisje was, mocht je nog een poging doen. Van dit paar was het oudste kind echter een jongen. Vorig jaar
was de vrouw maandenlang verdwenen en toen ze terugkwam, had ze een
kleine meisjesbaby bij zich. Ze had ontdekt dat ze zwanger was en ze wilde

het kind houden en haar man had gezegd: 'Baar het, we hebben maar één kind. Stel dat hij invalide wordt in de toekomst, wie zorgt er dan voor ons als we oud worden? Met twee kinderen hebben we een extra verzekering. Maar de regels zijn streng, dus je moet je op een afgelegen plaats verschuilen en een particuliere vroedvrouw zien te vinden die bereid is te helpen met de verlossing. Zodra het kind eenmaal geboren is, kunnen ze niets meer doen, misschien geven ze ons een boete. We komen in elk geval niet in de gevangenis.'

Vier hele maanden lang ging de vrouw de deur niet uit omdat ze bang was dat iemand die ze kende haar dikke buik zou zien. Gelukkig was de vrucht al genoeg gerijpt om geoogst te worden en enkele familieleden hielpen haar aan een niet-erkende vroedvrouw die de vrouw hielp het kind te baren op het houten bed bij de familieleden thuis.

Ik keek naar het kleine, mollige meisje op het bed dat lachte en spartelde met haar benen en met haar zachte roze hand in de lucht greep. Ze was zo snoezig. Toen ik mijn hoofd liet zakken, mijn ogen toekneep en grapjes met haar maakte, werd ze nog blijer. De andere ambtenaren van de provincie, de gemeente en het dorp stonden in de woonkamer ernaast de regeringspolitiek aan het paar te verkondigen in een koor van stemmen. De beide ouders namen stil de kritiek in ontvangst en zeiden toen verlegen dat ze hun fout erkenden, ze hadden gehandeld in strijd met landelijke regels en beloofden het niet meer te doen.

'Jullie hadden moeten weten dat een tweede kind in strijd is met de eenkindpolitiek,' zei een van de ambtenaren. 'Jullie hadden het meteen aan de dorpsraad moeten rapporteren toen ze zwanger werd en maatregelen moeten nemen.'

'Ja, natuurlijk. Ik heb het fout gedaan. Ik had haar niet moeten verbergen,' antwoordde de man terwijl hij knikte.

'Het helpt niet om alleen maar te zeggen dat je spijt hebt. Jullie hebben een slechte invloed op de andere dorpsbewoners. Dat moeten wij een halt toeroepen.'

'Maar het kind is al geboren, we kunnen haar niet terugstoppen in haar moeders buik,' mompelde de boer.

'Wat is dat voor een houding? Jij vindt helemaal niet dat je fout bent, diep vanbinnen. Verbeter jezelf!' schreeuwde de ambtenaar, die geen tegenspraak duldde.

'Maar we hebben maar twee kinderen, dat is niet zo veel. Zo erg kan dat toch niet zijn. Het is in elk geval beter dan sommige anderen, die een hele horde kinderen baren.'

'Dus je ziet nog steeds niet in dat je fout bent geweest! Dit is de politiek van de partij en van de staat en het maakt niet uit wat anderen doen. Als je de wet overtreedt, moet je gestraft worden.'

'Het kind is al geboren, dus als je mij wilt straffen, dan moet je dat maar doen. Ik weet niet wat ik moet doen. De regels ontnemen ons het leven en niemand durft ertegen te vechten. Ik ben maar een gewone boer, ik kan niet ontslagen worden uit een openbare functie. Doe maar wat je wilt.' Hij had het opgegeven.

'Volgens de regels krijg je een boete. Aangezien je maar één kind te veel hebt gekregen, krijg je een lichtere straf, dus we vorderen van jou duizend yuan.' De ambtenaar klonk alsof hij het paar een enorme dienst bewees. Maar duizend yuan was een enorme som geld voor een boer. Als hij een jaar werkte en niet at, dronk of kleren kocht, maar al het graan verkocht dat hij overhad als de belasting betaald was, kon hij niet meer bij elkaar krijgen dan vijfhonderd yuan en dan moest hij bovendien zijn varkens, kippen, eenden en eieren verkopen. Hoe zou hij aan duizend yuan moeten komen om zijn boete mee te betalen?

Toen de man het bedrag hoorde, viel zijn mond open zonder dat hij een geluid uit kon brengen. De ambtenaren staarden hatelijk naar hem en toen hij begreep dat ze geen grap maakten, liet hij zijn hoofd zakken en zuchtte. 'Meneer de ambtenaar,' zei hij, 'om eerlijk te zijn, ik kan niet eens tweehonderd yuan betalen. Duizend yuan is onmogelijk, dan kunnen jullie me net zo goed doodmaken.'

'Nu ben je onredelijk. Wat een houding! Het spreekt vanzelf dat we niet van plan zijn je van het leven te beroven. Overdrijf je moeilijkheden niet. Je wist dat je geen geld had voor een boete, dus dan had je ook de regels niet moeten overtreden.' De ambtenaren wilden hem allemaal een lesje leren.

De boer spreidde ontmoedigd zijn handen en zei: 'Maar wat moet ik dan doen?'

'Betaal zo veel als je kunt,' zei de voorzitter van de gemeenteraad. 'Als het geld niet genoeg is, nemen we je meubels en laten de spullen die iets waard zijn het geld vervangen dat je niet kunt ophoesten. Het is een regel die van hogerhand komt. Wij doen slechts onze plicht.'

Ze zeurden er nog lang over door. De boer en zijn vrouw slikten hun woede in en fluisterden aardige woorden, smeekten en baden. Ze beweerden dat de meubels niets waard waren, maar dat ze niet zonder konden.

'Waarom dachten jullie daar niet aan toen je dat kind maakte?' zei een van de ambtenaren. 'Als we jullie geen boete opleggen, zullen jullie zeker nog meer kinderen verwekken.'

Ze gingen maar door met kissebissen. Er was voor mij geen plaats in de volle kamer en de anderen leken zich niet erg veel van mij aan te trekken,

dus bleef ik in de slaapkamer met de baby spelen. Ineens kwam de boerenvrouw binnen met een verontwaardigde en waakzame uitdrukking. Het
respect en de nederigheid die ze eerst had getoond toen ze ons zag aankomen, waren nu helemaal verdwenen. Ze zei niets, maar tilde het kind op van
het bed en drukte het stevig tegen zich aan terwijl ze een paar stappen ach-
teruitzette, weg van mij. Het leek alsof ze dacht dat ik van plan was haar
dochter mee te nemen en dat ze haar daarom wilde beschermen. Ze staarde
me aan met een blik vol vertwijfeling en vijandigheid.

Een uur later reed een kleine vrachtwagen de korendroogplaats voor het
huis van het gezin op. De ambtenaren hielpen om alle meubels in te laden.
Ik hoefde niet mee te doen aan de lichamelijke arbeid, omdat er voldoende
sterke mannen aanwezig waren. In plaats daarvan stond ik samen met het
echtpaar toe te kijken. Ze zagen er hulpeloos uit toen ze met verdriet in hun
ogen stil naar de meubels keken die de mannen in de laadbak hesen.

Plotseling hoorden we varkens uit de zwijnenstal roepen. Een zwarte,
dikke zeug met modder over haar lijf kwam naar buiten rennen, gevolgd
door een kleine big. Toen de boer het biggetje zag, greep hij de man die er-
achteraan rende bij zijn hand en smeekte: 'Alstublieft, laat ons die houden.
Nu hij zo klein is, is hij nog niets waard. Als je hem mij laat grootbrengen,
kan ik hem tegen Nieuwjaar voor een flink bedrag verkopen en dan krijgen
wij tenminste nog een paar vleesmaaltijden met het nieuwjaarsfeest.'

De man duwde de boer bruusk opzij en antwoordde: 'Zo gaat dat niet. Je
hebt al de halve dag staan zeuren. Hinder ons niet in het uitoefenen van onze taak.' Hij dreef de varkens naar de vrachtwagen en een paar mannen hielpen mee om ze in de laadbak te tillen. De varkens schreeuwden alsof ze op
weg waren naar het slachthuis. De boerenvrouw kreeg rode ogen en sloot
haar armen nog steviger om het lachende kleintje tegen haar borst.

We gingen terug naar het gemeentehuis, met de goederen op de vrachtwagen en wij in en op onze voortuigen. De oude meubels werden uitgeladen
en opgeslagen in een eenvoudige schuur van dierenhuiden die op de binnenplaats bij de muur stond.

'Wat gaan jullie daarmee doen?' vroeg ik aan de ambtenaar die verantwoordelijk was voor kinderbegrenzing. 'Je lijkt er geen geld voor te kunnen krijgen.'

'Het gaat niet om geld. De meubels zullen hier wel blijven staan, maar
we moesten het zo aanpakken om de andere dorpsbewoners te laten voelen
dat we de eenkindpolitiek nog steeds uitvoeren en dat er geen ruimte is voor
onderhandeling. Het is een waarschuwing dat ze niet zomaar de regels aan
hun laars kunnen lappen. Als we ze niet zo beboeten dat het pijn doet, zullen ze niet onthouden dat hun handelwijze verboden is, maar gaan ze oneindig door met het maken van kinderen.'

'Het lijkt alsof dit werk gedegen kennis vereist.' Ik wist niet goed of ik de draak met hem zou steken of alleen maar zou zuchten.

De man had vermoedelijk al vaak zulke scènes meegemaakt, want hij sloeg me op mijn schouder en zei: 'Dit was niks, over een tijdje zul je je blik pas echt gaan verbreden.'

De opdracht was heel snel volbracht en daarom waren we al vroeg in de middag vrij. Ik had geen zin om terug te gaan naar mijn gammele, vieze kamertje, dus maakte ik een wandeling over de akkers.

De volgende dag bezochten we een erg arm gezin, zo arm dat ik eerlijk gezegd echt ontsteld was toen ik zag hoe ze leefden. De auto stopte voor een klein hutje van bakstenen en stro. Voor het hutje speelde een stel kinderen krijgertje, ze leken tussen drie en acht jaar oud. De kamers waren leeg. Op de vloer in de slaapkamer lag een gevlochten stromat. Er waren geen tafels of stoelen, zelfs geen eettafel. Een man die tegen de veertig leek, zat met gebogen rug op een smal bamboebed in de woonkamer – het enige voorwerp in huis dat vier poten had. Hij leunde met zijn ellebogen op zijn knieën terwijl hij een zelf gerolde sigaret rookte. Hij staarde afwezig naar de stenen muur en leek zich niets aan te trekken van alle roepende partijmannen die het huis in stroomden.

Ik was een beetje nieuwsgierig en wilde rondkijken. Toen ik in de keuken kwam, kreeg ik de vrouw van de boer in het oog en glimlachte vriendelijk naar haar. Ze deinsde instinctief een paar stappen terug en keek me aan met een verschrikte en achterdochtige uitdrukking. Vermoedelijk had ze niet verwacht dat een vrouwelijke ambtenaar binnen zou komen en naar haar zou glimlachen.

'Waarom hebben jullie geen meubels?' vroeg ik.

'Die hebben de autoriteiten meegenomen,' antwoordde ze zacht. 'Ze zeiden dat het een boete was. We hebben zo vaak boete gehad dat we niet eens een stoel hebben om op te zitten. Als we niet willen staan, moeten we op de grond gaan zitten.'

Het klonk niet zo geloofwaardig. 'Waar eten jullie dan?'

'We eten staande in de keuken. We zetten het eten op de rand van het fornuis – dit stenen fornuis kunnen ze ons in elk geval niet afpakken.'

'Maar wat doe je dan als je 's nachts gaat slapen? Hebben jullie niet eens een bed?'

'We slapen op de grond. We hebben een stromat neergelegd waarop we dicht tegen elkaar aan liggen.'

'Hoeveel kinderen heb je eigenlijk gekregen als je zo vaak boetes hebt gehad?'

'Vier, twee jongens en twee meisjes. Mijn man wilde ze zo graag hebben.'

Ze antwoordde kort op elke vraag die ik stelde, alsof ik daar was om haar te verhoren. Ik kwam niet op nog een vraag. Ik ging terug naar de anderen, die in een halve cirkel rond de man stonden opgesteld. Intussen vroeg ik me af waarom deze mensen doorgingen met kinderen krijgen, hoewel ze wisten dat ze bestraft zouden worden. Zowel de man als de kinderen buiten waren gekleed in erg versleten kleren en ze zagen er ondervoed uit.

De man wierp een blik op mij en keek toen weg, hij ging rustig door met het roken van zijn sigaret. Hij wilde natuurlijk laten zien dat hij zich niets van mij aantrok. 'Wat weet jij, jij bent maar een meisje?' Hij lachte onvriendelijk. 'We hebben geen elektriciteit hier op het platteland en geen televisie. Wanneer je 's avonds de olielamp hebt uitgeblazen is het pikdonker. Wat moet je dan anders doen dan plezier hebben met je vrouw in bed? En na de pret komen de kinderen.'

De voor kinderbegrenzing verantwoordelijke ambtenaar schreeuwde bijna tegen hem: 'Niet zo brutaal tegen een vrouwelijke ambtenaar! Jij bent echt een zeurpiet, weet je dat. Wie wil er luisteren naar jouw uitvluchten? Je weet dat je een condoom moet gebruiken en dat je die gratis kunt krijgen van de gemeente, dus waarom doe je dat niet?'

'Moet ik elke avond een condoom? Dan is het helemaal niet lekker, dat is net alsof je in bad gaat met je kleren aan, helemaal niet leuk.' Hij leek op een zwijn dat niet bang is om geslacht te worden. 'Meneer de ambtenaar, u ziet het zelf. Wij hebben niets in huis behalve deze bamboebrits. Jullie mogen ons zo veel straffen als je wilt. Als jullie hier iets vinden wat iets waard is, mag je het zeker meenemen. De kinderen zijn al geboren en ik heb het wettelijke recht om elke avond met mijn vrouw te slapen als ik dat wil. Wat kunnen jullie daaraan doen?'

De werkgroep was niet eerder op een zo volkomen berooid mens gestuit en we wisten eigenlijk niet hoe we het aan moesten pakken. Uiteindelijk was het de voor kinderbegrenzing verantwoordelijke zelf die liet zien zowel ervaren als inventief te zijn. 'Wij bemoeien ons er niet mee of je met je vrouw slaapt,' zei hij. 'Waar we ons mee bemoeien is dat je al vier kinderen hebt. Je kunt geen boete meer betalen, maar we zijn niet van plan je toe te staan meer kinderen te verwekken. We nemen je vrouw vandaag nog mee naar het ziekenhuis om haar te steriliseren. Als onze meerderen ernaar vragen, kunnen we rapporteren dat we haar hebben overgehaald om in te stemmen met de operatie.'

Toen de vrouw dat hoorde, werd ze bleek. De man leek het er ook niet mee eens, maar hij ontdooide bedenkelijk snel. 'Ze heeft al een spiraaltje laten plaatsen, dus ze kan niet zwanger worden. We beloven dat we niet meer kinderen zullen nemen.'

'Spiraaltjes kun je er weer uithalen,' antwoordde de ambtenaar. 'We hebben een aantal boerenvrouwen getroffen die stiekem hun spiraaltje eruit haalden en zwanger werden. Dat is geen veilige maatregel. Ze heeft al vier kinderen gebaard, dus waarom zou ze niet gesteriliseerd worden? Wij staan hier met zijn allen te wachten, we hebben geen tijd om met jou te kibbelen. Verhinder ons niet langer ons werk te doen.'

De man stond meteen op en ging voor zijn vrouw staan om haar te beschermen. 'Als jullie iemand willen meenemen, dan mij.'

Het was duidelijk dat de werkgroep op een probleem was gestuit en een van de mannen zei: 'Ja, dan doen we dat maar. Dacht je soms dat we niet durven?' Een paar mannen stortten zich naar voren om hen uit elkaar te trekken, een paar hielden de armen van de vrouw vast, zij zonk neer op de grond en schreeuwde: 'Ik ga niet, ik ga niet!' Ze schopte en zwaaide met haar benen en weigerde om een stap te zetten. Twee sterke kerels pakten haar onder haar armen, tilden haar op en sleepten haar naar de tuin. Toen ze door de deur kwamen, greep ze de deurpost vast en weigerde die los te laten, waarop een van de andere mannen moest helpen haar vingers te strekken zodat ze haar mee konden trekken naar de vrachtwagen. Ze schopte zo enorm dat ze haar schoenen verloor. Ze duwden haar in de vrachtwagen, drukten haar op een stoel en zeiden dreigend: 'Jij pleegt gewelddadig verzet tegen nationale regels en weigert je te voegen naar partijrepresentanten die hun werk uitvoeren. Dat is misdadig. Jij gaat vandaag naar het ziekenhuis, of je wilt of niet. Denk je dat je het kunt winnen van de staat?'

Het autoportier werd met een klap dichtgegooid en de anderen gingen op hun plaats in de auto's zitten. De man en de kinderen gooiden zich krijsend op de auto's, sloegen op de portieren en eisten dat de vrouw naar buiten werd gelaten. Niemand nam enige notie van hen, integendeel, de auto's gingen er plankgas vandoor terwijl de stofwolken om ons heen stoven. De kinderen renden er een tijd achteraan, maar toen ze zagen dat de auto's in de verte verdwenen, gaven ze de jacht op.

De vrouw werd meegevoerd naar het medisch centrum van de gemeente, waar een arts, die vanuit het provinciaal ziekenhuis hierheen was gestuurd om zich te wijden aan de kinderbegrenzing, al stond te wachten. Ze kreeg een aantal spuiten met kalmerende middelen, ze kreeg een verdovingsspuit en na korte tijd verloor ze het bewustzijn.

Volgens mijn informatie werd ze twee uur later gesteriliseerd. Ik gluurde door de ruit de kamer in waar de patiënten bijkwamen van een operatie en daar lag ze, afgemat en ineengerold in foetushouding op een houten brits.

Haar haar zat los en in de war, haar ogen waren gesloten, er leek niet het kleinste greintje leven te zitten in het grauwe gezicht. Af en toe moet ze hebben gekreund, want ik zag slierten witte adem uit haar mond komen.

Deze twee dagen had ik zaken gezien die nooit voorkwamen op het Openbaar Ministerie en dat verwonderde me erg. Deze harde methoden waren erger dan wat wij deden tegen misdadigers en wat men had bedacht uit te voeren, werd ook uitgevoerd, zonder enige twijfel. Het was niet verwonderlijk dat voorzitter Wu had gezegd dat dit een goede training zou zijn voor mij, dat ik de enorme macht van het communisme te zien zou krijgen. Maar ik had moeite de tranen en gebeden van de boeren te verdragen.

We kregen een dag vrij en toen moesten we weer verder. Voordat we op weg gingen, legde de werkgroepleider onze taak uit: 'We hebben een melding gekregen van een goed geïnformeerd persoon dat de vrouw in het gezin dat we vandaag gaan bezoeken op het moment zwanger is, maar zich nog niet heeft verstopt. Wat we gaan doen is snel verhinderen dat ze aan onze greep ontsnapt. Zo gauw de auto's voor haar huis stilstaan, moeten we haar omringen.'

De auto's reden vandaag stil en voorzichtig, niet zoals eerder, toen ze wegscheurden met een enorm gebulder en keihard getoeter. Toen de auto's stilstonden, sprongen de groepsleden er snel uit en renden ze direct het huis in, waar ze alle uitgangen – deuren en ramen – blokkeerden. De man die daar woonde kreeg vanzelfsprekend een shock, toen er plotseling een horde onbekende mannen binnenstroomde die de kamers doorzocht. Hij was zo verschrikt dat hij niets durfde te doen. Voordat hij de kans kreeg om te vragen wat er aan de hand was, kwamen de partijrepresentanten van de gemeente en de dorpsraad binnen om hun opdracht uit te leggen. Tegelijkertijd sleepten twee mannelijke ambtenaren een zwangere vrouw de kamer binnen.

Er volgde een kort verhoor waarbij haar man de vragen moest beantwoorden.

'Hoeveel kinderen hebben jullie?'

'Vier, allemaal meisjes.'

'Jouw vrouw is weer zwanger, hè?'

'Ja.'

'Hoeveelste maand?'

'Ze is in de zevende maand, over ruim een maandje krijgt ze het kind.'

'Ken je de kinderbegrenzingspolitiek?'

'Ja.'

'O ja, ken je die? En toch overtreed je welbewust de regels? Wil je nog meer kinderen nemen?'

'Maar meneer, hoe moet een boer zich redden zonder zoon? Het is niet zo dat ik meisjes veracht, maar jullie weten toch hoe we het hier hebben op het platteland. Als die meiden volwassen worden, trouwen ze en verhuizen ze hier vandaan. En als je je dochter uithuwelijkt, is het net zoiets als wanneer de waterkruik breekt en al het water eruit stroomt. Zij zorgt voor haar schoonouders en komt alleen thuis met Nieuwjaar en andere feesten. Wij hebben mannelijke werkkracht nodig om te zaaien, te oogsten, te dorsen en rijst te poten. Als ik geen zoon krijg, wie kan me dan helpen als ik oud word en niet meer kan werken? Wij boeren krijgen geen pensioen en de staat doet geen moeite om ons te helpen. Als ik geen zoon heb om de akkers te bebouwen, hoe kan ik dan wat te eten krijgen?'

Ik vond dat hij helemaal gelijk had met wat hij zei. De staat nam geen verantwoordelijkheid om voor de boeren te zorgen als ze oud of ziek werden en hun wens om een zoon te krijgen om de ouderdom te verlichten was gebaseerd op traditie en ervaring.

Maar nu was de werkgroep hier om een opdracht uit te voeren die van hogerhand was uitgevaardigd. Dat was het enige waar wij voor kwamen. We wisten allemaal dat wat de man zei waar was, maar als we hem vergaven, zouden we ons werk niet doen en misschien ontslagen worden of gedegradeerd vanwege het verzuimen van onze plicht.

'Tegen de orders van de partij kun je moeilijk ingaan. We kunnen jou niet toestaan om de wetten van het land te overtreden of de toekomst van het land te verstoren op grond van individuele omstandigheden. We hebben al een bevolking van 1,2 miljard en als we de kindergeboorte niet controleren, krijgen we een bevolkingsexplosie die de oorzaak kan worden van een hele serie problemen.' Dit was de logica die de groepsleider gebruikte om de man te overtuigen. 'Je moet de zaak in een breder perspectief zien en niet alleen aan jezelf denken. Als iedereen in het land zoveel kinderen krijgt als jij, worden de komende generaties gedwongen te leven met een gigantische bevolking waardoor de concurrentie geweldig wordt, opleiding niet toereikend zal zijn en de levensstandaard daalt. Het zou een strijd om de natuurlijke hulpbronnen worden en ons leefmilieu zou verslechteren. De regeringspolitiek is uitgestippeld om het beste voor het land en de bevolking te bewerkstelligen, het is een langetermijnpolitiek die streeft naar welstand en geluk voor onze kinderen en kleinkinderen.'

Hij was duidelijk een oudgediende die al decennia voor de revolutie werkte, zo'n type dat ideologische teksten met diep inlevingsvermogen kon uitleggen.

De gewoonte was om het eerst te proberen met zachte methoden en te kijken of dat resultaat had, zo niet, dan was het tijd om hard op te treden –

eerst zacht en dan hard was een beproefde tactiek.

De boer had geen goed antwoord op de preek maar wilde zich nog niet overgeven. Hij zat een tijdje stil, viel toen plotseling met een plof op zijn knieën, lichtte zijn hoofd op naar ons en smeekte: 'Alstublieft, wees barmhartig. Het kind in mijn vrouws buik is al zeven maanden oud. Ik beloof dat dit de laatste keer is. Als we dit kind ter wereld mogen brengen, zal ik de rest van mijn leven dankbaar zijn jegens de partij en met blijdschap de moeilijkste opdrachten op me nemen die jullie me maar kunnen geven. Jullie mogen me een zo hoge boete geven als je wilt.'

Daarna begon hij vlak voor onze voeten zijn hoofd op de grond te bonken en ging daar zo lang mee door dat zijn voorhoofd rood en opgezwollen was. Hij had tranen in zijn ogen en herhaalde telkens: 'Alstublieft, wees barmhartig.'

Toen de zwangere vrouw dat zag, rukte ze zich los uit de greep van de mannen en verborg zich achter haar witharige schoonmoeder. De oude dame had een rimpelig en verweerd gezicht dat leek op de dop van een aan de lucht gedroogde walnoot. Ze had heel kleine gebonden voeten en trilde alsof ze bijna omviel, maar nu beschermde ze haar schoondochter met een ernstige en imponerende blik.

Ik kon er niet langer tegen die man op de grond te zien liggen smeken terwijl hij zijn lichaam boog en zijn voorhoofd met keiharde klappen op de grond bonkte. 'Zeg, doe dat nou niet! Sta op!' zei ik. 'Als je iets te zeggen hebt, zeg het dan gewoon, we denken er niet aan je te doden. Als ik naar jou kijk, zou je denken dat wij moordenaars zijn.'

De man naast mij gaf mij een blik die uitdrukte dat ik geen tijd moest verspillen om met dit type te praten of te gaan schipperen. Een van de mannen van de opleidingsraad nam mij bij de arm en leidde me naar de tuin.

'Je mag niet te week zijn,' zei hij. 'Je kunt medelijden voelen met iemand, maar is het niet zo dat je dat met duizenden kunt hebben? We weten niet of hij alleen maar zielig ligt te doen met als doel dat we hem laten gaan.' We stonden een tijdje te keuvelen. In feite was ik blij dat ik niet daarbinnen hoefde te blijven met de smekende man. Waarom vernederde hij zichzelf zo?

De mannen hadden zich in het hoofd gezet om de dikke buik weer plat te zien en een halfuur later laadden ze de vrouw in de vrachtwagen. Haar man zakte op de drempel in elkaar, zijn tranen stroomden in vertwijfeling terwijl een paar mannen hem vasthielden bij zijn armen. De meisjes huilden en riepen om hun moeder. De oude dame strompelde naar de drempel toe op haar gebonden voeten en hield zich met één hand aan de deurpost vast. Met de andere, droog en oud, wees ze naar de ambtenaren die haar schoondochter zouden wegvoeren en mompelde iets. Ze had al haar tanden verloren en kon woorden niet duidelijk uitspreken, hoewel ze haar lippen bewoog. Het enige wat we konden verstaan, was: 'Hemel...' Ze was zo verontwaardigd dat haar hele lichaam schokte. Haar oude man sloeg zich met beide handen op de benen zo hard hij kon. De aderen staken uit op zijn voorhoofd en zijn gezicht zag purper.

'Jullie zijn een stel onmenselijke rovers!' riep hij. 'Onmenselijker dan wilde dieren! Jullie zijn moordenaars! Moordenaars! Mijn zielige kleinkind dat bijna ter wereld zou komen! Wat hebben wij gedaan om zo gestraft te worden? God in de hemel, open je ogen en straf deze mensen!' Hij sloeg zichzelf met geweld tegen de borst.

Een van de ambtenaren die in de auto zat, luisterde naar de krachttermen die de oude man zonder angst over ons uitstrooide en zei: 'Verdorie, is hij eropuit om te sterven of zo? Zo'n uitzinnige oude bastaard heb ik nog nooit meegemaakt. Maar ik zal hem eens wat laten zien.' Hij wilde juist zijn portier openen en eruit springen, toen onze groepsleider hem tegenhield.

'Jij gaat nu niet iets ondoordachts doen. Het belangrijkste vandaag is om de vrouw naar het ziekenhuis te krijgen en de foetus te aborteren. We laten die oude voorlopig voor wat hij is, we kunnen later met hem afrekenen. We verzinnen wel een reden om hem vast te zetten.'

De vrouw werd dus naar het ziekenhuis gebracht en de abortus werd tegen haar wil uitgevoerd. Het maakte niet uit dat ze schreeuwde en schopte, huilde en smeekte, het kind dat maar een maand later geboren zou worden en dat zo vredig in zijn moeders schoot lag, werd bij verrassing gepakt door een vreemd mens die het met geweld daaruit verdreef.

Na het weekeinde reisde de werkgroep naar een militaire fabriek, nummer 068, die onderdelen leverde voor vliegtuigmotoren. De fabriek was een staatsbedrijf dat met openbare middelen werd bekostigd, het kon niet failliet gaan en de werknemers hoefden niet bang te zijn hun baan te verliezen. Deze keer hadden we geen gemeenteambtenaren bij ons. Staatsbedrijven zijn goed georganiseerd, ze houden zich precies aan de regels en we konden geen probleem verwachten met het uitvoeren van ons werk.

Toen ik samen met de anderen de trappen opliep naar de kantoren op de tweede verdieping, zaten de fabrieksdirecteur en het vestigingshoofd al op ons te wachten in de kamer die toebedeeld was aan de kinderbegrenzingswerkgroep. We begroetten elkaar. Ik zette algauw mijn theekop neer, zei dat ik naar de wc moest en verliet de kamer.

Toen ik uit de wc kwam en op weg terug was door de gang, kreeg ik een meisje in het oog van in de twintig; ze stond daar met een verdrietig en bezorgd gezicht. Ze kwam voorzichtig dichterbij en vroeg: 'Hoort u bij de werkgroep van de provincie?'

'Ja,' antwoordde ik. 'Ik ben nog nooit eerder in een militaire fabriek geweest, jullie zijn erg aardig hier.'

Ze knikte en zei: 'Het is hier beter dan in veel andere fabrieken. Naast het loon kunnen we bonussen krijgen en andere voordelen. Ik werk in een van de werkplaatsen. Vandaag kwamen de fabriekleiding en wat mensen van de provinciale werkgroep voor kinderbegrenzing naar me toe om te praten over de eenkindpolitiek.'

Toen ik begreep dat zij een van degenen was voor wie we gekomen waren, vroeg ik: 'Hoe komt dat dan? Je bent nog zo jong?'

'Ik ben zwanger in de derde maand,' zei het meisje. 'Ze proberen me over te halen om abortus te plegen.'

Ik vroeg hoe oud ze was en ze antwoordde dat ze zesentwintig was.

Op dat moment kwam een van de mannen uit de werkgroep voorbij. Ik vroeg of ze al een kind had. Ze antwoordde van niet, dit was haar eerste.

Dat leek een beetje raar. 'Ben je zwanger geworden zonder getrouwd te zijn?'

'Ik ben getrouwd,' antwoordde ze. 'Mijn man werkt op dezelfde werkplaats.'

'Maar waarom willen ze dan dat je abortus pleegt?'

Toen vertelde ze over een regel die mij onbekend was. 'Ik heb geen toestemming gekregen om een kind te krijgen en als je dat niet hebt, mag je niet baren.'

'Dan kun je die toch zien te krijgen? Je bent zesentwintig, het is logisch en ook wettelijk toegestaan om op die leeftijd een kind te krijgen.' Zonder erover na te denken verwees ik instinctief naar mijn juridische kennis. 'Volgens de huwelijkswetten kan een vrouw trouwen als ze twintig is en volgens de kinderbegrenzingswetten mag ze een kind krijgen vanaf haar drieëntwintigste. Dus jij hebt niets verkeerds gedaan.'

'Je moet op de wachtlijst staan om toestemming te krijgen,' zei het meisje. 'De fabriek heeft maar een beperkt aantal toestemmingen om uit te delen en we zijn hier met veel vrouwen in de juiste leeftijd. Daarom is het mijn beurt nog niet, ook al ben ik al zesentwintig. Zonder toestemming mag ik geen ziekenhuis of verloskundige bezoeken en krijg ik geen hulp met de bevalling.'

Ik vond het allemaal erg merkwaardig en ratelde: 'Maar je bent al in de derde maand en dan is een curettage niet genoeg. Een opgewekte abortus kan gevaarlijk zijn voor je gezondheid, het kan ertoe leiden dat je in de toekomst miskramen krijgt.'

Toen ze merkte dat ik met haar sympathiseerde, zei ze: 'Ik wou dat ze allemaal zo dachten als jij.'

Ik kon merken dat ze zich getroost voelde, maar ongerust was ze nog steeds. 'Je hebt wel gelijk dat ik de wet niet heb overtreden. Als ik volhoud het kind te willen baren, geven ze me een administratieve straf – aftrek van loon of geen bonus, of eventueel ontslag. Ik kan hun besluit niet aanvechten omdat ze elkaar allemaal kennen en elkaar de hand boven het hoofd houden en ik wil het risico niet nemen om ontslag te krijgen. Zo'n goede werkplek vind ik niet weer. Ik kreeg de baan van mijn moeder, toen zij met pensioen ging. Als ze een abortus bij me willen doen, dan mogen ze dat. Ik ben in elk geval nog jong, ik kan proberen volgend jaar zwanger te worden als ik de toestemming heb gekregen.'

'Wat vindt je man ervan?'

'Hij heeft niks te vinden. We kunnen het nooit winnen van de staat of de regering, zegt hij. De fabrieksleiding kan heel eenvoudig een aanleiding vinden om het ons moeilijk te maken of ons te ontslaan. We zullen ons moeten neerleggen bij hun besluit als we in rust willen verder leven.' Ze knipperde berustend met haar ogen en kreeg een uitdrukking in haar gezicht van volgzaamheid en bereidheid tot compromissen.

Dat een zesentwintigjarige vrouw geen kind mocht baren, vond ik echt overdreven. Kwaad kwam ik in de kamer terug. Na een tijdje werd het meisje ook naar binnen geleid en de fabrieksdirecteur zei: 'Onze kameraden van de provinciale werkgroep voor kinderbegrenzing zijn hier vandaag, dus gedraag je.'

Ze boog haar hoofd en antwoordde zacht: 'Geef me een paar vrije dagen, zodat ik naar ziekenhuis nummer 4 kan reizen voor de operatie.'

De directeur wilde zich van zijn beste kant laten zien: 'We geven je twee weken vakantie met behoud van loon zodat je goed kunt uitrusten voordat je terugkomt op het werk.'

Twee dagen later bezochten we nog een welgesteld boerengezin. Dit paar had zijn voordeel gedaan met de landelijke regels die sommigen rijker liet worden dan anderen en de man had een lening genomen om een vrachtwagen te kopen waarmee hij dag en nacht goederen vervoerde. Toen hij genoeg geld bij elkaar had, liet hij zijn vrouw een winkel openen in de stad. Ze stonden vroeg op en gingen laat naar bed, werkten elke dag, spaarden en leefden zuinig en na tien jaar konden ze eindelijk een huis laten bouwen van twee verdiepingen met witte muren en rode dakpannen. Op het platteland was dat iets heel bijzonders, zodat iedereen in de wijde omtrek wist wie zij waren.

Het paar had vier kinderen. De gemeente had hun boetes opgelegd en ze hadden zonder morren het geld bij elkaar geschraapt en hun schuld bekend. Hun houding was vriendelijk en oprecht. Ze redeneerden op een heel begrijpelijke wijze: wij hebben hard gewerkt om geld te sparen alleen maar om een groot gezin te stichten, aangezien een gelukkig leven inhoudt dat je wanneer je oud wordt een hele hoop kinderen en kleinkinderen om je heen hebt.

Kort voor ons bezoek had de vrouw haar vijfde kind gekregen, een jongen, en de hele familie was blij en stak rotjes af om de blijde gebeurtenis te vieren.

Het gemeentebestuur was erg bezorgd over de houding en het gedrag van het paar. Deze keer zou de boete voelbaar zijn: hun huis zou gesloopt worden! Dan zouden ze weten wat lijden inhield en zeker niet meer kinderen nemen.

De dag erop ontbood de gemeente een springstofexpert die materiaal meenam. De order van de regering was duidelijk: het kinderbegrenzingswerk had voorrang boven andere opdrachten en alle instanties en hun medewerkers zouden onvoorwaardelijk meehelpen. Zodra onze werkgroep ergens om vroeg, waren alle anderen gedwongen om klaar te staan.

Ik stond samen met de andere partijvertegenwoordigers ongeveer tweehonderd meter van het nieuwe huis, dat er heel mooi uitzag in het zonlicht. Alles wat in het huis had gezeten, hadden de gemeenteambtenaren er al uit gehaald. Het gezin stond niet ver bij ons vandaan, omringd door een stel ambtenaren. Ze hadden geweigerd het huis te verlaten en het was een heel gedoe geweest om hen naar buiten te slepen.

De springstof werd in de woonkamer geplaatst, midden in het huis, en de expert drukte op de ontspanner. Met een gigantisch gebulder stortte het huis in tot alleen kleine stukjes overbleven. Decennia van hard werk, zweet en tranen werden in enkele minuten vernietigd. De mannen snikten en de vrouwen schreeuwden hartstochtelijk, maar het enige antwoord dat ze kregen was een dikke pilaar van zwarte rook.

Ik aanschouwde de wervelende splinters en stofwolken, de verbrijzelde dakpannen, de buren en omstanders die vol leedvermaak toekeken en de tientallen partijleden van verschillende niveaus die daar zo veilig stonden met de regeringsmacht in hun rug. Voor de eerste keer voelde ik diep in mijn hart hoe machtig de communistische partij was. Het fijnmazige net van instanties op alle niveaus van de samenleving vormde een vormeloze maar verschrikkelijke kracht – te vergelijken met een heftige stormvloed waartegen geen enkel mens in staat was te vechten. Als kind had ik de teksten van de Culturele Revolutie gelezen waarvoor altijd angstaanjagende leuzen werden gebruikt als: 'Hij die de dictatuur van het proletariaat bevecht, gaat een zekere dood tegemoet! Het overtreden van de wetten van de partij en het land is het kiezen van zijn eigen dood!' Ik had gedacht dat dat overdreven dreigementen en angstpropaganda was. Maar nu, vandaag, op dit moment, had ik met eigen ogen gezien welk lot degenen wachtte die zich niet voegden naar de besluiten van de centrale macht en de natie.

Een rilling trok door mijn lijf.

Ik ging met de groep mee terug naar het gemeentehuis en zodra we de deur binnenliepen, kreeg ik te horen dat het Openbaar Ministerie mij een boodschap had gestuurd met de opdracht onmiddellijk terug te keren. Die avond was ik al terug op kantoor.

Lee en Bo kwamen blij aanlopen om me te helpen met mijn bagage. Ze kookten water en zetten thee.

'Wat is er aan de hand?' vroeg ik. 'Waarom lieten ze mij zo acuut komen?'

Lee vertelde zachtjes: 'Wu en Dan zijn zo uitgescholden door de baas van het partijcomité dat de vonken ervan afvlogen. Gisteren waren ze oerchagrijnig en ze besloten om een oud partijlid te sturen om je te halen.'

'Wat heb ik gedaan dan?' vroeg ik vol onbegrip. 'Deze keer heb ik echt alle orders opgevolgd en ik heb hard gewerkt in de dorpen. Ik heb niet één keer om een vrije dag gevraagd, ik heb niet geklaagd en ik heb op eigen initiatief meegedaan aan elke operatie die de werkgroep heeft uitgevoerd.'

'Heb jij dan niet tegen een vrouw gezegd dat ze zich er niets van moest aantrekken of ze toestemming had om een kind te baren als ze dat wilde?' vroeg Lee met een plagerige lach.

'Ja, dat heb ik gedaan. Waarom zou je geen kinderen mogen krijgen als je zesentwintig bent? Ik heb niets gezegd wat niet waar is, het klopt helemaal volgens de wet.'

'Maar dat vinden de leiders niet. Die vinden dat wat jij zei niet overeenstemt met de principes. Het provinciale partijcomité heeft Wu en Dan gevraagd waarom ze een jong meisje hadden uitgezonden dat niet eens partijlid is en geen ervaring heeft met het werk van kinderbegrenzing op het platteland. Dat toonde dat het Openbaar Ministerie de kinderbegrenzingspolitiek niet serieus neemt. Ze vonden dat jouw optreden een slechte invloed heeft op de massa en eisten dat het kantoor onmiddellijk maatregelen zou nemen om te proberen de schade te herstellen. Daarom heeft de partijgroep gisteravond vergaderd en besloten om je naar huis te laten komen.'

We hielden onze handen voor de mond en giechelden stil. Ik had er zo naar verlangd om terug te keren en door puur geluk was ik nu voortijdig naar huis geroepen en mocht ik mijn gewone werk voortzetten.

Bo waarschuwde me: 'Morgen zullen de bazen met je willen praten. Wees geduldig en luister naar hun kritiek. Spreek ze niet tegen, laat het gewoon het ene oor in en het andere uit gaan. Ze hebben zelf een standje gekregen en moeten een manier vinden om hun boosheid kwijt te raken.'

Het was onvermijdelijk dat ik nog wat kritiek zou krijgen. Maar hoe had ik kunnen weten dat je zulke redelijke standpunten niet mocht uitdragen? Daarom bleef ik rustig. Terwijl ik naar Wu's berisping luisterde, zat ik te bedenken wat voor heerlijk eten ik straks zou gaan eten.

Het rapport over de mishandelingszaak was heel simpel: een boerenjongen en een boerenmeisje waren twee jaar lang verliefd geweest. Toen raakte de jongen uitgekeken op het meisje en werd hij verliefd op een ander. Het meisje had het idee dat hij met haar gevoelens had gespeeld en dat zij nooit meer een andere man kon krijgen nu ze haar maagdelijkheid had verloren zonder getrouwd te zijn. Ze kocht een fles geconcentreerd zwavelzuur en gooide die in zijn gezicht, waardoor hij mismaakt werd.

Ik bekeek de foto van het gezicht van de jongen na de zuuraanval. Geen centimeter van zijn huid was normaal, het zwartgebrande vlees was verwrongen, diepe voren die kriskras over zijn gezicht liepen. De ogen lagen diep ingevallen en zijn lippen waren verdraaid tot een grimas. Hij leek een gewelddadig en angstaanjagend dier. De bevinding van de gerechtsarts luidde: 'Aangezien het gezicht volkomen misvormd is, moet het gezien worden als grove mishandeling.'

De wet zegt dat als grove mishandeling met opzet is uitgevoerd, er drie tot zeven jaar gevangenisstraf voor staat.

Toen het meisje de cel uitkwam was ze gekleed in een kort katoenen jack en door de koude wind die rond haar hals trok, dook ze instinctief in elkaar. Ze zag er heel gewoon uit: vijfentwintig jaar, stevig gebouwd en een grof, rozig gezicht. Door de wind trokken haar gezichtsspieren samen.

Ik begon haar niet meteen te verhoren, maar sprak eerst een beetje met haar. Ik heb nooit begrepen waarom sommige vrouwen naar geweld grijpen om wraak te nemen op een man die haar niet wil hebben, zelfs in die mate dat ze er zelf een hoge prijs voor moeten betalen. Dit meisje kon veroordeeld worden tot zeven jaar dwangarbeid en haar hele leven was veranderd door een tijdelijke nuk.

'Ik hield zo veel van hem,' zei ze. 'In het begin waren we enorm verliefd op elkaar en hij was zo mooi.' Haar gezichtsuitdrukking veranderde plotseling. 'Maar ik begon zijn gezicht te haten. Dat was zo aantrekkelijk en hij kon zo makkelijk meisjes krijgen.'

'Toen hij andere meiden het hof ging maken, betekende dat waarschijnlijk dat hij niet meer van jou hield. Wat had je er dan aan om te proberen hem te dwingen? Daar zou hij toch niet door op andere gedachten komen.'

'Maar ik haatte hem zo. Hij heeft me twee jaar lang bedrogen. Als hij had besloten niet met mij te trouwen, had hij niet met mij naar bed moeten gaan. Hij maakte het uit zonder zich er iets van aan te trekken dat ik mijn eer verloren was. Ik heb hem heel vaak opgezocht en gesmeekt weer samen verder te gaan, maar hij weigerde. Hoe meer ik erover piekerde, hoe bozer ik werd. Ik wou zijn uiterlijk verwoesten en dan zien hoe hij zou proberen meisjes te krijgen. Nu is hij hartstikke lelijk, iedereen die hem ziet wordt bang en nu moet hij de rest van zijn leven thuis blijven zitten. Wie weet bedenkt hij zich nu en neemt hij me terug.'

'Maar je zult hiervoor gestraft worden.'

'Jij weet niet hoe het voelt wanneer iemand je zo harteloos verstoot. Telkens als mijn hart klopt, doet het pijn. Soms doet het zo'n pijn dat ik gek word. Ik hou het niet uit, ik moet iets vinden om tot rust te komen.'

Na een kleine stilte vroeg ze aarzelend: 'Kan ik spijt betuigen?'

'Wat bedoel je?'

'Als ik de staat en hem mijn excuses aanbied voor mijn misstap, is dat genoeg?'

'Je krijgt je straf toch. Je hebt de wet overtreden, begrijp je?'

'Ik wil hem mijn hele leven trouw dienen als compensatie voor mijn daad. Ik heb gehoord dat hij ermee in wil stemmen dat ik voor hem zorg en dat hij zich niet meer druk maakt om wat er gebeurd is, omdat hij nu toch invalide is en niemand anders hem meer wil hebben.'

'De wet is geen speelgoed en niet iets waarover jullie kunnen onderhandelen.'

'Maar hij is toch het slachtoffer. Als hij geen wraak wil en ik met plezier mijn schuld aan hem terugbetaal, dan zijn we toch allebei blij en tevreden?'

Ik gaf al het materiaal over deze mishandelingszaak aan adjunct-hoofdofficier Hu San voor goedkeuring. Toen hij na een week nog geen antwoord had gegeven, begon ik wantrouwig te worden. Normaliter kostte het hem maar twee, drie dagen om een onderzoek te controleren en deze zaak was ongewoon simpel, er was absoluut genoeg bewijs.

Niet lang daarna vroeg Hu San me naar zijn kamer te komen. Ik kreeg meteen het gevoel dat de mishandelingszaak misschien niet zo simpel was als het leek.

Hij dronk zijn thee op en vroeg of ik voorstellen had over die mishandelingskwestie. Ik antwoordde: 'De verdachte heeft een persoon ernstig verwond en dat is bevestigd door de gerechtsarts. Ik heb de jongen met eigen ogen gezien en zijn gezicht is zo aangevreten dat zijn gelaatstrekken geheel weggevaagd zijn.'

Hu San zweeg een tijdje en zei toen: 'Maar zij had een reden voor haar handelen.'

Uit zijn toon vermoedde ik dat de familieleden van het meisje hun contacten hadden gebruikt om te zorgen dat zij een mildere behandeling zou krijgen. Ik ging door op zijn spoor: 'Ik weet dat hij haar in de steek heeft gelaten en dat zij voor gek staat in de hele buurt. Ze verdient medelijden. De jongen was losbandig en wilde slechts seks hebben. Dat is weerzinwekkend. Maar we kunnen niet de wet naast ons neerleggen vanwege onze eigen gevoelens. Wat zij gedaan heeft is een misdaad en die moet volgens de wet bestraft worden met ten minste drie jaar gevangenis.'

Hij dacht na. 'Maar als we de zaak nou niet voor laten komen?'

'Als jullie de zaak niet laten voorkomen, kan ik er niets over zeggen. Maar ik kan niet een rapport ondertekenen waarin staat dat het meisje onschuldig is. En het vereist ongewoon sterke en onweerlegbare redenen om de zaak niet voor de rechter te brengen.'

Hij legde uit dat het er allemaal niets mee te maken had dat hij wat voor relatie dan ook zou hebben met ofwel de verdachte ofwel het slachtoffer, maar dat hij opgebeld was door het provinciale politieke en juridische comité. De families van de jongen en het meisje hadden vergaderd en een aantal afspraken gemaakt. Wat gebeurd was, was gebeurd en ook als het meisje veroordeeld werd tot gevangenisstraf, zou het de jongen zijn gezicht niet teruggeven. Zijn familie had veel geld moeten uitgeven aan medische zorg en zou ook in de toekomst grote sommen geld nodig hebben voor plastische chirurgie, maar hun spaargeld was op. Nu had de familie van het meisje hen benaderd om te vragen om vergiffenis en verzoening, en zij waren bereid de verpleging en operaties voor de jongen te betalen. Ze beweerden dat het meisje bereid was de rest van haar leven voor de jongen te zorgen.

De gezinshoofden hadden dus een overeenkomst gesloten. Eerst hadden ze de dorpsraad en de burgemeester bezocht om de omstandigheden uit te leggen. Ze stelden dat als de jongen iemand had die voor hem zorgde, de last voor de samenleving minder zou worden, wat toch positief was. De burgemeester vond dat wat ze zeiden wel logisch klonk en hij nam contact op met het politiebureau, waar hij de belofte kreeg dat de zaak werd voorgelegd aan de politiechef. Uiteindelijk was men via verschillende wegen en contacten helemaal bij het provinciale politieke en juridische comité en de provinciale staten uitgekomen. Hun secretaris belde op zijn beurt het Openbaar Ministerie en had een gesprek gevoerd met Hu San.

'Het politieke en juridische comité is een instantie die de rechtssprekende instanties controleert en bestuurt, het zijn onze meerderen. De provinciale staten benoemen en ontslaan onze ambtenaren. Alle benoemingen op het Openbaar Ministerie moeten door hen worden goedgekeurd,' zei hij.

'Maar geen van degenen die bij de provinciale staten of het politieke en juridische comité werken, heeft verstand van rechten. Zij zijn gewend aan politiek werk en vinden zeker dat je overal over kunt onderhandelen. Ik vind niet dat we dat kunnen toelaten als ze niet zelf bereid zijn om de verantwoordelijkheid op zich te nemen,' bracht ik in.

'Het is vooral omdat ik geen tekortkomingen kan vinden in de aanklacht of enige reden om haar mild te behandelen, dat ik jou heb gevraagd, als verantwoordelijke voor het onderzoek, om de zaak met mij te bespreken.' Hu verwachtte dat ik met mijn juridische kennis een manier zou kunnen bedenken om de situatie op te lossen.

'Ik vind dat het politieke en juridische comité een vergadering moet beleggen met de politie, de openbare aanklager, de rechtbank en iemand van het gevangeniswezen. Als iedereen het ermee eens is, kan ten eerste de verantwoordelijkheid gedeeld worden en ten tweede is iedereen er dan van verzekerd dat geen van de partijen stampij gaat maken,' stelde ik voor.

Een paar dagen later riep het comité de vier andere partijen in vergadering bijeen. Hu San en ik staken de straat over naar het gebouw waar het provinciebestuur en het provinciale partijcomité zaten. We gingen naar binnen en begroetten iedereen vriendelijk door hen de hand te schudden. De secretaris van het politieke en juridische comité, Ja Gen, was in de veertig, zijn kleine ogen konden dwars door iemand heen kijken. Hij kwam meteen op ons af en schudde mij hartelijk de hand terwijl hij zijn hoofd omdraaide en tegen Hu San zei: 'Ik had het gerucht al vernomen dat jullie er een stel jonge en mooie officieren bij hebben gekregen.' Ik had spijt dat ik in burgerkleding was gekomen in plaats van in uniform – tijdens dit soort vergaderingen waren de deelnemers natuurlijk allemaal mannen van middelbare leeftijd.

Voordat Hu San kon antwoorden, vulde de vicepresident van de rechtbank Huang aan: 'Voortreffelijk, niet?' Ik voelde zijn hunkerende blik over mijn borsten heen en weer glijden.

Toen de vergadering geopend was, zette secretaris Ja Gen kort de omstandigheden van de zaak op een rijtje en hij legde uit hoe men tot een schikking was gekomen.

De politiechef zei dat zij de zaak niet konden laten zitten omdat het Openbaar Ministerie een verzoek tot inhechtenisneming had uitgevaardigd jegens de verdachte.

'De zaak is heel simpel en duidelijk,' zei Hu San. 'Daarom kunnen wij er als officieren van justitie niet van afzien om de zaak voor te laten komen.'

Ja Gen spreidde zijn armen en vroeg ontmoedigd: 'Wat moeten we dan doen? Ik heb jullie hier vandaag uitgenodigd omdat jullie de wet kennen en een oplossing moeten kunnen bedenken voor het probleem.'

Hu San keek naar mij alsof hij wilde dat ik iets zou zeggen.

'Hoofdofficier Hu San heeft gelijk,' zei ik. 'Een zo heldere mishandelingszaak kunnen we niet seponeren. Maar we kunnen het erover eens worden om haar een zo laag mogelijke straf te geven.'

Ja Gen was het er niet mee eens. 'Als jullie haar toch gaan veroordelen, hadden we deze vergadering niet hoeven te beleggen. Dat soort dingen kunnen jullie wel zelf aan.'

Ik veranderde van onderwerp. 'Als de rechtbank haar een voorwaardelijke straf geeft, kunnen wij van het Openbaar Ministerie beloven niet in beroep te gaan. Dat zou toch een ideale oplossing zijn?'

Dat viel als een onverwachte lichtstraal in het donker en iedereen werd stil. Huang vond dat hij een deel van de verantwoordelijkheid op zich moest nemen, dus hij zei, enigszins tegen zijn wil: 'Ik heb het onderzoeksverslag niet gelezen, dus hoe kan ik instemmen met een voorwaardelijke straf?'

'Ik heb de zaak toch net uitgelegd,' antwoordde Ja Gen. 'Het is niet gecompliceerder dan dat. Wij die werken bij overheidsinstellingen moeten naar de stem van het volk luisteren omdat onze regering steun nodig heeft. Het is niet genoeg om leuzen te roepen, nu is het tijd voor concreet handelen...'

Ja Gen werkte al op twintigjarige leeftijd op dorpsniveau en was nu een paar jaar secretaris voor het politieke en juridische comité. Hij had goede contacten met de bevolking en er werd gefluisterd dat hij het jaar erop benoemd zou worden tot gouverneur van de provincie. Als hij echt de macht kreeg in de provincie, zouden alle chefs en medewerkers binnen de politie, het Openbaar Ministerie, de rechtbank en het gevangeniswezen van hem afhankelijk worden voor promotie en andere regelingen. De vicepresident van de rechtbank Huang sprak hem niet tegen: 'Nou goed, dan spreken we dat af. Ik zal het besluit van het provinciale comité en van deze vergadering meedelen aan het college van rechters.'

Ter afsluiting verklaarde het hoofd van het gevangeniswezen dat ook hij geen bezwaren had en toen was de zaak beklonken. Het meisje kreeg later een voorwaardelijke straf, werd vrijgelaten uit de gevangenis en trouwde met de mismaakte jongen.

Ongeveer een jaar eerder had ik een verkrachtingszaak bij de hand gehad waarin het me niet gelukt was een steekhoudende aanklacht op te stellen. De verdachte weigerde te bekennen, hoewel de vrouw slechts enkele uren nadat het gebeurd was aangifte deed. Ik had voorgesteld dat de man aangehouden zou worden, maar toen mijn mannelijke collega's de zaak bediscussieerden, kwamen ze tot de slotsom dat er niet genoeg bewijs was.

De man en de vrouw waren buren en dus zeker geen vreemden voor elkaar en er waren geen getuigen van de verkrachting. Hoofdofficier Dan zelf had me meegenomen naar de plaats van delict om die te onderzoeken en daar waren we ontvangen door ambtenaren van de plaatselijke politie en van de gemeente, collega's van de aangeklaagde. Toen we vroegen hoe het gedrag en het karakter van de man was, antwoordden zij dat hij een wat oudere ambtenaar was en dat het ondenkbaar was dat hij de wet zou overtreden, dat hij zich altijd goed gedroeg. Bovendien bekritiseerden ze de jonge vrouw voor het doen van een valse aanklacht. Tijdens het onderzoek die dag luisterden we alleen maar naar die hoge ambtenaren en hun mening over de leefwijze van de man en de vrouw, en op die grond stelden we vast dat de man een hoge moraal had en dat er geen reden was om te vermoeden dat hij iemand had verkracht. Dan en Ang geloofden dat hij een goede man was en dat de geslachtsgemeenschap vrijwillig was geweest.

Ik had de jonge vrouw opgezocht en met haar gepraat. Ze was zwijgzaam en verlegen, ze leek totaal niet losbandig of zedeloos, zoals de partijvertegenwoordigers hadden beweerd, en ze had een gedetailleerde beschrijving gegeven van wat er gebeurd was.

In zijn hoedanigheid als rijksambtenaar lunchte de verdachte met ons. Toen hij de zaal binnenkwam en mij in het oog kreeg, bestudeerde hij me stoutmoedig en nauwkeurig van top tot teen met een verleidelijke blik. Dat hij zo uitnodigend durfde te staren naar een vrouwelijke officier van justitie die zou gaan besluiten over zijn eventuele gevangenisstraf! Ik voelde meteen een grote weerzin tegen dit vleierige type, dat mannetje met zijn gladde taal. Als je dan moreel gezien zo'n hoogstaande ambtenaar bent met zoveel jaar partijervaring, waarom bedrieg je dan je vrouw door met een twintigjarige te vrijen die je nauwelijks kent? De mensen op het platteland waren erg conservatief, dus waarom zou een meisje dat vrijwillig een verhouding heeft gehad dat zo vlot aangeven zonder zich zorgen te maken over de slechte naam die ze erdoor zou kunnen krijgen? Ik had veel twijfels en kon er niet mee instemmen hem zomaar te laten gaan. Maar de hoofdofficier beweerde dat wat hij gedaan had 'geen misdaad was en dat hij niet aangehouden of aangeklaagd kon worden'. Dus wat kon ik doen?

Toevallig kwam ik te weten dat de verkrachte vrouw in haar wanhoop had geprobeerd het huis van de man in brand te steken en dat ze in hechtenis zat voor brandstichting. Aangezien ik van mening was dat de vrouw het werkelijke slachtoffer was, was ik erop gebrand om haar zaak te mogen behandelen. Het moest mogelijk zijn om haar vrijgesproken te krijgen.

Elke dag keek ik het boek door waarin nieuwe zaken werden geregistreerd – het boek in de la in de zwarte archiefkast – en graasde door de stapels met dossiers die in de kast lagen opgestapeld. Zodra er iemand binnenkwam van de afdeling recherche van de politie, stond ik op om te groeten, maar eigenlijk om te zien of hij mogelijkerwijs nieuwe bescheiden bij zich had. Zou ik het doen of niet? Ik voerde een zware innerlijke strijd. Dit was de eerste keer dat ik van plan was me in een gevaarlijke situatie te brengen vanwege mijn eigen overtuiging, dus vanzelfsprekend was ik zenuwachtig.

Ik drukte mezelf steeds op het hart om geen misstap te begaan. Als iemand mij zou betrappen, zou dat een ramp zijn. Ik zou natuurlijk mijn baan verliezen en mijn ouders teleurstellen, maar bovendien zou in mijn persoonlijke dossier het bezwarende commentaar komen: 'Gebruikte haar dienstpositie om een misdadiger te beschermen.' Dan zou niemand mij een aanstelling willen geven en in het ergste geval zou ik achter slot en grendel belanden.

Ik kon de zaak niet met mijn ouders bespreken, want als ik mijn mond had opengedaan om te zeggen dat ik een meisje wilde helpen met wie ik geen enkele relatie had, zouden ze me zonder twijfel flink hebben uitgescholden. 'Als jij zo'n goede baan verliest, zal ik je benen onder je lijf uit slaan.' Ik zag mijn vaders woedende gezicht al voor me en stelde me voor hoe mijn moeder een hoge borst zou opzetten en mij een idioot zou noemen. Ik durfde ook niets tegen mijn vrienden te zeggen, niet eens tegen mijn kamergenoten Lee en Bo. Ik durfde er niet aan te denken wat er zou gebeuren als zij me zouden verklikken. Al op elf-, twaalfjarige leeftijd was ik eraan gewend geraakt verraden te worden door mijn klasgenoten en ik vertrouwde dus niemand. Uiterlijk zag ik er even rustig uit als altijd, maar ik was er niet zeker van dat het me zou lukken om mijn masker op te houden.

Ik moest nog een week wachten en toen kwam het proces-verbaal over de brandstichting binnen. Ik pakte de stukken aan, liep ermee naar mijn bureau en bladerde ze door terwijl ik aan de politieman die ze gebracht had vroeg: 'Wat is dit voor een kwestie?'

'Een meisje in Tongdian houdt vol dat haar buurman haar verkracht heeft en heeft zijn huis in brand gestoken.'

Fang gaf als commentaar dat brandstichting vrij ongewoon was.

'Was dat niet een man van in de vijftig, een ambtenaar in Tongdian die aangeklaagd was voor verkrachting van zijn twintigjarige buurmeisje?' vroeg ik aan de politieman.

'Ja, die. Maar jullie ondersteunden hechtenis en vervolging niet.'

'Ik heb zelf het onderzoek uitgevoerd, maar de commissie van officieren van justitie besloot om hem niet vast te houden. Ik heb zelfs de plaats van delict bezocht, samen met Dan.'

'Dus jij kent de achtergronden rond die brandstichting ook?' vroeg Fang.

Ik knikte bevestigend. 'Natuurlijk, ik heb een week aan dat verkrachtingsonderzoek gewerkt.'

'Dan kun jij die brandstichting ook nemen,' gebood Fang. 'Jij kent de omstandigheden en we besparen tijd als we het werk niet over hoeven te doen.'

Bij de stukken zaten een paar foto's van de plaats van het misdrijf: tafels en stoelen die zwart zagen van de rook, maar niet geheel afgebrand waren. Er waren geen foto's van verwonde mensen. Als je het goed bekeek, leek het of haar gedrag geen 'ernstige vernieling van eigendom of beschadiging van mensenleven' opleverde, zoals het in de wet stond.

Brandstichting werd gezien als een misdaad tegen de algemene veiligheid, ervan uitgaand dat je niet het aantal mensen kunt benoemen dat erdoor in gevaar raakt of de waarde van wat vernield zou kunnen worden. Het onderzoek moest dat als richtlijn hebben. Als de dader zich slechts had gericht op een bepaald individu of een bepaald voorwerp, was de rest van de mensheid niet in gevaar gekomen en dan kon je deze misdaadomschrijving niet gebruiken.

Als ik bewijs kon vinden dat in het voordeel van het meisje was doordat het bewees dat haar handelingen niet hadden geleid tot gevaar voor de samenleving én dat de reden van haar daad lag in een eerdere verkrachting, dan zou ze misschien geen straf krijgen.

Er was geen reden om het politierapport erg nauwkeurig te lezen, in plaats daarvan moest ik van voren af aan beginnen en bewijs proberen te vinden. Ik ging alleen naar het huis van bewaring om het meisje te verhoren.

Ze was veel magerder en bleker dan het jaar ervoor, haar haar zat in de war en ze had wallen onder haar ogen. Toen ze mij zag, leek het of ze zich herinnerde dat ik haar indertijd thuis had ondervraagd. Haar aangifte was op niets uitgelopen en de man was er makkelijk van afgekomen. Ze keek me wantrouwend aan, met waakzame koelheid en een ongewone woede in haar blik.

Ik stelde niet het soort vragen dat ik meestal stelde. Ik plaats daarvan zei ik vriendelijk: 'Zou je je stoel iets dichterbij willen schuiven? Wees maar niet bang.' Eigenlijk stond het bureau helemaal niet zo ver van haar stoel af, hooguit een meter. Ze kwam gehoorzaam dichterbij zitten.

'Eerst moeten we ergens anders over praten, jij en ik,' zei ik zacht. 'Over hoe het met je gaat bijvoorbeeld. Als je iets op je hart hebt, dan kun je het mij vertellen, ik beloof dat ik zal luisteren.'

Ze antwoordde niet, keek me niet eens aan, maar zat met gebogen hoofd naar de grond te kijken. Na een tijdje zei ik dat ik erg geduldig was. Ze sloeg haar ogen op en keek eerst naar mij en toen naar de papieren op tafel. Daarna wierp ze een blik op het affiche aan de wand, dat verkondigde: 'Wij zijn mild voor hen die bekennen, maar hard voor hen die tegenwerken.'

Er ging weer een tijdje voorbij waarin ze nog steeds zweeg.

'Ben je ongerust?' vroeg ik. 'Vandaag ben ik alleen gekomen om je te verhoren. Zeg wat je op je hart hebt, ik beloof dat ik geen dingen zal opschrijven die in je nadeel zijn.'

Ze deed aarzelend haar lippen van elkaar.

Na nog een paar minuten zei ik, met nog meer nadruk: 'Ik beloof dat ik niets zal opschrijven wat in je nadeel is als je samenwerkt. Ik weet dat wij het vorig jaar bij het verkeerde eind hadden wat betreft die verkrachting.'

Het meisje knipperde met haar ogen en staarde weer naar de bruine aarden vloer. Toen begonnen haar tranen te stromen. Vermoedelijk had ze erg lang op medelijden moeten wachten. Ze snikte een tijdje en veegde toen haar tranen van haar wangen met haar hemdsmouwen.

Ze leek me niet echt te vertrouwen, maar uiteindelijk zei ze toch met een trillende stem: 'Hij heeft mij echt verkracht. Hij dacht dat ik te laf was om hem te durven aangeven. Daarna bepaalden die officieren van justitie dat hij niet schuldig was en toen was hij zo tevreden. Hij noemde mij een stomme hoer en verspreidde overal geruchten over mij. Hij heeft zelfs mensen aangeraden naar mij toe te gaan om me te neuken omdat ik toch al gebruikt was. Men praatte achter hun rug over mijn ouders waardoor zij zich nauwelijks nog durfden te vertonen en zij reageerden hun woede weer af op mij. Ze scholden me uit dat ik zo onvoorzichtig was geweest om met een oude vent te slapen. Mijn vriendinnen namen afstand van mij. Toen had ik geen zin om verder te leven, ik wilde sterven en hem meenemen! Ik ging naar de winkel en kocht een jerrycan benzine, wachtte tot alleen hij en zijn vrouw thuis waren en toen stormde ik binnen en goot de benzine over de vloer van zijn woonkamer. Ik stak het aan en gooide me op hem op de bank waar hij zat en ik hield hem vast. Ik wilde dat hij brandend zou sterven en ik ook, dat zijn hele gezin zou opgaan in rook!'

Ik keek haar recht aan en gaf te kennen: 'Dat klinkt niet erg rationeel. Wilde je echt dat het hele gezin in de brand zou omkomen? Had je niet bedacht dat zijn vrouw in feite onschuldig was?'

'Dat was ze helemaal niet!' brieste het meisje kwaad. 'Zij was erger dan haar man.'

'Wat was het doel van je brandstichting?'

'Om hem te laten verbranden.'

'Dat klopt niet. Was het niet eerder zo dat je hem bang wilde maken om te zorgen dat hij zou stoppen jou zwart maken?' stelde ik voor.

Ze leek te begrijpen wat ik bedoelde, keek me bang aan en knikte.

'Was er nog iemand anders bij?' vroeg ik.

'Zijn vrouw was in de keuken. Toen het begon te branden en hij om hulp riep, kwam zij binnenrennen. Ze riep: "Brand!" terwijl ze probeerde het vuur met een deken uit te krijgen.'

'Woont er iemand vlakbij?'

'Ze wonen naast ons. We wonen allebei in kleine vrijstaande villa's van steen. Ik had bedacht dat de vlammen niet iemand anders konden bereiken, want daarvoor zou eerst zijn huis tot de grond toe af moeten branden.'

'Had je het vuur onder controle?' vroeg ik suggestief.

'Daar dacht ik niet zo aan voor ik het aanstak. Ik dacht er alleen maar aan hoezeer ik hem haatte.' In haar ogen zag ik tranen en een glimp van hoop.

'Volgens de wet kom je niet onder je schuld uit als je niet van tevoren had bedacht om de verspreiding van het vuur te controleren zodat die niet andere mensen kon schaden of het algemene belang.'

Ze dacht er een tijdje over na en zei toen gelaten: 'Dat is te gecompliceerd voor mij, ik begrijp dat niet. Wat moet ik dan zeggen?'

'De beslissende vraag is hoe je de daad beging.'

'Ik heb benzine uitgegoten.'

'Het is belangrijk hoeveel benzine,' gaf ik aan. 'Als je het buurhuis ook in brand had willen steken zodat anderen gedood werden, had je meer moeten kopen. Maar aangezien jouw doel was om alleen hem te raken, moet je daarover nagedacht hebben voordat je de benzine kocht, begrijp je dat?'

Ze keek bewonderend naar mij en knikte.

Samen stelden we een enigszins ongebruikelijk verhoorverslag op. Voordat ik haar het verslag gaf om het door te lezen, zei ik heel ernstig en streng tegen haar: 'Ten eerste, dit verslag bevat jouw eigen verhaal, niemand behalve jij en ik zal te weten komen waarover wij vandaag hebben gepraat. Ten tweede, als je vrijgelaten wordt en weer naar huis mag, mag je aan niemand vertellen dat ik je geholpen heb. Ten derde moet je mij beloven om je in de toekomst te beheersen, ongeacht wat je buren of anderen over je zeggen.'

Ze zwoer plechtig: 'Ik beloof dat ik dat zal doen. Ik ben eigenlijk helemaal geen slecht mens. Al mijn hoop is gestorven toen hij mij verkrachtte en ik hem aangaf. Als hij me niet op die manier gedwongen had, zou ik mijn hele leven nooit de wet hebben overtreden.'

Ik sloot het verhoor af met de woorden: 'Ga nu terug naar je cel en praat niet zo veel. Als je te veel praat, gaat dit niet lukken, begrijp je?'

Ze knikte heftig en we liepen zij aan zij terug naar de cel. Af en toe droogde ze haar tranen met haar hemdsmouwen terwijl ik de andere kant op keek en deed of ik niets merkte.

Ik nam een net aangestelde secretaris mee in de snelbus, stapte over op de boot over de rivier om uiteindelijk aan te komen in Tongdian. Deze keer had ik het parket niet om een auto gevraagd, omdat het niet handig zou zijn om de juridisch agent erbij te hebben – ik was bang dat hij me zou ontmaskeren als we terugkwamen.

Deze keer nam ik niet zoals gebruikelijk eerst contact op met de plaatselijke politie en de gemeente. Ik wilde hun niet de gelegenheid geven om maatregelen te nemen en de oude man zich te laten voorbereiden. Eerst bezocht ik de familie van het meisje en daarna praatte ik met mensen uit de buurt over wat er aan de brandstichting vooraf was gegaan.

Na de lunch gingen we naar het politiebureau. Ik stelde me voor en zei: 'We zijn hier vandaag gekomen om met een van uw ambtenaren te praten, kameraad Yu. Kunt u hem hier laten komen?'

Het gemeentehuis lag niet ver van het politiebureau en Yu dook na korte tijd al op, samen met een aantal andere ambtenaren. Toen hij de kamer binnenstapte, glimlachte hij breed en verklaarde met luide stem: 'Ach, wat een voornaam bezoek! Dat was lang geleden. Waarom hebben jullie niet eerst gebeld? Dan hadden we op een lunch kunnen trakteren. Weet je wat we doen? We rijden straks naar de porseleinfabriek en dan kijken we of daar iets is wat jullie leuk vinden, dan zorg ik ervoor dat je het krijgt. Wat betreft het avondeten, dat kun je aan ons overlaten, we moeten toch voor jullie zorgen als je de hele weg hebt afgelegd vanuit Wangcheng.'

Terwijl hij praatte, strekte hij zijn hand uit om mij te begroeten. Ik bleef op de bezoekersstoel zitten zonder op te staan en beantwoordde zijn enthousiaste begroeting niet. Toen hij merkte dat ik niet echt in een vriendelijke stemming was, onderbrak hij zichzelf en ging niet verder met wat hij van plan was te zeggen. De anderen in de ruimte leken het een beetje pijnlijk te vinden.

'Kunt u voor ons een wat rustiger kamer regelen?' zei ik tegen de politie-chef. 'We willen nu meteen met hem praten en zodra ik klaar ben, wil ik proberen de laatste boot naar huis te halen.'

We gingen in een andere kamer zitten en ik pakte mijn stukken uit, ter-wijl ik rustig vroeg: 'Raakte u gewond tijdens de brand?'

'Nee.'

'Wat is er verbrand?'

'Twee stoelen, een eettafel en één kant van de bank. Maar ik was ge-schrokken.'

'Mijn pen doet het niet,' zei ik tegen de secretaris. 'Zou jij een beetje blauwe inkt voor me kunnen halen? En doe de deur achter je dicht als je de kamer uitgaat.'

Zodra hij de deur dicht had gedaan, wendde ik me snel tot Yu, trok een serieus gezicht en zei met ongewoon harde stem: 'U bent een oud, trouw partijlid, hoe kan het dan dat u nooit uw eigen gedrag onder de loep neemt? De vorige keer dat u in de problemen kwam, heeft het Openbaar Ministerie u ermee weg laten komen en u bovendien geholpen om het te vergelden. Eén ding moet u goed weten: als ik niet mijn ogen had gesloten, maar was doorgegaan met mijn onderzoek, had u niet het geluk gehad dat u hier van-daag met mij had kunnen zitten praten. Dan had u nu in een werkkamp ge-zeten. U holt maar rond met allerlei kletspraat, dat zet ons werk onder druk, begrijpt u dat? Stelt u zich eens voor dat ze vrijkomt en de zaak doorvoert tot de hoogste instantie, dan wordt het hele Openbaar Ministerie meegetrokken in de afgrond. Wat denkt u eigenlijk als u zo uw mond roert?'

De oude man werd zowel bang als ongerust toen ik zo heftig tegen hem tekeerging. Hij had er natuurlijk geen idee van of het waar was wat ik zei, maar hij wist dat de officieren van justitie de vorige keer partijdig waren ge-weest in zijn voordeel. Hij werd rood en vroeg wat hij kon doen.

'De straf voor brandstichting is niet zo mals,' antwoordde ik. 'Maar als zij zich niet neerlegt bij het vonnis en in beroep gaat, dan kan ik niet garan-deren dat een officier op hoger niveau, een advocaat-generaal, ervan af zal zien om de verkrachtingszaak bij zijn onderzoek te betrekken. En dan wordt het lastig voor u om de zaak in de hand te houden, ook al hebt u uw contac-ten.'

Ik was nauwelijks uitgepraat of de secretaris kwam terug met een bal-pen. Ik vroeg hem om te notuleren terwijl ik zelf aan de tafel zat met mijn benen gekruist en het verhoor leidde.

Ik nam de gebeurtenissen voor de brandstichting door en hij werkte goed mee. Hij vertelde eerlijk dat hij de daden van het meisje zwart had afgeschilderd en dat de brand die zij had veroorzaakt helemaal niet zo ernstig was geweest als hij had beweerd toen hij het bij de politie aangaf.

Toen ik al het bewijs had verzameld en geordend, kopieerde ik het archiefexemplaar van het onderzoek dat ik het jaar ervoor had gedaan en schreef een analyse van twee kantjes. Ik wees erop dat de verdachte niet de bedoeling had om de samenleving gevaar te berokkenen en dat zij de samenleving objectief gezien ook geen schade had toegebracht. De brandstichting was voor haar slechts een manier om een uitlaatklep te vinden voor haar woede. Ik beval aan de zaak te seponeren.

Ik wachtte onrustig het antwoord van Hu San af. Er zijn van die dingen in het leven die je moet afmaken als je eraan begonnen bent, je kunt er niet halverwege mee ophouden.

Die twee dagen waren de langste in mijn leven. Elke minuut was ik bang dat iemand mijn valsheid in geschrifte zou ontdekken. Het voelde alsof ik over een brug wandelde die tussen twee bergtoppen was gespannen, een brug over een bodemloze kloof die schommelde en slingerde terwijl ik erop liep. Een enkele onvoorzichtige stap en ik zou in de afgrond neerstorten, de dood tegemoet. Ik begreep zelf niet waarom ik zo'n risico nam vanwege dat meisje. Misschien was ik te jong en waren mijn dromen om het kwaad te bestrijden en naar het goede te streven nog niet vergaan, misschien berustte het op een soort medelijden met de zwakkeren, dat tot de menselijke natuur hoort. Hoe dan ook, mijn intuïtie vertelde me dat het goed was wat ik deed.

Twee dagen later kwam Hu San 's middags mijn kamer binnen met het onderzoek en legde het op mijn bureau. Hij zei dat hij het met me eens was dat de daad van het meisje niet als misdaad gezien kon worden.

Van geluk en opluchting viel ik bijna flauw. Ik legde mijn handen op de map met het onderzoek, sloot mijn ogen en ik haalde opgelucht zachtjes adem.

Het besluit betekende het begin van een nieuw leven voor het meisje. Toen zij werd vrijgelaten, verstomden de kwaadwillige geruchten vanzelf, want mensen waren nog niet erg mondig en dachten dat gerechtsinstanties altijd het goede en juiste deden. Dat wij haar lieten gaan zonder andere maatregelen te nemen, was een bewijs dat zij onrechtvaardig was behandeld.

Die avond was de maneschijn ongewoon helder en ik maakte een eenzame, stille wandeling langs de grootste straat van de stad. De wind, die mijn gezicht streelde, droeg een voorproefje van de lente mee, het maanlicht spiegelde zich in de waterplassen langs de weg en de waterplanten aan de randen van de plassen ruisten licht. Ondanks de mistflarden kon je in het maanlicht duidelijk het boerencollectief onderscheiden dat daar ver achter lag. Ik keek omhoog naar de enorme, met sterren bestrooide hemel. Deze herinnering van maanlicht en rust en het beeld van de akkers in het licht van de sterren wilde ik voor altijd bewaren.

Uit juridisch oogpunt had ik mijn opdracht veronachtzaamd, uit politiek oogpunt had ik de communistische partijorganisatie in de steek gelaten. Ik had werkkampen bezocht samen met de gevangenischef. Het was als een groot verfbad, waar de enige dingen die je kon leren de kneepjes van de misdadigers waren en waar elk zelfrespect weggevaagd werd. In combinatie met het harde werk, de verachting van de bewakers en het totale gebrek aan menselijke waarde en eergevoel leidde dat ertoe dat de geïnterneerden alleen maar verder verhardden. Het ergste was dat de gevangenen die oorspronkelijk nog relatief goede mensen waren geweest en een misdaad hadden begaan vanuit een plotselinge ingeving, veranderden door het harde leven en ondraaglijke milieu in de gevangenis. Na hun vrijlating werden ze uitgestoten en veracht door de samenleving en als de kruik eenmaal was gebarsten, was een voorheen heel gewoon mens vernietigd. In dat licht had ik een zwak en onervaren meisje gered dat vernederd was door de machthebbers.

Ik kniesde er niet lang over dat ik tegen de wet had gehandeld aangezien de wet – als die precies wordt uitgevoerd – geen rekening hield met de feitelijke omstandigheden in elke zaak en van elke dader. De Chinese wet was veel te wreed en te kil, ik twijfelde eraan of de wet wel zo logisch en betrouwbaar was. Met die argumenten overtuigde ik mezelf en in die stille en gelukzalige omstandigheid voelde ik me voor even rustig en vrij van zorgen.

Een paar dagen later ging ik 's middags naar een kleermaker om de maat te laten nemen voor een rok. Toen ik de markt passeerde, kwam er iemand om een hoek tevoorschijn die recht op me afkwam. Het was het meisje dat de brand had gesticht. Ze hield een gebloemde boodschappentas in de hand en glimlachte blij naar me. 'Ik weet echt niet hoe ik u kan bedanken,' zei ze. 'U bent de aardigste mens die ik in mijn hele leven heb ontmoet. Ik weet niet hoe ik u kan bedanken...' Ze herhaalde die zin steeds weer en toen ze niets anders kon bedenken om te zeggen, kreeg ze tranen in haar ogen.

Ik keek om me heen, pakte haar hand vast en trok haar mee naar een stel bomen die wat achteraf stonden op de hoek van het plein.

'Dat was niets,' antwoordde ik. 'Ik heb alleen maar mijn best gedaan omdat ik niet geloofde dat jij een slecht mens bent. Hoe is het je vergaan sinds je bent thuisgekomen? Er is toch niets raars gebeurd?'

'Alles is goed. Die oude Yu houdt zich stil en verspreidt geen roddels meer en mijn familie behandelt me veel beter.'

Ik glimlachte opgelucht en zei toen: 'Je hebt nog heel veel jaren voor je, vergeet deze les niet en vergeet niet dat ik geloof dat je een goed mens zult blijven.'

Het duurde even voordat ze rustig werd en toen tilde ze de tas op die ze in haar hand had en zei: 'Ik heb een mooi theeservies gekocht in het onderzoeksinstituut voor porselein. Dat wil ik aan u geven en u moet het aannemen.' Ze zei dat ze op het moment niet zoveel geld had en dat dit de enige gift was die ze zich kon veroorloven. Zodra ze meer had gespaard, zou ze me nogmaals bedanken.

Ik nam de gift niet aan. 'Je mag me niet meer opzoeken,' zei ik. 'Als mijn collega's of iemand van de politie ons ziet, ziet het er voor mij niet best uit. Dan gaan ze denken dat ik omgekocht ben. Ik heb jou geholpen opdat je zou weten dat er nog steeds warmte en medeleven is in de wereld en dat je nooit de hoop mag verliezen.' Ze wilde verder praten, maar ik onderbrak haar en haastte me bij haar vandaan met de woorden: 'Neem geen contact meer met me op en praat met niemand over mij.'

Die avond was ik heel blij. Ik ontdekte dat als je iemand anders helpt, je een kiem van vreugde zaait in jezelf.

Mijn twee korte liefdesgeschiedenissen in deze periode hadden een ongelukkig einde. De eerste man was lector aan Hunans universiteit die het maar niks vond dat ik in een kleine stad in de provincie werkte. De andere was ambtenaar op het provinciehuis en mijn ouders waren er niet blij mee dat hij in een kleine stad in de provincie werkte. Mijn moeder had dat uitgesproken idee dat er een groot verschil is tussen stad en platteland en zij deed haar uiterste best om een manier te vinden om mij overgeplaatst te krijgen, terug naar de grote stad. Mijn vader bezocht alle vrienden die hij had en nam contact op met het arrondissementsparket in het westelijke district in de stad. Als rijksambtenaar was het niet gemakkelijk om overgeplaatst te worden. Het Openbaar Ministerie in Wangcheng stond op het standpunt dat er door hen veel geld uitgegeven was aan mijn opleiding en dat het niet een jonge, goede medewerker wilde laten gaan. Bovendien moest de provinciale personeelsafdeling de overplaatsing goedkeuren, moest West-Changsha's arrondissementsparket ermee instemmen mij aan te nemen en moest de personeelsafdeling van de stad goedkeuren dat ik terugverhuisde naar Changsha.

Dat waren de klippen die gepasseerd moesten worden en voor elk daarvan had je contacten en nog eens contacten nodig. Tijdens de twee jaar die ik had doorgebracht in Wangcheng, had ik bijna de helft van mijn maandloon besteed aan giften.

West-Changsha's arrondissementsparket huisde in dezelfde lokalen als het provinciebestuur. Het gebouw was in de jaren twintig van de vorige eeuw opgetrokken door een Amerikaanse christelijke organisatie en had gefungeerd als ruimte voor hun jeugdbond. Na de revolutie hadden de communisten het huis geconfisqueerd en het gebruikt als kantoor voor de gemeente.

Ik liep naar de eerste verdieping, waar ik een gang inliep die zwak verlicht werd door gele lampen. Ik was op zoek naar het kantoor van hoofdofficier Tai. Zijn kamer was maar vijf vierkante meter groot en verbonden met een andere kamer van vier vierkante meter en er waren luiken voor de ramen die uitkeken op een binnentuin. Tai had een log, ouderwets bureau met afgebladderde verf en een erg oude houten bureaustoel met een versleten zitting.

Toen hij de deur opendeed en mij zag, zei hij: 'We hebben een probleem. Ons overplaatsingsverzoek is niet langs de personeelsafdeling van de stad gekomen. Ze willen dat ik iemand anders kies, ze dringen erop aan dat ik de dochter van de locoburgemeester neem.'

Mijn vader en ik hadden als leeuwen gevochten, oneindig veel mensen bezocht en massa's cadeaus weggegeven – als alles hier eindigde was al die moeite vergeefs geweest.

'Het meisje is twintig,' zei Tai. 'Ze is twee jaar in het leger geweest en nu heeft haar vader besloten haar een baan te bezorgen binnen de politie, het Openbaar Ministerie of de rechtbank. Maar het arrondissementsparket is geen flauwekulorganisatie, we kunnen niet zomaar iedereen aannemen. Ze heeft geen enkele juridische opleiding en ze heeft nog nooit een zaak onderzocht. Het enige wat ik nu kan doen, is afwachten. Misschien kan ik jullie allebei aanstellen, misschien geen van beiden. Maar de personeelsafdeling wil niet dat we twee vrouwen aanstellen en daar zit het op vast.'

Dat de politie, het Openbaar Ministerie en de rechtbank geen vrouwelijke medewerkers wilden hebben, was algemeen bekend. Ik had gesolliciteerd bij vier Openbaar Ministeries en twee rechtbanken, maar overal had ik hetzelfde antwoord gekregen: 'Je hebt een juridische opleiding en werkervaring, dus je zou ideaal zijn voor deze baan, maar helaas ben je een vrouw en daarom willen we je niet aanstellen.' Toen ik vroeg wat er voor verschil was tussen mannen en vrouwen, antwoordden ze zonder uitzondering: 'De politie, het Openbaar Ministerie en de rechtbank zijn semimilitaire organisaties die omgaan met het schuim van de samenleving. We hebben sterke mannen nodig. Vrouwen hebben niet de fysieke kwalificaties om de mensen aan te kunnen die wij onderzoeken. Bovendien willen vrouwen zorgen en als ze trouwen en een kind krijgen, willen ze vrij hebben. Als het kind ziek wordt, moeten ze thuisblijven. Vrouwen veroorzaken veel meer last en zijn niet zo geconcentreerd op het werk, dus ze zijn voor de werkgever vooral een last.'

Ik beloofde zelfs dat ik nooit een kind zou krijgen, dat ik meer en harder zou werken dan mijn mannelijke collega's en dat ze me altijd konden bellen voor het werk, maar zonder resultaat. Als ik een ouder had gehad die in dezelfde branche werkte, dan was het anders geweest.

Een rechtvaardiger man dan Tai was moeilijk te vinden. Om mij aan te kunnen stellen, had hij ermee ingestemd om tegelijk iemand aan te nemen zonder ervaring in dit werk, en bovendien had hij de druk weerstaan van de locoburgemeester en de personeelsafdeling. Ook al waren de omstandigheden lastig, hij was toch oprecht en toen ik naar hem keek, werd ik vervuld van blijdschap en bewondering. Zulke mensen bestonden dus ook binnen de communistische partij – het waren er niet veel, maar ze waren er! Maar de zaak zat vast en een heel jaar gebeurde er niets.

Het was op een dag in de lente dat de druppels op de groene bladeren aan de bomen naast mijn raam glinsterden in de zon. Ik was al een paar dagen bezig aan dezelfde zaak en was het nu helemaal zat, daarom haalde ik een gedichtenbundel tevoorschijn en begon te lezen. Net zoals de dichter verlangde ik naar een fijne kamer en een tuintje met allerlei bloemen en opschietende kruiden waarin ik poëzie kon lezen en schrijven. Maar dat lag ver buiten mijn bereik. Mijn collega's ergerden zich zoals gewoonlijk over mijn gedagdroom: 'Jij verspilt je tijd aan het lezen van gedichten die geen enkel nut hebben. Burgerlijk zijn ze, dat past niet bij een communistische officier van justitie.'

Ik wierp een boze blik op hen: 'Zouden officieren van justitie barbaren moeten zijn? Het zou beter zijn als wij een beetje gecultiveerd waren.'

'Maar jonge kameraad, je bent zo wonderlijk. Mogen we vandaag geen grapjes met je maken? Wie is er gemeen tegen je geweest?' plaagde een oudere collega.

'Ik ben tweeëntwintig jaar en helemaal niet zo jong. In het vervolg wil ik dat jullie mij oude kameraad noemen.' Het irriteerde me dat ze me altijd als een klein kind behandelden, ik wou dat ze me zouden zien als een volwassene.

Toen het tijd was voor het avondeten, ging ik naar de eetzaal van de rechtbank. 'Het is mooi weer vandaag,' zei ik tegen Lulu. 'Ik ga straks mijn haren wassen, kun je me misschien helpen?'

Terwijl ze mijn haren waste, vertelde ze: 'Die zaak rond mensenhandel die jij hebt onderzocht, komt morgen voor in het nieuwe gerechtsgebouw. O ja, ik heb gehoord dat er ook een stagiair komt van het advocatenbureau, een mooie jonge vent die met advocaat Lo meekomt.'

'Mooi? Dat moeten we controleren. Hij kan in elk geval niet mooier zijn dan rechter Ke.'

'Nee, een mooiere man dan hij is er niet. Als je Ke leuk vindt, mag je dat wel zeggen – ik kan wel voor huwelijksmakelaar spelen,' zei Lulu voor de grap.

'Laten we eerst wachten tot we die stagiair hebben gezien, dan kunnen we ze vergelijken,' lachte ik.

'Met hem mag je toch niks krijgen,' zei ze langs haar neus weg. 'Jullie zullen elkaar in de rechtbank ontmoeten als tegenstanders en dat kan toch nauwelijks romantisch zijn. Dat is het verschil met Ke, hij staat aan onze kant en is onze wapenbroeder.'

'Aha, moet ik die stagiair soms voor jou bewaren? Maar dat gaat ook niet – dan zou jij partijdig kunnen zijn in plaats van het eens te zijn met de officier van justitie en dan zou je geen stelling kunnen nemen, is het niet?' zei ik plagerig.

Ze goot de laatste kan water over mijn haren en zei: 'Goed, dan moeten we hem allebei zien te weerstaan. We moeten morgen onze handen maar voor onze ogen houden, dan lukt dat misschien.'

Lee was weg om een geval van pyromanie te onderzoeken. Omdat er veel mensen bij betrokken waren, moest ze twee dagen op het platteland doorbrengen. Bo was met haar afdelingschef mee om wat dingen te controleren in het werkkamp in Pingtang, dat een heel eind van de stad af lag, en zij zou ook niet voor de nacht terugkomen. Dus ik moest alleen slapen, iets waar ik bang voor was sinds ik bij die terechtstelling was geweest. Om negen uur was ik klaar om naar bed te gaan. Ik controleerde of de deur op slot was en zette er zelfs een stoel voor als hindernis. Ik liet de lamp de hele nacht aan.

Het nieuwe gerechtsgebouw was op een braakliggend terrein vlak bij het politiebureau gebouwd, omgeven door klei en struiken. Op een vochtige lentedag als deze wemelde het er van de muggen. De jonge secretaris die met me meeging, had net examen gedaan aan de juridische school en ze was, naast Dan en ons, de zes jongeren, de enige op ons Openbaar Ministerie met een juridische opleiding. Na haar examen had ze dankzij haar contacten het geluk gehad bij het Openbaar Ministerie terecht te komen, maar aangezien ze een vrouw was, wilde geen van de afdelingschefs zich over haar ontfermen. Iedereen bedankte zodat ze niets te doen had op het kantoor, behalve allerlei losse karweitjes. Als een van ons naar een verhoor moest, een requisitoir moest houden in de rechtszaal of eropuit moest om bewijs veilig te stellen, maar geen metgezel had, dan hielp zij altijd. Als de typiste vrij was, dan viel zij in. Zelfs Pan, de kok, vroeg haar nog wel eens om hulp.

Op deze dag waren er veel toehoorders in de rechtszaal. Voordat de rechtszaak begon, zaten mijn jonge collega en ik in een kamer achter de verhoorkamer wat te praten met Lulu. De gedaagde bevond zich in een kleine ruimte die als geïmproviseerde wachtruimte dienstdeed voor degenen die verhoord zouden worden en de parketwachter stond op wacht voor de deur. Toen het tijd was, gingen we naar binnen door de deur achter de stoel van de rechter, begeleid door de juryleden, en we gingen op onze plaats zitten. Advocaat Lo en zijn jonge stagiair wachtten al op ons.

Toen Lulu was gaan zitten, gelastte ze: 'Voer de gedaagde, Li Ping, de rechtszaal binnen.'

De parketwachter voerde de man binnen, die handboeien om had, en zette hem met de handboeien vast in een verhoorhokje dat voor de stoel van de rechter stond. Het hok was ongeveer een meter hoog. De man zat naar de officier van justitie en de rechter toegewend, met de rug naar de toehoorders.

Lulu legde uit: 'De rechtbank zal nu de aanklachten over mensenhandel tegen Li Ping beoordelen.' Daarna vroeg ze aan de gedaagde: 'Uw achter- en voornaam?'

'Li Ping.'

'Leeftijd?'

'Zesendertig.'

'Etnische afkomst?'

'Han-Chinees.'

'Beroep?'

'Ik ben werkloos.'

'Mag ik de officier van justitie verzoeken de punten van aanklacht voor te lezen,' riep Lulu.

Ik pakte het papier met de aanklacht op en las met een officiële stem: 'De gedaagde, Li Ping, heeft in 1987, onder het voorwendsel dat hij werk voor hen kon regelen twee vrouwen, de meisjes Mi Mi en Bai Lang woonachtig in de gemeente Xianxis, meegelokt naar Dongrong in de provincie Guangdong en Puan in de provincie Fujian en hen verkocht aan aldaar woonachtige boeren voor de som van 4500 yuan. Het handelen van de gedaagde is strijdig met paragraaf 141 van het wetboek van strafrecht, dat mensenhandel verbiedt, en volgens paragraaf 100 van het wetboek van aanklacht moet hij worden aangeklaagd en veroordeeld door de rechtbank.'

Lulu ging verder met haar ondervraging. 'Heeft de gedaagde iets op te merken over de omstandigheden waarover de officier van justitie zojuist heeft verteld? Stemmen die overeen met de werkelijkheid?'

De gedaagde sloeg zijn ogen neer en zei zacht: 'Het klopt.'

Precies op dat moment voelde ik hoe een mug me stak. Het begon te jeuken aan mijn ene scheenbeen en ik schuurde mijn benen tegen elkaar. Lulu wendde zich tot mij en zei: 'Dan kan de rechtbank beginnen aan zijn onderzoek.'

'Klopt het dat u in september 1987 loog tegen juffrouw Mi Mi, die u kende uit uw geboortestreek, door te vertellen dat u een vriend had die eigenaar en chef zou zijn van een fabriek in Guangdong?' vroeg ik de gedaagde.

'Ja.'

'Zei u haar dat u daar werk voor haar kon regelen?'

'Ja.'

'Wat zei u nog meer tegen haar?'

'Ik zei dat ik vijfhonderd yuan vroeg als introductievergoeding. Zij zei dat dat te duur was, dat ze dat niet kon betalen. Ik zei dat ze een lening kon nemen, ze zou vijfhonderd yuan per maand verdienen, dus de vergoeding zou ze in een maand terugverdienen. Ik zei ook: "Er zijn een heleboel mensen die het een prachtbaan vinden en als jij niet uit dezelfde plaats kwam en we niet bevriend waren, dan zou ik je nooit hebben geholpen om die baan te krijgen."'

'Waar nam u haar toen mee naartoe?'

'Ik nam haar mee naar een dorp in Guangdong en verkocht haar aan een boer die al over de veertig was maar nog geen vrouw had. Ik kende hem van vroeger. Zijn ouders waren ziekelijk en hij moest al zijn geld besteden aan hun verpleging, dus ondanks dat hij over de veertig was, had hij niet genoeg kunnen sparen om te kunnen trouwen. Als je trouwt op het platteland van Guangdong, moet je de ouders van de bruid een paar duizend yuan betalen. Daarom vroeg hij mij of ik een geschikte vrouw kende die ik aan hem zou kunnen voorstellen. Ik zei dat ik tweeduizend yuan vroeg als "bijdrage" en hij zei dat dat in orde was. Daarna vroeg hij hoe oud die vrouw was en ik zei twintig. Toen werd hij erg blij.'

'Nam u het geld aan?'

'Ja.'

'Stemde de vrouw ermee in te trouwen met die man?'

'In het begin wist ze niet wat de bedoeling was. Toen we bij het dorp aankwamen, werd ze wantrouwend en vroeg ze waarom de fabriek zo afgelegen lag. Ik loog tegen haar dat dat was omdat de grond daar goedkoper was en dat de directeur heel zuinig was. Toen ik haar aan de boer had overgedragen, nam ik het geld aan en ging daar weg. Ik heb haar niet meer gezien...'

Daarna vroeg ik hem uit over het andere meisje en hij antwoordde naar waarheid.

Nu begon het erg te jeuken en ik wreef mijn benen weer tegen elkaar. De muggen zaten ook om de secretaris heen en zij wuifde voorzichtig met haar handen om ze op afstand te houden. 'Als bewijs in de zaak hebben we de getuigenverklaringen van beide vrouwen,' zei ik tegen Lulu. 'Mag ik de voorzitter van de rechtbank vragen om bladzijde 23 en bladzijde 38 voor te lezen van de stukken die ik aan de rechtbank heb overhandigd. De getuigenverklaringen van de beide mannen die de vrouwen kochten, staan op pagina 52. Het overige bewijs komt van de ouders en familieleden van de vrouwen en daarnaast van boeren en ambtenaren in Guangdong en Fujian. Alles is bijgevoegd. Wij zijn van mening dat de misdadige handelingen duidelijk beschreven zijn en dat er genoeg bewijs is en wij laten het aan de rechtbank over om in deze zaak een vonnis te vellen.'

Lulu vroeg aan de gedaagde: 'Is er nog iets anders wat u wilt verklaren of toevoegen?'

'Ik weet niets van de wet, het is beter dat mijn advocaat praat.'

Lulu kondigde aan: 'De advocaat van de gedaagde kan zijn verhoor en verdediging starten.'

Advocaat Lo schraapte zijn keel terwijl ik een blik uitwisselde met Lulu en veelbetekenend glimlachte. We wisten allebei dat hij nu een lange uiteenzetting zou beginnen.

Pas nu had ik de tijd om eens goed te kijken naar de stagiair die aan Lo's zijde zat. Ik bestudeerde zijn gelaatstrekken. Lulu trok haar wenkbrauwen op met een uitdrukking die betekende: 'Wel? Wat vind je?' Ik keek naar haar en knikte licht als antwoord: 'Niet slecht.' Met een glimlach om haar lippen boog ze haar hoofd en keek in haar papieren.

Advocaat Lo ratelde zijn pleidooi verder af: 'De twee vrouwen werden weliswaar meegelokt naar een vreemde plaats, maar na de huwelijksvoltrekking hebben ze in alle rust kunnen leven en ze zijn niet mishandeld door hun echtgenoten...'

Toen ik het woord 'huwelijksvoltrekking' hoorde, nam ik meteen mijn pen, maakte een aantekening in mijn papieren en wierp ertussen: 'Heeft de advocaat van de verdediging de stukken wel goed gelezen? Wilt u er notitie van nemen dat geen van de beide vrouwen enige formeel of juridisch bindend huwelijk is aangegaan met deze mannen.'

Lulu voegde daar meteen aan toe: 'De advocaat moet daarop attent zijn.'

Lo ging verder: 'Na een jaar huwelijk en wederzijds begrip hebben de partijen gevoelens voor elkaar ontwikkeld, wat inhoudt dat de daad van de gedaagde geen ernstige gevolgen heeft gehad...'

Lulu keek met een vreselijk verveelde uitdrukking om zich heen. Ik legde voorzichtig mijn hand voor mijn mond alsof ik een gaap onderdrukte. Ze keek naar mij en glimlachte even.

Daarna stak ik mijn hand op en zei: 'Ik protesteer. Als zij het dan zo goed zouden hebben, hoe kan het dan dat de vrouwen een brief schreven aan hun familie waarin ze hen smeekten om een manier te vinden hen naar huis te halen? Mag ik de advocaat verzoeken niet de aangifte van de slachtoffers te negeren?'

Op dat moment leek het alsof een mug het voorzien had op Lulu's been, want zij boog zich voorover en sloeg op haar wreef voordat ze haar benen kruiste, haar wenkbrauwen optrok en zei: 'Mag ik de advocaat verzoeken om niet te proberen zich te verliezen in details om de zaak onhelder te maken. De rechtbank hecht enkel belang aan feiten.'

Wellicht merkte advocaat Lo dat noch Lulu noch ik het geduld had om

naar zijn uiteenzetting te luisteren, want hij wees er geïrriteerd op: 'De officier van justitie mag niet de macht die de samenleving haar gegeven heeft
misbruiken door neer te kijken op een advocaat.' De eigenwijze oude Lo
wist heel goed dat het hem nooit gelukt was ook maar één strafzaak te winnen, maar toch dacht hij dat het kon werken om naar die wettekst te verwij-
zen.

'De verdediging doet een persoonlijke aanval op de officier van justitie,'
zei ik. 'Mag ik de rechtbank verzoeken dat een halt toe te roepen?'

Lulu sloeg met een klap op haar hand om een mug om zeep te brengen
die op haar ene hand was gaan zitten. Daarna droogde ze het bloed af met
een stukje papier en zei ze geïrriteerd: 'De rechtbank neemt een pauze, voer
de gedaagde weg.'

Terwijl de rechter en de juryleden samendromden in de kamer ernaast,
stond ik met mijn collega achter het podium te praten met de parketwachter. Advocaat Lo kwam op ons toe en ik zei troostend: 'Waarom word je op
jouw leeftijd zo verontwaardigd? Ik zal straks met ze praten en dan zul je
zien dat ze rekening houden met jouw theorie dat het resultaat niet zo ernstig uitpakte en dan geven ze een zo laag mogelijke straf waar we allemaal
tevreden mee kunnen zijn.'

Hij bleef nog even staan, streek over zijn haar en liep weg. Ik klopte op
de deur waar Lulu en de anderen zaten en ik stak mijn hoofd naar binnen.
'Het is niet erg als jullie een of twee jaar aftrekken,' zei ik.

'Dat weet ik,' zei ze. 'Anders zeurt Lo er alleen maar over door zodra ik
hem tegenkom in de stad.'

In juli hadden we tentamen van de laatste drie vakken die we aan de universiteit volgden. We kregen een week vrij van het werk om ons voor te bereiden. Om elkaar niet te storen gingen we op verschillende plekken zitten – ik
ging naar de kleine vergaderruimte op de eerste verdieping, Bo naar de vergaderzaal op de derde verdieping en Lee bleef op de slaapkamer. We studeerden tot het tolde in ons hoofd.

De zomer was erg heet. De slaapkamer baadde de hele dag in het zonlicht. Het voelde alsof we in een sauna woonden. We konden niet slapen.
Voordat ze naar bed ging, zette Bo een emmer water naast haar bed en in het
donker hoorde ik hoe ze af en toe haar hand erin doopte.

'Wat doe je?' vroeg ik.

'Het is zo warm,' antwoordde ze.

'Waarom was je steeds je handen?' Ik begreep er niets van.

'Mijn handen wassen?' antwoordde ze nors. 'Ik probeer wat af te koelen.
Je brandt je aan alles hier binnen. Deze emmer water is het enige wat koel is.'

Lee lag hard te lachen in haar bed. 'Echt iets voor jou om op zoiets te komen. Helpt het echt om je hand daarin te stoppen?'

'Als ik vanavond niet in slaap val, gaat het tentamen morgen naar de knoppen,' zei ik. 'En als ik geen voldoende krijg, dan zak ik.' Ik ging rechtop zitten en zat even na te denken, toen stond ik op, ging naar de eerste verdieping en haalde de elektrische ventilator uit de vergaderzaal.

'Ben je niet bang dat de baas je morgen kritiek zal geven?' zei Bo vrolijk.

'Daar trek ik me niks van aan. Bovendien staan we morgen vroeg op, dus ik kan hem terugzetten voordat we weggaan.'

Maar toen de ventilator eenmaal draaide, sliepen we zo goed dat we ons versliepen. Om acht uur de volgende ochtend werden we wakker omdat er iemand op de deur bonsde. Dat was bureauchef Ning.

O bah!, dacht ik. Inderdaad zag Ning er chagrijnig uit en hij zei woedend: 'Waarom leren jullie het nooit? Jullie gaan door met je fouten, jullie hebben helemaal geen discipline.'

Ik begreep dat zijn kritiek draaide om het feit dat wij de ventilator hadden gebruikt, dus ik probeerde dat uit te leggen.

Ning wilde niet luisteren. 'Probeer de situatie niet te verdraaien om kritiek te ontlopen,' zei hij. 'Dan geef ik je aan voor diefstal!'

Door zijn ernstige stem deed Bo verschrikt haar ogen open. Lee vond dat hij mij onredelijk hard aanpakte, dus verdedigde ze mij verhit: 'Wou u zeggen dat wij drieën dieven zijn? Weet u wat de misdaad diefstal inhoudt? Die ventilator heeft het gebouw niet verlaten en staat nog steeds onder controle van het Openbaar Ministerie, dus hij kan niet gestolen zijn. Bovendien is hij niet meer waard dan een paar tientallen yuan en dat is een te klein bedrag om de zaak voor te laten komen. Begrijpt u?'

Haar woorden choqueerden hem en ik schrok ervan, niet alleen om wat ze zei, maar ook omdat ze zo rechttoe rechtaan zonder te twijfelen een meerdere durfde tegen te spreken. 'Denk jij dat je lak aan je bazen kunt hebben alleen maar omdat je een paar regeltjes hebt gelezen in een of ander verdomd wetboek?' brieste hij. 'Ik zal ervoor zorgen dat je je straf krijgt.'

Bang dat ik iets echt verschrikkelijks had gedaan, sprak ik niet meer tegen, maar rende ik met de ventilator naar de eerste verdieping.

's Middags, toen we klaar waren met het tentamen, ging ik het klaslokaal uit, keek naar de hemel en haalde diep adem. Daarna ging ik languit op het gras liggen en zuchtte: 'Eindelijk is het afgelopen met studeren.'

Lee kwam naar me toe. 'Vandaag gaan we naar een theehuis, ijs eten en onszelf eens lekker verwennen.'

Om halftien gingen we vanaf het theehuis op weg naar huis, ongewoon ontspannen en blij. Terwijl we voor de tentamens studeerden, hadden we niet de moeite genomen onze kleren te wassen, dus nu gingen we alle drie onze vieze kleren met water en zeep inwrijven in een emmer. Er was maar één kraan op de gang, dus we moesten in de rij staan om te spoelen. Ik nam de emmer en ging vooraan staan met de woorden: 'De jongste mag eerst!'

Lee lachte goedmoedig: 'Precies, wij ouderen moeten een beetje genereus zijn. Ik kan wel als laatste wassen.'

Toen het haar beurt was, stak onze buurman, officier van justitie Zai, zijn hoofd uit zijn kamer en zei chagrijnig: 'Moeten jullie echt zo laat nog staan wassen?' Het geluid van het wassen hinderde hem en hij kon niet slapen. Lee dacht dat hij een grapje maakte en zei: 'Het is pas even over tienen, je kunt toch niet zo vroeg gaan slapen?'

Maar Zai was juist heel serieus en hij vloekte in zichzelf. Lee trok zich niets van hem aan, maar ging door met wassen. Zijn gevloek klonk steeds harder en ten slotte kon ze niet nalaten te antwoorden: 'Het is zo heet buiten dat je bezweet raakt van wassen. Daarom moeten we wachten tot het wat koeler is. Het laat me koud dat jij niet kunt slapen.'

Zai gooide onmiddellijk de deur open en kwam vlak voor Lee staan bulderen. Ik was al naar bed gegaan, maar toen ik hem hatelijk hoorde dreigen dat hij haar in elkaar zou slaan, keek ik nerveus naar Bo en ik zei: 'Dit is niet goed. Hij is een echte bruut. Lee krijgt misschien klappen.'

De vechtpartij was al in volle gang en ik hoorde een harde klap.

'Die grote, krachtige pummel is gek geworden,' zei Bo. 'Lee kan hem nooit aan, we moeten haar helpen.' Ze sprong uit bed en rende de kamer uit, terwijl ze in het voorbijgaan een houten stok greep.

'Als jij probeert haar te helpen, dan zal ik jou eens in elkaar rammen!' brulde Zai tegen Bo.

'Denk jij dat je ons kunt slaan alleen maar omdat je een man bent?' antwoordde Bo. 'Dat dacht ik niet.' Daarna schold ze hem flink uit.

Toen Zai de twee hoorde schelden en tieren, pakte hij een ijzeren schep en slingerde die Bo naar het hoofd. Ze liet een schelle schreeuw horen en Lee riep ontsteld: 'Help! Is er iemand die kan helpen?' In het zwakke lamplicht kon ik zien hoe Bo haar handen voor haar gezicht hield en dat er bloed tussen haar vingers door sijpelde. Ik wist niet wat ik moest doen. Nooit had ik kunnen geloven dat Zai, die meer dan twintig jaar ouder was en zowel officier van justitie als buurman, zo tegen haar zou kunnen doen.

'Het doet pijn,' kreunde Bo. 'Het blijft maar bloeden.'

Toen kwamen een paar collega's aanlopen en ze haalden Dan erbij, die de juridisch agent beval Bo naar het ziekenhuis te rijden. Lee ging mee en kwam niet terug voor de volgende ochtend. Bo moest blijven en ik ging overdag naar haar toe om haar te helpen met het betalen van de vergoedingen, met medicijnen kopen, met warm water halen en met eten kopen in het restaurant. Onze bazen vroegen niet naar haar toestand en andere collega's kwamen niet op bezoek, alleen Lee en ik waren er om haar om de beurt te verzorgen. Ze had een verband over haar ene oog en huilde hartverscheurend toen de arts vertelde dat ze een wond op haar ooglid had van de ijzeren schep. De huid rond de ogen is gevoelig en het zou een lelijk litteken worden. Bovendien was het netvlies beschadigd en haar gezichtsvermogen was sterk verminderd. We deden ons best om haar te troosten omdat de schade alleen maar erger zou worden als ze bleef huilen.

Een maand later haalde de arts het verband eraf en ik kreeg een schok toen ik Bo's gezicht zag. Het rechterooglid was samengetrokken en verwrongen van de klap en had een heel andere vorm gekregen dan vroeger. Toen Bo zichzelf in de spiegel zag en eraan dacht hoe haar bazen en Zai haar behandeld hadden, werd ze zo boos dat ze begon te trillen. We overlegden gedrieën en kwamen tot de conclusie dat ze plastische chirurgie nodig had, anders zou ze nooit een man vinden.

Op ons examenfeest gaf onze leraar ons de volgende woorden mee op weg naar het feestmaal: 'De partij en het volk hebben veel moeite in jullie gestopt en we hebben er veel zorg aan besteed dat jullie zouden komen waar jullie vandaag gekomen zijn. Je moet het onderricht van de partij onthouden en dankbaarheid betonen en altijd nederig zijn.'

Daarmee werden we alle zes bevorderd tot adjunct-officieren van justitie.

Bo was niet bij de afsluitingsceremonie en ze staat ook niet op de klassenfoto, omdat ze nog steeds in het ziekenhuis lag. Ze schreef een brief aan het Openbaar Ministerie waarin ze eiste dat Zai de verpleegkosten op zich zou nemen. Hij weigerde pertinent. Bo had al haar geld al uitgegeven aan ziekenhuiskosten, dus ze had geen andere keuze dan de zaak voor de rechter te brengen, waardoor ze kon eisen dat een hogere instantie zijn verantwoordelijkheid zou onderzoeken. De gerechtsarts had vastgesteld dat Bo een lichte verwonding had opgelopen en volgens de wet betekende dat dat Zai tot maximaal drie jaar gevangenisstraf kon worden veroordeeld en tot betaling van de ziekenhuiskosten en gederfde inkomsten.

Zai hield koppig vol, weigerde te bekennen dat hij iets fout gedaan had of dat hij zou moeten betalen. Bo deed aangifte bij het provinciale ressortsparket, maar toen begonnen onze eigen bazen ongerust te worden dat de zaak te veel aandacht zou krijgen en hun een slechte naam zou bezorgen en besloten ze dat ons kantoor de kosten zou betalen. Bo vond dat het Openbaar Ministerie in de hoedanigheid van rechtsinstantie zelf Zai zou moeten straffen volgens de wet. Maar het is niet zo makkelijk om een officier van justitie verantwoordelijk te stellen voor een misdaad en Zai was niet alleen

een oud partijlid, maar een bestraffing zou ook betekenen dat de bazen geen controle hadden over hun medewerkers. Het Openbaar Ministerie wilde hem absoluut beschermen en de bazen waren niet blij dat Bo niet gehoorzaamde. Daarom begonnen ze alle fouten naar boven te halen die ze had begaan.

Bo was eerder betrokken geweest bij een ruzie met Sun, een medewerker die tegelijk met ons op kantoor was begonnen. Sun had eerst op de administratie gewerkt, waar hij helemaal niet blij mee was, maar zich maar in moest schikken. Langzamerhand werd hij steeds onaangenamer en valser, zo iemand die altijd naar fouten zoekt bij anderen. Hij ergerde zich er altijd aan dat wij drieën onze thermoskannen in de gang voor onze kamer zetten, omdat het daardoor voor hem moeilijk zou zijn om erlangs te lopen. Daarover klaagde hij dan bij bureauchef Ning, die ons daarna bekritiseerde. Lee en ik namen de kritiek niet zo zwaar op, maar Bo was er verontwaardigd over dat Sun altijd roddelde en begon een ruzie met hem. Sun zei een hoop nare en kwetsende dingen, sloeg haar thermoskan kapot en weigerde, met steun van Ning, om excuses aan te bieden. Bo liep kokend van woede naar de keuken om Suns thermoskan te halen, die hij daar had neergezet om hem met heet water te vullen, droeg hem naar het toilet en stopte er een beetje ontlasting in. Toen Pan er water in goot, rook hij de nare geur. Het hele Openbaar Ministerie kreeg het verhaal te horen, maar niemand wist wie de schuldige was, alleen vermoedde men dat het een van ons drieën was, omdat we niet met Sun konden opschieten. Maar er was geen bewijs en niemand deed moeite om de zaak te onderzoeken.

Nu besloten de chefs echter om deze gebeurtenis alsnog te onderzoeken. Ning, Wu en Dan hoorden iedereen uit en vroegen mij te vertellen wie de schuldige was geweest. Vanzelfsprekend had Bo indertijd meteen verteld wat ze gedaan had, maar ik had mijn mond erover gehouden en alleen duidelijk gemaakt dat ik er in elk geval niet achter had gezeten.

'Jullie jongeren zijn zo twistziek,' stelde Dan vast. 'Jullie zullen geen succesvolle carrières krijgen.'

Ning probeerde mij over te halen mijn houding te veranderen. Als ik de waarheid niet zou vertellen, zou hij mij beschouwen als medeplichtig. 'De politieke afdeling van het westelijke arrondissementsparket heeft al eerder inlichtingen over jou ingewonnen. Als jij niet onthult wie de schuldige is, dan rapporteren we de zaak aan hen. Ik kan je zeggen dat ook Bo contact met hen heeft opgenomen en wie van jullie daar de baan krijgt, ligt er helemaal aan wie ons helpt.'

Als ze hun aannames, roddels en gissingen zouden doorspelen aan het westelijke arrondissementsparket, zouden al mijn giften, alle contacten en alle bezoeken en alle glimlachen die ik had opgezet vergeefs zijn geweest. En ik verlangde er zo naar om dit milieu te mogen verlaten, die eenvormige, ongastvrije en intellectueel versteende plek. De bazen hadden al de indruk dat ik halsstarrig en ongehoorzaam was en die indruk was niet meer te veranderen. Er was niets om naar uit te kijken. Ik hoopte op een nieuwe plek te mogen komen waar ik een nieuw mens kon zijn – serieus, beheerst, gehoorzaam en vlijtig – zodat ik succes kon hebben en een nieuwe toekomst kon opbouwen. Na verscheidene dagen van zielenpijn ging ik uiteindelijk naar de bazen en vertelde dat Bo de schuldige was geweest.

Lee werd ook een aantal keren verhoord, maar ik weet niet wat zij tegen hen heeft gezegd. De bazen stuurden onmiddellijk een officiële brief waarin verklaard werd dat Bo openlijk bekritiseerd zou worden. Bovendien deelden ze haar mee dat als ze haar aanklacht tegen Zai zou intrekken, ze zouden nalaten om als straf een 'commentaar' te schrijven in haar persoonlijke dossier. Bo weigerde lang, maar uiteindelijk stemde ze zwaar gekwetst in met het compromis. De autoriteiten betaalden de verpleegkosten, maar de plastische operatie moest ze zelf betalen. Een commentaar krijgen in je persoonlijke dossier zou een ramp zijn, want dan zou ze nooit promotie kunnen maken.

Toen ik Bo onder haar deken in haar kussen zag liggen huilen om te proberen haar boosheid in te slikken, trok ik zelf de deken over mijn hoofd. Ik heb een mens verraden die vier jaar lang een goede vriendin is geweest. Hoe kon ik zo iemand worden, zo iemand die ik zelf altijd heb veracht?

Bo werd steeds stiller, Lee's gezang en mijn lach hoorde je steeds minder. Het leven was treurig, als een langdurige kwelling, een eenzame jeugd.

Ik maakte kennis met mijn toekomstige man Xie, een ambtenaar die overgeplaatst werd van de grote stad Changsha naar het provinciaal bureau voor de statistiek, en algauw hadden we regelmatig contact. Hij probeerde ook om een manier te vinden om terug te komen naar Changsha, omdat hij noch van het troosteloze en mechanische werk hield, noch van de lage status die hij op het bureau had.

'Dit moet de overheidsinstantie zijn met de minste macht en de minste privileges. Niemand heeft ons nodig. We worden niet eens gecompenseerd als we naar een van de dorpen toe moeten,' zei hij met een krachteloze en bittere glimlach. Die dag was hij ziek en had hij geen zin om het smakeloze voedsel in de eetzaal te eten, dus had hij stiekem wat rijstepap gekookt op de kachel in zijn kamer. 'We zijn alleen maar bezig met cijfers bij elkaar zetten die verschillende werkplekken ons sturen, maar we vragen niet of de cijfers kloppen en we controleren ook niet op de werkplekken zelf.'

Ik moest denken aan de onjuiste cijfers die tijdens 'De grote stap voorwaarts' gerapporteerd werden en ik vroeg of er het een gewoonte was om overdreven te rapporteren.

'Dat is het natuurlijk,' antwoordde hij zonder de minste twijfel. 'Het hangt ervan af welke doelen de bazen van verschillende werkplekken hebben. Soms willen ze gefingeerde cijfers laten zien in de hoop op promotie.' Hij was jaloers op mijn baan, omdat ik elke dag nieuwe mensen ontmoette en omdat er steeds nieuwe dingen gebeurden, wat zowel stimulerend als prestigevol was.

Tijdens een bezoek aan mijn geboorteplaats op 22 april 1989 maakten mijn broer en ik na het avondeten een wandeling langs de Zuidelijke Huangxingstraat, Changsha's langste en levendigste straat. Even na tien uur stroomden jonge mannen met ijzeren staven, koevoeten en houten knuppels als een vloedgolf uit allerlei stegen de straat op om alle etalageruiten te verbrijzelen. Geen enkele winkel werd gespaard. De straat werd gevuld met geroep en geschreeuw, het geluid van metaal op metaal, brekend glas, motoren, autogetoeter... In het licht van de straatlantarens stormde de uitzinnige massa de winkels in en pakte kleren, petten, klokken, goud, juwelen en apparaten mee. Ze droegen de spullen in hun handen, onder hun armen, op de schouders, in hun zakken – er werd van alles gestolen. Wat ze niet mee konden nemen, wilden ze niet ongeschonden achterlaten, dus duwden ze het om, gooiden ermee of trapten erop tot het in splinters lag. Ik had nooit eerder zulke gewelddadige scènes gezien, een waanzinnige, onbeheerste volksmassa. Wij vluchtten vol schrik terug naar huis via achterafstraatjes. Ik zei dat ik de volgende dag terug naar mijn werk zou gaan om te zien of we er een rapport over hadden gekregen van de landsregering en of er nieuws was over wat erachter zat. Mijn moeder raadde me aan niet te veel te praten, maar te luisteren en me gedeisd te houden.

Lee en Bo hadden niets vernomen over de gebeurtenissen of iets ongewoons gehoord tijdens een vergadering. Het wonderlijke was dat ook de kranten en de televisie geen enkel bericht hadden over wat er gebeurd was. Pas eind mei kreeg het Openbaar Ministerie een officiële uitspraak van hogerhand over wat er had plaatsgevonden: vernielingen en diefstallen in Changsha op 22 april waren contrarevolutionair geweld. De kranten schreven pas op 4 juni over wat er op het Plein van de Hemelse Vrede was gebeurd.

Vanaf half mei volgden we met z'n drieën dagelijks de nieuwsuitzendingen op de televisie om te zien of ze iets vertelden over de demonstraties op het Plein van de Hemelse Vrede. In deze periode waren de media ongewoon openlijk, dus we konden in de kranten rapportages lezen en foto's zien die de achtergronden belichtten van de studentenbeweging en haar ontwikkeling, zoals de zit- en hongerstakingen. Ik vond dat het parool van de studenten 'Voor democratie en vrijheid, tegen speciale privileges' klopte en stiekem was ik er blij om. Als de studenten wonnen en het centrale comité van de partij zijn ideologie en politiek veranderde, zou ook de conservatieve en hiërarchische atmosfeer op het Openbaar Ministerie ten goede veranderen. En misschien zouden wij, jongeren met een juridische opleiding, niet langer klein gehouden worden door onze oudere collega's.

'Mijn chef, Jan, heeft me al gezegd dat ik voorzichtig moet zijn,' zei Bo. 'Hij zegt dat hij in zijn leven veel van zulke bewegingen heeft gezien en als degenen die tegen de regering opponeren winnen, zullen wij, die nu rijksambtenaren zijn en tot de geprivilegieerde klasse behoren, veroordeeld en verdrukt worden. Daarom hoopt hij dat de conservatieven winnen. Ik heb er ook niet zo veel zin in geëxecuteerd te worden door een nieuwe machthebber.'

Ik vond dat Jan overdreven reageerde. 'De studenten zijn niet bewapend, hoe zouden ze ons kunnen doodschieten? Heb je niet gemerkt dat hun verzet bestaat uit zit- en hongerstakingen? Ze hebben in feite geen enkel geweld gebruikt.'

'Jan zegt dat de communistische partij tegenwoordig veel beter is. Dat de regering zich ongerust maakt dat de studenten verhongeren, bewijst dat ze om het leven van het volk geeft. De studenten en het volk hebben misbruik gemaakt van de sympathie van de partij en de regering,' zei Bo.

'Geloof jij echt wat hij zegt? In een tijd waarin mensen hun leven moeten offeren om een klein beetje democratie te krijgen, zegt hij dat de communistische partij goed is?' Ik vond dat het erg onwaarschijnlijk klonk.

De bazen van het Openbaar Ministerie benadrukten dat geen van de medewerkers zich mocht uitlaten over – laat staan deelnemen aan – de demonstraties. Aangezien de regering nog niet officieel het karakter van de beweging had vastgesteld, wisten de rechtsinstanties nog niet welke maatregelen ze moesten nemen. Soms konden we er toevallig een paar oudere collega's over horen discussiëren: wanneer je op een besluit van dit kaliber wacht, gaat het er in feite om dat je af moet wachten uit welke hoek de wind zal waaien. Er moesten twee fracties zijn in de partij en de regering die om de macht streden. Democratie of dictatuur, dat is niet iets wat ons aangaat, wij gehoorzamen degene die wint.

Maar ik kon het toch niet laten om mijn mening te geven wanneer ik de kranten had gelezen. 'De studenten vinden dat kinderen van hoge ambtenaren die hun macht gebruiken om zaken te doen en rijk te worden, hun privileges moeten kwijtraken. Waarom zou de regering daar niet mee in kunnen stemmen?'

'Omdat dat strijdig is met hun persoonlijke interesses,' zei Fa. 'Het is toch duidelijk dat ze dat niet leuk vinden.'

'Maar waarom kunnen ze niet instemmen met informatievrijheid, vrijheid van meningsuiting en persvrijheid?' Ik vond het moeilijk om mijn enthousiasme te verbergen bij de gedachte dat we vanaf nu wellicht een beetje vrijer zouden worden.

'Denk je dat je doodgaat van wat minder liberalisme? Verwend kind!' Wang keek me geïrriteerd aan. 'Als alles maar vrij zou worden, zou het een chaos worden in het land! De communistische partij zou het niet meer kunnen besturen. Die studenten brengen ons ongeluk, maar wat zij zaaien, dat mogen ze oogsten.'

Op 3 juni zaten we voor de televisie om het resultaat van de onderhandelingen tussen de studenten en de regering te horen. Toen ik de bedroefde uitdrukking op het gezicht van China's minister-president Zhao Ziyang zag en hoorde hoe partijvoorzitter Li Peng zonder een spier te vertrekken ten overstaan van het hele volk de belofte verbrak die hij eerder gedaan had, deed ik mijn ogen dicht. Lee deed de televisie uit en we gingen snel terug naar de slaapkamer, wasten ons, poetsten onze tanden en gingen naar bed.

Ik was de eerste die de stilte verbrak door te zeggen: 'Het lijkt alsof ze binnenkort denken de rekening met de demonstranten te vereffenen. Wat een geluk dat er alleen maar een paar studenten en leraren van beroepsopleidingen in deze provincie hebben gedemonstreerd en dat ze niet hebben meegedaan aan zit- of hongerstakingen. Wij zullen geen zaken krijgen die verband houden met de studentenbeweging.'

'Het is eigenlijk ongewoon rustig geweest in Wangcheng,' zei Lee. 'Maar jij wordt nu vast gauw overgeplaatst naar het westelijke arrondissementsparket. Bijna alle hogescholen van de provincie liggen in het westelijke arrondissement, dus daar zullen jullie zeker zoveel van zulke zaken krijgen als er haren zitten in de vacht van een koe.'

Ze maakte zich zorgen om mij. Ik kon eigenlijk alleen maar aan de kant van de regering staan en eraan meewerken om studenten aan te houden en aan te klagen. Wie kon mij nou helpen?

Waarom werd ik altijd voor zulke zware keuzes gesteld? De keuze tussen mijn overleving of die van anderen, tussen gehoorzaamheid en geweten. Nu wachtte me een wrede opdracht waar ik niet onderuit kon komen.

De personeelsafdeling stuurde een mededeling over mijn overplaatsing en beval me om op 1 augustus bij het westelijke arrondissementsparket te verschijnen. Eigenlijk had ik gehoopt dat het iets later zou gebeuren, zodat ik niet zou hoeven deelnemen aan acties tegen de studenten en arbeiders die te maken hadden met de democratiseringsbeweging.

Op mijn afscheidsfeest vatte Dan mijn werk samen door te zeggen dat ik me in deze vier jaar had ontwikkeld van een kinderachtige middelbare scholier tot een ambtenaar die over het algemeen voldeed aan de eisen die de partij stelde. Hij prees voornamelijk de vooruitgang die ik het laatste jaar had geboekt. Twee dagen later stopte de geelbruine jeep van het kantoor op de binnenplaats met een aanhangwagen erachter en ik laadde mijn drie dekens erop, mijn koffer vol met kleren, een reistas met toiletartikelen en een emmer gevuld met schoenen. Vier jaar eerder had ik dezelfde dingen meegenomen hiernaartoe, het enige wat erbij gekomen was, waren een paar juridische leerboeken.

Ik omhelsde Lee en Bo en zei hun vaarwel, ik zwaaide naar mijn andere collega's, die in de gang op de eerste verdieping bij elkaar stonden. Mijn blik begon een beetje wazig te worden, maar ik beheerste me, boog mijn hoofd en kroop in de jeep. Toen de auto langzaam van de binnenplaats wegreed, draaide ik mijn hoofd om en wierp een laatste blik op het gebouw waar ik vier van mijn jeugdjaren had doorgebracht.

Deel twee
1989 – 1994

Op 1 augustus 1989 meldde ik me aan op het kantoor van hoofdofficier van justitie Tai op het westelijke arrondissementsparket in Changsha. Hij had eerder voor het buurtcomité gewerkt en was daarna werkzaam geweest op de administratie van een stadsdeelkantoor. De personeelsafdeling had hem aangewezen als hoofdofficier van justitie. Hij had nooit rechten gestudeerd.

'Het was niet zo makkelijk om jou hierheen te krijgen,' zei de oude man tevreden. 'We hebben veel moeite moeten doen en het heeft meer dan een jaar gekost. Die locoburgemeester raakte geïrriteerd en heeft uiteindelijk zijn dochter bij een rechtbank geplaatst. Als ik de druk niet had weerstaan, was jij nooit hier gekomen.'

Tijdens het gesprek benadrukte ik dat ik hem dankbaar was voor zijn hulpvaardigheid en dat ik hard zou werken en alles op me zou nemen om de zorg die hij aan mij besteed had recht te doen.

'Wangcheng is een soort China in het klein,' zei hij tegen mij. 'Het is een goede plek om dingen te leren. Wat vind je zelf dat het belangrijkste is wat je geleerd hebt?'

Ik dacht een tijdje na en zei toen eerlijk: 'Wanneer andere mensen me prijzen, moet ik goed nadenken of ik iets kan doen om me nog verder te verbeteren. En te doen wat de partij beveelt.'

Tai was erg tevreden en zei: 'Dan heeft de partij aan jou geen moeite verspild.' Na een korte pauze ging hij verder: 'Ik heb het zo geregeld dat jij op de hechtenisafdeling van strafzakenafdeling één geplaatst wordt, zij hebben de laatste tijd veel zaken gekregen en hebben nieuwe mensen nodig.'

De afdelingschef Pu Kong op strafzakenafdeling één stelde me voor aan de adjunct-afdelingschef en een vrouwelijke en twee mannelijke ambtenaren. Daarna haalde hij een tafel van de binnenplaats, zette die in de al zo volgepropte kantoorruimte en zei: 'We zijn erg slecht gehuisvest, dus je zult genoegen moeten nemen met dit.' Daarna haalde hij een map met stukken van zijn schrijftafel en gaf die aan mij. 'Het is zo heerlijk dat jij mijn last wat kunt verlichten. Dit is een zaak waarin al iemand aangehouden is en het onderzoek moet binnen drie dagen af zijn.'

Pu Kong legde het onderzoeksproces niet uit en vertelde niet op welke details ik nadruk moest leggen, maar ik ontdekte al snel dat ze hun onderzoeken niet op dezelfde manier deden als in Wangcheng.

Ik las de stukken door en begon het verhaal van de verdachte, de verklaring van het slachtoffer en het bewijsmateriaal te rangschikken. Tegen het einde van de werkdag was ik klaar met mijn aantekeningen en ik bracht verslag uit aan Pu Kong: 'Ik dacht morgen de getuige te gaan verhoren. Wie moet ik meenemen?'

Hij lichtte zijn hoofd op en keek naar mij. 'Is er iets wat ontbreekt of onduidelijk is in het materiaal?' vroeg hij.

'Het bewijsmateriaal lijkt me sluitend, dus ik denk dat er genoeg reden is voor hechtenis.'

'Waarom ga je dan een verhoor houden?'

'Als wij een onderzoek deden in Wangcheng, verhoorden we alle verdachten die in de cel zaten,' legde ik uit.

'Als jij vindt dat het voorliggende onderzoeksmateriaal volstaat om de aangeklaagde in hechtenis te houden, dan is er geen reden een verhoor te houden. Wij verhoren niet iedere gevangene tijdens het onderzoek, dat doen we alleen in specifieke gevallen.'

Was het zo simpel? Als je de verdachte niet eens hoefde te verhoren, hoefde je ook geen onderzoek te doen op de plaats van het misdrijf, het slachtoffer te horen of te praten met getuigen? Maar hoe kon je in dat geval de kwaliteit van je onderzoek garanderen? Stel dat de politie de verkeerde persoon had gepakt?

'Als jij vindt dat ik hem niet hoef te verhoren, dan kan ik het onderzoek afronden,' zei ik tegen Pu Kong. 'Ik ben al klaar met mijn aantekeningen.'

'Zo snel?' antwoordde hij wantrouwend.

Ik keerde terug naar mijn bureau, vatte mijn bevindingen samen en leverde de stukken en mijn aantekeningen bij hem in. Hij stopte het in een la en deed die op slot. Daarna gaf hij me een klap op mijn schouder en zei: 'Het gerucht is dus waar.'

Ik bedacht dat als ik dezelfde methode zou gebruiken als zij, alleen maar aan mijn bureau zitten en mijn mening geven over het materiaal dat de politie aanlevert, ik dan ten minste één zaak per dag zou kunnen behandelen. Dat zou inhouden dat ik honderden personen per jaar zou kunnen laten aanhouden.

De volgende zaak was een moord. Toen ik mijn aantekeningen af had, voelde ik me ongemakkelijk. Dit ging feitelijk om moord en als we de verdachte niet eens zouden verhoren, hoe konden we er dan zeker van zijn dat hij werkelijk de moordenaar was? Het kon toch echt de bedoeling niet zijn

Vechtsportgroep, 1974. Xiao zit op de tweede rij, tweede van links.

Xiao, 12 jaar oud.

Eerste dag als medewerker bij het Openbaar Ministerie, 1984.

Xiao met haar collega-officieren van justitie in Wangcheng in 1986.

Xiao en haar kamergenotes Bo en Lee in Guangzhou in 1986.

Examen voor officier van justitie in 1988. De foto is genomen voor het kantoor van het parket. Xiao staat helemaal rechts, Lee staat helemaal links. Hoofdofficier van justitie Dan zit in het midden. Rechts van hem zit adjunct-hoofdofficier Hu San en rechts van hem zit bureauchef Ning. Bo staat niet op de foto omdat zij op dat moment in het ziekenhuis lag met een verwond oog na een ruzie met een collega.

Collega's van het westelijke arrondissementsparket in Changsha in 1991. Xiao staat op de voorste rij helemaal links. In het midden met kind staat de gewezen chef van de afdeling dagvaarding Lun en rechts van haar Ya Lan. Op de achterste rij van links naar rechts: Qi Ken, Hao en adjunct-hoofdofficier Ke.

Binnen de muren van een huis van bewaring in de provincie Fujian.

Een cel in een huis van bewaring, in dit geval bedoeld voor vrouwelijke gevangenen. Meer dan tien gevangenen verdrongen zich meestal op de houten brits. Links aan de muur zijn haken van baksteen te zien.

Een vrouwelijke gevangene wordt binnengebracht voor verhoor.

Een verdachte van moord wordt verhoord. De handboeien zijn vastgemaakt aan zijn stoel.
Aan de muur achter hem is een gedeelte zichtbaar van de tekst 'Wij zijn mild voor hen die
bekennen, maar hard voor hen die tegenwerken'.

Xiao en rechter Lulu op haar bruiloft in 1988.

Xiao en haar ex-man Xie, rechter bij de rechtbank van het westelijke district in Changsha. De foto is genomen in 1995.

Xiao op haar cursus Engels in 1996. Naast haar staat de Amerikaanse leraar Dana.

Xiao en haar collega Jie in 1997 tijdens een uitstapje naar de berg Jing Gansan waar Mao zijn Rode Leger stichtte.

De laatste dag op kantoor als officier van justitie in november 1998. Het bureau is opgeruimd.

om ronduit slordig te worden. Deze keer zei ik tegen Pu Kong: 'Ik wil in elk geval een verhoor houden. Ten eerste is het een moordonderzoek. Ten tweede ben ik van mening dat de verdachte geen motief heeft dat het idee kan ondersteunen dat hij de moordenaar zou zijn.'

Pu Kong vroeg me wat concreter te zijn. Ik verklaarde hem dat de diverse verslagen, de bewijsstukken, de getuigenverklaringen en het obductierapport zoals ze bij het onderzoeksmateriaal zaten, heel goed waren geformuleerd en dat het goed mogelijk was op grond daarvan de schuld te leggen bij de verdachte. Maar uit het verhoormateriaal van de politie werd duidelijk dat zij niet goed genoeg hadden doorgevraagd wat de verdachte voor motief had, waarom hij zijn eigen vader zou hebben willen doden. Zelfs als het leven van de vader gered had kunnen worden, moest zijn zoon hem wel verschrikkelijk gehaat hebben om met een mes de man neer te steken die tientallen jaren voor hem gezorgd had. Maar in het onderzoek stond slechts dat de verdachte had bekend dat hij het niet fijn vond dat zijn vader hem koeioneerde.

Pu Kong vond dat een moordenaar niet noodzakelijkerwijs een sterk motief hoefde te hebben.

'Nee, dat is waar,' zei ik. 'We hebben vaak gevallen gezien waarin een moordenaar kwaad werd en iemand in een impuls doodde. Maar hier gaat het om een zoon die zijn vader doodt. Ik vind dat zijn motief niet erg logisch is en daarom vermoed ik dat hij misschien geestesziek is. Als ik nu al vaststel dat hij een misdaad heeft begaan en inhechtenisneming goedkeur, terwijl later uitkomt dat hij mentaal gestoord is, dan hebben wij een fout gemaakt.'

Daarmee haalde ik Pu Kong over om mij een verhoor te laten houden. 'De cellen voor aangehoudenen bevinden zich in het politiebureau,' informeerde hij mij. 'Je mag de gevangene meenemen naar een kantoor van de recherche en hem daar verhoren. Zo doen we dat meestal. Maar we hebben een tekort aan werkkrachten, dus ik kan niemand met je meesturen.'

In de receptie van het politiebureau in het westelijke district zat een politieman in burgerkleding opgeslokt door een papierberg waar hij doorheen moest komen. Ik stelde me voor en legde uit dat ik een gevangene wilde verhoren en hoopte dat een van hen mij gezelschap kon houden. 'Vanzelfsprekend moeten wij de officieren van justitie helpen,' antwoordde hij vriendelijk. 'Maar helaas zijn we nu net onderbezet, de meeste agenten zijn op onderzoek.'

'Het is niet zo dat ik iemand naast me nodig heb,' zei ik, 'maar ik heb gemerkt dat jullie niet een echte verhoorkamer hebben en ook geen gewapende wachters, de grote poort staat zelfs open. Het zou wel erg gemakkelijk voor de verdachte zijn om te ontsnappen als hij dat zou willen.'

Hij humde een beetje maar leek te begrijpen wat ik bedoelde. 'Maar wie
zou er zo roekeloos zijn om te proberen te vluchten?' zei hij toen. 'We hebben hier nog nooit een ontsnappingspoging meegemaakt.'

Ik volgde hem naar de kamer die helemaal achteraan in het gebouw lag.
Hij pakte een stoel die tegen de muur stond en zette die midden in de kamer. 'De twee agenten van wie deze kamer is, zijn vandaag de hele dag op
pad om bewijs te verzamelen,' zei hij. 'De kamer is leeg, dus je kunt hem gebruiken.'

Buiten de kamer lag een kleine tuin en in het gebouw ertegenover had
het bewakingspersoneel zijn werkkamer. Links lag een hoge muur en rechts
was een ijzeren poort die naar de cellen leidde. Ik gaf het verhoorbesluit aan
de wachter en hij las het snel door, deed de poort open en verdween naar
binnen. Na een moment van wachten, kwam hij terug met een man van in
de dertig die eruitzag als een boer; hij gaf hem aan mij over. Ik vroeg de man
naar zijn naam en hij antwoordde. Ik bevestigde de wachter dat hij de juiste
persoon had gehaald.

De man keek mij recht aan zonder de minste angst of nervositeit in zijn
gezicht. Toen hij me lang genoeg had opgenomen, draaide hij zijn ogen, zodat ik zijn oogwit te zien kreeg, en staarde recht omhoog naar de hemel.
'We gaan!' spoorde ik hem aan. Toen ging hij met me mee, maar hij liep erg
raar. Zijn armen hingen kaarsrecht langs zijn lichaam. Als hij zijn voeten
neerzette, zette hij eerst zijn hielen neer, waarna hij langzaam de voorvoet
op de grond liet komen, een beetje zoals een toneelspeler in een Pekingope-
ra op het toneel rondstapt.

Ik vroeg hem om te gaan zitten op de stoel die midden in de kamer
stond. Hij ging op de stoel zitten en vouwde zijn benen onder zich. In plaats
van tegen de rugleuning te leunen leunde hij voorover, alsof hij van plan was
een buiging te maken. Dit was voor het eerst dat ik meemaakte dat een gevangene zich zo gedroeg. Ik zei niet meteen tegen hem dat hij gewoon
moest gaan zitten, ik aanschouwde daarentegen zwijgend zijn ongewone
gedrag.

Daarna zei ik: 'Ik werk op het Openbaar Ministerie en ik ben verantwoordelijk voor jouw zaak. Is er iets wat je mij wilt vertellen?'

Hij opende zijn mond en lachte zacht, zonder antwoord te geven. Ik had
nooit meegemaakt dat een verdachte het verhoor begon met een imbeciele
lach – normaliter betuigden ze hun onschuld, of ze smeekten om een lagere
straf, of ze informeerden er op z'n minst naar hoe het onderzoek verliep en
hoe lang de straf ongeveer zou zijn die ze konden verwachten. Deze man
lachte, maar hij was niet gewelddadig of opgewonden, in het algemeen zat
hij stil en leek hij meegaand.

Ik vroeg nogmaals zijn naam, leeftijd, adres enzovoort. Hij antwoordde zachtjes. Toen ik vroeg hoe de moord had plaatsgevonden, antwoordde hij: 'Ik weet het niet meer.'

'Herinner je je vader nog?' vroeg ik.

'Ik vond hem niet aardig.'

'Waarom niet?'

'Hij wou altijd dat ik zou werken en als ik niet wilde, dan sloeg hij mij. Een keer was ik niet bang voor hem, toen pakte ik een houten stok en vocht met hem.'

'En toen?'

'Toen ging ik naar de keuken en haalde ik een mes. Hij wees naar mij en brulde: "Durf je wel?" Maar ik was niet bang, ik stormde gewoon op hem af en stak met het mes. Hij begon te schreeuwen van de pijn, hij riep: "Moord!" en "Ik bloed!" Toen kwamen er allerlei mensen die mij vasthielden en het mes afpakten.'

'Hij was je vader. Waarom heb je hem gedood?'

Hij tilde zijn hoofd op en keek de kamer rond. Na een lange poos liet hij zijn blik zakken en zei zacht als voor zichzelf: 'Dat weet ik niet.'

'Het is tegen de wet om mensen te doden, weet je dat?'

'Dat weet ik. Iedereen weet toch dat moordenaars misdadigers zijn,' antwoordde hij zacht. Daarna glimlachte hij weer naar mij, alsof hij me wilde bespotten omdat ik zo'n domme vraag gesteld had. Hij voegde eraan toe: 'Ik ben niet zo onnozel. Iedereen zegt dat ik een idioot ben.'

'Wie zegt dat jij een idioot bent?'

'De buren. En papa. Ze zeggen dat ik niet goed bij mijn hoofd ben al sinds ik geboren ben.'

'Heeft je vader je wel eens meegenomen naar een ziekenhuis voor een onderzoek?'

'Nee. Ik ben niet ziek, wat zou ik in een ziekenhuis moeten doen? Papa zegt dat het duur is om naar een ziekenhuis te gaan. Wij groentekwekers houden ons niet bezig met ziektes.'

Toen ik zo ver was gekomen met mijn aantekeningen, zag ik in dat het verloren tijd zou zijn om door te gaan met de ondervraging. Ik leidde de man terug naar de cel en toen ik terugkeerde in de kamer om mijn papieren te verzamelen, stond de afdelingschef in de deuropening op mij te wachten. 'Is alles in orde? Kunnen we hem in hechtenis houden?' vroeg hij met een stralende glimlach.

'Ik zal de hoofdofficier van justitie verzoeken of we vier dagen kunnen krijgen om een besluit te nemen. Ik wil dat jullie hem morgen meenemen naar een psychiatrisch ziekenhuis voor onderzoek. Hij lijkt me niet normaal. Als er niet genoeg tijd is, kunnen we eventueel nog drie dagen verlenging krijgen, zodat we in totaal een week hebben.'

Zijn gezicht kreeg een ongelukkige uitdrukking. Als zou worden vastgesteld dat de verdachte geestesziek was, zou dat inhouden dat de politie zijn abnormale gedrag geheel gemist had.

Vier dagen later kwam het resultaat van het onderzoek: de man leed aan een ernstige psychiatrische stoornis die zich openbaarde in bijzondere omstandigheden en hij moest in het psychiatrisch ziekenhuis blijven voor verpleging.

Dat weekeinde had het arrondissementsparket een bezoek georganiseerd voor het hele personeel aan Hunans provinciale museum, waar we foto's te zien kregen van de gewelddadige gebeurtenissen rond het Plein voor de Hemelse Vrede op 4 juni. De bedoeling was dat de tentoonstelling onze emotionele kennis zou verdiepen en onze afschuw van contrarevolutionaire gewelddaden, zodat wij geen consideratie met ze zouden hebben wanneer we hen zouden aanpakken. Op alle foto's stonden inwoners van Peking en studenten die soldaten omringden en aanvielen die naar de stad gekomen waren om de demonstranten aan te vallen – je kon het bloed van het hoofd van de soldaten zien vloeien. Na het bezoek waren veel collega's echt bijzonder verontwaardigd.

'Als we hen niet zouden grijpen, wie zouden we dan wel grijpen?' zei mijn collega Chow. 'Als we hen niet hard straffen, dan krijgen we chaos in het land. De soldaten hadden wapens en toch durfden ze aan te vallen – het is langzamerhand niet meer onmogelijk dat ze ons ook gaan aanvallen en dan kunnen we ons nooit meer veilig voelen.'

Rond deze tijd kreeg ik te horen dat Hao, die op dezelfde afdeling werkte als ik, meewerkte aan een onderzoek naar de leden van de 'Onafhankelijke arbeidersvereniging', een organisatie die meegedaan had aan 'het contrarevolutionaire geweld op 4 juni'. Ik had het vermoeden dat als men nu die arbeiders aanpakte, het niet lang kon duren voordat men de 'Vrije studentenbeweging' ook zou aanvallen. Ik vroeg aan onze kantoorbediende welke nieuwe onderzoeken wij hadden en ze antwoordde: 'We hebben nog de zaak met de oploop en vernielingen op 22 april.'

Om te zorgen dat ik niet hoefde te werken aan iets wat te maken had met de studentenbeweging of met 4 juni, vroeg ik Pu Kong om mij op de 22 aprilzaak te zetten. Ik vertelde dat ik erbij was geweest die avond en met eigen ogen de extreem chaotische en gewelddadige scènes had gezien.

'Dit gaat om een groot onderzoek waar verscheidene personen aan moeten werken,' zei Pu Kong. 'Het gaat om geplande en georganiseerde massadiefstal. Maar natuurlijk, jij mag je best op deze zaken storten.'

Gedurende twee maanden onderzocht ik de personen die meegedaan hadden aan de inbraken. Maar de politieke studies op het parket waren zeer uitputtend en er was niet aan te ontkomen, hoeveel je ook te doen had. Tai verklaarde dat de regering na 4 juni een samenvatting had gemaakt van de oorzaken van de oploop. Ze waren van mening dat de partijorganisatie de teugels te veel had laten vieren wat betreft het ideologische werk, dus dat was de belangrijkste opdracht.

In de instructies van de regering werd erop gewezen dat een oorzaak van het gebrek aan controle kon zijn geweest dat de media te veel vrijheid hadden gekregen. Nu moesten wij een strenge controle gaan uitoefenen op het censuurwezen en ageren tegen publicaties die strijdig waren met de regels. Bovendien hadden we een hele trits nieuwe voorschriften gekregen die bijvoorbeeld stelden: 'Demonstraties en samenkomsten moeten vooraf gemeld worden zodat de autoriteiten ze kunnen goedkeuren en een geschikte tijd en plaats kunnen aanwijzen voor hun uitvoering.' Deze bepalingen verboden in praktijk alle vormen van stakingen. Enkele officieren van justitie vonden persoonlijk dat de nieuwe bepalingen in strijd waren met de grondwet die aan alle burgers demonstratierecht en recht van samenkomst gaf en aangezien de grondwet de belangrijkste wet is, zouden alle andere wetten zich moeten schikken naar de grondwet. Maar nu handelden wij precies tegenovergesteld en zetten we de nieuwe regels vóór de grondwet.

Wat mij het meest verwonderde was dat wat wij deden volstrekt in ging tegen wat wij geleerd hadden tijdens onze rechtenstudie. De regering kon wanneer dan ook, als het vasthouden van de macht dat vereiste, een aantal regels tevoorschijn halen zonder dat die waren goedgekeurd door het volkscongres en die niet overeenstemden met de wet. En wij waren gedwongen te werken volgens die regels, niet volgens de wetboeken. De bestuurders toonden niet het minste respect voor de wetten die ze zelf mede hadden vastgesteld.

Mijn collega Hao zou de stadsgevangenis bezoeken voor een verhoor. De veiligheidsvoorschriften waren daar strikter en daarom was het nodig dat ik meeging.

De stadsgevangenis was erg imponerend. Een dikke, ijzeren deur schermde de gevangenis af van de buitenwereld. De poortwachter zat achter de ijzeren deur; het enige wat van buitenaf te zien was, was een klein raampje met tralies ervoor. Net achter de poort lag een grote open binnenplaats bedekt met cement en aan de andere kant stond een twee verdiepingen hoog kantoorgebouw. De lange rij ramen op de benedenverdieping had tralies en in één blik zag je dat de verhoorruimte daar moest liggen. Elke kamer was twaalf vierkante meter en er waren totaal twaalf kamers. Recht tegenover de trap was een deur met ijzeren tralies en daarnaast was de ruimte waar je je verzoek moest indienen om een gedetineerde te spreken. Als je binnenkwam waren er weer twee deuren. We liepen een deur binnen en toonden onze verhoortoestemming en aanstellingsbewijs. De gevangenbewaarder vroeg Hao om zijn naam te schrijven in een register en verdween toen door de andere deur, achter de ijzeren deur. De kamer waar we ons hadden laten registreren was maar veertien vierkante meter, er stonden een tafel en enkele stoelen. Af en toe kwamen er agenten binnen om gevangenen op te halen of achter te laten, en samen met alle officieren van justitie en een rechter, die ook op bezoek was, werd het erg nauw in de kamer.

De wachters werkten hard en de hele tijd kwamen ze naar buiten met nieuwe gevangenen en riepen met een harde stem: 'Wie moet deze gevangene hebben?' En dan was er altijd wel een gerechtsdienaar die meteen riep: 'Die is van mij! Die is van mij!' Dan duwde de agent de gevangene naar de juiste persoon en zei: 'Hier heb je hem.' De officier van justitie of de rechter nam de gevangene mee en zocht naar een verhoorkamer.

Hao, ik en de gevangene gingen in een verhoorkamer zitten. Die leek op die in Wangcheng, affiches aan de muur, een bank midden in de kamer waarop de gevangene moest zitten met zijn rug naar het raam, onze tafel bij de deur. Het enige wat anders was, was dat het raam tralies had en dat er cement op de vloer lag.

Degene die we gingen verhoren was een recidivist, een dief van in de dertig. Hij had nooit een gewone baan gehad en vanaf het eerste moment bestudeerde hij al onze bewegingen en betuigde hij zijn onschuld.

De man weigerde om toe te geven en stond erop zijn bekentenis in te trekken. De gevangenen onderling hadden het over 'harde straffen voor hen die bekennen, gevangenis voor altijd en eeuwig' – precies het tegenovergestelde van wat wij proclameerden. Het klopte wel, want vele verdachten die hadden bekend in de hoop een lagere straf te krijgen, waren uiteindelijk toch veroordeeld tot lange gevangenisstraffen. De verhoorleiders hielden hun beloftes niet omtrent 'mildheid' en ze leken niet te vinden dat wat je een verdachte beloofd had, iets waard was. De misdadigers hadden die les geleerd: je moet noch bedreigingen, noch beloftes geloven van de kant van het rechtswezen, want als je weigert te bekennen is er in elk geval nog een kans dat je vrijgelaten wordt. Als ze in het onderzoek niet genoeg bewijs vinden, kun je niet schuldig verklaard worden in de rechtbank. Maar als je bekent, word je resoluut veroordeeld.

Na een tijdje verloor Hao zijn geduld. Hij sloeg met zijn vuist op tafel en wees naar de verdachte. 'Nu mag je verdorie wel eens iets gaan vertellen! Wil je dat ik je met harde hand aanpak?'

De verdachte kneep eigenwijs zijn mond dicht.

Hao stond op en liep snuivend van kwaadheid naar de man toe. 'Jij, rot ei! Denk je dat je mij zover kunt krijgen dat ik jouw bekentenis ongeldig verklaar? Denk je soms dat ik een mak lammetje ben?!' Daarna gaf hij hem twee harde klappen op zijn achterhoofd. De gevangene sloeg zijn armen om zijn hoofd als bescherming en boog zich voorover om Hao's hand te ontwijken, maar hij durfde niet hard om hulp te roepen. Een paar klappen van een officier van justitie was niets vergeleken met de trappen van de politie, en zelfs als hij om hulp riep en de gevangenbewaarders of andere officieren hem zouden horen, zouden ze zich er nog niet mee bemoeien. Wie niet samenwerkt, verdient slaag, dat was iets wat iedereen die binnen het rechtswezen werkte als vanzelfsprekend beschouwde. Dus je moest het gewoon maar uithouden tot ze zich moe hadden geslagen.

'Ga je nu praten? Of stribbel je nog steeds tegen? Speel jij een spelletje met ons? Ik ga je verrot slaan!' Hao schopte de man twee keer. De man verplaatste een van zijn handen van zijn hoofd naar zijn been terwijl hij huilde van pijn zodat al zijn gele tanden zichtbaar werden.

Ik was eerst niet van plan me te bemoeien met Hao's onderzoek, deels omdat ik niet wilde dat hij dacht dat ik probeerde uit te blinken, deels omdat ik wilde zien welke methodes hij gebruikte en hoe goed hij was. Maar toen ik zag hoe de gevangene gekweld werd door zijn mishandeling, kreeg ik het idee dat hij zonder mijn ingrijpen bont en blauw geslagen zou worden. Vanzelfsprekend zou de politie ons niet bekritiseren vanwege een gevangene, maar als we ooit eens in een conflict met een van de medewerkers hier zouden belanden, dan zou die iets kunnen vertellen over onze verhoormethoden en dan zouden we zeker kritiek krijgen van onze bazen. En ik had geen zin om me kritiek op de hals te halen voor 'ondermaats niveau' vanwege Hao.

'Word niet zo kwaad,' zei ik tegen hem. 'Kom zitten. Als hij spelletjes met ons wil spelen, dan spelen we toch mee. Ik heb wel hardere types gezien dan hij.'

Hao beheerste zich en ging kwaad terug naar zijn stoel onder luidruchtig gevloek.

Ik wees met mijn pen naar de verdachte. 'Nu moet jij eens naar mij luisteren! Denk jij dat wij beginnelingen zijn? Mijn collega heeft gelijk dat dit je kans is om te bekennen. Jij beweert dat je nooit iets hebt gestolen? Goed dan. Dan nemen we je zo mee naar de helers, degenen die de gestolen waar van je hebben opgekocht, en dan zien we wel of ze jou herkennen. Wanneer we terugkomen, vragen we niet meer om een bekentenis. We schrijven alleen maar in de stukken: "De gedaagde weigert te bekennen en hindert het onderzoek met zijn uiterst slechte gedrag. Wij verzoeken om een hoge straf." Dan hoef jij je kostbare mondje niet meer open te doen en dan kun je in alle rust wat jaartjes extra in de gevangenis zitten.'

Toen ik was uitgesproken, begon ik langzaam alle papieren en pennen op tafel bij elkaar te pakken. 'Waarom zouden we energie verspillen aan zulke types?' zei ik tegen Hao. 'Zeg tegen de juridisch agent dat we met hem naar de helers gaan.'

De gevangene ging rechtop op zijn bank zitten. Hij weigerde mee te gaan. Na een tijdje zei hij: 'Officier van justitie, vergeef me, ik zou niet zo onwillig moeten zijn.'

Daarna deed hij verslag van alles wat hij gedaan had, van begin tot eind. Hao maakte aantekeningen en wreef af en toe de hand die nog pijn deed van het slaan.

Na het verhoor gaven we de gevangene weer aan de gevangeniswachters over. Op hetzelfde ogenblik kwam een ter dood veroordeelde gevangene met voetboeien om door de deur. Die zaten erg strak en hij kon zich maar langzaam en heel voorzichtig bewegen, een klein stapje tegelijk, terwijl hij zijn blik op zijn voeten gericht hield. Zijn hoofd was natuurlijk geschoren en hij was gekleed in een schoon, wit gevangenispak met blauwe streepjes. Twee mannen in rechtersuniform gaven hem een teken om de dichtstbijzijnde verhoorkamer in te gaan. Hao groette een van de rechters hartelijk en de man schudde mij glimlachend de hand. Hao stelde ons aan elkaar voor: 'Dit is mijn buurman, hij werkt bij het gerechtshof.'

In de vloer van die verhoorkamer waren twee ijzeren ringen gemetseld. Toen de ter dood veroordeelde gevangene binnenkwam, maakte een krachtige agent de voetboeien los en maakte toen eerst de linker vast aan de ene ring en daarna de rechter aan de andere. Op die manier kreeg de gevangene ietsje meer bewegingsvrijheid. Terwijl hij daarmee bezig was, stonden Hao, zijn buurman en ik aan de kant te praten. Hao wees met zijn rechterhand naar de gevangene en dempte zijn stem niet terwijl hij vroeg: 'Is hij degene die jullie moeten neerschieten?' De gevangene staarde stil terug.

'Ja, dat is hem. Ik ben hier om te kijken of alles in orde is voor de executie. Vanmiddag houden we een openbare bijeenkomst en verkondigen we het vonnis.' Het antwoord van de rechter klonk zo alledaags en hij dempte ook niet zijn stem, waardoor de veroordeelde precies kon horen waar we het over hadden.

'Wordt het vonnis vandaag voltrokken?' vroeg ik. 'Hoe kan het nou dat ik daar niks over gehoord heb?'

'Heb je de affiches niet gezien die we in de stad hebben laten opplakken?' vroeg de rechter. 'Ze hangen overal. Wij executeren elk jaar een stel mensen op de dag voor de nationale dag.'

Hao maakte een grapje met de gevangene. 'Kreeg je wat lekkers te eten vanmorgen? Het laatste ontbijt is meestal nogal smakelijk.'

De gevangene, die op zijn hurken op de grond zat, keek naar hem op en zei: 'Ik had geen trek, dus ik heb geen idee hoe het smaakte.'

De rechter vroeg: 'Naam? Leeftijd? Adres?'

De gevangene antwoordde.

'We hebben je al veroordeeld tot de doodstraf,' ging de rechter verder. 'Toen jij de uitspraak kreeg, heb je hoger beroep ingediend, maar het provinciaal gerechtshof heeft dat verworpen en het vonnis bekrachtigd. Die informatie heb je al ontvangen, toch?'

'Ja.'

'Nu gaan we het vonnis voltrekken. Heb je nog een laatste wil of verzoek?'

'Ik heb mijn testament al overhandigd aan het gevangenispersoneel. Mijn enige verzoek is dat mijn ouders en broers en zussen niet toekijken wanneer ik doodgeschoten word.'

'Is er nog iets anders wat je wilt zeggen?'

'Nee.'

'Dan ben ik klaar met mijn controle. Onderteken alsjeblieft het verslag en zet er ook je vingerafdruk onder.'

Hij legde pen, papier en inkt op de tafel. De gevangene stond op, liep naar de tafel en schreef zijn naam op het papier voordat hij zijn vinger in de rode inkt doopte en zijn vingerafdruk plaatste.

'Achteruit!' riep de wachter en de veroordeelde liep terug naar de hoek bij het raam. De rechter haalde het papier en de pen. Tijdens de hele procedure stonden wij buiten het bereik van de gevangene in zijn voetboeien.

'Nu ga ik hem naar de executieplaats vervoeren,' zei de rechter. 'Willen jullie meegaan om te kijken?'

Ik wuifde onmiddellijk afwerend met mijn handen, alsof ik een ziekte had opgelopen. 'Dankjewel, maar ik wil niet.'

'Ik ga wel mee. Jij kunt toch ook wel komen. Wanneer hij afgemaakt is,' zei Hao uitbundig terwijl hij op de gevangene wees, 'kunnen we met zijn allen uit eten gaan, karaoke zingen en lol maken. Morgen is het tenslotte de nationale dag en hebben we toch vrij.'

Ik weigerde. 'Ik ga met de juridisch agent mee terug naar het kantoor. Ik heb wel eerder executies meegemaakt, dus dat is geen nieuwe belevenis voor mij.'

'Dan is het niet zo gek dat je ons mijdt als de pest.' De rechter lachte betekenisvol.

Toen we een paar dagen later weer op kantoor zaten, vertelde Hao aan iedereen op de afdeling levendig over elk detail van de terechtstelling.

In de herfst kregen we een nieuwe order van hogerhand. Aangezien een van de motto's van de studentenbeweging was het bestrijden van de corruptie en omdat de liberalisering van de laatste jaren ervoor had gezorgd dat economische misdaden sterk waren gestegen, zou daartegen nu in het hele land een politieke campagne worden gevoerd.

De economische afdeling van het parket deed op grote schaal onderzoeken. Langzaamaan ging men een aantal zaken van economische misdaden overdragen aan de meer betrouwbare ambtenaren op de strafzakenafdeling en elke afdeling kreeg toestemming om op eigen initiatief leidraden op te pakken en bronnen te gebruiken in zaken die om economische misdaden konden draaien en we mochten dan zelfs een eigen onderzoek starten.

Verscheidene personen waren overgeplaatst naar de afdeling voor economische misdaden en slechts een paar dagen later hoorde ik iemand hard ruziemaken op de gang. We stopten allemaal met waar we mee bezig waren en gingen de kamer uit om te zien wat er aan de hand was. Mijn collega Ya Lan fluisterde tegen me: 'Het is bureauchef Qi Ken. Hij was onderkolonel in het leger. Hij is hier geplaatst toen het parket hier begon, maar is geen adjunct-hoofdofficier geworden en daarom is hij altijd kwaad en onwillig. Gisteren was hij chagrijnig omdat men nog iemand wilde overplaatsen van zijn afdeling naar de economische afdeling en vandaag is hij stampei gaan maken.'

'Maar om zo openlijk te gaan ruziën op je werkplek? Zijn de hoofdofficieren dan zo slap dat ze dat toelaten?'

'Hij trekt zich niets aan van de stemming, als hij zin heeft om te ruziën, dan doet hij dat. Hij is een grof type zonder enige verfijning. De bazen proberen een confrontatie te ontwijken omdat ze hem in een ruzie niet de baas kunnen. Ze kunnen hem niet ontslaan omdat hij geen principiële fout maakt.'

Hao had alle mogelijke soorten kennissen en door hier en daar navraag te doen vond hij uit dat er mensen waren bij de televisiefabriek van Hunan die economische problemen hadden. Er waren twee parallelle systemen in China: planeconomie en markteconomie. Televisies waren felbegeerde waren waardoor het aanbod de vraag niet bijhield. Om televisies te pakken te

krijgen kochten verscheidene warenhuizen vaak mensen om op de verkoop-
afdelingen van de televisiefabrieken.

Pu Kong beval iedereen op de afdeling om de lopende onderzoeken te laten liggen en de krachten te verzamelen om die verhouding te onderzoeken.
Dat was de eerste leidraad naar een economische misdaad die wij oppakten
sinds de campagne tegen corruptie was begonnen. Tai luisterde naar onze
rapportage en besloot dat we een razzia gingen houden. Zelf leidde hij de
groep die bestond uit adjunct-hoofdofficier Ke en wij zessen van de afdeling
en daarbij riep hij de hulp in van nog een vrouwelijke medewerker en een juridisch agent. Dit was de eerste en enige keer dat het arrondissementsparket
zo krachtig toesloeg in een zaak op een moment waarop we nog geen sluitend bewijs hadden. Van tevoren zorgden we voor een huiszoekingsbevel,
toestemming voor ondervraging, verhoor en aanhouding, naast andere juridische documenten die we nodig zouden kunnen hebben.

We reden recht naar het kantoor van de televisiefabriek. Zodra de mensen van de fabriek de auto's met de tekst 'Openbaar Ministerie' zagen en de
troep geüniformeerde officieren van justitie, ontstond er een bedrukte en
nerveuze stemming.

Toen we ons gelegitimeerd hadden, eisten we dat er iemand op uitge-
stuurd zou worden om de partijsecretaris van de fabriek en de verantwoordelijke voor het disciplinecomité te halen. Tai legde uit waar we voor gekomen waren: 'Onze bronnen hebben ons geïnformeerd dat er personen op
uw verkoopafdeling zijn die economische problemen hebben en we zijn
hier om die zaak te onderzoeken. Wij hopen dat jullie als leidinggevenden
en ambtenaren ons in dat werk zullen helpen.'

Toen de fabrieksdirecteur en secretaresses hoorden dat slechts de verkoopafdeling in de gevarenzone was, werd de eerder zo gespannen en verschrikte stemming wat verlicht. Ze uitten onmiddellijk hun wens om ons op
alle manieren te helpen. Aangezien de afdelingsbazen en de medewerkers
van de verkoopafdeling op elk moment konden worden vervangen, was het
geen probleem voor een fabriek met duizend werknemers om iemand te
vinden om de baan over te nemen.

We verdeelden ons in twee groepen. De ene groep begon meteen de
werknemers te ondervragen die aanwezig waren op de verkoopafdeling en
zag erop toe dat niemand de werkplek kon verlaten. Dat laatste was nodig
om hen te verhinderen met elkaar te overleggen. De andere groep ging naar
het personeelskantoor van de fabriek en zocht de adressen op van de verkoopchef en de boekhouder, vulde een tijdelijk huiszoekingsbevel in en
vroeg een paar fabrieksmedewerkers om mee te gaan om de huiszoeking uit
te voeren.

Ik ging mee met de groep die de huiszoeking uitvoerde. Deze groep werd ook weer in tweeën gesplitst zodat we beide huizen tegelijk konden doorzoeken. Hao, Pu Kong en ik gingen naar het huis van verkoopchef Gen. Toen zijn vrouw plotseling een groep geüniformeerde mensen zag opdoemen voor haar deur, werd ze zo bang dat ze aan één kant van de kamer bleef staan zonder te weten wat te doen. We lieten haar het huiszoekingsbevel zien en daarna begonnen we de kamers te doorzoeken. We deden elke lade open om te controleren wat erin lag en daarna bladerden we door alle dagboeken, fotoalbums, brieven en boeken in de boekenkast voordat we ze op de grond gooiden. We haalden de bedden af, haalden de kussens uit de slopen en pakten de matrassen op om te zien of er documenten onder verstopt lagen. Elk kledingstuk werd uit de kast geplukt en elke schoen werd nauwkeurig onderzocht.

De vrouw van middelbare leeftijd had waarschijnlijk nog nooit iets dergelijks gezien en misschien was ze psychisch niet sterk genoeg om het aan te kunnen. Ze bleef in haar hoek naar ons staan staren terwijl wij ernstig elk hoekje doorzochten. Haar gezicht werd steeds bleker en haar ademhaling steeds heftiger. Een van de mannen van de fabriek die met ons meegegaan was, hielp haar in een fauteuil te gaan zitten, terwijl hij haar troostte met de woorden: 'Wees niet bang.' Zelfs toen ze zat trilde haar hele lichaam en ze beefde zo dat ze er niet één samenhangende zin uit kreeg.

'Ze heeft hartproblemen,' verklaarde de man van de fabriek, 'ze mag zich eigenlijk niet opwinden.'

Wij konden niets anders doen dan tegen haar zeggen dat ze zich niet ongerust moest maken. We hadden niet vastgesteld dat haar man een misdaad begaan had, we deden alleen een vroege huiszoeking om te voorkomen dat hij bij thuiskomst eventueel bewijs kon vernietigen. De vrouw deed wel moeite om rustig te worden, maar het lukte haar niet, haar handen beefden heftig en sloegen snel en nerveus met een klapperend geluid op de tafel. De huiszoeking ging desondanks verder. We konden er geen rekening mee houden dat de vrouw van een verdachte bang werd van ons handelen. In normale gevallen hadden we gedacht dat het alleen maar toneelspel van een verdachte was, een poging om ons onderzoek te hinderen. Maar deze keer leken het bange gezicht van de vrouw en haar lichaamsbewegingen niet gespeeld en daarom bevalen we haar niet om te stoppen, maar kozen ervoor haar te negeren.

Na een tijd kreeg ik dorst en ging ik naar de keuken. Toen ik de koelkast opendeed, werd de vrouw zo bang dat ze het uitschreeuwde en flauwviel. De mannen van de fabriek raakten in paniek en vroegen ons meteen een ambulance te bellen. Pu Kong liep naar haar toe, keek naar haar en vroeg waarom ze was flauwgevallen. Ik zei dat dat gebeurde toen ik de koelkast opendeed om iets te drinken te nemen. Pu Kong dacht even na en vroeg me toen om de koelkast nauwkeurig te onderzoeken. Ik schoof alle etenswaren aan de kant zonder iets te vinden, maar daarna opende ik het vriesvak, haalde er een pak bevroren vlees uit en daar, in een pakje loempia's, vond ik wat we zochten.

Een uur later hadden we verscheidene aantekenboeken, een aantal betalingsbewijzen, een bankboekje, een aantal gouden kettingen en wat gouden ringen op onze lijst bijgeschreven. Ik had de vrouw bij kennis gebracht met een beetje water en ik vroeg haar te controleren of de lijst met in beslag genomen goederen klopte en hem te ondertekenen. De mannen van de fabriek moesten hun naam schrijven op de plek voor getuigen. We namen alle voorwerpen mee. 'Deze zaken nemen wij een tijdje onder onze hoede,' zei Pu Kong tegen de vrouw. 'Zodra de zaak onderzocht is, zullen we ze teruggeven of confisqueren. We zullen het u tegen die tijd meedelen.'

Na die huiszoeking voerden we er nog een uit. Groep nummer twee had ook twee appartementen doorzocht. Toen we klaar waren, keerden we onmiddellijk terug naar de fabriek en vergaderden met de verhoorgroep.

Het personeel van de verkoopafdeling had op hun kamers moeten blijven sinds de officieren van justitie waren aangekomen, ze mochten niet naar buiten. Onze groep ging eerst naar de kantine van de fabriek om een lichte lunch te eten, daarna losten we onze collega's af die bezig waren geweest met de verhoren, zodat ook zij de gelegenheid kregen wat te eten. De sleutelfiguren die we nog niet hadden kunnen verhoren, waren gedwongen op het kantoor te blijven. We lieten het fabriekspersoneel etensbakjes voor ze samenstellen zodat ze konden eten tijdens het verhoor.

Voordat een verdachte de situatie helder krijgt, is zijn verdediging het zwakst, omdat hij niet weet wat de anderen hebben onthuld en wat de officieren van justitie al weten. Deze dag was erg belangrijk voor ons en we wilden iedereen die dag nog verhoren. We concentreerden ons op drie sleutelfiguren, die we wel twaalf uur lang verhoorden. De verhoren begonnen met een poging tot overreding. We legden keer op keer het beleid uit van mildheid tegenover degenen die bekennen en welke verantwoordelijkheid ze volgens de wet hadden. Daarna gebruikten we het bewijsmateriaal dat we hadden om vragen te stellen en ze te laten geloven dat we al sluitend bewijs hadden. Ten slotte gingen we over tot bedreigingen. Om elf uur 's avonds gaf Gen uiteindelijk op en bekende hij dat hij smeergeld had aangenomen en zich bezig had gehouden met speculatie. Hij gaf ook een aantal medeplichtigen aan.

Toen hij klaar was, was het over enen 's nachts. Tai zei dat we klaar waren en vroeg de fabrieksleiding om de overige verdachten mee te delen dat ze de volgende dag verhoord zouden worden op het arrondissementsparket. Wij waren erg tevreden met het resultaat dat we hadden bereikt.

De herfst is de oogsttijd en wij Chinezen houden ervan om dingen te verzinnen om dat te vieren. Het parket vormde daarop geen uitzondering. Nadat strafzakenafdeling één de smeergeldkwestie op de televisiefabriek had opgelost en verkoopchef Gen en boekhoudster Kun in hechtenis had laten nemen, besloten we om een grote bijeenkomst op de fabriek te houden. Het doel was enerzijds om te laten zien welke successen we hadden geboekt met de 'Sla hard toe'-campagne, anderzijds om de misdaden van de twee aan de massa te verkondigen om hen af te schrikken.

Pu Kong besloot dat Hao verantwoordelijk was voor Gen en ik voor Kun. De opzet deed een beetje denken aan de tijd dat de rode gardisten openlijke kritiekbijeenkomsten hielden tegen 'kapitalistlakeien' tijdens de Culturele Revolutie. Ik moest mijn geelbruine uniform aandoen met helderrode epauletten en mijn wapenkoppel met pistool dragen wanneer ik de van handboeien voorziene vrouwelijke misdadiger op het toneel bracht. Ik had er geen zin in om me aan mensen te vertonen als een koelbloedig en ongevoelig wezen, maar kon geen geldige reden verzinnen om te weigeren.

Het parket had de fabriek meegedeeld dat ze een hele hoop affiches moesten ophangen met de tijd en de plaats van de bijeenkomst. We wilden de aandacht trekken en zorgen dat er veel toeschouwers kwamen. De fabriek kon niet weigeren om een bevel van de autoriteiten in het rechtswezen te gehoorzamen. De dag voor de grote bijeenkomst bezochten we het huis van bewaring en vertelden de twee daders dat ze zich moesten voorbereiden om de volgende dag op het toneel te verschijnen om het volk onder ogen te komen. Toen ze dat hoorden, werden ze bleek van angst en smeekten ons om hun dit te besparen, om ons besluit te herzien en ons te realiseren dat ze allebei een gezin met kinderen hadden dat in een dienstwoning van de fabriek woonde. Dat ze zelf hun gezicht hadden verloren was één ding, hun prestige konden ze verliezen, maar hun verwanten moest de vernedering bespaard blijven.

De volgende dag deelde het personeel van het huis van bewaring mee dat de vrouwelijke gevangene Kun hoge koorts had gekregen die niet wilde zakken. Sinds ons bezoek de dag ervoor had ze geen druppel water gedronken en geen hap eten binnengekregen. Het was niet aan te raden om haar mee te nemen naar de bijeenkomst.

Toen we binnengingen in Kuns cel, lag ze op haar brits en beefde, met wit gezicht en matte blik. We begrepen meteen dat zij het in haar huidige toestand vermoedelijk niet aan zou kunnen om op een toneel te staan en kritiek te ontvangen. Als wij zo koppig zouden zijn haar mee te nemen en ze viel flauw, dan bestond het risico dat het publiek medelijden met haar had en dat was het tegenovergestelde van wat we wilden. Uiteindelijk besloten we haar niet mee te nemen naar de grote bijeenkomst. Ik slaakte een zucht van verlichting.

De zaal waar de bijeenkomst gehouden werd, was vol met fluisterende en pratende fabrieksarbeiders en boven het podium hing een spandoek met de tekst 'Grote bijeenkomst om inhechtenisneming te verkondigen'. Adjunct-hoofdofficier Ke en afdelingschef Pu Kong praatten afwisselend in de microfoon om de diepere bedoeling uit te leggen van de 'Sla hard toe'-campagne van de regering. Ze somden de successen op die politici en rechtsdienaars hadden geboekt in de strijd tegen de economische misdaad. Daarna riep Pu Kong: 'Voer misdadiger Gen het toneel op!'

Nu kwam Hao, rechtop, respectabel gekleed in uniform, samen met Gen binnen. Gen boog niet zoals gebruikelijk zijn hoofd van schaamte maar staarde recht voor zich uit en liet zijn blik over de zwarte schare toeschouwers glijden. Zijn gezicht was uitdrukkingsloos. Het leek of hij zijn uiterste best deed om zijn zelfrespect te bewaren.

Pu Kong vertelde het publiek over Gens misdaden en ging daarna nog een halfuur door met juridische propaganda voordat Gen weer van het podium af mocht.

De grote bijeenkomst was helemaal niet zo geslaagd als we hadden gehoopt. We wilden iets groots en imponerends organiseren, maar omdat Kun ziek werd, konden we alleen de mannelijke gevangene gebruiken, waardoor het wat eenvormig werd en het podium er leeg uitzag. Er klonken geen blije of enthousiaste stemmen op de terugweg naar het parket.

In hetzelfde tempo waarin de stapel zaken van economische misdaad groeide, kwamen er ook steeds meer mensen met informatie, mensen die materiaal kwamen overhandigen of nieuwtjes vertelden en we deden ook steeds meer razzia's en onderzoeken op locatie. Het kantoor was telkens vol mensen die kwamen en gingen en de stemming was heel levendig. We werkten de klok rond, overwerken was dagelijkse kost. Vaak gingen verhoren door tot laat in de avond en als een groep een verdachte had die plotseling bekende, moesten we meteen in de auto te springen en naar zijn huis rijden om bewijsmateriaal te zoeken, hoe laat het ook was. Trappen die echoden van rennende voetstappen, woonerven die gevuld werden met het geluid van brommende motoren en het geschreeuw van officieren van justitie, dat alles gaf de verdachten een gevoel van 'een gigantische en krachtige anticorruptiecampagne', wat een psychische druk veroorzaakte en hun angst aanjoeg. In zo'n situatie verdween bij de meesten al hun weerstand, waardoor ze hun misdaden bekenden, wat er meestal toe leidde dat er weer andere economische misdaden opdoemden.

Het was iets na vieren 's middags toen de chef van de economische afdeling ons kantoor binnenkwam en tegen mij zei: 'Ik heb op het moment niet genoeg vrouwelijke officieren van justitie. Een van hen is niet zo lekker en zij kan niet de hele nacht opblijven. Ik ben net op weg naar het huis van een vrouwelijke verdachte, kun jij me helpen haar vannacht te verhoren?'

Nachtelijke verhoren waren een gewone methode waarvan officieren van justitie zich bedienden. Ten eerste zetten nachtelijke verhoren druk op de verdachten. Ze werden 's middags door een officier van justitie opgehaald en mochten niet naar huis terug, al was het midden in de nacht, waardoor ze begrepen dat het ernst was. Tegelijkertijd wisten ze dat hun gezin zich zorgen maakte. Ten tweede was het donker in de kamer en helemaal zwart buiten, de verdachten waren moe, hongerig, ongerust en bang. Als het verhoor was doorgegaan tot vijf uur 's morgens, waren de meesten totaal afgemat en een ineenstorting nabij, dan gaven ze op en bekenden alles aan ons, om maar naar huis te mogen om te slapen. Ten derde betekende een nachtelijk verhoor dat het moeilijker werd voor de verwanten van de verdachte om hun contacten te gebruiken om hem te redden. De machthebbers die toch ge- beld werden, hadden geen zin om zich midden in de nacht voor hun zaak in te spannen. Dat vroeg om een verklaring en het kostte verschillende ge- sprekken en hoewel de meesten gewend waren om zich te bemoeien met onderzoeken, waren ze er tegelijkertijd niet op uit om zelf in de problemen te raken.

Maar het was een manier van werken die schadelijk was voor je gezond- heid. Soms gingen we twee dagen achter elkaar door. Omdat de dader niet mocht slapen, mochten wij dat ook niet. Dus zeurden we, probeerden psy- chologische oorlogsvoering en bedachten allerlei andere manieren om maar een bekentenis te krijgen.

'Ik ben er niet zo zeker van dat ik verscheidene nachten zonder slaap aankan, mocht de verdachte eigenwijs zijn,' benadrukte ik met een ongerust gezicht. De chef antwoordde dat hij nog een vrouwelijke officier van justitie dacht in te schakelen om mij gezelschap te houden. Dan konden we elkaar afwisselen met verhoren en slapen. Toen kon ik niet meer weigeren om de zware taak op mij te nemen – Tai had tenslotte bevolen dat alle medewer- kers van alle afdelingen zouden helpen met de campagne.

Een lange, krachtige vrouw van in de dertig werd het kantoor van de eco- nomische afdeling binnengevoerd. Dat was een grote ruimte die was opge- deeld in verschillende kleinere met behulp van houten schermen, maar aan- gezien de schermen uit slechts één laag hout bestonden, was de geluidsiso- latie minimaal en kon je alles horen wat er gezegd werd in de aangrenzende ruimte en het kantoor. De afdelingschef legde fluisterend haar situatie uit aan mij en een vrouwelijke secretaris met de naam Jie Lia. 'Ze is de directeur van een warenhuis in een van de drukkere winkelbuurten en toen ze winkel- ruimte te huur aanbood, heeft ze smeergeld aangenomen.'

'Is het zo simpel?'

'We hebben maar weinig inlichtingen, dus het verhoor van vandaag be- paalt of het ons lukt de zaak op te lossen. Het resultaat dat jullie bereiken is erg belangrijk.' De afdelingschef benadrukte de ernst van de situatie door erop te wijzen dat hij veel vertrouwen in ons had.

'Dan kunnen jullie maar het best gaan zoeken naar de mensen die de steekpenningen hebben betaald en proberen hun kwitanties te pakken te krijgen. Dat is erg belangrijk om de psychologische verdediging van die vrouw te breken,' zei ik.

'Er zijn veel mensen bij betrokken. Wacht maar, we zullen ze een voor een binnenbrengen.'

Geen wonder dat zoveel medewerkers niet van hun werk naar huis waren gegaan die middag. Het leek erop dat dit weer een ongewoon drukke avond zou worden met een heleboel mensen maar zonder slaap.

'Hoe kwamen jullie erachter dat dit aan de hand was?' vroeg ik.

'We hebben een anonieme brief gekregen van iemand uit het warenhuis. Het gerucht over onze campagne heeft zich verspreid en dat heeft resultaat tot gevolg, iedereen weet dat het parket bezig is de misdaden op economisch vlak te onderzoeken.'

We gingen alle drie het kantoor binnen waar de verdachte zich al bevond. Jie Lia en ik gingen recht tegenover elkaar aan een bureau zitten, met de vrouw tussen ons in. De afdelingschef legde ernstig ons beleid aan haar uit en zei: 'Als je een volledige verklaring aflegt, mag je naar huis.'

'Er moet toch bepaald zijn hoe lang jullie mensen hier vast mogen houden?' antwoordde de vrouw rustig.

De afdelingschef wierp haar een blik toe en antwoordde scherp: 'We hebben jou niet aangehouden, we hebben je meegenomen voor verhoor. Deze twee officieren van justitie zullen je de hele tijd gezelschap houden, totdat je alles hebt verteld over je doen en laten. Zij hoeven geen pauze, dus dat kun jij toch ook niet verlangen, wel? Ze kunnen niet gaan wachten tot jij uitgerust bent voordat ze doorgaan met hun ondervraging. We hebben je niet opgesloten, als je eten wilt, geven we je eten en als je naar de wc moet, dan gaan ze mee. Je bent niet van je vrijheid beroofd, dus waarom beweer jij dat we je vasthouden?' De vrouw werd bang en vroeg niets meer.

Jie Lia en ik hadden geen haast met het stellen van onze vragen. Wanneer je daders verhoorde met een hogere opleiding, kon je niet op dezelfde directe manier te werk gaan als wanneer je andere misdadigers ondervroeg, want het kon zijn dat ze al op weg hierheen een verdedigingstechniek hadden uitgedacht. Als we haar rechttoe rechtaan vroegen welke misdaden ze had begaan, zou ze vanzelfsprekend alles ontkennen en dan zouden we in een patstelling terechtkomen.

'Hoe oud ben je?' vroeg ik. 'Ben je getrouwd en heb je kinderen?'

'Ik ben achtendertig. Ik heb een zoon en mijn man werkt in een ander warenhuis. Hoe oud ben jij?'

'Ik ben drieëntwintig. Zij heeft net examen gedaan aan de universiteit, zij is tweeëntwintig,' zei ik en ik wees naar Jie Lia.

'Wat hebben jullie een geluk dat je officier van justitie kunt worden, hoewel je zo jong bent. Jullie hebben vast relaties via je familie?'

Ik glimlachte en schudde mijn hoofd. 'Nee, dat heb ik niet. Mijn moeder kan niet eens schrijven en mijn vader is een gewone arbeider. Natuurlijk is hij partijlid, maar daar heeft hij niet veel aan gehad. Hij werd gepasseerd en uiteindelijk ging hij met vervroegd pensioen. Het partijlidmaatschap heeft hem geen enkel voordeel opgeleverd.' Ik zei het niet om te klagen, ik zei het op een rustige toon. Jie Lia vertelde dat ze ook uit een gewone arbeidersfamilie kwam en dat ze het toelatingsexamen aan de universiteit had gehaald en daarna een plaats had gekregen op dit kantoor.

De vrouw staarde ons aan. Het was voor haar moeilijk te geloven dat wij, die tot de geprivilegieerde klasse behoorden, afstamden van het gewone volk. Ze had haar handen op haar knieën liggen en haar benen gebogen in een hoek van negentig graden met haar voeten een stukje uit elkaar, maar nu veranderde ze van houding. Ze liet haar handen op haar dijen rusten, strekte haar benen uit en legde haar voeten over elkaar. Haar gezichtsspieren ontspanden.

Ze slaakte een zucht van herkenning. 'Ja, het is moeilijk om een goed mens te zijn. Ik verdenk drie vrouwen op mijn werk ervan jaloers op mij te zijn. Ze misgunnen me mijn baan als baas en daarom hebben ze mij waarschijnlijk aangegeven bij het Openbaar Ministerie. Ze willen van me af, mij afmaken, maar dat is niet zo gemakkelijk. Ik heb het heus wel eerder meegemaakt. Deze campagne is tenminste niet zo gewelddadig als de Culturele Revolutie en die heb ik ook overleefd, dus dit zal ik ook wel redden.' Toen ze zo ver gekomen was, zag ze er kwaad uit en kreeg ze een besliste blik in haar ogen, alsof ze ons wilde laten zien dat ze bepaald geen doorsnee persoon was.

Ik stond op en maakte een kop thee voor mezelf. Jie Lia vroeg aan de vrouw hoe ze baas was geworden in het warenhuis. Ik wilde weten wat ze had meegemaakt tijdens de Culturele Revolutie. Aangezien we het huidige onderzoek niet noemden, antwoordde ze onverschrokken: 'Ik was rode gardist tijdens de Culturele Revolutie, ik reisde naar Peking en zag voorzitter Mao staan zwaaien op de poort van de Hemelse Vrede. Toen was ik zo geroerd dat ik moest huilen. Ik luisterde naar zijn aansporing om "omhoog de bergen in en naar buiten het land op te gaan" en ik belandde in een klein dorp. Daarna trad ik in mijn vaders voetsporen en ging bij een warenhuis werken. Ik maakte stap voor stap promotie van verantwoordelijke van een verkoopbalie naar afdelingschef en daarna adjunct-directeur. Twee jaar geleden, toen we het verantwoordelijkheidssysteem invoerden, werd ik benoemd tot directeur van het hele warenhuis.' Het was aan haar stem te horen hoe trots ze erop was geslaagd te zijn in haar lange strijd.

Zonder dat we het gemerkt hadden, was het buiten donker geworden, het was tijd voor het avondeten. Nu kwam de afdelingschef terug met een paar anderen, die ons konden aflossen. Toen hij zag dat we geen pen en papier op tafel hadden, wees hij naar de vrouw terwijl hij mij vroeg: 'Hebben jullie nog helemaal geen aantekeningen gemaakt? Is ze erg halsstarrig? Werkt ze niet mee?'

'Jij zei dat ik met haar moest praten. Kom je er dan niet mee bemoeien, dit gaat jou niet aan. Ga weg,' zei ik glimlachend en ik wuifde hem weg.

'Maar jullie moeten toch eten,' antwoordde hij.

'Vraag iemand om naar het restaurant verderop te gaan en drie dozen met lekker eten te kopen. Dan kunnen we alle drie hier eten. Laat ook maar wat zakjes met oplosnoedels komen, dan nemen we die als we vannacht honger krijgen.'

De afdelingschef glimlachte: 'Ik heb al honderd zakjes klaarstaan. We zijn hier met een heel stel vannacht, iedereen moet toch wat eten, dus ik heb een hele doos gekocht.'

'Een hele doos noedels? Blijven er zoveel werken vannacht?'

'Vijf werkteams. Elk team bestaat uit twee officieren van justitie en een verdachte en dan hebben we de adjunct-hoofdofficier en de hoofdofficier die het werk coördineren en wanneer maar nodig een huiszoekingsbevel of verzoek tot inhechtenisneming kunnen uitvaardigen.'

'Dus zij werken ook vannacht? Dan gaan er hier interessante dingen gebeuren.' We praatten langzaam met de bedoeling dat de informatie de vrouw onrustig zou maken en dat ze zou begrijpen dat het hele arrondissementsparket in dezelfde richting werkte en dat we elkaar hielpen. Vannacht dachten wij er niet aan te rusten voordat we resultaat hadden.

Het duurde niet lang voordat we eten kregen. Jie Lia en ik aten aan het bureau, de vrouw zat op haar stoel met de etensbak in haar hand en nam af en toe een hap. Toen we klaar waren, vroeg ik haar of ze naar de wc moest. Ze antwoordde ja, dus gingen we alle drie naar beneden, waar de damestoiletten waren.

Nu was al het voorbereidende werk klaar. Ik pakte pen en papier. Uit de ruimte ernaast waren de geluiden te horen van de rauwe stemmen van de mannelijke collega's en van vuisten die op tafels sloegen. Ik deed de deur dicht en verklaarde aan de vrouw: 'Zo gaat dat wanneer mannelijke officieren een verhoor houden. Eigenlijk hebben ze geen reden om te schreeuwen aangezien ze slechts getuigen verhoren en personen die smeergeld betaald hebben. Ik ga jou uithoren over jouw situatie en ik hoop dat je van plan bent zo goed als je kunt mee te werken. Ik hou er niet van zulke grove methoden te moeten gebruiken als zij en ik hoop dat jij het respect dat ik jou toon op waarde schat en geen problemen gaat maken.'

Haar gezichtsuitdrukking bleef onveranderd, ze was niet zoals gewone verdachten die meestal vriendelijk knikten en ja zeiden. 'Vertel eens hoe het gaat wanneer je winkelruimtes of verkoopbalies verhuurt?'

'Met mijn eigen huis als onderpand heb ik het hele warenhuis gehuurd van het stedelijke bureau voor lichte industrie. Ik heb een contract ondertekend waarin staat dat ik elk jaar vijfhonderdduizend yuan winst moet binnenhalen; als ik dat niet haal, krijg ik een boete van twintigduizend per jaar. Het contract loopt vijf jaar. Ik vond dat het warenhuis een perfecte ligging had, dus heb ik verkoopbalies per meter verhuurd aan particuliere ondernemers. Daarna heb ik een architect in de arm genomen, die kleine kraampjes heeft ontworpen voor het warenhuis. Die heb ik later verhuurd tegen een hoge prijs. Op die manier kan ik rekenen op de huurinkomsten om de benodigde winst bij elkaar te krijgen. Het oorspronkelijke personeel kon aanblijven aangezien we een aantal balies hebben op minder gunstige plekken die je niet kunt verhuren. Daar verkopen we traditionele waren die vooral oudere mensen kopen, maar we rekenen er niet op daar veel winst mee te maken.'

'Kan het oorspronkelijke personeel zelf winkelruimte of balies huren?'

'Nee, dat kan het niet. Dat komt doordat ze in dienst zijn bij de overheid. Sommige mensen zijn jaloers op mij omdat ik zo gemakkelijk de winst bij elkaar krijg, ze zijn enorm afgunstig. Maar als ik niet op het idee was gekomen om winkelruimte en balies te verhuren, was het moeilijk geweest om aan de eisen te voldoen. Dat was de reden dat niemand de verantwoordelijkheid voor het warenhuis aandurfde toen de mogelijkheid ontstond – niemand behalve ik.'

'Heb je persoonlijk winst gehaald uit de verhuur?'

'Nee, dat heb ik niet. Ik geef mezelf een maandloon van tweeduizend yuan.'

'Tweeduizend yuan is niet slecht. Hoeveel verdient een gewone medewerker?'

'Ik heb het recht zo veel te nemen, omdat ik de winsteis heb weten te halen. Ik weet dat er medewerkers zijn die het niet leuk vinden dat ik zo'n hoog loon heb. Een gewone medewerker verdient driehonderd yuan in de maand.'

'Ondertekenen jij en de huurder samen het contract? Of is daar nog iemand anders bij?'

'Ik teken een contract met iedere huurder. We ondertekenen het op kantoor en daar zijn altijd verschillende anderen bij.'

'Is er veel vraag naar winkelruimtes geweest sinds je begonnen bent ze te verhuren?'

'Ja.'

'Voldoet het aanbod niet aan de vraag?'

'Nee, dat doet het niet. Wij hebben slechts ruim vijftig vierkante meter balieruimte en vijfenzeventig vierkante meter aan kleine winkels, meer dan honderd personen staan op de wachtlijst om te huren.'

'Ken jij de huurders?'

'Sommige ken ik, andere niet.'

'Hoe heb je ze leren kennen?'

'Het zijn familieleden, vrienden, kennissen, mensen die zich tot mijn familieleden of mijn vrienden gewend hebben en me op die manier hebben leren kennen en me om hulp hebben gevraagd.'

'Dus dan heb je ze ontmoet voordat ze bij jou kwamen als huurder.'

'Dat heeft de verhuur niet beïnvloed. De huur is voor iedereen even hoog, die hebben we van tevoren op een vergadering bepaald.'

'Dat hoef je niet uit te leggen. Ik vroeg of je ze ontmoet had.'

De vrouw zweeg.

'Als de huur altijd even hoog is, waarom verhuur je dan aan sommige personen en niet aan anderen? Op welke gronden kies je je huurders?'

Weer een stilte.

De vrouw overwoog hoe belangrijk de vraag was, bang om betrapt te worden als ze niet voorzichtig was. Ik wachtte even en spoorde haar toen aan: 'Antwoord nu, het is een eenvoudige vraag, niet iets waar je over na hoeft te denken. Zeg gewoon hoe het is.'

Nog steeds geen antwoord.

'Als je leugens probeert te verzinnen, dan moet je bedenken dat ze alle aspecten moeten dekken. Hoewel leugens nooit de waarheid kunnen verbergen. Nu vraag ik het nog een keer: welke criteria hanteer jij wanneer je kiest welke ondernemer een van de ruimtes mag huren?'

Na korte tijd antwoordde ze: 'Ja, het is waar dat ik over ze heb gesproken en ze ontmoet heb voordat ze mogen huren. Ze kennen de regels en vragen hun contacten om hulp om mij te mogen ontmoeten en om te proberen me over te halen aan hen te denken wanneer de tijd aanbreekt om te gaan verhuren. Ik ben daarvoor gezwicht en heb er ja tegen gezegd. Maar het is niet onwettig om onderhandse methoden op die manier te gebruiken.'

'Ik ben niet van plan met jou te bediscussiëren wat wettig is en wat niet. Vroeg je om tegenprestaties als ze je om hulp vroegen?'

'Nee.'

'Dan kun je wel vertellen hoe jullie elkaar ontmoetten: tijd, plaats, welke andere personen erbij waren?'

Weer sloeg de vrouw haar ogen neer en ze zweeg. Ik giste dat ze probeerde een antwoord te vinden dat alle eventualiteiten zou dekken en niets zou onthullen. Als ik fouten ontdekte in wat ze zei en daarop doorvroeg, zou ze gereduceerd worden tot simpelweg een naïef persoon. Ik bestudeerde haar gemoedstoestand en wachtte geduldig tot ze zou antwoorden.

Omdat elk antwoord voorafgegaan werd door veel gepieker en er steeds hortend en stotend uit kwam, nam het allemaal veel tijd in beslag. Nu was het al twaalf uur 's nachts en Jie Lia zei dat ze erg veel slaap had. 'Ga jij dan even ergens slapen. Ik wek je wel als ik moe word,' zei ik.

Jie Lia verdween een tijdje, maar kwam toen terug om te zeggen: 'Ik ga op de bank in onze werkkamer liggen. Ik doe de deur niet op slot, dus als je me nodig hebt, kun je me komen wekken. Anders los ik je om vijf uur af.'

'Goed,' antwoordde ik. 'Wil je niet eerst een portie oplosnoedels eten? Maak er dan ook een voor mij.'

De vrouw merkte dat nu het verhoor op gang was gekomen, wij helemaal niet meer zo goedmoedig waren als in het begin en bovendien zouden wij elkaar afwisselen met verhoren en rusten. Ze begon nerveus te worden, wrong haar handen, schoof heen en weer op haar stoel en veranderde steeds van houding.

'Vertel verder,' antwoordde ik. 'Neem maar één persoon tegelijk, helder en duidelijk. Voor mij maakt het niet uit of het lastig is, als ik ergens genoeg van heb, dan is het tijd.'

Ze dacht lang na en vertelde daarna hoe ze ieder van de ondernemers ontmoet had, wie hen aan haar had voorgesteld en welke andere personen daarbij waren geweest. Na elk stukje verhaal nam ze een lange pauze om na te denken en ze ging pas verder als ik haar herhaalde malen had aangespoord. Toen ik twintig bladzijden met aantekeningen had gemaakt, was het drie uur 's nachts. Maar zodra we bij de kernvraag kwamen, ontkende ze beslist dat ze geld of spullen van waarde zou hebben aangenomen.

'Als het niet zo was dat ze jou omkochten door je geld of spullen te geven, waarom ontmoetten jullie elkaar dan thuis voordat het contract ondertekend zou worden?' vroeg ik. 'Waarom besteedde je zo veel tijd aan het contact met hen? Het zou toch voldoende geweest zijn dat jouw contacten je hun naam en adres vertelden om een ruimte aan ze te kunnen verhuren.'

Elke keer wanneer ze vragen kreeg die om een logisch en passend antwoord vroegen, liepen we vast. Als ze echt zou weigeren om te bekennen, dan moest ik een andere manier vinden om het doel te bereiken. Zonder concreet bewijs kon ik niets anders doen dan ons beleid en de wet aan haar uitleggen. Ik wist dat dat een ouderwetse methode was die niet werkte bij geharde types die weigerden zich gewonnen te geven, maar zelfs als zij zo koppig was om niet te praten, moest het verhoor verder gaan.

Dus draaide ik de onzinpraat af waar alle officieren van justitie mee voor de dag kwamen als ze een verhoor hielden in een onderzoek naar economische misdaad: 'Als jij nu je kans grijpt en vertelt wat je weet, dan wordt het nog gezien als vrijwillig bekennen en in de wet staat duidelijk dat degene die dat doet een lagere straf krijgt. De wetten van ons land zijn niet zo hard tegen economische misdadigers of ambtenaren die een overtreding begaan als tegen andere criminelen. Als je je goed gedraagt, actief met ons meewerkt, de waarheid vertelt en teruggeeft wat je hebt aangenomen, kun je wellicht een voorwaardelijke straf krijgen en hoef je niet naar de gevangenis. Maar als je zo tegen blijft stribbelen, zal het niet lang duren voordat we klaar zijn met het verhoren van de andere betrokkenen en op die manier genoeg bewijsmateriaal verzameld hebben. Dan is het te laat om te bekennen. Wie koppig is, het onderzoek tegenwerkt of de waarheid verdraait, wordt hard gestraft. Denk je echt dat we je hierheen gehaald hadden als je niet in de problemen zat? Zouden we je dan hebben verhoord tot drie uur 's nachts? Dit is een kans die je van ons krijgt.'

Ze zat een tijdje stil, maar protesteerde niet, ze leek van strategie te veranderen. 'Mejuffrouw officier van justitie,' zei ze, 'wat je zegt klopt wel. Maar als ik problemen had gehad, dan had ik al veel eerder bekend. Ik heb echt geen smeergeld aangenomen en dan kan ik toch niet gaan liegen en zeggen dat het wel zo is?'

Zo ver in het verhoor zei mijn intuïtie en ervaring dat de vrouw wel geld had aangenomen en dat ze niet zo onschuldig was als ze zelf beweerde. Met een zo sterk en tomeloos karakter als zij had, zou ze anders tegen deze tijd enorm verontwaardigd zijn en had ze herrie geschopt door te schreeuwen dat ze slecht behandeld werd.

Ik hield het nog een uur vol, daarna riep ik de afdelingschef erbij en zei: 'Vandaag zijn we gestuit op een ongewoon sterke vrouw. Het is het beste dat jij de hoofdofficier vraagt om toestemming om een huiszoeking te doen bij haar. Ik verdenk haar er daadwerkelijk van economische misdaden te hebben begaan.'

De afdelingschef nam een groep mannen mee die snel en met veel lawaai de trappen afdenderden, het gebouw uit en de auto's in. Nu merkte ik dat de vrouw er eindelijk angstig uit ging zien, ze beet op haar nagels en deed haar best zichzelf in bedwang te houden.

Ik zei: 'Nu vraag ik je voor de laatste keer, heb jij smeergeld aangenomen of niet?'

'Dat heb ik niet.' Het antwoord kwam snel, ze had zich gehard.

'Prima, dan vraag ik het niet meer. Je mag er zelf nog eens over nadenken. Ik heb alles gezegd wat ik te zeggen heb, we praten verder als zij terugkomen van de huiszoeking.'

Ik wekte Jie Lia, die op de bank lag te slapen. 'Wakker worden, het is vijf uur. Ga haar nu bewaken. Herinner haar aan ons beleid en zet een beetje druk op haar zodat ze niet inslaapt. Ik ga even liggen. Wek me als ze terugkomen van de huiszoeking.'

Ik ging op de bank liggen met mijn kleren aan en sliep onmiddellijk in. Om zeven uur werd ik wakker doordat iemand aan me stond te schudden. 'Wakker worden! Wakker worden! Kom, dan kun je zien wat ze gevonden hebben!' Jie Lia wuifde met een lijst van in beslag genomen goederen. Ik ging rechtop zitten, wreef mijn ogen uit en keek naar de lijst. Bovenaan stonden twee bankboekjes, twee gouden halssieraden en drie gouden ringen met diamanten. Goed gedaan, dacht ik en ik tikte met mijn vinger op de lijst. Eindelijk een doorbraak.

Op de tafel van de afdelingschef lag een grote stapel met in beslag genomen zaken. Ik deed een bankboekje open met haar naam erop en op de rekening stond dertigduizend yuan. Een ander bankboekje bevatte vijftigduizend. Ze waren gestort in januari 1988. Toen ik klaar was, gooide ik ze weer op tafel en ging terug naar de verhoorkamer. Overal waren de lampen aan en je kon in de aangrenzende kamer horen hoe mijn collega's met harde stem onze regels opsomden en probeerden de verdachten aan te pakken.

De vrouw was erg moe en helemaal niet zo rustig als toen ze hier gisteren binnenkwam. Ik deed geen moeite om beleefdheid te zijn, ik zei slechts: 'Hoeveel geld heb jij op de bank?'

Ze dacht na en antwoordde: 'Niet zo veel.'

'Hoeveel is "niet zo veel"? Geef me een bedrag!'

Geen antwoord.

'Je kunt je toch wel herinneren hoeveel geld je hebt gespaard? Het kan toch niet zo veel zijn dat je de tel bent kwijtgeraakt?'

'Misschien tien- of twintigduizend,' mompelde ze onduidelijk.

'Waar komen die vandaan?'

'Dat heb ik zelf bij elkaar gespaard. Ik heb het opzijgezet zodat mijn zoon aan de universiteit zal kunnen studeren.'

'Vertel eens over de financiële situatie van je gezin.'

'Ik verdien tweeduizend yuan in de maand en mijn man achthonderd.'

'Wanneer is jouw loon gestegen naar die tweeduizend?'

'Bijna twee jaar geleden. Daarvoor kreeg ik duizend per maand.'

'Kijk eens even naar deze lijst van in beslag genomen voorwerpen. Die hebben we bij jou thuis gehaald, je man heeft ervoor getekend. Kun je vertellen hoeveel je betaald hebt voor de twee gouden kettingen en de drie ringen?'

'Dat weet ik niet meer.'

'In dat geval heb je echt een slecht geheugen. Ik zal je een beetje helpen herinneren. Je hebt ze eind januari 1988 gekocht. We hebben de bon en het garantiebewijs gevonden – wil je dat ik doorga?'

'Nee, nu herinner ik het me. Ze kostten in totaal zestigduizend.'

'Ik kan ook vertellen dat je in totaal tachtigduizend yuan op je beide bankrekeningen hebt staan. Kun je mij uitleggen waar die honderdveertigduizend vandaan komen?'

'Die heb ik bij elkaar gespaard van mijn loon.'

Ik sloeg met mijn vuist op tafel, wees naar haar en zei: 'Denk je dat ik gek ben? Probeer nou geen trucjes. Jullie zijn met zijn drieën thuis en hebben een inkomen van achtentwintighonderd yuan per maand. Jullie hebben een televisie, koelkast en stereo-installatie. Als je honderdveertigduizend zou sparen, kon je niet kunnen eten, drinken of de huur betalen.'

De vrouw zweeg.

'Wil je misschien dat mijn mannelijke collega's het overnemen?' schreeuwde ik. 'Vind je mijn verhoormethoden zo aardig en beleefd dat je niet bekent terwijl de waarheid zo klaar is als een klontje?'

Ze schudde ongerust haar hoofd en zei: 'Ik weet dat jij... u aardig geweest bent en mij nergens toe gedwongen hebt. Ik zal niet tegenstribbelen, laat die anderen mij niet verhoren. Ik heb hier de hele nacht gezeten en gehoord hoe ze schreeuwen, op tafel slaan en op stoelen bonken. Ik ben zo moe, kun je me niet even laten rusten?'

We gingen nog twee uur door. Het begon buiten licht te worden en ik merkte dat ik wazig ging kijken.

'Je hebt rode ogen,' zei Jie Lia, 'ze zijn helemaal bloeddoorlopen.'

Nog een halfuur later kwam de afdelingschef binnen met de getuigenis van een paar ondernemers die smeergeld hadden betaald. Zij hadden duidelijk verteld wanneer, waar en hoeveel ze hadden betaald en of er anderen bij geweest waren.

Toen ik het verhoor voortzette, had ik dus een troefkaart in handen. 'Nu kan ik je vertellen dat je huurders alles hebben verteld. Je hebt twee alternatieven: alles bekennen en dan naar huis gaan om uit te rusten, of doorgaan met tegenstribbelen. Maar het bewijsmateriaal dat we nu hebben, is genoeg om je aan te houden en in hechtenis te nemen. Denk er eens over na.'

Er gingen nog twintig minuten voorbij waarin ze weigerde haar mond open te doen. Nu was mijn geduld op, ik was veel te moe na deze nacht. 'Wel,' zei ik, 'ik ben niet van plan je te bedreigen.' Ik liep naar de archiefkast, pakte er een formulier uit voor een verzoek tot inhechtenisneming, vulde het in en gaf het aan Tai voor goedkeuring.

Daarna nam ik het formulier mee en zei tegen de vrouw: 'Ik wil je hierbij meedelen dat het Openbaar Ministerie verdenkingen heeft die sterk genoeg zijn om je vast te houden voor verder onderzoek. Wil je alsjeblieft hier tekenen?'

Ze staarde me verschrikt aan. Toen ze het document doorlas, zag ik zowel ongerustheid als bangheid in haar gezicht. 'Ik wil niet meer tijd verspillen aan gezeur,' zei ik. 'Zodra je ondertekend hebt, kan onze juridisch agent je meenemen naar het huis van bewaring, waar je kunt uitrusten. We zullen je man berichten dat hij met kleren daarheen kan komen.' Ik stond te wachten tot ze het formulier zou ondertekenen. Met trillende hand pakte ze uiteindelijk de pen op.

'Ik dacht dat jij een hoogopgeleide en intelligente vrouw was,' zei ik. 'Maar je hebt eigenwijs vastgehouden aan de strategie om niet te bekennen. Dat mag. We zullen wel zien wie het hardst is – jij, of de staat en de wet.'

Toen twijfelde ze niet meer, maar pakte haar allerlaatste kans en zei: 'Ik beken, ik zal alles vertellen.' Ze ging weer zitten en toen bracht ze verslag uit van alle gevallen van omkoping, een voor een, tot het drie uur 's middags was.

Na tweeëndertig uur bijna continue arbeid was ik zo moe dat het eten niet langer smaak had. Eenmaal thuis in mijn appartement viel ik om op mijn bed en sliep met mijn kleren aan.

In 1991 stuurde hoofdofficier van justitie Tai een aanbevelingsbrief aan het regionale parlement in het westelijke district om mij te bevorderen, hetgeen ook werd goedgekeurd. Op mijn vierentwintigste was ik eindelijk een echte officier van justitie in vaste dienst.

Pu Kong vroeg mij een geval van prostitutie te onderzoeken. Het kopen en verkopen van seksuele diensten was verboden. De politie kon de prostituees naar een heropvoedingskamp sturen en hun klanten beboeten. Het wetboek van strafrecht hield zich niet bezig met dat soort daders, maar richtte zich daarentegen op mensen die zich bezighielden met koppelarij, die vrouwen overhaalden of dwongen hun lichaam te verkopen.

Volgens de getuigenverklaring van de prostituee had zij meer dan een jaar in een hotel gewoond dat in particuliere handen was en elke dag had ze verschillende mannen meegenomen naar haar kamer. Normaliter vroeg ze tussen de vijftig en tweehonderd yuan voor haar diensten. De hoteleigenaar had haar weliswaar nooit rechtstreeks gevraagd waar ze zich mee bezighield, maar hij verhoogde vaak de kamerprijs en soms glimlachte hij verleidelijk naar haar. Een keer klaagde de vrouw en weigerde ze de verhoogde kamerprijs te betalen, waarop de eigenaar dreigde naar de politie te gaan. 'Daar win jij niks mee,' had ze geantwoord. 'Dan komt de politie hier regelmatig controleren en dat is niet best voor jouw zaakjes.'

Ik vroeg aan een dienstdoende agent om de hoteleigenaar op het politiebureau te ontbieden, zodat ik met hem praten kon.

Dit politiebureau lag in de meest levendige winkelbuurt van het centrum, waar theehuizen, restaurants, hotels en kleine winkels zij aan zij lagen. Overal lagen poelen met afvalwater en dierenbloed, mensen kwamen en gingen, kochten groenten en prezen luidkeels hun waren aan. En midden tussen dat alles slopen zakkenrollers rond. Men zegt wel dat het moeilijk is om het uit te houden in een slecht milieu, maar dit stond bekend als een goed politiebureau, omdat alle ondernemers gedwongen waren om een algemene veiligheidsbijdrage aan het bureau te betalen. Als hun werknemers niet uit de stad kwamen, moesten ze ook een vergoeding betalen voor een tijdelijke verblijfsvergunning plus een administratiekostenver-goeding voor van elders afkomstige arbeiders. Hoe meer vergoedingen een politiebureau binnenkreeg, hoe hoger de welvaart en de bonus van de medewerkers werd. Dit politiebureau was een populaire en aantrekkelijke werkplek. Iedere agent had de beschikking over een motorfiets, de bu-reauchef, de adjunct-bureauchef en de politieke begeleider hadden de be-schikking over hun eigen auto. Deze voertuigen waren weliswaar officieel bedoeld voor werkdoeleinden, maar ze werden vooral privé gebruikt. De twee tekens op de auto die samen 'politie' betekenden, deden ook dienst in hun vrije tijd, deels omdat mensen altijd een politieauto doorlieten, deels omdat de verkeerspolitie ze nooit aanhield voor controle. Om baas te zijn van een politiebureau in zo'n bloeiend district was echt iets om naar te streven.

Ik liep meteen door naar de bovenverdieping, naar het kantoor van de bureauchef. Zodra ik binnenliep, hoorde ik iemand roepen: 'Mejuffrouw of-ficier van justitie! Dat u de tijd neemt om ons hier vandaag te komen bezoe-ken! Wat een eer!'

Het was mijn vriend Lei die dat riep.

'Als jij bureauchef bent geworden van zo'n rijke werkplek, moet je eigen-lijk een feest geven.' Ik was blij voor hem.

'Oei! Ik had niet gedacht dat zo'n verfijnde meid als jij zou proberen om profijt van mij te trekken! Ik zou ongelofelijk gevleid zijn als je ergens met mij zou willen eten.'

Ik wist niet of hij oprecht was, want het is erg moeilijk om erachter te ko-men hoeveel er gemeend is van wat er over de lippen van een politieman komt. De bureauchef was pas tweeëndertig jaar; hij was begonnen als com-missaris van de recherche toen hij nog heel jong was en na een paar succes-volle jaren was hij als adjunct overgeplaatst naar een wijkbureau. Zijn omge-ving bestond uit bloeiende winkelstraten met een heel hoog misdaadcijfer. Hij leidde een groep agenten van in de twintig en loste heel wat misdaden op. Hij was erg conservatief en voorzichtig en uiteindelijk was hij bevorderd tot bureauchef hier.

Toen ik de draak met hem stak en zijn aanbod van een maaltijd accep-teerde, werd hij ongekend blij. 'Als ik niet goed voor jou zorg, dan stuur je vast onze onderzoeken terug, toch? We gaan naar een goed restaurant en daarna zingen we karaoke.' Hij glimlachte naar de mensen om ons heen, stond op en zei: 'Nu gaan we naar de vergaderzaal. De hoteleigenaar die jij ons gevraagd hebt op te halen, zit al op je te wachten.'

'Hebben jullie geen verhoorkamer?' verwonderde ik mij.

'Die is veel te vies en te slecht, daar zou jij het nooit uithouden. Die wordt alleen maar gebruikt door onze eigen agenten wanneer ze kleine criminelen en vandalen verhoren.'

'Is er iemand die me gezelschap kan houden? Het is niet goed om een verhoor alleen te houden.'

'Dat maakt toch niets uit, iedereen vertrouwt jou. Hij durft vast geen problemen te veroorzaken want zijn hotel ligt in onze wijk,' antwoordde Lei met een blik vol verachting en berekening terwijl hij naar een man wees van in de vijftig die aan een tafel zat te wachten. 'Jij gaat alle vragen eerlijk beantwoorden,' zei hij tegen de man. 'Het hangt helemaal van de officier van justitie af of je hotel open kan blijven. Eén woord van haar is genoeg, als zij wil dat we een razzia houden, dan doen we dat. Dus je kunt je beter gedragen, begrepen?'

De man knikte en antwoordde ja.

Ik stelde vragen en maakte aantekeningen: 'Die vrouw, wanneer verhuisde ze naar uw hotel?'

'Aan het eind van 1989. Als u een exacte datum wilt, kan ik dat controleren in het gastenboek.'

'Hoe lang woonde ze daar en wat was de kamerprijs?'

'In het begin was het dertig yuan per dag voor een eenpersoonskamer zonder bad. Na een maand vertelde ze dat ze van plan was lang te blijven en een lagere kamerprijs wilde. Toen stelde ik de prijs op zeshonderd yuan per maand.'

'Wat voor soort mensen bezochten haar?'

'Er kwamen enkele mannen naar haar vragen, maar meestal was zij het zelf die ze meenam.'

'Bleven ze de hele nacht?'

'Ja, soms. Soms kwamen ze overdag.'

'Prostitueerde ze zich?'

'Dat weet ik niet. Ik zag alleen dat ze wel eens mannen meenam naar haar kamer, maar ik weet niet of ze zich door hen liet betalen.'

'Staat u de hele dag in de receptie? Hebt u werknemers?'

'Ik sta zelf in de receptie, de andere medewerkers doen alleen schoonmaak en zo.'

'Werd u niet achterdochtig toen u een vrouw die uit een andere plaats kwam de hele tijd met mannen zag thuiskomen?'

'Ja, dat werd ik wel. Ik vroeg het haar, maar ze gaf niets toe. Ze zei nooit dat ze betaald werd.'

'Als ze niet betaald kreeg, hoe kon ze dan de kamerhuur betalen? Of eten? U had moeten begrijpen waar ze zich mee bezighield. Geen enkele normale vrouw woont een halfjaar in een hotel en neemt elke dag andere mannen mee naar huis, toch?'

'Maar ze vertelde nooit dat ze prostituee was.'

'Klopt het dat u de kamerprijs verhoogde en dreigde haar aan te geven bij de politie als ze niet meer zou betalen?'

'Ja, ik wilde de prijs verhogen, want ik vond twintig yuan per nacht te weinig. Maar ik heb nooit gedreigd dat ik naar de politie zou gaan.'

'Luister nou eens goed. Dat er prostitutie voorkomt in uw hotel, laat zien dat u geen orde houdt en niet aan de eisen van tijdelijke bewoningsregistratie voldoet. Denk eens goed na of er niet nog een regel is die u geschonden hebt.' Ik zette een streng gezicht op en begon mijn aktetas open te knippen.

De man zag er gekweld uit. 'Sinds de politie haar heeft gegrepen, hebben ze het hotel doorzocht. Alstublieft mevrouw, u kunt mij toch niet vastzetten? De politie zit me de hele tijd op de huid, wil met me praten en onderzoek doen in mijn hotel. Ik ben de hele tijd zo bang. Wanneer komt hier een eind aan?'

'Hou op met die onzinpraat! Het enige waar u aan denkt is geld, maar u hebt geluk als u niet veroordeeld wordt tot vele jaren gevangenisstraf.'

De hoteleigenaar werd blij, glimlachte en zei keer op keer 'bedankt', omdat hij uit wat ik zei dacht te kunnen afleiden dat hij niet de schuld zou krijgen van wat er gebeurd was.

Later zei ik tegen Lei: 'Ik kan die hoteleigenaar niet aanhouden, het bewijs is te mager.'

Lei was het er niet mee eens. 'Mijn mannen hebben er dagen werk aan besteed. Het is toch zonneklaar dat hij begreep dat die vrouw prostituee was en toch heeft hij haar een kamer ter beschikking gesteld en liet hij haar daar wonen. Als we hem laten gaan, hebben we al het werk voor niets gedaan.'

'Maar als we geen bewijs hebben, kunnen we zijn schuld niet vaststellen,' verklaarde ik glimlachend. 'Laten we het zo doen: hij heeft in elk geval gezondigd tegen de regels van orde en de bepalingen hoe lang personen zonder verblijfsvergunning mogen blijven. Laat hem een flinke boete betalen, dan voel jij je beter.'

'Vooruit dan maar. En nu gaan we eten.' Lei had geen zin om langer over de zaak in te zitten.

Hij ging naar de garage om zijn auto te halen. Terwijl ik op de begane grond wachtte, kreeg ik een kleine ruimte onder de trap in het oog. Drie muren waren van ijzer en de cementen trap vormde het dak. Het was donker en ik kon niet goed zien hoe het er vanbinnen uitzag, maar het was zeker vochtig, vies en rommelig. Aangezien het politiebureau vlak bij de markt lag, renden er waarschijnlijk ook overal ratten en kakkerlakken rond.

Toen we in de auto zaten, vroeg ik: 'Waar hebben jullie dat kleine ijzeren kamertje voor?'

Hij glimlachte mild naar me en legde met zachte stem uit: 'Heb je er nog
nooit zo een gezien? Daarvan is er in elk wijkbureau een. We sluiten iedereen die we gaan verhoren eerst een tijdje op.'

'Hoe kun je ze daar nou in opsluiten? Je hoort te wachten tot je toestemming hebt om iemand aan te houden of in hechtenis te nemen en dan moet
je hem in een van de politiecellen stoppen.'

'Foei, wat ben jij formeel! Altijd als we iemand aanhouden, zetten we
hem eerst een tijdje in dat kamertje en pas als we via andere bronnen helderheid hebben gekregen over de omstandigheden, laten we hem in de verhoorkamer.' Hij lachte omdat ik zo achterliep dat ik me verwonderde over
zulke dagelijkse bezigheden.

'En als jullie moe zijn en hij heeft nog niet bekend, dan stoppen jullie
hem daar gewoon een paar dagen in, of niet? Ik heb gehoord van een verdachte die bijna doodging op een wijkbureau, hij zat zeker ook in zo'n soort
hok?' vroeg ik.

'Nee, dat waren agenten op een ander wijkbureau die iemand bijna
doodsloegen toen ze hem verhoorden en daarna stopten ze hem in dat hok.
Maar ze hadden zoveel onderzoeken te doen dat ze die gozer vergaten. Na
twee dagen zonder eten of water kon hij niet eens meer om hulp roepen.
Toen de politieke begeleider zijn dienst begon, controleerde hij alle cellen
en ontdekte hij dat daar iemand lag. De verdachte was bijna opgehouden
met ademhalen. Gelukkig konden ze hem weer tot leven brengen in het ziekenhuis, dus het gaf niks. Ach, het is eerlijk gezegd maar zelden dat er
zoiets gebeurt. Laat je niet afschrikken door geruchten,' legde hij uit.

'Die agenten hadden in elk geval een erg slecht geheugen. Dat je iemand
twee dagen en twee nachten kunt opsluiten zonder je om hem te bekommeren! Jullie bij de politie overdrijven echt.' Ik kon goed met hem opschieten,
dus ik wist dat hij het niet al te zwaar zou opnemen als ik eerlijk tegen hem
was.

'Er is toch niemand doodgegaan, dus zo erg was het niet. Probeer niet
om fouten te zoeken, mejuffertje. Hier heb ik als bureauchef in elk geval
nooit iets vergelijkbaars gemerkt. En die lui werden wel bekritiseerd door
het politiegezag.'

'Het is een geluk voor jullie dat de meeste gewone mensen zo meegaand
zijn, anders hadden ze de zaak misschien bij de politie aangegeven!'

Mijn oud-klasgenote Lin vertelde me dat ze een tijdje een verhouding had
gehad met een van haar collega's, maar dat ze het nu uit wilde maken. Lin
was nogal spontaan. Ze had verschillende mannen gehad die achter haar
aan renden zonder dat zij ze rechtstreeks afwees, zodat het hele parket plus

het personeel van het stadsdeelkantoor erover praatte hoe lichtvoetig ze was. Toen haar vader de roddels te horen kreeg, schold hij haar uit. Nu vertelde ze tot welke problemen een breuk met haar minnaar zou leiden. Ik probeerde haar te troosten en tegelijk aan te sporen om te veranderen en wat minder zelfzuchtig te zijn.

Een paar dagen later kwam ze weer langs en vroeg me mee te gaan wandelen. Ze zag er verdrietig en bezorgd uit en ze beweerde dat ze zonder succes had geprobeerd de verhouding te beëindigen. 'Mijn bazen en sommige oudere ambtenaren van het stadsdeelkantoor zitten me steeds op de huid, waarschuwen me niet de hele tijd van vriend te wisselen. Ze vinden dat mijn persoonlijke problemen mijn werk ernstig beïnvloeden. Terwijl hij in feite pas mijn tweede vriend is.'

'Dan moeten jullie maar proberen om door te gaan als stel.' Ik merkte dat ze wel bereid was tot een compromis.

Ze trouwde een halfjaar later. In China moet je eerst een huwelijkslicentie aanvragen bij het bureau voor burgerlijke zaken en daarna kies je een fortuinlijke dag voor de bruiloft. De dag voor het huwelijk kwam ik bij haar op bezoek. Ze was helemaal niet in een goed humeur. 'Het heeft geen zin om nu nog spijt te hebben,' zei ik. 'Jullie hebben je licentie gekregen en dat betekent dat de zaak in juridische zin al geregeld is. Morgen moet je trouwen, of je nu wilt of niet.'

Ze zat een tijdje stil en toen begon ze te huilen. 'We begonnen ruzie te maken op weg naar het huwelijksbureau twee dagen geleden. Ik werd zo kwaad dat ik tegen hem gezegd heb: "Als we getrouwd zijn, gaan we meteen onze spullen verdelen en apart wonen, we gaan toch snel scheiden."'

Zo'n soort compromis kon ik niet accepteren. 'Als je hem zo erg vindt, had je helemaal geen huwelijksakte moeten aanvragen. Een paar vlekken op je reputatie hebben misschien invloed op je carrière, maar je gaat er niet dood aan. Ik heb medelijden met je als je trouwt terwijl je dat helemaal niet wilt.'

Zo goed en zo kwaad als het ging, paste ze haar bruidsjurk en ik hielp haar om haar tranen te drogen. 'Verman je een beetje, zoals jij huilt weet niemand of het een bruiloft is of een begrafenis waar we morgen voor uitgenodigd zijn.'

Ze hield op met huilen, keek naar haar spiegelbeeld en zei: 'Waarom laten we altijd andere mensen ons aan een neusring rondleiden? Waarom mogen we nooit voor onszelf beslissen?'

'Het lijkt of ik niet de enige ben die het verkeerde beroep gekozen heeft in dit leven. Jij zult jezelf ook maar moeten dwingen om het uit te houden.'

'Jij hebt het in elk geval beter, jij bent vrijwillig getrouwd. En jij hebt het geluk gehad tenminste voor één keer jezelf te mogen blijven.' Niet zo lang geleden was zij gast geweest op mijn bruiloft en was jaloers op de blije en feestelijke stemming toen.

'Niemand krijgt het altijd precies zoals hij wil. Eigenlijk had ik ook geen zin om zo jong te trouwen en zo snel. Ik wou dat we eerst nog een paar extra jaren voor onszelf hadden gehad, zodat ik er zeker van kon zijn dat we echt bij elkaar passen,' antwoordde ik een beetje melancholiek.

'Maar jullie zien er altijd zo blij uit, echt een gelukkig paar. Mijn verloofde en ik zijn nooit zo intiem met elkaar geweest.'

'Toen ik overgeplaatst werd naar deze stad, durfde ik geen andere man te kiezen. Ik was bang dat al mijn kennissen zouden denken dat ik eigenaardig en gewetenloos geworden was nu het beter met me ging. Dus ik was gedwongen om te trouwen en hem te helpen om hierheen te mogen verhuizen. Een huwelijk was voor hem de enige mogelijkheid om terug te kunnen keren naar de grote stad. Ik had ook niet de vrijheid om uit te zoeken of er iemand was die beter bij me paste. Hij was mijn derde vriend en als ik met hem gebroken had, had iedereen op mijn werk me losbandig en zedeloos genoemd.' Voor de eerste keer vond ik woorden voor het gevoel van onvrede over mijn huwelijk, dat door ongelukkige omstandigheden te vroeg had plaatsgevonden.

'Dus je bedoelt dat jouw huwelijk ook niet zo stabiel is?' vroeg ze verschrikt. 'Jij bent echt veranderd.'

'"Tachtig tot negentig procent van wat er in je leven gebeurt, bestaat uit dingen die je je niet gewenst had." Die zegswijze heb ik zo vaak gehoord, dat ik hem ten slotte geaccepteerd heb. Maar om wat positiever naar de zaak te kijken, wij hebben in elk geval grotere vrijheid gehad om een levenspartner te kiezen dan onze ouders, dus de samenleving heeft zich ontwikkeld.' Ik probeerde haar de zaken in het juiste perspectief te laten zien.

'Wat heeft de ontwikkeling in de samenleving met mij te maken? Ik ben het zo zat om altijd met de angst voor roddels te moeten leven.' Geïrriteerd deed ze haar bruidsjurk uit.

Maar de volgende dag schreed ze met een glimlach over de rode loper voor een schare van meer dan honderd familieleden en vrienden die haar een gelukkig huwelijk wensten.

Voordat hoofdofficier van justitie Tai met pensioen ging, bevorderde hij He Fei tot nieuwe hoofdofficier van justitie. He Fei had met propaganda in het leger gewerkt en zich gewijd aan zang en muziek, maar sinds hij bij het Openbaar Ministerie was gekomen, had hij op de afdeling voor economische misdaad gewerkt. Hij was ruim veertig, levendig en zorgeloos, en toonde zelfs respect voor de jongere officieren. Iedereen op het parket mocht hem.

Het eerste wat He Fei deed toen hij aantrad, was het reorganiseren van het personeel. Pu Kong zou met pensioen gaan en opgevolgd worden door Qi Ken, een man die bekendstond om zijn opvliegende humeur. Hao, Ya Lan en ik bleven op strafzakenafdeling één, terwijl Qi Ken ook beslag legde op een net afgestudeerde jongen die bij ons was geplaatst. We kregen twee kantoorruimtes. Ya Lan en ik deelden de ene en de archiefkast kwam ook op onze kamer te staan. Qi Ken deelde mee dat hij niet zelf onderzoeken zou doen maar alleen onze besluiten zou goedkeuren, en als we op een moeilijk op te lossen probleem stuitten, zouden we erover discussiëren in de werkgroep. Op elk onderzoek dat ik deed, schreef hij: 'Ben het eens met de mening van de onderzoeker.' Soms kon het best bevredigend zijn om een baas te hebben die niet juridisch onderlegd was. Ik mocht dingen zelf beslissen en had veel gezag, wat me erg trots maakte.

Ik werkte vaak over zonder daar extra voor betaald te krijgen. Aangezien ik toch geen vrijetijdsactiviteiten kon betalen, werkte ik zelfs in mijn vrije tijd. He Fei waardeerde mijn vlijt. Ook omdat ik mijn lesje had geleerd in Wangcheng en me niet meer zo liberaal en halsstarrig opstelde als daar, maar blind de orders opvolgde van de leiders, kreeg He Fei een goede indruk van mij. Aangezien mijn man en ik in verschillende plaatsen woonden, wilde hij me helpen. Hij deed een goed woordje voor mijn man bij de rechtbank. Na een halfjaar van cadeaus uitdelen aan alle sleutelfiguren werd mijn man eindelijk overgeplaatst naar een functie bij de rechtbank, hoewel hij eigenlijk was opgeleid in bedrijfsstatistiek. Hij begon zijn aanstelling met het onderzoeken van civiele zaken en tegelijkertijd studeerde hij rechten.

He Fei gaf ons te kennen dat we ons propagandistische werk moesten opkrikken. Iedere medewerker moest artikelen gaan publiceren in kranten en tijdschriften, de beloning was twintig yuan per artikel. He vond dat de juridische rapporten, onderzoeksanalyses en misdaadverhalen die ik in een paar tijdschriften had gepubliceerd, toonden dat het Openbaar Ministerie sociale problemen kon ontdekken en analyseren, wat een positieve invloed had op de rust in de samenleving. Hij stimuleerde me om meer te schrijven en hoopte dat mijn teksten een politieke propagandastatus zouden krijgen.

In een bepaalde maand onderzocht ik een reeks zaken die allemaal berustten op gezinsproblemen en mijn artikel 'Een oorlog tussen man en echtgenote' werd gepubliceerd in Hunans juridische weekblad en Changsha's politieblad.

Een zaak waar ik over schreef bezorgde mij hoofdbrekens. De aangeklaagde was een schoenenzaak begonnen samen met zijn vrouw, Hu Ba. Haar oudere broer was directeur van Changsha's grootste staatswarenhuis. De schoenen die zij fabriceerden, werden rechtstreeks aan het warenhuis verkocht, dus de zaken gingen goed.

Omdat Hu Ba rijk was en een broer had die bekend was in de zakenwereld, was het vanzelfsprekend dat allerlei louche types om haar heen zwermden. De man leefde in de schaduw van zijn vrouw en was natuurlijk niet blij met al die rare types die bij hen bleven slapen, maar hij durfde niet te protesteren. Op een dag liet Hu Ba er twee bij hen slapen; ze waren allebei getrouwd, maar hadden een verhouding met elkaar. Hu Ba's wat conservatieve man kon dat niet verdragen, dus bekritiseerde hij zijn vrouw: 'Heb jij dan helemaal geen moraal? Je werkt eraan mee om twee gezinnen te verbrijzelen!'

Hu Ba werd kwaad en ging in de tegenaanval: 'Bemoei je niet met wat ik doe, mislukte kerel!' Ze ging nog wel een uur door met hem uitschelden. Toen de man het idee kreeg dat ze niet meer ophield, gaf hij haar een oorvijg.

'Nu is het genoeg!' schreeuwde ze buiten zichzelf van woede en ze begon met borden en schalen te gooien. Daarna pakte ze al het geld dat zich in het huis bevond in, nam de bankboekjes en hun kind mee en verdween.

Na ruim een week had ze nog steeds niets van zich laten horen en de man, die dodelijk ongerust was, zocht overal naar zijn zoon.

Op de elfde dag kwam de man langs een restaurant waar hij bij toeval zijn vrouw met een paar anderen zag zitten eten en drinken. Hij ging naar binnen en klopte haar op de schouder. Toen zij hem zag, zei ze kil: 'Wat wil je van me?'

'Wat ik wil? Ik ben ontzettend ongerust geweest. Je hebt niet eens gebeld! Ik mis mijn zoon. Kom alsjeblieft weer naar huis, dan kunnen we het uitpraten.'

Hu Ba vertrok haar gezicht: 'Loop naar de hel!'

De man probeerde zijn gezicht in de plooi te houden. 'Ik bied mijn excuus aan voor het feit dat ik je geslagen heb. Dat was veel te grof van me. Ik hoop dat je me kunt vergeven.'

'Dat zie je dan wel in de rechtszaal,' siste Hu Ba. 'Ik wil scheiden.'

De man was er zo op gebrand boete te doen voor zijn misstap dat hij onmiddellijk vlak voor haar en de andere gasten op zijn knieën viel, haar hand pakte en zei: 'Kijk, ik val op mijn knieën voor jou. Ik smeek je, geef me een kans, kom weer thuis.'

Hu Ba vertrok geen spier. Er waren veel toeschouwers, dus hij stond op en smeekte haar met zachte stem maar zonder resultaat. Toen viel hij weer op zijn knieën. Toen hij die procedure drie keer had herhaald, was Hu Ba nog steeds niet ontdooid en ze bracht het niet eens op iets aardigs tegen hem te zeggen. Aangezien hij zijn gezicht nu totaal verloren had tegenover de andere gasten, was hij wanhopig. Hij sloeg zijn armen om zijn vrouw heen en trok haar mee naar een afgelegen hoekje, waar hij probeerde uit te leggen hoezeer hij spijt had. Ze weigerde te luisteren. Ze begonnen ruzie te maken. Plotseling wierp hij zich op haar en beet haar in haar neus tot ze het uitgilde van de pijn. De man spuugde een bloedig stukje vlees uit.

'Ik heb geen vrouw meer en geen geld,' zei hij, 'maar dan zal niemand anders jou hebben.'

De neus van de vrouw was flink ontsierd en ik liet de man aanhouden voor mishandeling.

Een week nadat mijn artikel gepubliceerd was, zat ik op kantoor toen een vrouw met een verband over haar neus binnenkwam. Ze had niet geklopt, maar stapte zomaar binnen, vloog op Ya Lan en mij af en vroeg: 'Zit die Xiao in deze kamer?' Ze stond slechts een armlengte van me af en haar stem trilde van de ingehouden woede.

'Dat ben ik,' zei ik en ik wees naar een houten stoel naast de deur. 'Gaat u daar zitten.'

Zij twijfelde een ogenblik, maar ging toen zitten. Ik nam haar op terwijl ik wachtte tot ze zou uitleggen waar ze voor kwam.

'Ik heb dat artikel gelezen,' zei ze. 'Ik vind dat je mij te negatief beschreef.'

'Hoezo dan?'

Ze begon zich op te winden. 'Je had niet moeten schrijven dat ik opzichtig en immoreel was.'

'Dat was wat de gedaagde, jouw man dus, mij vertelde toen ik hem verhoorde,' legde ik rustig uit.

'Ik heb er niet om gevraagd dat jij over mij zou schrijven. Je hebt mijn toestemming niet. Ik wil dat je dat artikel intrekt.' De autoritaire toon in haar stem verraste me een beetje.

'In de eerste plaats,' legde ik uit, 'heb ik je naam niet genoemd. Volgens de Chinese wet kan ik je daardoor niet hebben belasterd. In de tweede plaats heb ik de hele zaak precies zo opgeschreven als hij was zonder iets te verdraaien. En in de derde plaats behoort zo'n rapportage tot de routines van het Openbaar Ministerie en jouw eigen mening is in dat verband totaal oninteressant.'

Daar had ze geen goed weerwoord op, dus in plaats daarvan begon ze me te bedreigen: 'Wacht jij maar, dan zul je eens wat zien! Ik investeer tweehonderdduizend yuan in een rechtszaak tegen jou. Als je geld hebt, dan kun je elke duivel uitroeien, dat weet ik zeker.' Ze klonk erg arrogant.

Ya Lan, die normaliter mild en rustig was, werd zo boos toen ze dat hoorde, dat ze siste: 'Dat geld mensen zo ongeremd kan maken!'

'Wou je naar de rechter gaan? Ik ben er klaar voor!' antwoordde ik en ik ging sarcastisch verder: 'Denk maar niet dat je alles krijgt zoals je het hebben wilt alleen maar omdat je geld hebt. En waarom zou je tweehonderdduizend yuan nodig hebben voor een rechtszaak? Dacht je de rechters om te kopen?'

Ze stond op en keek me hatelijk aan. 'Dan gaan we maar verder, dan moet je het zelf maar weten. Maar pas op, op een mooie dag stuur ik misschien een paar maffiavriendjes van me om je af te maken!'

Nu werd ik pas echt kwaad. Dat zij het waagde om midden op de dag het parket binnen te stappen en mij met de dood te bedreigen! Ik liep naar haar toe, staarde haar recht in de ogen en wees op mezelf. 'Jij hebt een erg grote mond,' zei ik ernstig. 'Maar nu moet jij eens goed luisteren! Voor mij is bedreiging dagelijkse kost. Ik heb wel zes- of zevenhonderd misdadigers aangehouden en aangeklaagd. Als die zich hadden durven wreken, was ik al lang dood geweest. De volgende keer dat ik in een slecht humeur ben, zal ik ervoor zorgen dat jij en je schurkenvriendjes verbrijzeld worden! En nu eruit!' Die laatste woorden schreeuwde ik met een blik vol woede. Ze durfde geen trammelant te maken op het kantoor van het Openbaar Ministerie, maar stond op en ging weg. Net op dat moment kwam He Fei binnen en hij botste bijna tegen de vrouw op die naar buiten rende.

'Wat gebeurt er?' vroeg hij.

Ik legde uit wat er was voorgevallen. 'Ik heb een artikel geschreven zonder de echte naam van de betrokkenen weer te geven, maar zij was verontwaardigd en kwam vertellen dat ze eraan denkt geld uit te geven om mij voor het gerecht te slepen. Daarna dreigde ze haar maffiavrienden te sturen om me af te maken.'

He Fei lachte alsof dat iets heel natuurlijks was. 'Welke maffiavrienden? Onder de dictatuur van het proletariaat en de leiding van de communistische partij heeft de maffia geen leven. Laat je maar niet afschrikken door vrouwen die sterk lijken aan de buitenkant maar geheel verdord zijn vanbinnen.'

'Maar ze was ontzettend zeker van zichzelf. Dat ze het waagt om mij hier op kantoor te komen storen!'

'Je moet je ogen maar openhouden. Als ze je echt gaat aanklagen, dan heeft haar broer goede contacten, zowel in de politiek als in de zakenwereld.'

'Jij hebt ons toch aangespoord om meer te schrijven? Dacht je ons aan ons lot over te laten nu er problemen ontstaan?' Ik had gehoopt zijn steun te krijgen.

Hij grinnikte alleen maar en zei: 'Ik heb wat anders te doen.' Daarna ging hij weg.

Ya Lan en ik keken elkaar een tijd aan. Ik was geïrriteerd over He Feis onwil om zijn verantwoordelijkheid te nemen. 'Als het ons lukt om informatie te verspreiden over de wet of de rust in de samenleving te bewaren, dan is het de verdienste van het parket, maar zodra er problemen zijn, mogen we onszelf zien te redden. Wat is dat voor leiderschap?' klaagde ik.

'Dat had ik al lang geleden in de gaten,' antwoordde Ya Len. 'De bazen willen alleen maar de eer op zich nemen van wat we goed doen. Je wordt er zo moe van.'

We waren in een slecht humeur geraakt en brachten het niet meer op om te werken, maar gingen door met klagen. Die vrouw was veel te zelfverzekerd geweest. Als ik haar niet een lesje leerde, zou ze misschien echt stoer genoeg zijn om wat schurken te verzamelen om mij te overvallen. Aangezien de vrouw in Leis politiedistrict woonde, belde ik hem om hem uit te nodigen met mij te gaan eten. Hij werd heel blij en zei meteen ja.

We vonden een restaurant in een voorstad. In China is het zo dat als mensen een man en een vrouw samen uit eten zien gaan, ze meteen denken dat ze iets met elkaar hebben. Als ik een slechte reputatie zou krijgen, zou dat ten koste gaan van mijn carrière en mijn mogelijkheden tot promotie. Daarom moesten we het op deze manier doen.

Lei, die erg opmerkzaam is, voelde dat er iets niet goed zat en vroeg: 'Is er wat mis? Je kunt het mij wel vertellen. Als je niet gewild had dat iemand naar je zou luisteren, had je me niet uitgenodigd.'

Ik glimlachte. 'Jij bent echt een goede vriend.' Die woorden kwamen per ongeluk over mijn lippen en ik zweeg meteen. Een kinderachtige blos verspreidde zich over zijn knappe gezicht. Deze ervaren politieman liet zijn gevoelens niet zo vaak zien, maar het leek of hij groot belang hechtte aan mijn opvatting over hem.

Ik vertelde over wat er die middag gebeurd was. 'Als die idioot echt van plan is om mij kwaad te doen, dan zal het voor mij te laat zijn om haar te straffen. Ze woont in jouw district, kun jij niet iets bedenken om haar te waarschuwen?'

Hij leunde achterover en legde zijn armen gekruist voor zijn borst. 'Iemand die jou zo kwaad maakt, is niet iemand die ik denk te tolereren. Als ik haar niet zou aanpakken, dan zou ik een slechte politiebaas zijn. Ik heb in mijn tijd al veel schurken ontmoet, maar nog nooit iemand die het waagde om een officier van justitie of een rechter te bedreigen. Alleen maar omdat haar broer veel contacten, macht en geld heeft, denkt ze te kunnen doen wat ze wil.'

Ik snoof een beetje. 'Wie denkt haar broer eigenlijk dat hij is? Directeur van een staatswarenhuis, aangesteld door anderen, niet echt een ondernemer. Is hij rijk? Dan heeft hij vast smeergeld aangenomen of geld gekregen op een andere onwettige manier. Ik zal onderzoek naar hem laten doen en zo gauw ik iets vind dat niet helemaal deugt, laat ik hem de bak indraaien. Zij mag mij voor de rechter dagen of haar contacten aanspreken – zolang ze me openlijk aanvalt, ben ik niet bang.'

Lei keek een beetje jaloers. 'Juist. Jij hebt zoveel rechtervriendjes, dat ze het in de rechtszaal toch niet van jou kan winnen.'

Wij jongeren binnen het rechtsapparaat deden ons best om voor elkaar op te komen – politiefunctionarissen, officieren van justitie en rechters waren vaak met elkaar getrouwd en maakten deel uit van een gigantisch netwerk. Als ik bijvoorbeeld werkte aan een onderzoek dat betrekking had op een vriend van een van mijn mans collega's, dan zou die man naar zijn vriend gaan, die dan met mijn man zou praten, die op zijn beurt weer naar mij zou komen. Dan zou ik geen andere keuze hebben dan hen te helpen het probleem op te lossen. Dat complexe netwerk van relaties zorgde er ook voor dat veel problemen een snelle oplossing konden krijgen.

'Wees nou niet boos om zo'n klein dingetje,' zei Lei. 'Ik beloof je dat ze je nooit meer op zal zoeken.'

'Hoe dan?'

'Zijn er mensen in Changsha die mahjong spelen zonder geld? Ik stuur die jonge Shen wel naar haar toe om het spel te controleren en te zorgen dat ze geen rustige minuut meer krijgt. Als het kan, pakken we haar en brengen we haar naar het politiebureau. Als jij daarna vindt dat we te mild zijn, dan mag je zelf komen om haar een lesje te leren.' Hij lachte.

Een paar dagen later belde hij om te vertellen dat hij zijn opdracht had

uitgevoerd en dat ik hem mee uit moest nemen als dank. 'Ik vind dat jij mij
wel mag uitnodigen,' antwoordde ik. 'Jij kunt het als representatiekosten
opgeven. Ik beloof om groen licht te geven aan alle onderzoeken van jullie
bureau.'

Hij lachte. 'Jij mag de uitnodiging doen, dan betaal ik de rekening.'

Hij vertelde dat hij na ons etentje Shen naar het bureau had geroepen en
hem had gevraagd nog diezelfde avond een inval te doen in Hu Ba's huis om
haar te grijpen voor illegale spelactiviteiten. Shen had gevraagd waarom alleen Hu Ba de dupe moest worden – normaliter viel men het illegaal spelen
aan door een hele buurt uit te vegen. Toen had Lei verteld dat zij mij bedreigd had en daarom een lesje nodig had.

Shen had wat gemopperd en er onwillig uitgezien. Daarna had hij geprobeerd een goed woordje voor haar te doen. 'Mijn familie is bevriend met die
van Hu Ba. We hoeven haar toch niet vanavond te grijpen? Ik zal privé eens
met haar praten. Als ze niet luistert, zal ik niet protesteren als Xiao haar aan
wil pakken. Vanzelfsprekend ga ik niet in tegen een officier van justitie wier
man bovendien rechter is.' Lei had hem gezegd dan maar te gaan praten met
Hu Ba en haar te manen zichzelf in toom te houden.

Shen had Hu Ba dezelfde avond nog opgezocht. 'Je hebt geluk dat de bureauchef juist mij om hulp vroeg,' had hij tegen haar gezegd. 'Als het iemand anders was geweest, dan had je nu al op het politiebureau zitten
wachten op Xiao. Zij hoeft alleen maar contact op te nemen met haar vrienden op het industriebureau of bij de belastingdienst om ervoor te zorgen dat
ze een razzia uitvoeren bij de schoenenfabriek en verhoogde vergoedingen
gaan vragen. Hoe zou het dan met jouw zaakjes gaan?'

Shen had geëist dat ze mij haar excuses zou aanbieden, maar ze weigerde omdat ze dat veel te pijnlijk vond. Maar ze beloofde om het niet meer te
doen.

'Als zij spijt heeft, dan ben ik tevreden, ik heb er geen behoefte aan haar
kapot te maken. Soms moet je kunnen vergeven,' zei ik opgelucht.

De volgende dag was ik maar net binnen toen ik muziek hoorde van de verdieping eronder. Ik keek op van mijn stukken en vroeg Ya Lan: 'Wie is er zo
vrolijk om naar muziek te luisteren zonder bang te zijn om te storen?'

Ya Lan keek me aan en antwoordde geestig: 'Dit parket zal binnenkort veranderen in een disco. Iedereen danst tegenwoordig. Moet jij niet meedoen?'

'Hoofdofficier He Fei zich heeft zich in het leger dan wel beziggehouden
met muzikale exercitie, maar hij kan toch niet zo gek zijn dat hij dansen
gaat organiseren in de vergaderzaal zomaar midden op de ochtend?' Ik kon
haar nauwelijks geloven.

Ze strekte haar hand uit. 'Wedden? Als het waar is dat ze dansen, moet jij mij morgen op ontbijt trakteren.' De meesten van ons kwamen om acht uur met een lege maag op kantoor en tegen negenen slopen we naar buiten om te eten.

Ya Lan vertelde dat het onderzoek naar corruptie bij Hunans televisiefabriek nogal veel tijd in beslag nam en dat het de verdachte met behulp van zijn contacten gelukt was om terug te betalen wat hij schuldig was en dat hij daarna vrijgelaten was. Tijdens het proces waren boekhouder Kun en twee van haar vrouwelijke collega's – een economisch assistent en een verkoper – goede vrienden geworden met de nieuwe leiding van het parket. Nu de samenleving steeds opener werd, wilden de bazen zich ook 'moderniseren' en leren dansen. Aangezien deze vrouwen bij hen in het krijt stonden, omdat ze niet aangeklaagd waren en bovendien nooit meer in dezelfde hachelijke situatie zouden belanden nu ze bevriend waren geraakt met de officieren van justitie, stemden ze blij in met het voorstel.

Ik trok Ya Lan mee naar beneden om te zien wat er aan de hand was. Ya Lan zei dat ze niet kon dansen en niet mee wilde. 'Dan moet je het maar leren,' antwoordde ik. 'Daar zijn ze tenslotte voor gekomen.'

Ya Lan lachte. 'Die drie wijven zijn veel te veel in beslag genomen door de mannelijke officieren.'

In de vergaderzaal op de tweede verdieping had men de grote tafel aan de kant geschoven en twee, drie jonge paren dansten rond op de vloer. In het midden stonden de drie vrouwen die erbij geroepen waren, omhelsd door drie officieren van justitie. De mannen bewogen hun voeten stuntelig en we konden de zweetdruppels zien parelen op het voorhoofd van de vrouwen terwijl ze geduldig hun cavaliers probeerden te onderwijzen. Verschillende mannelijke medewerkers stonden in een rij op hun beurt te wachten om ook les te krijgen. Normaal waren deze mannen zo serieus dat je nauwelijks een glimlach uit ze kon krijgen, maar nu waren ze kwiek en rood in hun gezicht. Ook al konden ze niet in de maat van de muziek dansen, ze hielden de dames vast en wiebelden heen en weer.

De politie had heel plotseling op een nacht twee zussen opgepakt in hun huis en ze in hechtenis genomen. Als je de bekentenissen, getuigenverklaringen en het overige bewijsmateriaal bij elkaar legde, kreeg je het volgende verhaal.

De jongere zus, Dai, was zeventien. Ze had haar middelbare school afgemaakt, was werkloos en woonde nog thuis. In een danstent had ze een knappe achtentwintigjarige man ontmoet die een muziek- en videowinkel bezat en die het economisch erg voor de wind ging. De twee werden al snel onafscheidelijk. Dai kreeg een eigen sleutel van zijn appartement en bleef daar vaak slapen. Een halfjaar later begon de man zich raar te gedragen, verzon vaak redenen om op zakenreis te gaan of hij verdween zonder te vertellen waar hij heen was. Dai vond het maar verdacht en op een dag ging ze hem stiekem achterna. 's Avonds ging de man een woonhuis in en hij kwam niet meer naar buiten. Dai deed navraag in de buurt en toen bleek dat de man al getrouwd was en dat dat huis zijn eigenlijke thuis was. Zij werd razend, schakelde een verhuisbedrijf in en nam alles mee wat zich in het appartement bevond. Haar oudere zus Ting zou binnenkort gaan trouwen en zij had een lege woning die op haar wachtte. Dai kreeg haar toestemming om de meubels daar zolang neer te zetten.

De man meldde de zaak aan een goede vriend die politieman was en deze ging samen met een collega kijken. Toen ze de man vroegen of hij een idee had, antwoordde hij dat het Dai kon zijn geweest. Dus gingen de politiemannen naar Dai en Ting en namen hen mee.

Al de eerste keer toen ik de stukken las, meende ik dat de agenten verkeerd hadden gehandeld. Ting had feitelijk niets met de zaak te maken. Toen Dai gevraagd had of ze de meubels en huishoudelijke apparaten in Tings woning kon neerzetten, had Ting gevraagd: 'Waar komen die dingen dan vandaan?' Dai vertelde haar zus een leugen: 'Ik heb het uitgemaakt met mijn vriend en kreeg deze spullen als een soort vergoeding voor een weggegooid jaar.' Ting geloofde haar.

Het proces-verbaal zat slordig in elkaar en om het motief voor de daad en de details in de zaak helder te krijgen, moest ik Dai en haar vroegere minnaar verhoren.

Toen ik de deur van het parket uitliep aan het eind van de werkdag, merkte ik dat een man van in de vijftig me achtervolgde. Ik liep een tijdje, bleef toen staan en ging een winkel in om iets lekkers te kopen. Weer op straat gekomen merkte ik dat hij maar een paar meter daarvandaan stond te wachten. Ik liep verder, draaide me om en zag dat hij me nog steeds achtervolgde. Toen ik de boerenmarkt passeerde, bleef ik voor een kraam staan waar warm eten werd verkocht en ik kocht gekruide biefstuk. Eigenlijk wilde ik alleen maar controleren of hij me nog steeds achternazat. Hij was blijven staan voor een groentekraam, maar wierp de hele tijd blikken naar mij.

Wat wilde hij eigenlijk? Als iemand die uit de gevangenis was vrijgelaten wraak op me wilde nemen, zou hij dat toch niet bij daglicht doen?

Toen ik al mijn boodschappen had, liep ik rechtstreeks naar huis. Dat kostte maar tien minuten en halverwege was een politiebureau. Bijna alle agenten kenden me en ze sjokten de straat op en neer. Toen ik bijna thuis was en net de trap op wilde lopen, zat die man me nog steeds op de hielen. Ik bleef staan, draaide me snel om en zei met een bevelende stem: 'Wat wil je?'

Hij was er niet op voorbereid en hij schrok even, ontmoette mijn blik, maar keek snel weg. 'Ik... ik...,' stamelde hij, alsof hij iets wilde zeggen, maar het er niet uit kreeg. Ik had geen zin om met hem te praten, dus ik draaide me weer om en zou net weggaan toen hij snel een stap dichterbij kwam, het zweet van zijn voorhoofd wiste met zijn arm en zei: 'Ik wil u om hulp vragen. Mag ik u een paar minuten storen?'

'Waar gaat het om?' vroeg ik achterdochtig. 'Ik heb wel gemerkt dat je mij achtervolgde.'

'Ik wil u geen kwaad doen,' zei hij. 'Ik wist alleen niet hoe ik in contact met u kon komen, daarom liep ik achter u aan.'

'Hoe weet je wie ik ben?' vroeg ik.

'Ik heb de foto's bekeken van alle officieren van justitie die in uw kantoor hangen. Ik heb drie uur lang gewacht voor uw kantoor, net zo lang tot u klaar was met werken. Ik ben de vader van Dai en Ting en ik heb gehoord dat u bezig bent met hun zaak.'

'Hoe bent u dat te weten gekomen?'

'Toen onze meiden opgepakt werden, was mijn vrouw zo ongerust dat ze niet kon eten of slapen. Ik was ook bang en kon me niet concentreren op mijn werk. Ik maakte de hele tijd fouten, liep per ongeluk het damestoilet binnen waar ik uitgejaagd werd. Mijn vrouw en ik hebben geen contacten, daarom vroegen we de veiligheidsbeambte op de fabriek waar we werken om een aantal giften naar de politie te brengen en ze voor de avondmaaltijd uit te nodigen. Zo langzamerhand vonden ze uit dat de zaak al bij een officier van justitie was beland met de naam Xiao. Dat hebben ze mij verteld, maar ze zeiden dat er niemand was die naar u durfde te gaan om voor onze zaak te pleiten. Ik denk dat onze dochters het erg zwaar hebben in de gevangenis, daarom heb ik de moed verzameld om op deze manier met u contact op te nemen. Het ergste wat mij kan gebeuren is dat u mij uitscheldt, dat kan ik wel verdragen voor mijn meisjes. Dus daarom... daarom...'

'Ik begrijp het,' onderbrak ik hem in zijn emotionele uitleg. Zijn haar was wit bij de slapen en zijn wenkbrauwen waren bezorgd gefronst, het donkere gezicht en de wallen onder zijn ogen duidden op serieus slaapgebrek. Hij zuchtte de hele tijd, alsof hij een grote steen in zijn maag had.

'Ik ben bezig de zaak zo goed mogelijk uit te zoeken en ik denk morgen uw dochters te ondervragen,' zei ik. 'Ik kan u nu niets zeggen, maar ik zal ze precies zo behandelen als de wet voorschrijft.'

Hij graaide vijfhonderd yuan uit zijn portefeuille, die hij onder zijn arm had, reikte me die aan en zei: 'Kunt u dit geld alstublieft morgen aan ze geven, ze konden geen cent meenemen toen ze opgepakt werden.'

Ik duwde zijn hand weg. 'Als u een boodschap hebt die ik kan overbrengen, dan doe ik dat, maar ik kan hun geen geld overhandigen. Ze zitten in hechtenis en daar kunnen ze geen geld gebruiken.'

'Kunnen mijn vrouw en ik morgen op bezoek komen?' vroeg hij voorzichtig.

'Ik verhoor ze morgen. Als u wilt weten hoe het met ze gaat in het huis van bewaring, dan kunt u komen, ik begrijp hoe u zich voelt.' Het voelde wreed om het hem te weigeren.

De volgende dag ging ik eerst naar het huis van bewaring om Ting en Dai te verhoren. Hoewel ze geen mogelijkheid hadden gehad om met elkaar te overleggen, klopten hun verhalen met elkaar. Ting had niet geweten dat Dai nooit de toestemming van haar vriend had gekregen om al die meubels mee te nemen. Ik was verbolgen dat de politie Ting had opgepakt en had geprobeerd om haar aangeklaagd te krijgen. Zij had een eigen woning en werk, wat inhield dat ze volgens de regels niet in verzekerde bewaring genomen had hoeven worden. Geen agent zou zo'n opzichtige fout maken als hij niet omgekocht was.

Toen Dai alles had bekend, stelde ik nog een aantal gerichte vragen: was het de vriend zelf die haar de sleutel had gegeven? Was het gebruikelijk dat ze zelf naar binnen ging wanneer ze wilde?

Dat bevestigde ze. 'Het was ons gezamenlijke thuis.'

Over het motief en het doel voor haar daad zei ze: 'Toen ik ontdekte dat hij al getrouwd was, werd ik zo ontzettend kwaad. Ik heb de hele dag zijn pieper gebeld, maar hij antwoordde nooit. Ja, pas de volgende dag belde hij en toen vroeg ik woedend waarom hij mij voor de gek had gehouden. Daarna ontweek hij me en hij weigerde met mij onder vier ogen te praten.'

'Had je niet naar hem toe kunnen gaan in plaats van te verhuizen?'

'Ik kon hem niet vinden. Hij kwam meestal naar me toe als hij zin had, maar ik had geen telefoonnummer van zijn huis en omdat hij zelf niet belde als ik hem oppiepte, kon ik niets doen. Ik kon alleen maar wachten. Hij had altijd de macht om het initiatief te nemen.' Dai leek te berusten en ik kon merken dat ze alles zo goed mogelijk wilde uitleggen. 'Toen bedacht ik dat de enige manier om hem naar mij toe te laten komen was om al zijn spullen te verhuizen. Dan konden we tenminste praten. Ik had niet gedacht dat hij meteen naar de politie zou gaan. Dat was echt wreed.'

'Vermoedde hij dat jij de meubels had meegenomen?'

'Ja, natuurlijk. Alleen hij en ik hadden een sleutel en ik heb de deur op slot gedaan toen ik daar wegging. Hij moet gezien hebben dat het slot heel en onaangeroerd was.' Ze was even stil voordat ze neerslachtig verderging: 'Het is mogelijk dat hij de sleutel ook aan andere vrouwen gaf en niet wist wie van ons de spullen verhuisd had.' Ze beet in haar lip en kreeg rode ogen, duidelijk erg gekwetst.

'Wat was je van plan te doen met de spullen?'

'Ik wilde dat hij me eerst om vergeving zou vragen. Als hij onaardig deed, had ik ze gehouden, maar als hij fatsoenlijk genoeg was geweest om mij een vergoeding te geven, had hij ze teruggekregen.'

We zaten een tijdje zwijgend bij elkaar terwijl ik het berouwvolle gezicht van het meisje bestudeerde en haar lippen, die trilden van schaamte en nervositeit. Daarna zei ik iets wat ik niet had moeten zeggen: 'Je vader kwam gisteren naar me toe.'

Het glinsterde in haar ogen, tranen kwamen en liepen over haar wangen terwijl ze snikte: 'Ze proberen vast alles te doen om mijn zus en mij te helpen. Ze moeten buiten zichzelf zijn van ongerustheid. O, ik heb zo'n spijt dat ik zulke problemen veroorzaakt heb voor hen en voor mijn zus! Ik had niet zo boos mogen worden dat ik mijn verstand verloor. Ik had moeten accepteren dat ik voor de gek gehouden was en het daarna achter me moeten laten, dat was in elk geval beter geweest dan dit, nu leeft ons hele gezin in angst en ongerustheid.'

Toen het verhoor afgelopen was, ging ik rechtstreeks naar huis. Psychisch was ik uitgeput. Ik moest de hele tijd zaken behandelen waarin ik sympathiseerde met de daders en daarom gedwongen was mijn gevoelens en mijn medelijden te onderdrukken. Als ik ermee doorging mijn echte ik te onder-

MIJN RODE SCHADUW

drukken, dan zou ik uiteindelijk een kil en versteend mens worden. Die gedachte maakte me bang.

Ik was net klaar met eten toen er op de deur geklopt werd. Het waren Dais ouders, die buigend voor de deur stonden en niet wisten of ze naar binnen durfden. De vrouw sloeg haar blik neer en durfde mij niet aan te kijken. Ik vroeg ze binnen te komen. De man had een groot pak bij zich en het eerste wat hij zei was: 'Het is warm buiten, dus zet het meteen in de koelkast.'

Ik vroeg wat het was en hij antwoordde: 'Toen ik u gisteren volgde, zag ik dat u gekruide biefstuk kocht op de markt. Ik nam aan dat u en uw man van rundvlees houden, daarom heb ik tien kilo bevroren vlees gekocht in onze fabriek.'

Ik duwde het pak van me af. 'Dat hoeft niet. Neem dat alstublieft weer mee naar huis.'

Toen ik hun gift niet aannam, werden ze ongerust en probeerden het me op te dringen terwijl ze zeiden: 'Als we hadden geprobeerd onze dochters vrij te krijgen met behulp van giften, dan was honderdduizend yuan niet eens genoeg geweest. We durven een officier van justitie niet om te kopen. We werken op een fabriek die bevroren vleesproducten produceert en wij mogen ze kopen voor een speciale prijs. Dit is maar een klein cadeautje van ons...'

Als ik zou weigeren het vlees aan te nemen, dan zouden ze denken dat alle hoop voor hun dochters verloren was. Mijn man, die inmiddels naast me stond, zei vol medelijden: 'Waarom zou je ze dwingen om het weer naar huis te dragen? Dat is ook niet zo aardig.'

Hij nam het vlees aan, legde het in de koelkast en vroeg het echtpaar om in de woonkamer te komen zitten. Zij haalden opgelucht adem en glimlachten.

Natuurlijk konden ze het niet laten om te vragen of het voor mij niet mogelijk was om binnen de grenzen van de wet hun dochters vrij te laten.

'Ting is onschuldig,' zei ik. 'Haar zullen we zeer binnenkort vrijlaten. Wat Dai betreft, daar moet ik een tijdje over nadenken, haar probleem is wat ernstiger.'

De volgende dag vulde ik een oproep in en gaf die aan de juridisch agent – het verzoek om Dais vriend naar het parket te laten komen voor verhoor. Toen hij arriveerde, bleef hij op de drempel van mijn kamer staan twijfelen. Ik gaf hem een teken binnen te komen en te gaan zitten.

Hij wachtte tot ik met de ondervraging zou beginnen. Ik liet alle beleefdheidsfrases achterwege en vroeg meteen naar de kern van de zaak: 'De agent die de zaak onderzocht heeft, is jouw vriend, of niet?'

Hij was er mentaal niet op voorbereid en hij antwoordde zonder na te denken: 'Ja.'

'Ik neem aan dat jij niet durft te liegen. Jouw politievriend is erg behulpzaam voor je, het lijkt wel of hij door jullie vriendschap alle principes is vergeten. Zonder de omstandigheden uit te zoeken, sluit hij twee zussen op. Denken jullie soms dat de wet speelgoed is, iets wat je naar je hand kunt zetten?'

De man luisterde met neergeslagen ogen naar mijn preek en hij werd steeds roder in zijn gezicht. Toen ik klaar was, zweeg hij een tijdje voordat hij met zachte stem zei: 'Toen ik die dag thuiskwam en ontdekte dat het appartement helemaal leeg was, belde ik hem meteen. Hij kwam naar me toe, onderzocht het appartement en vroeg wie er behalve mij nog meer sleutels had. Ik vertelde dat ik sleutels aan Dai had gegeven en dat zij mij een paar dagen ervoor had gebeld om ruzie te maken, waarbij ze had gezegd dat ze me wel een lesje zou leren. Wat ze had gedaan, was veel te onbeschoft, dus vroeg ik hem om haar een beetje angst aan te jagen. Ik wilde geen geld verliezen. Mijn vriend is heel erg betrouwbaar, dus hielp hij mij.'

'Waar zijn de meubels nu?'

'Ik heb alles teruggekregen. Zodra ik aangifte had gedaan, is alles teruggestuurd vanuit het appartement van haar zus.'

'De waardebepaling van de meubels en de elektrische apparatuur heb je zelf gedaan. Van een aantal zaken ontbreekt een kwitantie, hoe heb je daarvan de prijs bepaald?'

'Ik weet nog wel ongeveer wat ik betaald heb. Het is niet exact, het is maar een inschatting.'

'Ik heb gemerkt dat je niets van de waarde van de zaken hebt afgetrokken, hoewel het oude dingen zijn. Ik wil dat je een nauwkeurige berekening maakt en binnen twee dagen een wat redelijker inschatting inlevert bij je politievriendje. Daarna zal ik hem bellen om te vragen naar de bank van lening te gaan om je opgave te controleren. Begrijp je wat ik bedoel?'

'Ik begrijp het.'

'Weet je vrouw hiervan?'

'Nee.'

Ik ging ervan uit dat Dais vriend zodra hij hier weg was meteen naar zijn politievriend zou gaan om met hem te overleggen. 's Middags, net voor ik naar huis ging, belde ik de agent. Hij was erg beleefd. Ik stelde geen directe vragen over zijn relatie met de eisende partij, want ik wilde graag dat hij zijn beleefde toon volhield. In plaats daarvan zei ik alleen maar: 'De gestolen zaken waren gebruikt, die kunnen niet op dezelfde manier getaxeerd worden als wanneer ze nieuw waren geweest. Dat heb jij gemist.'

Hij legde meteen uit dat hij zo veel aan zijn hoofd had gehad dat hij het vergeten was.

'Dat begrijp ik,' antwoordde ik. 'Dan moet je het maar snel in orde maken, zodat ik het onderzoek kan afronden. Overigens is Ting geheel onschuldig. Het is een geluk dat haar ouders niet zo veel begrijpen van juridische zaken en bovendien erg inschikkelijk zijn, want ze zou je voor de rechter kunnen dagen voor foutieve aanhouding en economische compensatie eisen.'

'Dan verzoek ik u, mevrouw de officier van justitie, om haar over te halen dat niet te doen. Ik zou u erg dankbaar zijn en wanneer u een keer mijn hulp nodig hebt, dan hoeft u het maar te zeggen.'

Twee dagen later kwam de lijst met de waarde van het 'gestolene': kleurentelevisie, koelkast, wasmachine, klerenkast, bank – totaal drieduizend yuan.

In het verslag schreef ik onder 'commentaar van de verantwoordelijke onderzoeker': 'Ting heeft geen misdaad begaan en zal onmiddellijk op vrije voeten worden gesteld. Dai heeft een overtreding begaan, maar omdat de waarde van het gestolene laag is, vormt dat geen ernstig economisch verlies voor het slachtoffer. Bovendien is ze jonger dan achttien jaar. Met deze verzachtende omstandigheden in gedachten kan ik hechtenis niet ondersteunen.'

Ting en Dai werden kort daarop uit het huis van bewaring vrijgelaten. Ze brachten mij samen met hun ouders een bezoek en ze waren allemaal zo blij, dat ze de hele tijd bogen en bedankten. 'Het is nog niet helemaal voorbij,' bracht ik hen in herinnering. 'Strafzakenafdeling twee kan Dai later nog aanklagen. Maar in dat geval zal ik een goed woordje voor haar doen.' De zussen droogden hun tranen, knikten en zeiden: 'We zullen deze les nooit vergeten.'

Ting keerde terug op haar werk en trouwde korte tijd later. Ze nodigde me uit voor de bruiloft, maar ik heb beleefd bedankt. Dai wachtte af tot haar vader werk voor haar regelde in een staatswarenhuis. Tot die tijd woonde ze bij familieleden op het platteland.

Een maand later kwam Huang van de afdeling voor aanklachten neuriënd mijn kantoor binnen. Hij was altijd opgewekt en hield ervan om een praatje te komen maken. Na een heleboel gebabbel zei hij: 'Zou ik de aantekeningen mogen zien die jij gemaakt hebt toen je die Dai verhoorde?'

Ik deed net of ik bezwaar maakte: 'Je zult haar niet vinden, dus je kunt de gedachte aan een aanklacht beter meteen laten varen. Er zijn een hoop verzachtende omstandigheden en als je zo'n jong meisje in een werkkamp stopt, wordt ze alleen maar verpest door het slechte milieu.'

'Dat zou best kunnen.' Al in het leger had Huang de naam gekregen een luchtig persoon te zijn en op het parket liep hij vaak te lachen. De stapels stukken op zijn bureau werden op hun plaats gehouden door een stuk jade met daarin de tekst gegraveerd: 'Het is goed om niet al te wijs te zijn.'

Korte tijd later kreeg Dais familie de mededeling dat de aanklacht geseponeerd was. Dai had inmiddels ook werk en een deel van haar eerste maandloon gebruikte ze om een fles parfum te kopen die ze aan mij gaf. Deze keer nam ik de gift wel meteen aan. Haar trots dat ze eindelijk in haar eigen levensonderhoud kon voorzien en haar blijdschap over haar eerste loon deden me denken aan hoe ik me voelde toen ik mijn eerste loon kreeg.

'Als een van de rechters op ons kantoor ermee had ingestemd om Dais familie te helpen, dan hadden ze tienduizenden yuan moeten betalen,' zei mijn man. 'Voor de familie lijkt het toch of je haar werkelijk uit de kerker hebt gered.'

Later kwam er daadwerkelijk een gelegenheid waarin ik mijn man om hulp vroeg en er echt heel erg om moest zeuren ook. Hij was geen verharde man, hij was alleen maar beïnvloed door zijn collega's.

Het ging om een diefstal. De verdachte, Liu, was een alleenstaande moeder die in een kinderkledingfabriek werkte die werd bestuurd door een buurtcomité. Het loon was maar driehonderd yuan per maand en ze had een zesjarige doofstomme zoon om voor te zorgen. Hoe spaarzaam en vindingrijk ze ook was, er was nooit genoeg geld aan het eind van de maand. Ze ging ook 's nachts werken en drie keer stal ze, toen de portier sliep, tassen vol kinderkleren met een totale waarde van drieduizend yuan.

Tijdens het verhoor huilde ze en had spijt van wat ze gedaan had. 'De nood maakt de dief,' zei ze. Haar ouderwetse kleren waren verschrikkelijk versleten, haar vlekkerige leren schoenen waren gescheurd en ze had gaten in haar kousen. De doofstomme zoon woonde tijdelijk bij zijn oude opa en niemand had hem durven uitleggen dat zijn moeder door de politie was opgepakt. Maar het pensioentje van opa was niet eens genoeg voor zijn eigen onderhoud en bovendien was hij oud en zwak, dus het kind kon onmogelijk langere tijd bij hem blijven.

Ik wilde graag helpen maar wist niet hoe. 'Het feit dat je een doofstomme zoon hebt om voor te zorgen, wordt niet gezien als verzachtende omstandigheid,' zei ik en ik haalde mijn schouders op.

Zij knikte en zei vol schaamte: 'Ik weet het. Ik vroeg u slechts om genade te tonen.'

'Waarom kan je vroegere man niet voor hem zorgen?'

'Hij is hertrouwd en zijn nieuwe vrouw had al een kind. Mijn zoon is dus doofstom en hij heeft een nogal fel karakter. Je moet erg geduldig met hem zijn. Denkt u dat een stiefmoeder dat aankan? Mijn vroegere man is geen verantwoordelijke man. Als hij mij en mijn zoon goed behandeld had, dan was ik niet in de situatie beland waarin ik was gedwongen tot zoiets vernederends als diefstal.'

De waarde van het gestolene was berekend op drieduizend yuan. De grens voor een aanklacht wegens corruptie lag op vierduizend yuan, voor diefstal was het tweeduizend. Ik liep de zaak daarom keer op keer door en bezocht zelfs de fabriek om meer feiten naar boven te halen om vast te kunnen stellen of ze zich schuldig had gemaakt aan diefstal of corruptie. In elk geval was ik van plan haar vrij te laten zodat ze voor haar kind kon zorgen in afwachting van de rechtszaak.

Heel toevallig belde een vrouwelijke advocaat die ik kende met vragen over juist die zaak. 'Dat is mijn onderzoek,' antwoordde ik.

Ze vertelde dat een kennis haar gevraagd had om te helpen. 'Denk je dat er wat mogelijk is?' vroeg ze.

'Het bewijs is voldoende om diefstal te kunnen aantonen,' zei ik. 'Maar aangezien ze een vaste baan heeft en een eigen woning en bovendien voor een gehandicapt kind moet zorgen, heb ik haar voorlopig op vrije voeten laten stellen. Ze mag thuis wonen in afwachting van de rechtszaak. Tot hoeveel jaar ze wordt veroordeeld ligt helemaal aan het lot.'

'Wat bedoel je daarmee?'

'Het ligt eraan welke rechter over de zaak gaat. Als het iemand is die een beetje medelijden voelt, kan ze wellicht een voorwaardelijke straf krijgen en hoeft ze niet naar een werkkamp.'

De advocate bleef bijna elke dag bellen om mij voor een etentje uit te nodigen. Ik sloeg het vele malen af, maar uiteindelijk voelde ik me gedwongen om het aan te nemen. Liu was er zelf ook bij. In een normaal geval zou ik nooit gaan eten met een gedaagde, of de zaak nou was afgesloten of niet. Aan het eind vroeg mijn kennis namens Liu: 'Jouw man is toch rechter, kunnen we hem niet vragen deze zaak te nemen? Het maakt niet uit of hij ervoor betaald wil worden, we kunnen een lening afsluiten.'

Dat irriteerde me. 'Ben jij gek geworden? Om zo over geld te praten hier, zo openlijk?'

Ze bood meteen haar excuus aan en legde het uit: 'We willen hem niet omkopen, we willen alleen vragen of hij een manier kan bedenken om ons te helpen. Je weet hoe moeilijk Liu het heeft.'

'Het gaat er niet om dat ik niet zou willen helpen,' zei ik, 'maar hij doet geen strafzaken, alleen civiele zaken.'

'Maar misschien kan hij gaan praten met de verantwoordelijke rechter? Het zijn toch collega's...'

'Ik zal het hem vragen. Maar ik kan niet beloven dat hij het doet.'

Ze haalden opgelucht adem en zagen eruit alsof ze weer hoop hadden gekregen.

Na de maaltijd nam de advocate mij apart om te vragen: 'Wil je echt niet betaald krijgen, of vond je het alleen moeilijk om daarover te praten met een derde persoon erbij?'

Ik zuchtte. 'Ik kan niet beweren dat geld me niets doet, dat zou een leugen zijn. Zo goed ben ik niet.'

'Als je het moeilijk vindt om het direct met haar te regelen, kan ik je helpen. Ik zal haar zeggen geld naar je huis te sturen. Dan zijn er geen getuigen en heeft zij ook geen bewijs als ze je later in de val zou willen laten lopen.'

Ik zuchtte opnieuw. 'Ze heeft het nu al zwaar genoeg, ik kan geen extra last op haar schouders leggen. We moeten het maar laten voor wat het is, ik zal deze keer aardig zijn.'

Toen ik thuiskwam was de veiligheidsdeur open, dus begreep ik dat mijn man al thuis was. Ik had net de sleutel tevoorschijn gehaald om open te doen toen ik binnen harde stemmen hoorde. Vermoedelijk had hij vrienden uitgenodigd. Ik bonsde op de deur en verdraaide mijn stem zodat hij donker en grof klonk als een mannenstem: 'Doe open! Doe open! Dit is de politie! We houden een razzia!'

Niemand antwoordde en het geluid verstomde niet. Ik probeerde het nog een keer: 'Dit is een razzia! Als je niet opendoet, slaan we de deur in!'

Nu hoorde ik mijn man binnen vloeken: 'Verdomme, waarom schreeuwen jullie zo? En hoe durf je bij mij thuis een razzia te komen houden?' Toen hij de deur opensloeg en mij zag staan lachen, zei hij: 'Wat goed dat je er bent! Nu hebben we nog een ploeg bij elkaar.'

In de met rook gevulde woonkamer zaten mensen rond een mahjongtafel. Ernaast stonden twee mannen toe te kijken. Alle gasten waren collega's van mijn man en allemaal hadden ze een grote stapel geld voor zich liggen. Ik zette mijn tas weg en grapte: 'Jullie zijn wel verdraaid brutaal! Sta ik daar te roepen dat er een razzia is en niemand trekt zich er iets van aan. En jullie hebben ook nog geld over de tafel verspreid. Ben je niet bang dat de politie echt komt?'

Een van de rechters, die een sigaret in zijn mondhoek had, antwoordde glimlachend: 'Ik hoop echt dat ze komen, we komen spelers te kort.'

Iedereen lachte uitgelaten. Ze waren op een vergadering geweest van de stadsdeelraad om naar rapporten te luisteren, maar hadden halverwege hun kans schoon gezien om ertussenuit te knijpen. Rond lunchtijd kwamen ze bij ons thuis om te gaan spelen. Ze hadden het zo gezellig dat niemand erover dacht terug te gaan naar het werk. Degenen die in de rechtszaal verwacht werden, belden met de advocaat en andere betrokkenen om een andere datum af te spreken.

De strafrechter was net van Wangcheng hierheen overgeplaatst en ik kende hem goed van mijn tijd daar, toen we in hetzelfde gebouw woonden en elkaar vaak ontmoetten. Hij was druk bezig om de stenen te schudden. 'Zou de politie ons komen pakken? Dan moet er een steekje bij ze loszitten.'

Ik gaf hem een klap op zijn schouder en wendde me tot de andere drie rechters aan de tafel. 'Jullie kunnen toch wel een pauze nemen? Ik wil jullie chef even lenen.'

Ze zaten zo in het spel dat ze niet wilden ophouden. 'Je kunt best hier zeggen wat je wilt zeggen. Zolang het geen liefdespraat is, is er toch geen reden om het te verbergen?' grapte een rechter.

Ik lachte en probeerde mijn vriend mee te trekken naar de werkkamer, maar hij weigerde om op te staan. 'Zeg het nou maar. Je weet dat ik altijd jouw advies opvolg,' zei hij terwijl hij de stenen ronddeelde.

Ik had geen andere keuze dan de zaak ter sprake te brengen ten overstaan van alle anderen: 'Ik heb het onderzoek naar Liu's diefstal behandeld, maar ik weet niet welke rechter over die zaak gaat oordelen. Zou je dat voor me kunnen nakijken?'

Iedereen lachte. 'Over zo'n kleinigheid hoef je toch niet zo geheimzinnig te doen? Ik zal morgen in het register kijken en dan bel ik je. Dat kost nog geen minuut.'

Mijn oude rechtervriend had snel uitgezocht wie er verantwoordelijk was voor de rechtszaak. Zodra ik de naam hoorde, wist ik dat Liu echt pech had dat ze haar als rechter kreeg en dat het een boel geld zou kosten om een voorwaardelijke straf voor elkaar te krijgen.

Ik kende deze vrouwelijke rechter al sinds ik op het westelijke ressortsparket was begonnen. In die tijd was zij secretaris en kwam ze vaak op strafzakenafdeling twee om berichten te brengen over data voor rechtszaken of vonnissen. Ya Lan kende haar vrij goed en vertelde dat haar vriend bij de verkeerspolitie zat. In China is de macht van de verkeerspolitie groter dan je zou verwachten.

Haar vriend had zijn contacten gebruikt om haar overgeplaatst te krijgen van een fabriek naar de rechtbank, waar ze eerst twee jaar werkte als typiste en toen – nadat ze gezellige diners en diverse giften had aangeboden – was ze bevorderd tot rijksambtenaar en secretaris geworden, om weer drie jaar later een plek te krijgen als plaatsvervangend rechter.

Ik vertelde mijn man over Liu's zaak in de hoop dat hij met de rechter zou praten om een voorwaardelijk vonnis voor elkaar te krijgen. Toen bleek hij helemaal niet zo meegaand. 'Denk je dat je een god bent of zo? De ene dag leef je met de een mee, de andere dag weer met een ander. Elke dag stuit je wel op een sociaal probleem en die kun je niet allemaal eigenhandig oplossen, dus waarom zou je je ervoor inzetten?'

Hij was zich er heel goed van bewust dat er veel gevallen waren waarin een rechter zou kunnen besluiten tot een voorwaardelijke straf, als hij of zij maar wilde.

'Maar nu heb je de kans om een goede daad te doen zonder dat het je ook maar iets kost. Waarom zou je dat weigeren? Zij zou je bedanken uit het diepst van haar hart,' probeerde ik.

'Hoezo zonder dat het me iets kost? De rechters zullen denken dat we omgekocht zijn. Wie zou er nou geloven dat jij pleit voor iemand die niet eens familie of een vriend is zonder dat je ervoor betaald krijgt?'

'Weet jij nog dat we een medisch onderzoek hebben ondergaan voordat we trouwden? Dat uitwees dat jij hepatitis B hebt? Als die arts een waarheidsgetrouw attest had geschreven, hadden wij nooit kunnen trouwen, was jij niet overgeplaatst naar Changsha en was je nooit rechter geworden.' Ik wilde dat hij bedacht wat we zelf hadden meegemaakt. In China moet je je laten onderzoeken voordat je trouwt op het functioneren van je hart, lever en longen. Als je een ernstige ziekte hebt, krijg je geen trouwlicentie en daarom werden we wanhopig toen we hoorden dat mijn man aan geelzucht lijdt. We vertelden de arts hoe het zat: dat we wel moesten trouwen zodat hij overgeplaatst kon worden naar Changsha en dat we al heel veel geld hadden uitgegeven aan giften aan de personeelsafdeling en de rechtbankbazen. Nu leek alles vergeefs te zijn.

We smeekten haar om ons te helpen. Ze was heel aardig, troostte mijn man en zei: 'Dan schrijf ik dat jij geen ernstige ziekte hebt en dan krijgen jullie je trouwlicentie. Maar dan moet je beloven ervoor te zorgen dat je geneest, zodat je niet je vrouw besmet.'

Later hebben we het vaak over haar gehad, die goedhartige arts van wie we niet eens de naam wisten.

'Ze heeft nooit geweten hoe dankbaar we waren. Wat zij deed was voor haar een kleinigheid, maar voor ons was het belangrijk en we zullen haar nooit vergeten. Nu heb jij net zo'n positie. Als jij een paar goedgekozen woorden uitspreekt, kan Liu thuisblijven om voor haar gehandicapte zoon te zorgen in plaats van in de gevangenis te lijden. Je kunt je toch wel voorstellen wat dat voor hen zou betekenen.' Ik deed mijn best om hem over te halen.

Hij zweeg een tijd. 'Vooruit dan,' zei hij toen. 'Ik zal het proberen.'

Op verzoek van haar collega stemde de vrouwelijke rechter ermee in om te helpen en ze vroeg Liu om haar op te zoeken. Tot wat voor overeenkomst die twee gekomen zijn, heb ik nooit gevraagd, maar het resulteerde erin dat Liu drie jaar voorwaardelijk kreeg.

Mijn man klaagde toch een klein beetje: 'Ik weet zeker dat ze denkt dat wij omgekocht zijn. Nu zijn we in dezelfde ploeg beland als zij.'

22

Op een hete middag kwam mijn vader op de fiets naar mijn huis. Hij was helemaal bezweet en vroeg hijgend om een glas ijsthee. 'Het is veertig graden buiten, jij zou thuis moeten zitten rusten,' kiftte ik. 'Waarom moet je nou uitgerekend vandaag gaan fietsen? Stel je voor dat je onderweg een hitteberoerte had gekregen?'

Hij klokte de thee naar binnen terwijl ik hem koelte toewuifde met een waaier. Toen hij weer op adem was gekomen, zei hij: 'Ik had zo'n haast om hier te komen omdat de man van de directeur door de politie is opgepakt.'

Ik lachte en dacht dat hij een beetje verward was. 'Hij is geen familie van ons, dus dat heeft toch niets met ons te maken? Je hoeft vanwege hem toch niet door deze hitte hierheen te sjezen om mij op te zoeken?'

'Een hele groep oudere chefs van de fabriek kwam me thuis om hulp vragen,' ging mijn vader verder. 'Ze weten dat jij als officier van justitie werkt en juist de politie in het westelijke district heeft de man van de fabrieksdirecteur ingerekend.'

'Het is al zes jaar geleden dat jij met pensioen bent gegaan! Die directeur heeft nu toch niets meer met jou te maken?'

Mijn vader lachte verlegen. 'Maar als zo'n grote groep chefs op bezoek komt, dan betekent het dat ze waarde aan mij hechten. Het is een eer.'

Ik lachte stil in mezelf omdat ik hem nu wel erg naïef vond. 'Je wordt steeds ijdeler naarmate je ouder wordt.'

Mijn vaders fabriek was een collectief. Aan het eind van de jaren tachtig was de techniek verouderd en de arbeiders, lui geworden van het werken voor de staat, konden de concurrentie niet aan met particuliere bedrijven die onder de economische hervormingen opgebloeid waren. Alle medewerkers werden ontslagen en kregen honderd yuan per maand om in hun levensonderhoud te voorzien. Op de fabriek bleven alleen de directeur, de partijsecretaris, het hoofd financiën en een paar andere medewerkers, die de oude machines en lokalen moesten onderhouden. Sinds de fabriek dicht was, moesten de gepensioneerde arbeiders vaak maanden op hun vergoeding wachten en die kregen ze in elk geval niet voordat ze met zijn allen naar het Bureau

voor lichte industrie of het Machinebureau waren getrokken om een zitsta-
king te houden. Pas als de partij ongerust werd over de gevolgen, kwamen
de betalingen. Nog moeilijker was het om een vergoeding te krijgen voor
ziekenhuiskosten. Mijn vader was anderhalf jaar geleden in het ziekenhuis
geweest, maar elke keer dat hij de rekening probeerde in te dienen, had de
fabriek hem weggestuurd met als reden: 'We hebben geen geld. Je moet geduld hebben, we betalen zo gauw we kunnen.'

'Ze liegen alleen maar om oudjes zoals wij stil te houden,' klaagde hij
vaak. 'Ze verkopen de machines een voor een, maar wanneer krijgen ze dat
geld eigenlijk? Toen wij jong en sterk waren, haalden ze ons over om tien
uur per dag te werken zonder dat we daarvoor een cent extra kregen. Het
loon was laag, maar ze beloofden dat ze voor ons zouden zorgen als we oud
waren. Nu zijn we oud en zwak en alle beloftes zijn loze woorden gebleken.
Dan was het beter in de tijd van voorzitter Mao, toen was ziekenzorg gratis
en alle pensioenen werden op tijd betaald. De hervormingen van Deng Xiaoping hebben alleen maar de hoge pieten rijk gemaakt. Dat wij gepensioneerden verhongeren, daar trekken ze zich niks van aan. Het gaat bergafwaarts
met de wereld.'

Mijn moeder vertelde ooit dat ik een keer hoge koorts had en de gastmoeder mijn vader op de fabriek had gebeld. Zijn baas had geweigerd hem
vrij te geven om mij naar een arts te brengen, hij beweerde dat het belangrijker was om voor de revolutie te werken. Pas om zes uur 's middags kon hij
me ophalen. Toen droeg hij me naar verschillende gezondheidscentra, maar
die waren allemaal al gesloten. Het kostte hem een uur om naar de eerste
hulp van een ziekenhuis te komen, waar de arts hem verweet dat ik longont-
steking had kunnen oplopen als hij nog iets later was gekomen.

Ik zag inmiddels wel in hoe zwaar mijn ouders het hadden gehad en ik
probeerde hem te troosten: 'Het spreekt vanzelf dat het beter is nu Deng
Xiaoping hervormingen heeft doorgevoerd dan in de arme tijd van voorzitter
Mao. Toen was er niemand die televisie had en nu heeft iedereen er een. En
je bent niet de enige die zijn pensioen en ziektekosten misloopt, er zijn miljoenen gepensioneerden voor wie dat ook geldt. Ik heb een vriendin die bij
de belastingdienst werkt. Haar vader deed mee aan de revolutie en is nu ge-
pensioneerd rijksambtenaar, hij ligt in het ziekenhuis en de rekeningen
worden door zijn kinderen betaald. Dat probleem stamt nog uit voorzitter
Mao's tijd en het kost tijd om dat op te lossen. Probeer het uit te houden. Als
je geen geld hebt, zal ik voor je zorgen.' Mijn vader was blij dat ik bij een
rijksdienst werkte en me niet ongerust hoefde te maken over mijn inkomsten.

Soms als hij drie maanden lang geen pensioen kreeg, moesten ze overleven op mijn moeders pensioen van vierhonderd yuan. In die periodes klaagde hij nog meer: 'Ik heb er absoluut helemaal niets aan gehad partijlid te zijn en toch trekken ze een paar yuan per maand van mijn loon af. Ik stap uit de partij en gebruik het geld voor de waterrekening.'

'Als je zelf uit de partij stapt, waarom zeur je dan steeds tegen mij dat ik me aan moet sluiten?' had ik hem geplaagd. 'Denk je dat ik geen ledenbijdrage hoef te betalen?'

Mijn vader wist wel een beetje hoe de partijorganisatie functioneerde. 'Ik wil dat je je aansluit bij de partij omdat je jong bent en een toekomst hebt. Is er een rijksambtenaar die carrière kan maken zonder partijlid te zijn? Geen enkele. Als jij carrière maakt, geniet de hele familie van jouw succes. Ik lees vaak in de krant dat meneer Huppeldepup een serieuze misstap heeft gedaan, uit het partijregister is geschrapt en zijn taken hem zijn ontnomen. Maar dat is alleen maar een uiterlijke bestraffing die is bedacht zodat de organisatie iets heeft om aan de massa te tonen. Hij ontkomt aan de volgende stap, zoals zijn werk verliezen, of de derde: in de gevangenis belanden. Als je geen partijlid bent, heb je die bescherming niet, maar word je meteen ontslagen. Daarom zou het goed voor jou zijn om partijlid te worden.'

Mijn moeder had hem een tik gegeven. 'Ben jij seniel geworden? Om zo te snateren dat zij fouten zou maken en over ontslagen worden?'

Mijn vader had alleen maar gelachen. 'Je begrijpt er niks van. Ik leer haar zich aan te passen en mee te drijven met de stroom.'

'Dat is te laat,' had ik voor de grap gezegd. 'Waarom had jij dat inzicht niet toen je jong was? Dan had je ook carrière kunnen maken en was je rijk geworden, dan had je niet hier op een pensioen hoeven zitten wachten dat nooit komt.'

'Precies. Leer van mijn fouten. Het zijn andere tijden nu. Het is niet zo dat je ergens komt als je maar hard werkt, je moet ook contacten hebben en je bazen naar de mond praten,' had mijn vader afgerond.

Ik begrijp nu waarom hij me wilde leren streven naar een beter leven. Zelf was hij op achtjarige leeftijd wees geworden en had hij kunnen overleven door te bedelen voor zichzelf en zijn twee jaar jongere zus. Maar met mijn vaders levenservaring kon ik toen niets.

'Kun jij niet ingrijpen en het probleem van de directeur oplossen? Dan kan ik haar er misschien toe bewegen om mijn ziekenhuisrekening te betalen,' ging hij na een tijdje verder.

'Om hoeveel gaat het?'

'Duizend yuan. En het is al een jaar geleden dat ik de rekening heb gekregen.'

'Moet ik de man van jouw directeur uit de bak helpen voor duizend arm-
zalige yuan? Dat weiger ik.'

'Maar je weet niet eens waar het om gaat, hoe kun je dan weigeren?'

'Dat klopt. Hoe heet hij? Ik zal de zaak opzoeken en uitzoeken wat hij
heeft gedaan, waar hij zit en wie er verantwoordelijk is voor het onderzoek.'

'Dan zal ik haar vertellen dat jij hebt beloofd om te helpen,' zei mijn vader blij en hij schreef de naam van de man voor me op. Voordat hij wegging,
vroeg hij me om zondagmiddag thuis langs te komen, dan zou hij eten maken waarvan hij wist dat ik het lekker vond.

's Middags controleerde ik of de politie een man had opgepakt met de
naam Chen Kun en de afdelingschef vertelde dat het onderzoek werd gedaan door commissaris Xie.

Xie en ik hadden in een aantal onderzoeken samengewerkt. Hij vertelde
dat het om seksuele intimidatie ging en dat hij over twee dagen rapport zou
uitbrengen.

'Dan kun je wel direct aan mij rapporteren,' zei ik dringend. 'Het is genoeg als je de zaak registreert bij Ya Lan.'

Die avond was het ondraaglijk heet en zelfs als je alleen maar bleef zitten
zonder iets te doen, stroomde het zweet langs je rug. Wanneer er niet genoeg elektriciteit in de stad was, werd de stroomtoevoer naar gewone huizen
afgesloten, zodat alleen overheidsdiensten, hotels en winkels kregen wat ze
nodig hadden. Mijn man en ik gingen de stad in en zagen twee films achter
elkaar voordat we teruggingen naar huis, om een uur 's nachts. We waren
nog maar net op het tuinpad toen er twee mannen op ons afkwamen en
vroegen: 'Bent u officier van justitie Xiao?'

We bleven staan en een van hen zei: 'We hebben hier vijf uur zitten
wachten.' Hij wees op een kei aan de overkant.

'We zijn van het middenkader op uw vaders fabriek,' zei de andere.
'Sinds de man van de directeur is opgepakt, is ze zo ongerust dat ze niet kan
eten of slapen. Aangezien uw vader zei dat u beloofd had om te helpen,
heeft de directeur ons gevraagd om met u te gaan praten.'

Ik was ontzettend moe en had geen zin om te praten. 'Hij heeft een zedendelict begaan en de politie zal over twee dagen een proces-verbaal aan
het parket sturen. Dat ze besloten hebben om het zo te doen, duidt erop dat
het vergrijp tamelijk ernstig is.'

De beide mannen werden nerveus. 'Maar als het op het bureau van een
officier van justitie belandt, dan kunt u hem misschien gratie verlenen?'

Gratie verlenen? Wat een idioten. 'Ik heb de politie al gevraagd om de
zaak aan mij over te dragen,' zei ik. 'Ik zal het zelf behandelen.'

'Dank u beleefd!' riepen ze blij uit. 'Dan zijn de problemen opgelost. Ik
dank u namens de directeur.'

Op weg van mijn werk naar huis de volgende middag zag ik mijn vader voor de deur op me wachten met een groep verwachtingsvolle mensen. Ik fronste mijn wenkbrauwen en zei nors: 'Ben je hier alweer?'

Mijn vader wees op een auto en zei: 'Ze zijn me komen halen met een auto.' Daarna stelde hij me voor aan een vrouw van in de vijftig. 'Dit is de directeur.'

De directeur zag er erg ongerust en gegeneerd uit. 'Ik vraag u mij te verontschuldigen voor het feit dat ik u en uw vader zo lastigval,' zei ze. 'U bent de enige die mij en mijn man kan redden. Als u het onderzoek behandelt, zijn een paar strepen van uw pen genoeg om onze familieproblemen op te lossen.'

'Zo machtig ben ik niet. Maar mijn vader kwam hier in de ergste hitte om mij om hulp te vragen en toen kon ik niet weigeren.'

De directeur ging door met bedanken en overstelpte mijn vader met lovende woorden. Haar fraaie taal en die van haar ondergeschikten deed hem stralen van trots. Zij hield koppig vol dat ze mij wilde uitnodigen voor een diner en beloofde me alles te geven wat in haar macht lag, als ik haar man maar uit de gevangenis redde.

Twee dagen later overhandigde Xie zijn proces-verbaal. De feiten waren als volgt: de man van de directeur, die in de vijftig was, had thuis uit verveling naar illegaal gekopieerde pornofilms liggen kijken. Toen het kindermeisje langs de slaapkamer kwam, hoorde ze het geluid van kreunende mannen en vrouwen en nieuwsgierig keek ze naar binnen om te vragen waar de film over ging. De man, die in een rare bui was, zei: 'Het is een pornofilm, wil je kijken?' Hij ging op de rand van het bed zitten en klopte op het dekbed naast zich. 'Kom maar, wees niet verlegen. Kom even zitten kijken.'

Het meisje was pas negentien en kwam net uit een dorp op het platteland. Ze had nog nooit zoiets onthullends gezien en werd helemaal rood terwijl ze als betoverd naar het naakte paar op het televisiescherm staarde. Op hetzelfde ogenblik werd de deur opengetrapt en rende een groep geüniformeerde mannen binnen die riepen: 'Spelrazzia!' Ze zagen uiteraard meteen dat er niemand in het appartement zat te spelen, alleen maar dat een man en een jonge vrouw naar een video keken, maar toen ontdekten ze dat het een pornofilm was. Ze ondervroegen het paar en omdat de jonge vrouw het kindermeisje was van de man, was het een zedenmisdrijf. Het paar werd aangehouden en naar het politiebureau gebracht, de televisie en een paar videofilms werden geconfisqueerd.

In China kan de politie op elk moment bij mensen binnendringen om te onderzoeken of ze mahjong of kaart spelen om geld. Ze hebben geen vergunning nodig om toe te slaan zodat hun razzia's altijd plotseling komen. Bij grote vangsten leggen ze beslag op alle inleggen op tafel en nemen ze de spelers mee naar het politiebureau, waar ze moeten zitten tot ze een boete hebben betaald. Dit is een van de belangrijkste inkomstenbronnen van de politie.

Ik twijfelde nogal aan de kennis van de politie inzake juridische zaken. Als twee burgers thuis zitten te kijken naar een pornofilm, kun je op zijn hoogst volhouden dat ze schunnig en immoreel zijn, maar het is nauwelijks genoeg voor een aanklacht.

Toen ik de beide verdachten had verhoord, besloot ik hen vrij te laten. De directeur zat me steeds op de huid om te vragen hoe het onderzoek verliep. 'Ik werk eraan,' antwoordde ik, 'en ik denk dat ik hem vrijlaat vanwege u en mijn vader.'

Ze werd zo blij dat ze begon te huilen en vroeg wat ze terug kon doen voor wat ik had gedaan.

'Mijn vader heeft het geld voor zijn ziekenhuisrekening van vorig jaar nog steeds niet teruggekregen,' zei ik.

'Dat zal ik meteen regelen,' antwoordde ze zonder te twijfelen. 'Hij kan morgen naar de fabriek komen om het geld te halen.'

'Daarnaast heb ik een schoonzus die werkloos is,' ging ik verder. 'Zij heeft niet meer dan middelbare school en het is moeilijk voor haar om een baan te vinden. Ik wil dat ze boekhoudkunde gaat studeren en een diploma haalt, zodat ze werk kan krijgen op de financiële afdeling van een fabriek.' Mijn schoonzus had ook op mijn vaders fabriek gewerkt.

'Dan zal ik ervoor zorgen dat wij haar opleiding betalen.'

Een paar dagen later werd de man van de directeur vrijgelaten en samen bezochten ze mijn vader om hem cadeaus te geven en uitgebreid te bedanken. Ze beweerden dat ik een goed mens was, omdat ik hen met zo'n zaak had geholpen zonder om een cent voor mezelf te vragen. 'Een officier van justitie zoals zij, daar heb je er tegenwoordig niet zo veel van. Als iemand anders de zaak had behandeld, hadden we er vast tienduizenden voor moeten uittrekken. We weten wel hoe de samenleving werkt,' zeiden ze diep geroerd.

Mijn moeder zwol op van trots. 'Als kind kreeg ze meer slaag dan haar grote broer en meer dan alle andere kinderen in de buurt. Daardoor heeft ze nu het meeste succes van allemaal.'

De directeur was vol bewondering. 'Jullie moeten wel erg gelukkig zijn dat je zo'n machtige dochter hebt!'

Mijn vader glimlachte tevreden: 'Ja, ze kreeg veel slaag als kind. Ik was heel streng voor haar. Anders had ze nooit zo'n baan gekregen en zo'n positie als ze nu heeft.'

De zaken bleven onophoudelijk binnenrollen en ik had geen tijd om uit te rusten of adem te halen, ik ging maar door als een waanzinnige, op hol geslagen klok.

In september onderzochten we een moord. De verdachte zat opgesloten in het stedelijk huis van bewaring nummer één. Een net aangestelde juridisch agent bracht Hao en mij erheen om hem te verhoren. Onderweg vroeg Hao of ik het goed vond dat ik hem alleen verhoorde. Hij moest een ander onderzoek doen en vond dat we tijd konden winnen door allebei alleen het verhoor te houden. Toen ik hem erop wees dat het om een moord ging, zei hij dat de juridisch agent erbij kon blijven. Die verklaarde meteen dat zijn ouders in de buurt woonden en dat hij van plan was de gelegenheid te baat te nemen om hen te bezoeken terwijl wij de verhoren afwerkten. Ik wilde hem niet dwingen, dus zei ik: 'Het geeft niks. Ik heb al meer dan twintig moordenaars verhoord en deze zal wel niet erger zijn dan de anderen. Hij zal me vast niet opeten.'

Hao vroeg me voorzichtig te zijn. De verdachte, Xu Wen, had al iemand gedood en wist dat hij zelf terechtgesteld zou worden. Hij was op weg naar de dood en kon wanhopig zijn.

De auto stopte voor de poort van het huis van bewaring en we lieten onze papieren aan de wachters zien, die aan een knop draaiden waardoor het ijzeren hek op een kier openging. Het was een heel groot huis van bewaring en de auto reed wel honderd meter door voordat we bij de verhoorruimtes kwamen.

Eerst moesten we lege verhoorkamers zien te vinden. We konden maar één kamer vinden die niet bezet was. Hao en ik kwamen tot de conclusie dat, omdat ik een moordenaar moest verhoren, ik die kamer moest nemen. We kwamen langs de eetzaal, waar politiemannen bezig waren hun gevangenen aan de eettafel te verhoren.

'Ik zal mijn verhoor hier houden,' zei Hao terwijl hij een politiekennis groette en hem een sigaret aanbood. De gevangene bedelde om een sigaret. Hao wierp hem een blik toe en zei: 'Dat had je gedroomd!' De agent gaf de man toch een sigaret, stak hem aan en zei: 'Rook en beken daarna!'

Hao en de agent stonden een tijdje te praten, maar toen ze merkten dat ik stond te wachten, zei Hao: 'Tot ziens!' en we gingen verder.

Na een poosje kwam de gevangenbewaarder met Hao's gevangene en ze gingen terug naar de eetzaal. Even later was het mijn beurt. Zodra Xu Wen over de ijzeren drempel stapte, nam hij me in zich op en toen de wacht hem de rug toekeerde om de deur dicht te doen, rende hij op me af en vroeg verwachtingsvol: 'Jij lijkt zo jong, ben je een stagiaire?'

Ik had kunnen doen wat mijn collega's meestal doen en naar hem kunnen sissen: 'Hou je kop en gedraag je!' Maar toen ik er even over nadacht, leek het me onnodig om zo hard te zijn tegen iemand die binnenkort zou sterven. Ik wierp een blik op zijn handboeien en zei: 'Denk jij dat een stagiaire een moordenaar mag verhoren? Probeer maar geen trucjes uit te halen, ik ben een oudgediende.'

Hij barstte in lachen uit. 'Ik haal geen trucjes uit. Ik wil een milde straf hebben.'

'Ik heb zijn voetboeien afgedaan,' informeerde de wacht mij, 'maar zijn handboeien moet hij omhouden. Zal ik hem nu naar de verhoorkamer brengen?'

'Vanzelfsprekend,' antwoordde ik.

Onderweg probeerde Xu Wen me te leren kennen, maar ik antwoordde niet en gaf hem ook geen standje. 'De verhoorkamer ligt op de tweede verdieping,' zei ik slechts en hij liep gehoorzaam de trap op. De wachter en ik volgden hem. Toen hij op de tweede verdieping kwam, zei hij plotseling: 'Sorry, maar ik moet naar de wc.'

De gevangenbewaarder keek streng en zei: 'Dat gaat niet!'

'Maar alstublieft, ik smeek u. Ik moet zo nodig.' Je kon echt zien hoe hij leed.

'Wat zijn dat voor een verdomde spelletjes?' vloekte de wachter. 'Moet ik je een knal geven? Je hebt de hele dag in de cel gezeten zonder te pissen, maar zodra je eruit komt, moet je ineens. Hou het maar in!'

Xu Wen wendde zich tot mij: 'Alstublieft mevrouw de officier van justitie, heb medelijden met mij. Ik wilde net gaan piesen in de cel, maar toen kwam hij zeggen dat ik op verhoor moest en toen durfde ik niet meer. Ik was zo bang dat ik te laat zou komen en daarvoor gestraft zou worden, daarom ging ik meteen mee.' Hij zag er erg zielig uit, het leek niet of hij het speelde.

'Is dat zo?' vroeg ik.

'Ja,' antwoordde hij nederig met een eerlijk gezicht.

'Het is niet toegestaan,' zei ik, 'maar aangezien het verhoor misschien wel uren duurt, zou het onmenselijk zijn om je te dwingen te wachten.' Ik aarzelde nog steeds.

Hij hapte meteen. 'Ja, wat maakt het uit of ik mag gaan plassen? Ik kan toch niet ontsnappen.'

'Je moest eens durven! Doe zijn handboeien af,' zei ik tegen de wachter. 'Laat hem naar de wc gaan. Ik zal de wacht houden.'

De wachter deed met tegenzin de handboeien af en zei: 'Schiet op nu!' Xu Wen knikte. 'Dank u wel! Ik zal me haasten.'

De gevangenbewaarder liep het kantoor naast de toiletten in om een praatje te maken met zijn collega's. Ik wachtte een paar minuten voor de wc, maar toen Xu Wen niet naar buiten kwam, werd ik ongerust en riep ik hem. Hij antwoordde niet.

'Ga die wc in om te controleren!' schreeuwde ik tegen de wachters en ik rende zelf naar de deur om hem in te trappen, zonder me erom te bekommeren dat het een herentoilet was. Xu Wen had het raam al opengedaan en stond op de vensterbank en toen hij mij zag binnenstormen, gooide hij zich voorover naar beneden.

'We hebben een probleem!' riep ik tegen een gevangenbewaarder en verzocht hem naar beneden te rennen om Xu Wen te pakken. De bewaarder draaide zich om en rende de trappen af, terwijl hij riep: 'Pak de ontsnapte! We hebben een ontsnapping hier!'

Ik rende naar het raam en keek naar buiten. Xu Wen was niet dood, maar kennelijk had hij zich pijn gedaan aan zijn voet, want nu krabbelde hij overeind en strompelde alsof zijn leven ervan afhing naar de poortwachter. De gevangenbewaarder riep iets in zijn portofoon en een heleboel andere wachters haastten zich naar beneden. De poortwachter had waarschijnlijk het geroep al gehoord, want hij pakte zijn geweer stevig vast, gooide de poort dicht en ging ervoor staan. Xu Wen was zestig meter ver gekomen toen hij omringd werd door de gewapende poortwachter en de gevangenispolitie en merkbaar vaart minderde. Het was duidelijk dat de situatie onder controle was.

Ik rende het toilet uit, de trappen af en naar de poort. Tegen die tijd hadden de wachters Xu Wen al gegrepen en zijn armen op zijn rug gedraaid. Ik was niet meer geschrokken, maar alleen nog waanzinnig kwaad. Als ik een moordenaar had laten ontsnappen, zou ik ontslagen zijn of er wellicht van verdacht worden met opzet een moordenaar te helpen. Ik zou nooit meer een gevangene mogen verhoren in dit huis van bewaring – ik zou in plaats daarvan zelf verhoord worden. De gevangenen wisten dat officieren van justitie milder waren dan politieagenten en dat vrouwelijke officieren van justitie aardiger waren dan mannelijke. Ik was veel te gemakkelijk te beïnvloeden.

Xu Wen had mijn vriendelijkheid misbruikt om te proberen te vluchten. Snuivend van woede liep ik met grote stappen recht op Xu Wen af en ik ging voor hem staan. Zonder een woord te zeggen tilde ik mijn hand op en gaf hem een oorvijg die zo hard was dat mijn hand eerst gevoelloos werd en daarna pijn deed. Xu Wen wankelde omver en toen hij zijn gezicht weer omdraaide, kon je duidelijk de afdruk van een hand en vijf vingers zien op zijn linkerwang. Ik gaf hem ook nog een klap met mijn linkerhand, zodat zijn gezicht opzwol en er een beetje bloed uit zijn mondhoek sijpelde. De wachters waren verbaasd om zo'n jonge vrouw zo boos te zien. Een van hen gaf Xu Wen een klap op zijn achterhoofd en schold: 'Gluiperige bastaard! Je jaagt ons de stuipen op het lijf! Wat heb jij een geluk dat de officier van justitie een vrouw is, als het een man was geweest, had hij je helemaal verrot geslagen.'

Xu Wen durfde nauwelijks te hijgen, hij hield zijn handen voor zijn gezicht en haalde voorzichtig adem. Een man? dacht ik. Een mannelijke officier van justitie had hem nooit naar de wc laten gaan. Hij had zich er niets van aangetrokken of de gevangene in zijn broek plaste – hij had een andere broek mogen aantrekken zodra hij weer in de cel kwam. Ik tikte hard met mijn vinger tegen zijn voorhoofd en zei met koude stem: 'Terug naar de cel met jou! Waarom zou ik jou verhoren? Het lijkt me beter dat ze uitschot als jij meteen afschieten, dan sparen we tijd. Wat een duivels type ben jij, dat je je zelfs aan het eind niet eens kunt gedragen.'

De gevangenbewaarders sleepten hem terug naar zijn cel.

Nu sla ik gevangenen ook, dacht ik. De spanning die ik heb opgebouwd door elke keer met die verharde misdadigers om te gaan, heeft me steeds agressiever gemaakt. Als ik zo doorga, word ik net zo'n meedogenloze rechtsdienaar als veel van mijn collega's. Ik schrok van die gedachte.

Toen Hao klaar was met zijn verhoor, stapten we in de auto en reden terug. Ik was nog steeds erg opgewonden. De juridisch agent, die niets van juridische zaken wist, probeerde me de les te lezen: 'Nooit medelijden voelen met misdadigers! Als je mensen te veel rechten en vrijheden geeft, worden ze totaal onhandelbaar. Je moet je medemenselijkheid aanpassen aan hun aard. Als het hem werkelijk gelukt was te vluchten, had jij je humanisme niet kunnen volhouden.'

Dat was waar. Als ik de vlucht een paar minuten later had ontdekt, zou mijn toekomst er heel anders hebben uitgezien. Mijn collega's zouden erom gelachen hebben dat ik, na zoveel jaar in het vak, nog steeds zo goedgelovig was.

Hao strooide zout in de wond. 'Jouw zwakheid is dat je vrouwelijke barmhartigheid bezit.'

'Kraam niet zo veel onzin uit, allebei. Ik ben niet in een goed humeur, dus als je niet oppast, krijgen jullie de volle laag.'

'Goed dan, maar als je je hebt afgereageerd, moet je deze les wel in je oren knopen. Je mag nooit medelijden hebben met een misdadiger,' zei Hao troostend.

'Ja, dat moet ik dan maar van jou leren, jij bent zowel hard als stoer.' Hij glimlachte voldaan.

In 1992 leek er aan de reeks moorden geen eind te komen. Ik was nog maar net tot bedaren gekomen, toen ik de moord op een echtgenote moest behandelen. Ik gooide de map onder in mijn bureaula en zei tegen Ya Lan: 'Kun je me niet een wat simpelere en leukere zaak geven?'

Ya Lan zette een pruilmondje op, glimlachte en ging door met het registreren van de stukken uit de grote stapel waar de politie zojuist mee aan was komen zetten. 'Ik denk dat er bij jou een steekje los is gaan zitten door al je onderzoeken. Denk je dat het leuk is om in de gevangenis te belanden?' Ze reikte me een volle map aan. 'Hier is een geval van mishandeling. Dat ziet er heel simpel uit, dan kun je je een beetje ontspannen. Als jij doorgaat met stressen, loopt het nog verkeerd af.'

Toen ik de stukken had doorgelezen, kon ik het niet laten om hard te lachen. Ik stond op en haalde een formulier uit de archiefkast om de vrouw van de gedaagde voor verhoor op te roepen.

De volgende ochtend kwam de dertigjarige financieel assistente op een basisschool stipt op tijd mijn kantoor binnen.

'Weet je dat jouw man in hechtenis is genomen?' vroeg ik.

'Ik weet het. Ik ben erheen geweest met kleren, tandenborstel, tandpasta en zo.' Ze kon niet goed stilzitten.

'Gaat het nu wat beter met je collega Ren?'

'Hij is weer gezond. Hij is alweer een paar dagen op het werk.'

'De gerechtsarts heeft vastgesteld dat zijn verwondingen als licht kunnen worden omschreven. Was je van plan de ziekenhuisrekening te betalen?'

'Als mijn man wordt vrijgelaten, wil ik best Rens onkosten betalen. Ik heb gehoord dat als de verwondingen licht zijn, je de zaak kunt oplossen met bemiddeling, dan hoef je niet per se tot gevangenisstraf veroordeeld te worden.'

'Dat hangt van de omstandigheden af. Er zaten twee papieren bij de stukken. Op het ene stond: "Ren en ik hebben een verhouding." Op het andere had Ren hetzelfde geschreven. Kun jij controleren of dit jouw handschrift is?'

Zij ontkende het niet, maar zei meteen: 'Dat heb ik geschreven.' Pas toen kwam ze naar voren en keek ze naar het papier. 'Ja, dat klopt.'

'Kun je dat aan mij uitleggen? Hadden jij en Ren een buitenechtelijke verhouding?'

'Nee, we waren alleen maar vrienden,' antwoordde ze snel.

'Waarom heb je dit dan geschreven?'

'Mijn man Gao heeft me gedwongen dat te schrijven. Hij bracht me zo in verwarring. Die dag was hij helemaal over de rooie en ik was ontzettend bang. Toen hij 's morgens wegging, zei hij dat ik geen lunch voor hem hoefde te maken omdat hij iets te doen had en niet thuis zou komen.

Toen ik voor de lunch thuiskwam, was het rustig en stil, zoals altijd. Ik maakte eten en toen dat bijna klaar was, kwam mijn collega Ren langs om over de aankoop van schoolboeken te praten; ik ben financieel assistente op school. We zaten te praten en ik nodigde hem uit met mij te lunchen zodat we samen terug naar school konden lopen. Dat wilde hij wel.

Ons appartement is heel klein, dus als we gaan eten, moeten we een tafeltje voor het bed zetten. Ren en ik gingen tegenover elkaar aan de tafel zitten eten en praten. Na een tijdje kregen we het over de leerlingen en hun verliefdheden. Ren schudde zijn hoofd, zuchtte en zei: "Waar moet het heen met de wereld, zelfs schoolkinderen gaan met elkaar. Ik ben ongerust over mijn zoon, ik heb geen idee wat hij achter mijn rug om doet." Ik ben nogal streng voor mijn dochter, zij mag van mij niet meedoen aan alle activiteiten na de les, dus ik was het met hem eens: "Als ik zou ontdekken dat mijn dochter een vriendje had, zou ik haar in elkaar slaan." Net toen ik dat gezegd had, hoorde ik ineens een hard geluid vanonder het bed en toen kroop mijn man tevoorschijn met een asgrauw gezicht.

Ik was totaal onvoorbereid en begreep niet waarom hij twee uur lang onder het bed had gelegen zonder ook maar iets te zeggen of enig geluid te maken. Ren gaf een gil van schrik en sprong op van zijn stoel, instinctief stapte hij achteruit en vroeg: "Waarom ligt jouw man onder het bed verstopt?" Ik was gechoqueerd en zei alleen maar: "Ik heb geen idee." Ren wendde zich tot mijn man, die nu in zijn gezicht rood was van kwaadheid: "Doe niet zo raar. We kennen elkaar toch." Mijn man schudde dreigend met zijn wijsvinger naar hem: "Jij schaamteloze schurk! Ik ga jouw zwijnenkop eraf snijden!" Hij rende de keuken in, pakte het hakmes en ging Ren als een gek achterna. Hij hakte op Rens hoofd in. Gelukkig kon Ren in elkaar duiken en werd hij alleen gewond aan zijn handen. Maar hij bloedde zo.'

'Gaan er geruchten over jou en Ren op school?'

'Nee. Ren en ik zijn alleen maar vrienden en zonder vuur krijg je geen rook.'

Toen ik Gao verhoorde, drukte hij de wens uit Rens ziekenhuisrekening te betalen. Het was een zeer in zichzelf gekeerde man en het leven in de cel leek hem te hebben gekalmeerd. Hij bekende dat hij fout gehandeld had en dat hij dat gedaan had in een impuls. De reden waarom hij zich onder het bed had verstopt, was dat hij dacht zijn vrouw op heterdaad te kunnen betrappen. Maar toen ze niets deden en hij er op zo'n vernederende manier onderuit moest kruipen, was hij bang dat Ren en zijn vrouw om hem zouden lachen en daarom pakte hij het mes en ging hij in de aanval. Hij deed zijn best om erop te wijzen dat hij normaliter geen slecht mens was. Hij hoopte dat ik hem zou begrijpen en hem zou vrijlaten.

Hij had twee jaar lang verdenkingen gekoesterd tegen zijn vrouw. 'Op een dag was ik op weg naar mijn werk toen ik ontdekte dat ik iets vergeten was en weer terug moest. Toen ik de deur opendeed en het appartement binnenkwam, zag ik mijn vrouw op de bank zitten praten en lachen met een man. De man stond op en begroette me. Mijn vrouw vertelde dat het haar collega Ren was. Hij leek een open en vrolijke man te zijn. Ik kreeg als het ware een klomp in mijn borst en die heeft daar sindsdien gezeten.

Ik ging op het handelen van mijn vrouw letten, ik controleerde of ze zich opmaakte of zich speciaal kleedde, of ze koketter leek dan anders. Als ze niet thuis was controleerde ik de lakens om te zien of er vlekken op zaten of sporen van sperma. Ik controleerde zelfs haar onderbroeken omdat ik zo bang was om bedrogen te worden.

In augustus 1992 zou ik op een ochtend mijn dochter naar school brengen en toen ik wegging, zei ik tegen mijn vrouw dat ik wat te doen had onder lunchtijd en niet thuis dacht te komen. Net na negenen verliet ik de fabriek en ging naar huis. Ik dacht: als zij weet dat ik niet thuis kom lunchen, dan nodigt ze zeker die Ren uit. Vandaag kan ik ze op heterdaad betrappen. Er was geen goede plek om me te verstoppen, dus eerst probeerde ik onder het bed te kruipen. Om mijn hele lichaam te verbergen haalde ik een ronde wasteil uit de badkamer. Ik pakte een boek en lag twee uur onder het bed in de wasteil te lezen.

Om elf uur kwam mijn vrouw terug van haar werk. Ze had groente gekocht en neuriede ontspannen voor zich uit terwijl ze eten maakte. Ik kroop in elkaar onder de wasteil en durfde me niet te verroeren uit angst een geluid te maken. Een uur later werd er op de deur gebonsd. Dat was Ren. Hij kwam binnen en ze begonnen over schoolzaken te praten. Ze aten en praatten naar hartenlust. Onder het bed was het wel dertig graden en ik zweette en ik was moe en ik had honger. Ik hoorde hoe mijn vrouw zei: "Als ik zou ontdekken dat mijn dochter een vriendje had, zou ik haar in elkaar slaan." Toen werd ik zo kwaad. Een getrouwde man en een getrouwde vrouw zitten samen in een huis te eten – moeten mensen die zo immoreel zijn ons kind bekritiseren? Ik zal jullie leren! dacht ik. Dus ik schopte de teil aan de kant en kroop onder het bed vandaan. Ik rende de keuken in, pakte het mes dat op de snijplank lag en gooide me op Ren.'

Gao zuchtte diep, alsof hij echt spijt had.

Ik praatte ook met Ren, die, opgelucht dat hij het er levend van af had gebracht, het gebeurde beschreef. Hij was niet meer kwaad, maar hij was van mening dat Gao last had gehad van verstandsverbijstering. Ik vroeg hem of hij wilde dat Gao in de gevangenis belandde of dat hij zijn ziekenhuisrekeningen betaald wilde krijgen. Zonder te twijfelen koos hij meteen voor de rekeningen: 'Ik ben een collega van zijn vrouw en we zien elkaar dagelijks op het werk. Wat zou ik ermee winnen om hem naar de gevangenis te sturen?'

Ik stelde voor de aanklacht te laten vallen. Bovendien voegde ik een commentaar aan de stukken toe waarin ik de politie vroeg te helpen bemiddelen tussen de partijen. Toen Gao de ziekenhuisrekeningen had betaald, keerde hij terug op zijn werk.

Op een zomerdag drie jaar later was ik aan het winkelen in een warenhuis, toen er plotseling iemand naar me toekwam.

'Bent u niet officier van justitie Xiao?' Hij lachte verlegen en ging verder: 'Drie jaar geleden hebt u mij verhoord en een paar dagen later vrijgelaten.' Toen hij merkte dat ik niet reageerde, zei hij: 'Ik heet Gao en ik werk op de staalfabriek. Ik probeerde de ontrouw van mijn vrouw te ontmaskeren en stak haar collega neer. Nu ik u toevallig zie, wil ik alleen maar even bedanken. Ik was er zeker van dat ik tot gevangenisstraf veroordeeld zou worden en zowel werk als gezin zou verliezen. Maar u hebt zonder verachting naar mij gekeken op het meest wanhopige moment in mijn leven en u nam geen afstand van mij.' Hij glimlachte breed.

Ik glimlachte terug, blij dat er mensen waren die zo'n goede indruk van mij hadden. Dat was meer dan ik verwacht had.

Sinds moordenaar Xu Wen had geprobeerd aan mij te ontsnappen, was ik achterdochtig en verachtte ik alle moordenaars. Daarom liet ik de zaak van de moord op de echtgenote een tijdje in de la liggen voordat ik hem aanpakte. De verdachte zou nu niet eens levenslang krijgen, maar terechtgesteld worden, dus er was geen enkele reden om me te haasten.

Vier jaar eerder, op een nacht in 1988, was Zhao zoals gewoonlijk met zijn vrouw naar bed geweest. Toen hij de volgende morgen opstond, voelde hij zich duizelig en krachteloos. Hij verloor zijn eetlust en vermagerde sterk. Zhao had geen geld om naar een dokter te gaan, in plaats daarvan bezocht hij een kruidendokter ergens op het platteland. Deze kruidendokter blies de zaak op door te beweren dat Zhao met zijn vrouw geslapen had toen ze menstrueerde, dat het de geest van het bloed was die hem zo moe maakte en dat het daarom ongeneeslijk was.

Zhao begon zijn vrouw te verdenken: 'Ze wilde zeker expres met me naar bed ondanks haar menstruatie. Ze wilde me zo ziek maken dat ik doodga, om te kunnen hertrouwen met een ander.' Dagenlang liep hij te mopperen, probeerde hij fouten bij haar te ontdekken en begon hij ruzies zonder aanleiding. Het enige wat hij deed was eten en slapen, hij hielp nergens mee.

Zhao's vrouw beet op haar tanden om het uit te houden. Ze deed al het zware werk op het land en in huis. Bovendien wist ze wat geld uit haar magere huishoudpot te persen om Zhao mee te nemen naar het ziekenhuis voor een fatsoenlijk onderzoek, onder andere röntgenonderzoek van de hersens, ecg, controle van de lever en longonderzoek. Alle resultaten waren volkomen normaal, maar Zhao hield vol dat hij getroffen was door een ziekte die de artsen niet konden vinden. Hij verbood zijn vrouw met andere mannen te praten en sloeg haar om zijn agressie kwijt te raken.

Na vier jaar had ze er genoeg van en vroeg ze echtscheiding aan. 'Ik hou het niet meer vol om zo te leven. Je moet me een tijdje met rust laten.'

Hierdoor raakte Zhao er nog meer van overtuigd dat hij terechte verdenkingen had. Als ik toch ziek ben en doodga, kan ik haar net zo goed met me meenemen. Dan kan zij niet hertrouwen en problemen veroorzaken voor onze twee kinderen.' Dit, zo verklaarde hij zelf, was het motief voor de moord.

Op een nacht in juli 1992 wachtte hij tot ze vroeg in slaap was gevallen en toen plaatste hij een bom met een lont onder het bed, stak de lont aan en ging liggen met zijn armen stijf om haar heen. Door de harde omhelzing werd ze wakker en ze rook onmiddellijk de lucht van kruit en rook. Ze hoorde het sissende geluid van de lont en zag de vonken. Ze duwde Zhao van zich af en rende naakt het appartement uit. Ze was net de deur uit toen ze een krachtige klap hoorde. Het bed en de lakens werden door de explosie in stukken gereten.

Ze hadden de aanslag allebei overleefd en de volgende dag verliet ze haar man en reisde ze naar Changsha, waar ze een kamertje huurde en in haar onderhoud voorzag met allerlei kleine zaakjes. Zhao haalde alles uit de kast om haar te vinden en toen hem dat gelukt was, drong hij binnen in haar woning en weigerde te vertrekken. Hij werkte niet, was volledig van haar afhankelijk, maar toch bleef hij op haar vitten zoals vroeger. Ze kwam niet van hem af. Na een maand eiste hij dat ze hem reisgeld zou geven, zodat hij naar huis kon gaan om op krachten te komen. Hij zeurde net zolang tot ze er niet meer tegen kon en uiteindelijk pakte ze haar portemonnee terwijl ze klaagde: 'Jij moet altijd maar geld hebben en dan doe je net of je ziek bent. Je gaat heus niet dood. Ik werk me kapot hier in Changsha met fruit verkopen om een klein beetje geld te verdienen waar ik vier personen van moet verzorgen.'

Zhao werd daarop ontzettend kwaad. 'Wil je dat ik doodga? In dat geval gaan we samen!' Hij rukte een twaalf centimeter lang keukenmes uit zijn zak en gaf haar vijf steken in rug, middel en borst.

In alle onderzoeken die ik behandeld had, was ik op een heleboel idiote en egoïstische Chinese mannen gestuit die hun vrouwen sloegen als ze er zin in hadden en hen doodden alsof ze mieren waren. Deze vlijtige en goedhartige boerenvrouw werd alleen maar gedood omdat ze een vrouw was. Toen ik klaar was met lezen, nam ik mijn pet af, kwakte hem op tafel en zwoer: 'Als er iemand een executie verdiend heeft, dan is het wel deze man!' Het langdurige onderricht van de partij begon aan zijn doel te beantwoorden.

Ya Lan wierp een blik op me en schudde haar hoofd. 'Wat is er met jou? Laat jij je onderzoek je humeur bederven?'

'Die politieagenten zijn zo onkundig! Ik moet ze aangeven wegens ambtsovertreding. Is het geen misdaad als je probeert je vrouw te laten exploderen? Worden wij vrouwen niet meer tot de mensen gerekend? Verdomme!'

'Als je zo agressief bent, zeggen de mensen dat je feministe bent,' zei Ya Lan. 'Vergeet niet dat we in een mannenmaatschappij leven.'

Ik wees hoofdofficier He Fei erop dat de politie haar verantwoordelijkheid niet had genomen. 'Maar Zhao heeft toch niemand gedood met zijn bom?' zei hij. 'Aan wat kleine foutjes in het politiewerk kun je niet ontkomen. Als we geen order van hogerhand hebben om ze voor ambtsovertreding aan te pakken, dan gaan we niet onnodig moeilijk doen. We willen toch niet de prettige samenwerking met onze broeders bij de politie verknoeien?'

'Maar Zhao's vrouw dan? Heeft er iemand aan haar gedacht?' Ik probeerde mijn woede in te houden, maar dat lukte niet.

He Fei keek een tijdje naar het plafond en vervolgens om zich heen en toen zei hij rustig: 'Het ressortsparket van de provincie gaat een propagandabijeenkomst houden in Zhangjiajie en Changsha heeft toestemming om een officier van justitie te sturen. We hebben jou kandidaat gesteld.'

Ik staarde zonder te zien naar het zonlicht dat door het raam naar binnen stroomde, ging zuchtend zitten en zei: 'Probeer nu niet van onderwerp te veranderen. Goed, ik zal rustig worden. Laten we deze zaak geheel objectief bediscussiëren. Kan de dood van Zhao's vrouw op een of andere manier ons verantwoordelijkheidsgevoel wekken?'

'De politie heeft haar toch niet vermoord. Waarom moet je alles zo gecompliceerd maken? Volgens jouw logica zou ze dus niet gestorven zijn als de politie Zhao had aangeklaagd vanwege die bom?' He Fei fronste zijn voorhoofd.

'Dat zou hem in elk geval hebben laten inzien dat zijn vrouw geen dier was dat hij kon slachten wanneer hij maar wilde.' Ik merkte dat hij niet blij werd en daarom deed ik een stapje terug: 'Als het dan te moeilijk is om de politie ter verantwoording te roepen, kunnen we misschien wel iets doen om te verhinderen dat vergelijkbare dingen in de toekomst kunnen gebeuren.'

'Wat bedoel je?'

'De vrouwenbond is een rijksorganisatie die vrouwen moet beschermen, maar ondanks dat Zhao's vrouw vier jaar onder doodsbedreiging leefde, heeft ze nooit enige hulp van hen gekregen. Daarvoor moeten we ze bekritiseren.'

'Doe dat maar niet. Dat beïnvloedt vooral onze relatie met de regering.' Hij glimlachte en zei: 'Jij bent officier van justitie en het enige waar jij verantwoordelijk voor bent is om de moord te behandelen die Zhao begaan heeft.'

'Dus als wij een probleem ontdekken, dan blijven we aan de kant staan kijken?' haastte ik me te zeggen, omdat ik zag dat He Fei op de klok keek en ik begreep dat ik vandaag niets bij hem zou bereiken. 'We hebben tenslotte een traditie van vele duizenden jaren in China die mannen een onbegrensde macht geeft over hun vrouwen.'

'Wat is er met jou? Jij bent zo geïrriteerd over niks. We kunnen niet perfect zijn.' Hij glimlachte inschikkelijk naar me, stond op en sloot daarmee het gesprek af.

Zhao werd drie maanden later terechtgesteld.

Ik kwam net van He Feis kantoor toen een huilende vrouw van middelbare leeftijd binnenstoof en vlak voor me op haar knieën viel. Ze kon bijna niet praten van het gehuil en stamelde: 'Mijn arme dochter... ze is maar twaalf jaar... Mevrouw de officier van justitie, u moet de rechtvaardigheid in stand houden. Ik wil dat die jongen in de gevangenis belandt. Een paar dagen geleden liep onze dochter over een bruggetje over de Xiang samen met een klasgenote. Het water stond zo hoog dat het een paar centimeter boven de brug kwam. Die is vier meter breed en er zijn geen relingen. De meiden speelden wadend door het water. Toen ze midden op de brug waren, liepen ze twee jongens van in de twintig tegen het lijf. Onze dochter stond bij de rand en ze spetterde water naar de jongens, terwijl ze probeerde hun aanvallen te ontwijken. Ze deed een paar stappen achteruit en omdat ze niet uitkeek, viel ze in het water en werd meegevoerd door de stroom.'

Haar man, die na haar was binnengekomen, ging verder: 'Toen onze dochter vijf was, heeft het kinderbegrenzingskantoor mijn vrouw gedwongen zich te laten steriliseren. Nu is onze dochter dood en mijn vrouw kan geen kind meer krijgen. Ze weet dat ze de rest van haar leven eenzaam en bedroefd zal zijn en daarom wil ze niet meer leven.'

De vrouw huilde hartverscheurend, een halfuur lang. He Fei en Qi Ken kwamen kijken wat er aan de hand was. Ik rapporteerde dat ik de stukken had doorgelezen en dat het ging om een onverwacht ongeluk. De twee jongens die de meiden hadden geplaagd, konden niet wettelijk aansprakelijk worden gesteld. Daarentegen was het stadsdeelkantoor er verantwoordelijk voor dat de brug nooit relingen had gekregen en ook niet was verlicht. Er waren hier in de loop der jaren veel mensen in de rivier gevallen en verdronken. Ondanks dat had de stad er al meer dan tien jaar niets aan gedaan.

Qi Ken lachte om mij. 'Typisch iets voor jou om te denken dat de stad daarvoor verantwoordelijk zou zijn. Dat is toch idioot.'

Ik verdedigde me. 'Als de stad er maar een beetje aandacht en tijd aan had besteed door een reling te plaatsen, dan hadden veel mensenlevens gered kunnen worden.'

He Fei stond op. 'Praat toch geen onzin. Pak die jongen op voor doodslag, dan gaat die vrouw tenminste niet op het stadsdeelkantoor stampei staan maken. Het meisje is gestorven omdat ze probeerde te ontkomen omdat hij water spetterde, dus heeft hij haar dood veroorzaakt. Natuurlijk moet hij verantwoordelijk worden gesteld.'

'Maar dat meisje was ook met water aan het spetteren naar de verdachte en...' He Fei negeerde me en verliet het kantoor voordat ik mijn zin af had kunnen maken. Qi Ken schudde zijn hoofd, glimlachte en liep ook weg.

De jongen werd aangeklaagd voor doodslag en kreeg een gevangenisstraf.

Een van mijn collega's werd ziek en wilde dat ik hem in de rechtszaal zou vervangen. Aangezien ik de toestemming voor de inhechtenisneming had geregeld, was ik al bekend met de zaak. Het ging om een autodiefstal.

'De rechtszitting kan beginnen,' verklaarden de beide rechters vanaf hun podium.

'Gedaagde Ma, beken jij dat je op 20 september 1992 het slot van een auto open hebt gebroken die op straat geparkeerd stond, de auto hebt meegenomen, er twee dagen in hebt gereden en hem vervolgens hebt achtergelaten aan de oever van de Xiang?' vroeg ik met luide stem.

'Dat beken ik.'

'Klopt het ook dat jij op 1 oktober 1992 een motor van het merk Yamaha hebt gepakt die op straat geparkeerd stond, daar een halve maand op hebt gereden en dat je hem toen hebt achtergelaten en bent gevlucht toen de politie je aanhield om je rijbewijs te controleren?'

'Dat klopt.'

'De officier van justitie is van mening dat de gedaagde, Ma, door zich tweemaal een voertuig van een ander wederrechtelijk toe te eigenen, zich schuldig gemaakt heeft aan een misdrijf volgens paragraaf 132 van het wetboek van strafrecht en veroordeeld moet worden voor diefstal.'

'We geven het woord aan de advocaat van de verdediging,' zei de rechter.

De advocaat droeg een pak, hij was zo goed gekamd dat geen enkele haar verkeerd lag en zag er heel gewiekst en slim uit. Ma moest er flink wat geld aan hebben besteed om zo'n advocaat als verdediger te krijgen. Uit de stukken die zijn achtergrond belichtten, was op te maken dat Ma uit een vermogende familie stamde. Een groot aantal familieleden en kennissen zat erbij als toehoorders.

'Mijn cliënt heeft de twee voertuigen slechts gestolen uit nieuwsgierigheid en zuiver in een opwelling, het zijn geen ernstige diefstallen en ze mogen daarom niet als misdaad worden beschouwd,' zei de advocaat.

'De officier van justitie is van mening dat diefstal van voertuigen moet worden beschouwd als elke andere vorm van diefstal. Volgens de wet houdt diefstal in dat iemand zich onwettig en stiekem doch doelbewust algemeen of particulier bezit van relatief grote waarde toe-eigent en dat hij het gestolene wegvoert uit het beheer van zijn eigenaar of beheerder en het onder zijn eigen beheer brengt. Deze voertuigdiefstallen voldoen aan die criteria, aangezien de voertuigen na de toe-eigening buiten het beheer van de eigenaars zijn gebracht en in plaats daarvan in dat van de gedaagde. Daarom moeten de daden redelijkerwijs worden beschouwd als delicten.'

'De verdediging is van mening dat een voertuig een bijzonder soort voorwerp is en dat diefstal van een voertuig anders moet worden beschouwd dan andere diefstallen. Het moeten worden beschouwd volgens de bepalingen in artikel 6, paragraaf 7 van "Het antwoord van de Hoge Raad van het Volk en het College van Procureurs-generaal op zekere problemen aangaande de toepassing van de wet in de praktijk bij diefstalzaken" uit 1984. Daar staat geschreven: "Als voertuigen onwettig worden toegeëigend met als doel verkocht te worden dan wel behouden, dan zal dit worden beschouwd als diefstal. Wanneer verscheidene daders zich voertuigen hebben toegeëigend bij verschillende gelegenheden en ze later hebben achtergelaten, en wanneer dit heeft geleid tot ernstige problemen betreffende werk of productieproces, of tot zware verliezen, kunnen de schuldigen worden aangeklaagd voor het verstoren van de orde in de samenleving. Wanneer de diefstallen toevallig en impulsief waren en er waren geen verzwarende omstandigheden, kan men ervan afzien de schuldige te veroordelen."' De advocaat klonk uiterst belezen en correct. Een glimp van hoop blonk in de ogen van de gedaagde.

'De officier van justitie is van mening dat diefstal van een voertuig neerkomt op het te baat nemen van een gelegenheid wanneer de eigenaar niet oplet. De handeling zelf houdt in dat de macht om te beschikken over het gestolene wordt overgebracht van de eigenaar op de dief. Wanneer de dief beslag heeft gelegd op het voertuig, kan hij vrijelijk beschikken over wat oorspronkelijk een ander toebehoorde. Hij kan het verkopen of behouden, zich ermee vermaken en het weggooien. Ongeacht het alternatief is het voertuig in het bezit van de dader gekomen. Wanneer men zich op een onwettige wijze het eigendom van een ander mens toe-eigent, dan komt dat overeen met wat wij diefstal noemen.'

'De verdediging is van mening dat de Hoge Raad duidelijk heeft gemaakt dat iemand die uit nieuwsgierigheid of omdat hij zich wil vermaken een voertuig steelt en het daarna in de steek laat, niet voor een misdrijf veroordeeld zal worden. Volgens de stukken van deze zaak had mijn cliënt niet de intentie de voertuigen te behouden en dat gebrek aan misdadige opzet wordt bewezen doordat hij de voertuigen achterliet. Daarom kan hij niet voor diefstal worden veroordeeld. De rechtbank kan niet voorbijgaan aan de uitleg van de wet door de Hoge Raad van het Volk en het College van Procureurs-generaal.'

De juryleden knikten voorzichtig en de rechters keken onderzoekend naar mij. Misschien waren ze bang dat ik overtuigd zou zijn en wachtten ze alleen maar op een teken van mij om zich terug te kunnen trekken voor overleg, verder onderzoek te eisen of een besluit te nemen. Op die manier werkten rechtbank en officier van justitie vaak samen. Wanneer de rechtbank een pauze inlaste, konden de officier van justitie en de rechters onder elkaar tot een niet al te pijnlijke oplossing van het probleem komen.

Maar ik knikte niet, ik stond op en vroeg: 'Ma, heb jij zelf deze advocaat in dienst genomen?'

De advocaat ging onmiddellijk in de tegenaanval: 'Ik protesteer!'

De rechters en ik deden net of we niets hoorden. Ik staarde Ma aan en volhardde in mijn vraag.

'Ja,' antwoordde Ma gehoorzaam, 'ik had gehoord dat hij bekend is.'

'Bekende advocaten kosten geld,' ging ik verder. 'Waarom heb je een advocaat nodig?'

De rechters keken enigszins ongeduldig op en knikten naar me, maar ze onderbraken me niet.

'Ik wil dat hij me helpt me te verdedigen,' zei Ma. 'Liefst dat hij me vrij krijgt.'

'Dus je hebt een advocaat aangenomen om je te laten vrijspreken van schuld. Dat betekent dat je met opzet hebt gehandeld.'

De advocaat protesteerde. Ik trok me niets van hem aan en ging verder: 'Als je die opzet niet had gehad, zou je niet zoveel geld hebben uitgetrokken om te bewijzen dat je onschuldig bent, toch?'

De advocaat protesteerde nogmaals en de rechters, die de logica van wat ik zei begonnen te zien, briesten geïrriteerd: 'Rustig maar! Laat haar uitpraten.'

'Nee,' antwoordde Ma.

'Je kunt dus zeggen dat jouw opzet of motief jou ertoe bracht om een advocaat aan te nemen?'

'Ja.'

'Dat betekent dan ook dat je het ermee eens bent dat het handelen van een normaal mens gestuurd wordt door onbewuste opzet?'

Ma aarzelde en antwoordde niet.

'Ben je ooit psychisch ziek geweest?' vroeg ik.

'Nee, nooit,' antwoordde hij. 'Ik ben helemaal normaal.'

Ik ging weer zitten en zei rustig tegen de rechters: 'De kern van deze

zaak is of de gedaagde de opzet had om zich onwettig voertuigen toe te eigenen. De officier van justitie is van mening dat het feit dat hij de voertuigen
nam, inhoudt dat hij subjectief gezien een dergelijke opzet had. Volgens het
dialectische materialisme worden alle handelingen gestuurd door gedachten – het subjectieve beïnvloedt het objectieve zodanig dat subjectieve gedachten en objectieve handelingen een relatie met elkaar hebben. Bepaalde
misdadige gedachten leiden tot bepaalde misdadige handelingen en bepaalde misdadige handelingen moeten zich op hun beurt weerspiegelen in bepaalde misdadige gedachten. De handelingen van de gedaagde zijn een con-
cretisering van zijn gedachten. De gedaagde wist vanzelfsprekend dat de
voertuigen aan een ander toebehoorden en dat hij geen toestemming had ze
te gebruiken aangezien de wet het eigendomsrecht beschermt. Tijdens de
diefstallen moet hij zich ten volle bewust zijn geweest van het feit dat wat hij
deed misdadig en onwettig was. Juist omdat hij de wens had, en zichzelf
toestond daar uiting aan te geven, om zich illegaal een voertuig toe te eigenen, voerde hij die handeling uit en "nam" het. Het was ook om die reden
dat hij zich na de diefstallen naar eigen zeggen ontdeed van het gestolene.
Alleen het feit dat de gedaagde zich na de diefstallen ontdeed van de voertuigen betekent niet dat hij niet de intentie had ze zich illegaal toe te eigenen.
Iets achterlaten is simpelweg een manier om zich van de gestolen waar te
ontdoen. Alleen op grond van het feit dat de gestolen waar een zo bijzonder
voorwerp was, werden de mogelijkheden van de gedaagde om erover te beschikken begrensd en kon hij het niet verkopen. Toen de gedaagde stiekem
de voertuigen stal, had hij de bedoeling ze zich toe te eigenen. Nu probeert
hij zijn voordeel te doen met de moeilijkheid om iemands "subjectieve" in-
tenties te beoordelen en vindt hij dat hij alleen maar "grapjes maakte". Dat
is een poging om misbruik te maken van een gat in de wet teneinde aan straf
te ontkomen.'

Het was een tijdje stil en toen zei de voorzitter: 'De meervoudige kamer
trekt zich terug voor overleg.'

Twintig minuten later verklaarden de rechters dat de zaak gecompliceerd
was en dat op een later moment een uitspraak zou worden gedaan.

Toen ik 's avonds thuiskwam, zei mijn man: 'Vandaag zei mijn collega:
"Jouw vrouw en haar scherpe tong zorgen echt voor problemen voor ons.
Als we het met haar eens zijn, gaan we tegen een uitspraak van de Hoge
Raad van het Volk en het College van Procureurs-generaal in. Maar ze bear-
gumenteerde het zo logisch dat we haar ook niet tegen kunnen spreken."
Daarna hebben ze een vergadering gehouden om de zaak te bespreken en
het gerechtshof geconsulteerd om te horen of het mogelijk was om een be-
sluit van de Hoge Raad van het Volk in twijfel te trekken.'

Hij zag er erg trots uit. 'Als jij wint, heb je de rechtbank en het parket laten zien dat je durft te twijfelen aan juridische uitspraken van bovenaf.' Daarna betrok zijn gezicht en zei hij ongerust: 'Hoewel dat niet zo positief zou zijn. Mensen kunnen jaloers op je worden en beweren dat je de wet tart.'

Korte tijd later werd Ma veroordeeld voor diefstal. Ik publiceerde mijn analyse van het proces in het *Juridische weekblad* van 23 november. Iemand vertelde dat de familie van de veroordeelde mij haatte. Een ander gerucht was dat ik zo stijfkoppig was omdat ik kinderloos was. Vrouwen die geen kind kregen zouden keihard en eigenaardig worden.

Toen mijn man dat hoorde, werd hij chagrijnig.

De naam van het dode meisje was Lu. Ze zat in het derde jaar van Hunans pedagogische hogeschool. Op een ijskoude nacht in april 1993 viel ze van het dak van een zeven verdiepingen hoog hotel. De gerechtsarts stelde vast dat het ging om zelfmoord, aangezien ze overleed doordat haar hoofd kapotsloeg en de botten in haar lijf verbrijzeld werden door de lange val.

Een maand later belandde de zaak desondanks op mijn bord. De politie wilde een studiegenoot van de overledene aanklagen, Zhen. Volgens een gerucht had hij een relatie gehad met Lu. Hij moest de zondebok zijn om te voorkomen dat er een schaduw viel over de hogeschool vanwege het gebeurde. Het was algemeen bekend dat Zhen eerder relaties had gehad met verscheidene andere meisjes.

Toen ik Zhen kwam verhoren, had zijn onschuldige gezicht een verwarde uitdrukking. 'Ik begrijp helemaal niet waarom de politie mij heeft opgepakt. Ze hebben me nu al weken vastgehouden.' Hij was wit in zijn gezicht en likte zijn droge, gesprongen lippen.

'De politie heeft je opgepakt voor onzedelijk gedrag. Volgens het wetboek van strafrecht houdt dat in dat je met verschillende vrouwen samen bent geweest en seksueel misbruik van ze hebt gemaakt.' Ik praatte langzaam en duidelijk.

'Maar ik ben niet onzedelijk!' Zijn stem sloeg over, alsof hij niet kon geloven dat ik de waarheid sprak. 'Dat is toch absurd! Ik geef toe dat ik verschillende vriendinnen heb gehad, maar ik heb nog nooit een vrouw gedwongen om met mij naar bed te gaan. Als dat een delict is, moet de helft van alle Chinezen tot de schurken gerekend worden! Zeg mij eens, mevrouw de officier van justitie, welke jonge man of vrouw is niet vaker dan eens verliefd geweest? Is het misdadig om lief te hebben?'

Toen ik zag hoe angstig en verontwaardigd hij was, wilde ik dat ik kon zeggen: 'Dat maakt niet uit. Jij bent maar een zondebok. Door jou te offeren voorkomen we demonstraties op straat en kunnen we in alle rust verder leven.'

Maar dat kon ik niet. Ik was een officier van justitie die opgeleid was door de communistische partij. Het belang van de natie ging voor alles.

Ik boog mijn hoofd en schreef alle feiten op over zijn leven en zijn eventuele eerdere zonden. Ik draaide mijn hoofd om en keek een tijdje naar buiten. Voor de eerste keer brak ik een verhoor halverwege af en pakte stil mijn
pen en schrijfblok in. Ik beval hem niet zoals gebruikelijk om de stukken te
ondertekenen en zijn vingerafdruk te plaatsen, ik wilde zijn brandende, vra-
gende blik niet ontmoeten. Ik stond op, deed of ik iets aan mijn tas moest
maken en zei toen, zonder hem aan te kijken: 'We gaan. Ik loop met je mee
terug naar de cel.'

Hij wilde er niet heen en smeekte: 'Kunnen we niet nog wat langer praten, alstublieft? Ik heb mijn situatie niet kunnen uitleggen. Ik heb twee weken in de cel gezeten en pas nu heb ik de kans om mijn verhaal te vertellen.
Ik heb geen enkele misdaad begaan, u mag me best verhoren, graag zelfs.
Alstublieft.'

Ik moest hem stil zien te krijgen. 'Ga eerst terug naar je cel en denk eens
na over je gedrag. Ik zal nadenken over wat je verteld hebt.'

Hij kon niets anders doen dan opstaan en de kamer uitlopen, terwijl hij
onafgebroken zijn onschuld betuigde. Zijn lippen trilden van de spanning
en zijn stem was onvast. Gelukkig lag de verhoorkamer dicht bij de cellen
zodat hij niet zo heel veel kon zeggen voordat we bij de deur van het cellen-
blok waren. Ik droeg hem over aan de gevangenbewaarder, maar hij weigerde naar binnen te gaan en herhaalde dat hij onschuldig was. De wachter gaf
hem een duw en zei ironisch: 'Iedere gevangene die we hierbinnen hebben,
zegt dat hij onschuldig is, maar ze worden allemaal veroordeeld.' Hij keek
glimlachend naar mij. 'Hoe zouden we nou iemand kunnen veroordelen die
echt onschuldig is?'

De reden waarom het onderzoek gefocust was op Zhen, had te maken
met twee brieven die de dode Lu had achtergelaten. In een lange tekst beschreef ze gedetailleerd haar relatie met Zhen. Volgens Lu had hij alles waar
een meisje van droomt: hij was mooi, had zelfvertrouwen, had veel talent en
kon vooral goed praten. Ze waren vrienden en Zhen nodigde haar vaak uit
op zijn slaapzaal, waar ze praatten en gitaar speelden. Ze konden het goed
met elkaar vinden.

Op een dag zaten ze op de slaapzaal te praten over literatuur en kunst.
Zonder het te merken praatten ze de hele nacht. Lu vond dat Zhen een erg
fatsoenlijke en welgemanierde man was, maar hun studiegenoten roddel-
den veel over hun vriendschap. In een weekeinde nam Zhen Lu mee naar
een dansavond in een sporthal. Het was om tien uur afgelopen en toen liepen ze terug door het park rond de schoolgebouwen. Om halfelf zei Lu dat
ze terug moest naar haar slaapzaal, maar Zhen vond dat ze wel wat langer
op konden blijven omdat het toch weekeinde was.

Het werd plotseling helemaal donker tussen de huizen en de deur naar het vrouwenslaapvertrek was op slot. Volgens de regels moest het licht om uiterlijk elf uur uit zijn. Nu stonden ze buiten en wisten ze niet wat ze moesten doen.

'Nu kom je toch niet meer je eigen slaapzaal binnen, dus dan kun je net zo goed met mij meegaan naar mijn slaapzaal om verder te praten,' stelde Zhen voor. 'Vertrouw me, ik zal je niet dwingen tot iets wat je niet wilt.'

Lu was niet zo blij met de gedachte dat iemand hen zou kunnen zien, dan zou zij een slechte naam krijgen. Maar omdat het midden in de nacht was en ze nergens heen kon, weifelde ze. Zhen legde zijn arm om haar heen en trok haar zo'n beetje mee naar het mannenslaapvertrek. Daar zaten ze zij aan zij op bed te praten. Na een tijd werden ze moe en gingen ze op bed liggen, met hun kleren aan. Zhen legde zijn hand op haar rug en na een tijdje kwam hij tegen haar aan liggen en kuste haar. Lu trok zich terug en liet hem niet verder gaan. Zo gingen ze een uur door tot Zhen het eindelijk opgaf en ze allebei in slaap vielen. 's Nachts werd Lu wakker en ging ze in een ander bed liggen.

Om acht uur de volgende morgen klopte Zhens leraar op de deur. Hij zocht naar een student, maar zag tot zijn verbazing een jongen en een meisje in dezelfde kamer slapen maar ieder in een eigen bed. Dit 'verschrikkelijke nieuws' deelde hij onmiddellijk mee aan het docentencollege, dat het op zijn beurt zonder zich te bedenken verder verspreidde. Toen Lu's vriendje het verhaal te horen kreeg, was het al veranderd in 'Lu en Zhen werden op heterdaad betrapt toen ze met elkaar sliepen.' Toen zij probeerde uit te leggen dat het allemaal een misverstand was, geloofde hij haar niet en maakte het uit.

De partijafdeling, de studentenraad en het lerarencollege van de opleiding hadden er verscheidene keren op gewezen dat het de studenten verboden was liefdesrelaties te onderhouden. Om orde in de situatie te krijgen en de discipline te verbeteren besloot men beiden te straffen met een opmerking in hun persoonsdossier. Zo'n opmerking zou daar altijd blijven staan en met name de toekomstmogelijkheden van het meisje beïnvloeden. Geen werkgever zou haar een baan willen geven na haar examen, ze zou gedoemd zijn werkloos te blijven. Het persoonsdossier was ook een uitgangspunt voor de partij wanneer die een besluit nam over lidmaatschap, dus de droom om partijlid te worden was ook aan diggelen. Bovendien werd het persoonsdossier geraadpleegd voordat iemand bevorderd werd tot een leidinggevende positie.

Het besluit de opmerking te plaatsen zou aan haar ouders worden meegedeeld. Zij wist dat wanneer deze te horen kregen dat de dochter in wie ze al hun krachten en spaargeld hadden geïnvesteerd niet al haar tijd wijdde aan studeren, maar in plaats daarvan losbandig leefde, ze enorm teleurgesteld en boos zouden zijn. Zelf voelde ze een onmetelijke spijt en verdriet over het feit dat ze haar zuiverheid verloren was. Ze wilde dat de schoolleiding de waarheid wist. Ze kon ermee leven dat ze een standje kreeg, zelfkritiek moest schrijven en zelfs zich zou laten terechtwijzen door haar studiegenoten op een openbare bijeenkomst – het enige wat ze verzocht was om niet die opmerking in haar persoonsdossier te krijgen en dat haar ouders het verhaal niet te horen zouden krijgen.

De schoolleiding trok zich niets aan van haar verzoek. De burgerlijke liberale manier van denken had al geleid tot de onbeheerste vrijheidsbeweging die tot 4 juni 1989 duurde en de regering maande daarna geregeld aan tot grotere inzet om de studenten ideologisch te sturen. Op dat front mocht men nooit de teugels laten vieren.

'Iedereen denkt dat ik een onzedige sloerie ben. Ik wil niet sterven, maar ik zie geen andere uitweg,' schreef ze. De woordtekens in de zelfmoordbrief waren slordig en onduidelijk, alsof ze in paniek geschreven waren. In de brief verbaasde Lu zich er ook over waarom de schoolleiding niet de moeite had genomen om een echt onderzoek te doen, maar haar zo onrechtvaardig behandelde, waarom een jonge man en een jonge vrouw niet in dezelfde ruimte gezien mochten worden en op welke manier die vorm van vrijheid een belemmering zou kunnen zijn. Zelf vond ze niet dat ze iets verkeerds had gedaan en voor die overtuiging was ze gedwongen haar leven te offeren.

Lu's zelfmoord bracht de rector, de partijsecretaris, de voorzitter van de studentenraad, de veiligheidschef en de politie in een moeilijke positie. Het probleem waar de school zich voor gesteld zag, was dat Lu's dood heftige reacties onder de studenten kon veroorzaken, wellicht zelfs kwaadheid op de regering dat de vrijheid van de studenten zo begrensd werd.

Toen het gemeentehuis het rapport kreeg, werd er een vergadering belegd om de situatie te analyseren. Na de gebeurtenissen op 4 juni was de regering erg gevoelig voor wat er op hogescholen en universiteiten gebeurde. Als de zelfmoord niet snel onderzocht en in de doofpot gestopt werd, kon het gebeuren dat groepen dissidenten of buitenlanders erover zouden schrijven en het zouden gebruiken als een middel om de verzetsgeest onder de studenten op te zwepen, wat de nationale veiligheid kon beïnvloeden. Daarom besloot men dat de politie, de rechtbank en het Openbaar Ministerie onder leiding van het politieke en juridische comité het probleem zouden bespreken om een oplossing te vinden, zodat het gebeuren niet de aanleiding kon worden voor herinneringsceremonies voor degenen die op 4 juni waren gestorven.

Nog die middag kwamen Qi Ken en ik naar de vergaderzaal van de hogeschool. Afgevaardigden van de schoolleiding, enkele politiefunctionarissen, rechters en leden van het politieke en juridische comité waren al aanwezig. De zaal was vol. Wat iedereen zich afvroeg, was hoe we de verantwoordelijkheid bij de schoolleiding konden weghalen door een passende oplossing voor het probleem te vinden.

Iemand wees erop dat Lu zelfmoord had gepleegd vanwege de opmerking in haar persoonsdossier. De aanleiding dat ze die gekregen had, was dat ze de regels van de school had overtreden door niet op tijd terug te komen in het slaapgebouw en in plaats daarvan bij een jongen te gaan slapen. De verantwoordelijkheid moest dus bij de jongen worden gelegd. Als hij het meisje niet bij zich had gehouden, was niets van dit alles gebeurd. En waarom had hij gewild dat ze 's nachts bij hem bleef? Wat hadden ze eigenlijk voor relatie? Dat was waar we ons op moesten concentreren.

De schoolleiding vertelde over het eerdere gedrag van de jongen. Volgens de berichten was hij een charmante vrouwenversierder die populair was bij de meisjes.

'Nou dan. Daar hebben we het!' Een paar aanwezigen werden helemaal opgewonden. 'Hij is liefdesziek. Dat is de oplossing.'

In haar zelfmoordbrief had Lu geschreven dat de jongen haar op bed had geduwd en had geprobeerd haar te verleiden tot seks, maar omdat zij daar niet in meeging, had hij het opgegeven. Dat was een vorm van seksuele intimidatie. De deelnemers aan de vergadering trokken de volgende conclusie: Zhen, die zowel begaafd als mooi was, moest wel eerdere relaties gehad hebben en volgens de wet was het onzedelijk gedrag om zich op grond van beweerde liefde te vermaken met een flink aantal vrouwen. De hoogst mogelijke straf voor dat delict was vijftien jaar gevangenisstraf. We moesten gewoon een paar meisjes vinden met wie Zhen eerder seks had gehad. Dan kon hij veroordeeld worden voor onzedelijkheid en konden wij vaststellen dat Lu zich van het leven had beroofd vanwege verdriet en depressie nadat ze door hem was bedrogen.

Mijn afdelingschef Qi Ken, die nooit enig college in de rechten had gevolgd, zei: 'Als de politie maar een paar jonge vrouwen kan vinden die met Zhen naar bed geweest zijn en hun getuigenverklaring in een proces-verbaal neerlegt, kunnen wij een bevel tot inhechtenisneming uitvaardigen.'

Ik draaide mijn hoofd om en keek wanhopig uit het raam. De druppels van de koude regen vielen op de nog gesloten knoppen aan de boomtakken. Ik voelde hoe de kou in me optrok. Wat een koude lentedag was dit. Ik verlangde naar het mooie, warme zonlicht.

De strafrechter had ook iets te zeggen: 'Volgens paragraaf 160 van het wetboek van strafrecht kun je veroordeeld worden tot drie tot zeven jaar gevangenis voor onzedelijkheid als je seks hebt gehad met veel verschillende vrouwen. Dat neemt alle twijfel rond de aanleiding voor de dood van het meisje weg.' Ik staarde naar de spreker en zijn blauwe uniform met rode epauletten. Pas nu ontdekte ik dat het merk een rode golf voorstelde – ik had altijd gedacht dat het een rijkswapen was, zoals op het uniform van een officier van justitie.

Om de democratische vergadering af te kunnen sluiten en om de verantwoordelijkheid onder de aanwezigen te verdelen vroeg de voorzitter aan ieder van ons of we ermee instemden de zaak op deze manier te hanteren. 'Is er geen betere oplossing?' vroeg ik voorzichtig. 'Om hem te veroordelen tot vele jaren in de gevangenis alleen omdat hij een paar keer verliefd is geweest, kan toch niet de bedoeling van de wet zijn? Als het hem lukt het vonnis te bekritiseren en in beroep gaat, dan is dit wellicht niet houdbaar.'

'Waar zou hij in beroep gaan?' riep iemand. 'Dit is een overheidsaangelegenheid. We kunnen deze zaak bespreken met de hogere overheidsorganen en met de stedelijke autoriteiten van het Openbaar Ministerie en de Rechterlijke organisatie, zodat het zeker is dat de volgende rechtsinstantie, het gerechtshof, het vonnis zal bevestigen. Dat regelen we wel. En dan durft hij echt niet in cassatie te gaan.'

Ik deed nog een laatste krachtsinspanning: 'Is dit in overeenstemming met de jurisprudentie?'

De voorzitter van het politieke en juridische comité herinnerde me er geïrriteerd aan wat de hoogste functie van de wet is: 'De wet dient de machthebbers en de sturende klasse. We moeten flexibel werken naar de eisen van de situatie.'

Iedereen stemde in. Ik klemde mijn lippen op elkaar.

Na de vergadering liep ik stil en treurig terug naar kantoor. Ik vroeg aan Qi Ken, die met me meeliep: 'Is het niet een beetje kort door de bocht om te beloven iemand in hechtenis te nemen voordat je de feiten hebt leren kennen of het bewijs hebt gezien?'

Ik had niet gedacht dat hij zo kwaad zou worden. 'Waarom moet jij altijd tegenspreken? Ik heb jou meegenomen naar die vergadering om je te laten meedoen aan een bijzondere gebeurtenis. Jij bent een van onze knapste medewerkers en ik had bedacht dat jij deze zaak ter hand kon nemen!'

'Maar als we niet kunnen bewijzen dat hij een misdaad heeft begaan, kunnen we toch niet zomaar een aanklacht in elkaar zetten? Moeten wij een gewone medeburger opofferen om de stabiliteit te bewaren?'

'Als jij van mening bent dat jouw juridische kwaliteiten niet toereikend zijn om een zaak als deze op te pakken, dan kan ik de opdracht aan iemand anders geven!' antwoordde hij koeltjes.

Met de steun van het politieke en juridische comité en het gemeentehuis en de beloftes van hulp van het Openbaar Ministerie en de rechtbank, begaf de politie zich naar Zhens geboorteplaats om al zijn relaties en zijn sociale leven uit te pluizen. Zonder veel moeite lukte het om vier vrouwen te vinden die seks met hem hadden gehad. Ten overstaan van de nieuwsgierige blikken van zijn medestudenten werd Zhen door de politie uit de klas gehaald en naar het politiebureau gevoerd.

Terug op kantoor na het verhoor met Zhen dacht ik aan zijn smekende en wanhopige gezicht. Ik zocht He Fei op, die nog ongeruster leek dan ik, en voordat ik de kans kreeg om iets te zeggen, vroeg hij: 'Hoe ging het? Ik word elke dag achter mijn broek gezeten door vertegenwoordigers van de partij, een aantal lokale politici en het volkscongres om te horen hoe het gaat. Ze eisen dat we zo snel mogelijk een besluit nemen. Het wordt steeds lastiger om de studenten en de familie van die overledene rustig te houden.'

'Ik heb de stukken doorgelezen en de jongen verhoord, maar om hem in hechtenis te nemen voor ontucht, dat gaat een stap te ver.'

'Op drie vergaderingen is al vastgesteld dat een aanklacht wegens ontucht hier het beste past. Heb je soms een ander delict gevonden waarvoor je hem vast kunt zetten?'

'Hij heeft geen enkele misdaad begaan!' antwoordde ik met een lichte zucht.

'Er is een meisje doodgegaan, bedoel je soms dat dat geen misdaad is? Wat moet ik tegen het volk en de leiders zeggen als we hem niet in hechtenis nemen? Als de studenten een nieuwe demonstratiegolf organiseren die dreigt de communistische partij ten val te brengen, neem jij dan de verantwoordelijkheid op je? Dat jij je hoofd wil verliezen is jouw zaak, maar ik wil het mijne graag houden!' Hij klonk buitengewoon ernstig.

'Maar als wij een aanklacht indienen vanwege seksuele intimidatie alleen maar omdat hij een aantal relaties heeft gehad, dan worden zelfs de juryleden gechoqueerd.'

'Dus jij twijfelt aan de betrouwbaarheid van de wet? Met verschillende vrouwen naar bed gaan is een onzedigheid – of wou jij soms de wet veranderen? We hebben jou deze zaak laten behandelen omdat jij beter opgeleid bent dan wij. Beschaam ons vertrouwen niet en probeer het geheel in een breder perspectief te zien.' Oog in oog met een baas die zowel hard als waarderend was, verdween mijn moed om voor Zhen te vechten.

's Middags begon ik de omstandigheden rond de misdaad op te schrijven naast de mening van de verantwoordelijke onderzoeker. 'De verdachte heeft een zedendelict begaan en moet in hechtenis worden genomen.' Toen ik het document had ondertekend, zuchtte ik diep. Vanaf dat moment was Zhen ertoe veroordeeld een misdadiger te zijn.

De rechtszaak was niet openbaar – niemand mocht erbij zijn behalve de rechter en de officier van justitie, niet eens een advocaat. De getuigen hoefden niet te komen. Aan Zhens ouders liet de politie de boodschap overbrengen dat Zhen de dood van een meisje had veroorzaakt en dat men hoopte dat hij zijn daad zou bekennen en niet zou proberen de verantwoordelijkheid te ontkennen. De ouders geloofden de politie, schaamden zich over hun zoon en zagen ervan af een advocaat te zoeken. Zhen, die een arme student was, had natuurlijk zelf geen mogelijkheden om rechtshulp te betalen. Omdat het een speciaal geval was, zag de rechtbank ervan af om iemand aan te wijzen als verdediger. Zhen werd veroordeeld tot zes jaar gevangenisstraf.

'Ik kan het niet langer opbrengen!' zwoer ik bij mezelf. Als Zhen hierheen zou komen, als hij na zes jaar vrijkwam, om te vragen hoe ik er zo onrechtvaardig en doelbewust aan mee had kunnen werken om een onschuldige man tot de gevangenis te veroordelen, wat moest ik dan antwoorden?

Ik was bang. Ik hoopte maar dat zoiets niet zou gebeuren, ik wilde geloven dat ik op de een of andere manier vergeven zou worden.

Eenmaal thuis zonk ik neer op de bank en ik bleef daar zitten tot het donker werd. Ik moest met iemand praten. Maar het was verboden om onderzoeken te bespreken met mensen die geen politieman, officier van justitie of rechter waren en als ik dat toch deed, riskeerde ik een straf.

Ik belde mijn man, die gewoontegetrouw overwerkte. 'Waar ben je? Waarom kun je nooit eens op tijd thuiskomen?' Ik zei het met een harde stem.

'Mijn collega's en ik zijn uit eten met een advocaat en zijn cliënt. We bespreken een rechtszaak.' Hij leek niet te merken dat ik een merkwaardige stem had. Ik hoorde op de achtergrond de geluiden van gelach en glazen die geklonken werden.

'Ben jij getrouwd met je werk?' vroeg ik. Plotseling bedacht ik dat ik nog niet gegeten had. 'Ik ben hier aan het verhongeren. Moet ik hier thuis alleen eten?'

'Je kunt wel hier met ons komen eten als je wilt. Als we hebben gegeten gaan we naar een of andere bar om te dansen,' antwoordde hij geduldig.

'Nee, ik wil jullie niet over je werk horen discussiëren. Jij bent zo'n egoïst dat je mij alleen thuis laat zitten en gezellig uitgaat met je vrienden. Kom onmiddellijk thuis!' schreeuwde ik en ik gooide de hoorn erop.

Het duurde niet lang voordat hij thuis was en de lamp aandeed. 'Maar hallo! Waarom zit je hier in het donker? We hoeven toch niet te bezuinigen op elektriciteit?' Hij was duidelijk in een goed humeur. Hij ging naast me

zitten, keek een tijdje naar me en zei: 'Wie heeft jou zo kwaad en verontwaardigd gemaakt?'

'Niemand. Ik ben gewoon moe,' antwoordde ik en ik streek met mijn
hand door mijn haar. Ik zocht naar een geschikte manier om te beginnen,
maar hij kon zijn vreugde niet in bedwang houden. Hij vertelde enthousiast
dat zijn aanvraag voor het lidmaatschap van de partij, die hij al lang geleden
geschreven had, nu bij de politieke afdeling van de rechtbank terechtgeko-
men was. Het personeel was al bezig op het werk van zijn ouders te onderzoeken hoe zijn politieke achtergrond was. Hij kon binnenkort partijlid
worden.

Dat was echt geen onderwerp waar ik nu over wilde praten. Ik staarde
met een lege blik naar zijn lippen maar hoorde niet wat hij zei. Als ik zou
vertellen dat mijn geweten me plaagde, zou hij dan luisteren? Misschien zou
hij het weglachen als een kleinigheidje. 'Zo doet toch iedereen, waarom zou
jij jezelf erom bekritiseren?' In onze kringen gold er maar één ding: 'Wie de
leider wil dat je grijpt, grijp je, er is geen ruimte voor onderhandeling.'

Ik kon niets uitbrengen, zat daar maar stil in het donker. 'Vergeet het,'
mompelde ik tegen mezelf, 'wees sterk! Straks is het voorbij.'

's Nachts droomde ik dat iemand me achtervolgde. Ik probeerde te rennen voor mijn leven, maar mijn lichaam wilde niet gehoorzamen, zodat ik
heel langzaam rende. Mijn man schudde me wakker. 'Had je een nachtmerrie?' vroeg hij. 'Je maakte enge geluiden, het klonk alsof je doodging.'

'Neem me niet kwalijk! Je hebt nooit verteld dat ik in mijn slaap praat.' Ik
was nog steeds gedeprimeerd.

'Ik had het ook nooit eerder gehoord,' mompelde hij. Hij draaide zich
om en sliep in.

Een paar dagen kon ik me niet concentreren. De dagen gingen voorbij,
onderzoeken passeerden mijn handen. Om niet stil te hoeven blijven staan
bij wat er gebeurd was, zorgde ik dat ik alle mogelijke opdrachten op me
nam. Elke avond ging ik uit om te feesten en ik dronk zo veel dat ik ervan
omviel en insliep zodra ik thuis was. Heel langzaam werd alles weer gewoon.

Op Leis politiebureau zat ik te luisteren naar een slachtoffer van ontvoering, Pei:

'Nadat Yao en ik het uitgemaakt hadden, was ik een keer in de stad met een vriendin toen we hem plotseling tegen het lijf liepen. Hij sleepte me mee zonder zich iets van mijn protesten aan te trekken en bedreigde mijn vriendin: "Verdwijn, anders snij ik je keel af!" Zij werd zo bang dat ze rechtstreeks naar mijn ouders rende en vertelde dat ik ontvoerd was. Mijn ouders zijn meteen naar de politie gegaan.

Yao heeft mij onder bedreiging meegevoerd naar een boot buiten de stad, waar hij probeerde mij te laten beloven om onze relatie voort te zetten. Anders zou hij me van de boot gooien. Ik weigerde. Hij heeft me achttien dagen op die boot vastgehouden. De hele tijd bewaakte hij me en 's nachts dwong hij me tot seks. Ik wilde niet, dus vochten we. Verscheidene keren probeerde ik te vluchten, maar Yao ontdekte het en sleepte me terug. Toen hij op een dag aan land ging om sigaretten te kopen, lukte het me om naar buiten te sluipen en mijn vader te bellen. Ik had nog maar een paar zinnen kunnen zeggen voordat Yao terugkwam, me zag en de hoorn uit mijn hand greep. Ik zei hem verschrikt dat ik al aan mijn vader had uitgelegd waar ik was en wie mij ontvoerd had. Toen werd hij bang dat de politie hem zou komen pakken en liet hij me gaan.

Toen ik thuiskwam, dachten mijn familie en de politie dat het voorbij was en arresteerden ze hem niet. Maar Yao gaf het niet op, hij kwam vaak naar ons huis en dan stond hij daar voor de deur met zijn mes te zwaaien. Mijn moeder en vader waren weliswaar bang, maar ze hoopten de hele tijd dat alles vanzelf weer rustig zou worden.

Op een avond ging ik met een vriendin dansen toen Yao weer opdook. Hij hield koppig vol dat ik met hem moest dansen. Toen ik dat weigerde, bedreigde hij me: "Wat ik niet krijg, zal niemand anders krijgen! Als jij een nieuwe relatie begint, dood ik je!" Mijn vriendin en ik werden zo bang dat we weggingen. Yao achtervolgde ons en net toen we langs een bar kwamen, rende hij naar voren, greep mijn haren, trok mijn hoofd achterover en sneed me in het gezicht, zodat het bloed stroomde. Toen rende hij weg en mijn vriendin bracht me naar het ziekenhuis. Zelfs in de periode dat ik in het ziekenhuis lag, kwam Yao een paar keer de ziekenzaal op om mij en mijn familie te bedreigen. "Als jullie me aangeven, zal ik haar gezicht vernielen met zwavelzuur! Dan zal ze lijden voor de rest van haar leven!"

Ik weerstond zijn bedreigingen en gaf hem toch aan. Pas toen heeft de politie hem opgepakt voor ontvoering.'

Toen ik Yao verhoorde, bekende hij zijn daden en na het verhoor vroeg ik als in het voorbijgaan: 'Waarom gingen jullie uit elkaar?'

'Mijn vorige vriendin had over mij geroddeld tegen Pei. Op een dag vroeg ze me plotseling: "Je trekt je niet eens iets aan van je vrouw en kinderen, hè?" Dat gaf ik toe en toen maakte zij het uit.'

Ik zweeg een poos en dacht na. 'Toen ik je verhoorde, zei je dat je alleenstaand was. Waar komen die vrouw en kinderen dan vandaan?' Hij mompelde wat, maar antwoordde niet. Nu pas begreep ik dat hij gelogen had.

'Geef antwoord!' beval ik.

'Mijn vroegere vriendin is niet mijn vrouw. Ze komt uit Xiangyin op het platteland en is naar Changsha verhuisd om in haar levensonderhoud te voorzien. Ze stond vaak voor de bank in de Simenkoustraat om staatsobligaties te wisselen die ze goedkoop kocht van passanten en tegen een hogere prijs weer verkocht. Op die manier verdiende ze een beetje geld. Dat deed ik toen ook, zo ontmoetten we elkaar. We gingen met elkaar slapen en na korte tijd werd ze zwanger. Geen van ons had een verblijfsvergunning voor Changsha en we waren niet getrouwd, dus moest ik haar wel meenemen naar mijn geboortedorp zodat ze daar het kind kon krijgen. Zelf had ik schulden van veertigduizend yuan en de schuldeisers zaten achter me aan, dus toen ik haar in mijn dorp had afgezet, ging ik terug naar Changsha om me te verbergen. Zij is daar op het platteland gebleven en baarde een kind.'

'Een zoon?'

'Hij stierf.' Hij antwoordde kortaf.

'Stierf?' Ik hief mijn hoofd op en keek een ogenblik naar hem voordat ik met ernstige stem verderging: 'Hoe stierf hij? Hoe oud was hij? Waaraan overleed hij?'

'Hij was drie maanden toen hij doodging en hij ging dood omdat niemand voor hem zorgde.' Hij zag er onbewogen uit.

'Nu moet je het uitleggen,' hield ik vol.

'Ik weet niet of hij stierf van de honger of door een ziekte. Dat moet je haar maar vragen, zij is degene die schijt had aan haar eigen kind.'

'Jouw zoon is dood en je weet niet hoe dat gegaan is? Klootzak!' Ik voelde me misselijk worden. Het ging hier om het leven van een klein mensje en dat kon ik niet naast me neerleggen, of mijn collega's nou vonden dat ik me met bijzaken bezighield of niet.

'Toen zij het kind had gebaard, kwam ze me in Changsha zoeken. Ik vertelde haar dat ik geen geld had om haar en dat kind te onderhouden. Ze hing dagenlang om me heen voordat ze begreep dat ze echt niks van me zou krijgen. Toen ging ze naar Guangzhou om daar te werken. Het kind had ze bij mijn ouders achtergelaten, hij had geen moeder, kreeg geen melk, er was niemand die voor hem zorgde. Als hij huilde, gaf mijn vader, die nauwelijks kan lopen, hem wat rijstsoep. Dat jong poepte zonder dat iemand het opmerkte; pas als ze de stank roken, kwam iemand op het idee om hem te verschonen. Omdat hij geen goede voeding kreeg, niet gewassen werd en niet op tijd schone luiers kreeg, werd hij al snel ziek, maar dat leek ook niemand te merken. Na een maand stierf hij.'

'Dus jouw familie liet een pasgeboren kind aan zijn lot over?'

Hij boog zijn hoofd en verklaarde, zonder het minste berouw of verdriet: 'Ik was mensen zo veel geld schuldig, die kwamen steeds maar bij ons thuis om het geld op te eisen. Mijn broer en zus hadden schoon genoeg van alle problemen die ik veroorzaakte. Die trokken zich niets meer van mij en mijn zaken aan. Mijn vader vindt dat ik een slechte zoon ben, die niet voor hem zorgt, maar alleen problemen schept. Hij moet steeds proberen de schuldeisers tot rede te brengen, dus hij wil ook niets met mij te maken hebben. Mijn vriendin had geen geld en mijn schuldeisers vielen haar ook steeds lastig. Daarom bleef dat jong alleen achter en stierf hij na een paar maanden.'

Ik belde onmiddellijk naar Lei en verzocht hem om de moeder van het kind te zoeken zodat ik met haar kon praten.

De versie die zij me gaf klonk zo. Toen ze het kind had gebaard, had ze geen geld voor haar levensonderhoud en kon ze dus ook niet voor het kind zorgen. Daarom liet ze het in bed achter en ging weg om Yao te zoeken. Yao was echter ook straatarm. Overstelpt door woede besloot ze om niet terug te gaan naar het platteland, maar sprong ze op de eerste trein naar Guangzhou. Toen ze een halfjaar later eindelijk terugkeerde in Changsha, kreeg ze te horen dat het kind na een paar maanden al was gestorven.

Wat een verdomd waanzinnige wereld. In slechts enkele weken had een twintigjarig meisje zelfmoord gepleegd, was een eenentwintigjarige jongen tot zondebok gemaakt en nu bleek een drie maanden oude zuigeling van de honger gestorven te zijn.

'De nalatigheid van die twee ouders heeft de dood van het kind veroorzaakt,' zei ik tegen Lei. 'Dat is kindermishandeling. Kun jij contact opnemen met de politie in Liangyuan en hun vragen een nauwkeurig onderzoek uit te voeren naar de dood van het kind?'

Lei zag er opgelaten uit. 'Dat ligt buiten ons gebied, wij hebben geen jurisdictie over Lianyuan, dus het wordt moeilijk om bewijs te krijgen. Bovendien hebben we te weinig mensen. Kun je er niet zelf heen om het te onderzoeken?'

Dat hij ondanks onze vriendschap mijn verzoek afwees, bewees hoe moeilijk het was om bewijs te krijgen uit een ander gebied.

Ik bracht verslag uit aan adjunct-hoofdofficier Leng. 'De politie wil niet samenwerken, dus lijkt het me het beste dat ik zelf de lange reis maak naar Lianyuan om de zaak te onderzoeken. Kun je voor mij een auto reserveren en iemand regelen die mee kan gaan?'

'Is dat echt nodig?' vroeg hij. 'We kunnen Yao toch wel achter de tralies zetten voor ontvoering? Onze middelen zijn beperkt en we kunnen geen geld verspillen aan allerlei misdaadonderzoeken. Bovendien hebben we al te weinig mensen op jouw afdeling.'

In een poging de verantwoordelijkheid voor het onderzoek op me te nemen probeerde ik hem te overreden: 'Die net aangestelde jongeren op de anticorruptieafdeling hebben toch niets te doen? Die zitten de hele dag maar te kletsen. Ik kan een van die nieuwelingen meenemen, zodat hij of zij wat praktijkervaring opdoet.'

Leng keek me meteen heel chagrijnig aan. Ik had de vinger op de zere plek van het parket gelegd. De bazen hadden onder He Feis leiding een hele trits mensen aangesteld met goede contacten. Geen van hen had rechten gestudeerd of eerder in het rechtswezen gewerkt, maar na een paar jaar op kantoor werden ze toch bevorderd tot assistent-officier van justitie. Dat was een van de redenen waarom zoveel onderzoeken slordig en ondeugdelijk werden uitgevoerd.

Leng dacht een tijd na en zei toen: 'Bewijs verzamelen in een strafzaak is niet onze taak. Dat is politiewerk.'

De houding van de bazen was nu eenmaal om niets te doen wat hen niet direct aanging en om zo weinig mogelijk zaken op te pakken teneinde fouten te voorkomen, dus was er niets wat ik kon doen. Maar ik vond dat we ten minste verkrachting aan de aanklacht moesten toevoegen. Leng vond daarentegen dat het niet als verkrachting kon worden gezien omdat de vrouw eerder seks had gehad met Yao en omdat ze het niet had aangegeven.

Ik bracht het eigenlijk niet op om er met hem over te discussiëren, maar ik gaf hem toch mijn mening: Pei was achttien dagen lang ontvoerd geweest. Als een van haar vrijheid beroofde vrouw zou willen vrijen met de man die haar gevangen hield, waarom zou ze dan herhaalde pogingen doen om te ontsnappen? De vrouw had zelf aangegeven dat ze geen seks met die man had gewild en dat ze weerstand had geboden. Dat ze hem niet had aangegeven toen hij haar had laten gaan, kwam doordat ze bang was omdat hij haar constant achtervolgde en bedreigde.

Leng schudde zijn hoofd en hield vol: 'Ze waren niet bepaald vreemdelingen voor elkaar.'

Voor deze voormalige militair kon het niet tot verkrachting gerekend worden wanneer een man een vrouw neukte met wie hij eerder een liefdesrelatie had gehad of met wie hij getrouwd was geweest, of zij nou zin in de seks had of niet. Als een officier van justitie het waagde te praten over verkrachting binnen het huwelijk, zagen ze het als één grote grap en waren ze van mening dat die officier een idioot was. In China heeft een man er recht op dat een vrouw haar seksuele plicht vervult.

Ik hield vast aan mijn standpunt. Leng maakte zich er zo van af: 'Eerst nemen we hem in hechtenis voor ontvoering en daarna zien we wel. Als de rechters vinden dat hij ook schuldig is aan verkrachting, dan kunnen ze een paar jaar boven op de straf leggen. Het belangrijkste voor ons bij het Openbaar Ministerie is toch om hem in de gevangenis te zetten volgens de wet, hoeveel jaar hij krijgt is aan de rechtbank.' Zo kaatste hij de bal verder naar het gerecht.

Later koos de officier van justitie van strafzakenafdeling twee ervoor hem niet aan te klagen voor verkrachting of mishandeling van een zuigeling. De rechters, die ook voormalige militairen waren, namen geen notitie van de verkrachtingen die tijdens de hele ontvoering voortduurden, noch van het overleden kind. Yao werd daarom alleen veroordeeld voor ontvoering en kreeg slechts drie jaar gevangenisstraf.

Ik leunde neerslachtig achterover in mijn kantoorstoel met mijn hoofd tegen de rugleuning en ik staarde naar het plafond. 'Hoe langer ik bezig ben, hoe minder ik van de wet begrijp,' mopperde ik na een lange tijd tegen Ya Lan. 'Dagenlang praten we over hard toeslaan tegen de misdaad, maar als we dan een echte schurk hebben, kunnen we het niet opbrengen zijn misdaden tot de bodem uit te zoeken.'

Collega Jie Lia kwam de kamer binnen. Toen ze mijn gezichtsuitdrukking zag, glimlachte ze en zei schertsend: 'Ben je nu alweer boos? Pas maar op dat de bazen je niet bekritiseren om je slechte humeur!'

Ik ging rechtop zitten en vloekte. 'Maar verdomme, het is toch hopeloos om als officier van justitie te werken. Ik stelde voor om een van die parasietprinsen mee te nemen om bewijs op te gaan sporen, maar toen zei de baas nee. Laatst liep ik langs hun kamer en hoorde ik ze over pornofilms praten. Ze deden zelfs de geluiden na, kreunden en deden: "Oh! Oh! Het is zo lekker! Jaaa!" Nog een geluk dat een buitenstaander dat niet heeft gehoord. Dan zou iedereen te weten komen hoe het er hier eigenlijk aan toe gaat.'

Jie Lia snoof minachtend. 'Ze zijn te lui om rechten te studeren, maar hebben duidelijk wel geleerd om belangrijk te doen. Schreeuwen tegen getuigen en zich gedragen als idioten.'

'Het is niet zo verwonderlijk dat steeds meer onschuldige burgers in moeilijkheden raken wanneer lui zoals zij onderzoek mogen doen. Maar daar trekken ze zich niets van aan, zolang er maar iemand in de bak belandt,' mompelde Ya Lan terwijl ze over haar onderzoek gebogen zat.

Ik tikte kwaad met mijn pen op de berg met stukken voor me. 'Een rasechte schurk die ontvoert, verkracht, zijn mes trekt, kinderen mishandelt – zo'n beetje alle misdaden begaat die een mens kan begaan. En die krijgt maar drie jaar gevangenis! Maar een jonge student die helemaal niets gedaan heeft, moet zes jaar zitten. En als iemand dat in de toekomst gaat onderzoeken, dan blijkt mijn naam onder die onderzoeken te staan. En dan gaan mensen denken dat ik mijn werk niet goed heb gedaan. Verdorie!'

'Jij begint echt een oudgediende te worden,' zei Jie Lia, 'je vloekt alleen maar steeds meer.'

'Als je geen officier van justitie zou zijn, wat zou je dan doen?' vroeg Ya Lan. 'Het is precies hetzelfde om rechter te zijn. Advocaat komt niet eens aan de orde, dan heb je helemaal geen macht om iets te beïnvloeden en bovendien moet je de officieren van justitie en de rechters de hele tijd te eten uitnodigen.'

Ik kreeg plotseling een wonderlijk idee. 'Als ik nou eens zakenvrouw werd? Dan zou ik zeker meer kunnen verdienen dan ik nu doe en dan zou ik lak hebben aan alle onrechtvaardigheid en me nooit meer druk maken.'

Ya Lan geloofde die onzin geen seconde en met een paar woorden trok ze me terug in de werkelijkheid. 'Denk niet zo veel, je hersens raken nog oververhit! Je hebt zo lang in dit vak gewerkt, waarbij je anderen hebt uitgescholden en orders hebt gegeven tot ze voor je bogen. Je bent zo gewend om respect van anderen te krijgen, zou je dan voor hen kunnen buigen? Er is geen enkele geslaagde zakenman die de mensen met macht te vriend houdt en ze diners en drank aanbiedt.'

Jie Lia begon me te plagen. 'Je kunt natuurlijk proberen om hoofdofficier te worden en je droom van een Chinese rechtspraak die trouw is aan de wet verwezenlijken?'

Ik lachte. 'Je kunt niet de koek behouden en hem tegelijk opeten. Hoe kan ik nou hoofdofficier worden zolang ik een geweten heb?'

Jie Lia imiteerde de toonval van de bazen toen ze zei: 'Dat jij zoiets durft te zeggen laat zien dat je rebels bent en niet tot inzicht bent gekomen. Je hebt de partij beschaamd die zo veel in jouw opvoeding en opleiding heeft geïnvesteerd.'

Ya Lan moest om Jie Lia lachen. 'Als je zo slim bent, waarom heb je je dan niet al lang geleden macht en geld verschaft?'

De geestige woorden waren niet genoeg om me echt blij te maken. Ik was gedwongen de waarheid onder ogen te zien. Ik voelde me psychisch uitgeput. Ik zocht een oud-klasgenote op die arts was en zij gaf me een week ziekteverlof.

Ya Lan en ik begroeven onszelf in onderzoeken en onze deur stond altijd op een kier, wat typerend was voor overheidsinstanties.

Een zeer potige kerel verscheen op onze drempel en riep met rauwe stem: 'Hallo! Is dit strafzakenafdeling één?'

Wij reageerden met tegenzin op zijn onaangename manier van doen, fronsten het voorhoofd en wierpen hem een koele blik toe, waarna we doorgingen met lezen. Toen hij merkte dat we hem negeerden, ging hij weg, maar na een paar minuten was hij terug en nu had hij zijn toon veranderd: 'Pardon, is officier van justitie Xiao hier?'

Ik legde langzaam mijn pen neer en antwoordde: 'Dat ben ik. Bent u soms Qin Hai? Gaat u zitten.' Ik wees op de bank tegen de muur.

Al de eerste keer dat hij in onze deuropening opdook, had ik het idee dat hij Qin Hai was, een man die te maken had met een bordeelzaak en die ik had opgeroepen voor verhoor. Hij was eigenaar van een firma die kleren fabriceerde en had waarschijnlijk veel geld verdiend. Omdat hij zich zo onbeschoft en uit de hoogte tegenover ons gedroeg, vroeg ik me af hoe hij zich gedroeg tegenover gewone mensen.

'Waarom dwingen jullie me om hier te komen? Ik heb al betaald, alles zou geregeld moeten zijn. Jullie hebben beloofd dat als ik de pegels zou ophoesten, er niets zou gebeuren.'

Ya Lan hief haar hoofd op en keek vol schrik naar mij, misschien dacht ze dat ik smeergeld had aangenomen. Ook ik keek gechoqueerd, ik begreep meteen dat hier iets raars aan de hand was. Een verdachte die door de politie, officier van justitie of rechtbank wordt aangepakt en zich vrijkoopt, praat er meestal niet meer over omdat dat alle betrokkenen kan schaden. Dat Qin Hai er zo nonchalant over praatte, hoefde niet te betekenen dat hij dom of gek was, maar misschien kende hij de regels niet.

'Geld, geld, geld! Wie heeft jouw geld aangenomen? Onzin.' Ik klonk ook onvriendelijk, ik duldde dit soort praatjes niet.

'Ik heb gewoon het geld aan de verantwoordelijke op het arrondissementsparket gegeven, op de geheime manier,' zei hij eerlijk.

Ik werd razend. Probeerde hij mij te belasteren? Ya Lan zat tenslotte in dezelfde kamer en kon alles horen. Ik sloeg met mijn vuist op tafel en wees naar hem. 'Wat is dat voor een verdomde onzin! Ik ben verantwoordelijk voor dit onderzoek, begrijp je? Wanneer heb je mij geld gegeven? Als je doorgaat met dat geklets, laat ik je meteen opsluiten!'

Hij schrok ervan en protesteerde: 'De politie heeft me in de bak gezet omdat ik hoeren verkocht. Toen heb ik via een kennis contact opgenomen met de verantwoordelijke en hem betaald om me vrij te krijgen. Daarna zei de politie dat de zaak was doorgestuurd naar het arrondissementsparket en dat ik de verantwoordelijke daar moest betalen om aan verdere vervolging te ontkomen. Dus toen heb ik hun meer geld gegeven, dat ze zouden doorsturen naar de officier van justitie. En nou kreeg ik toch een oproep, dat is verdomd lastig, moet ik zeggen.'

Nu was het mijn beurt om me te verbazen. De man had geld uitgegeven en dacht dat hij nu de rechtsdienaars in zijn hand had en dat was de reden waarom hij geen respect voor mij toonde. Ik werd steeds verontwaardigder. Hij stond daar op mij neer te kijken, een officier van justitie, alsof niet hij maar ik de wet had overtreden.

Ya Lan schudde haar hoofd. Het was niet zo ongewoon dat de medewerkers op het parket werden getrakteerd op restaurantbezoek of andere uitjes – China is een land dat wordt gestuurd door persoonlijke relaties, dus dat telde nauwelijks. Maar dat iemand zuivere steekpenningen aannam waarna de schuldige geheel openlijk kon klagen dat de officier van justitie zich niet aan zijn belofte hield en deed wat hij had beloofd, dat was gewoon te veel. Als officier van justitie was het mijn plicht om onze goede naam hoog te houden. 'Dit is een juridische overheidsinstelling,' bulderde ik. 'Wij werken zonder persoonlijke belangen voor de staat. Als jij het waagt hier te komen om mij zwart te maken, dan wil ik dat je eerst eens vertelt hoeveel geld je mij dan wel gegeven zou hebben!'

Ik verhoorde hem nauwkeurig. Qin Hai had een hoop geld verdiend aan zijn zakelijke activiteiten en was daarna een leven gaan leiden vol wijn, vrouwen en gezang. Daarbij raakte hij verslaafd aan drugs. Hij had zo'n twee gram heroïne per dag nodig en in die tijd lag de prijs in Changsha op zo'n honderd yuan per gram. Dat was een weekloon voor een gewone arbeider.

Qin Hai had ook een dochter van negentien die hij had aangezet om verdovende middelen te gaan gebruiken en langzamerhand was het drugsgebruik hem veel te duur geworden. Hij verloor zijn werklust en zijn zaken gingen steeds slechter. Dus toen haalde hij zijn vriendin over om zich te prostitueren. Toen zij eerst weigerde, dreigde hij haar geen drugs meer te geven. Het meisje kon niet zonder en koos ervoor haar lichaam te verkopen.

Qin Hai stelde uit zichzelf voor dat zij haar klanten zou ontvangen in zijn appartement en hij liet bovendien nog wat andere meiden halen die een ruimte mochten huren voor hun werk. Soms neukten hij en zijn vrienden hen. Toen de prostitutieafdeling van de politie een inval deed, grepen ze drie van de meiden, Qin Hai en zijn vrienden. De meiden werden naar een vrouwenheropvoedingsinstituut gestuurd en de mannen werden in hechtenis genomen. Volgens de Chinese wet vielen zijn daden onder 'het verleiden en vasthouden van vrouwen en hen dwingen tot prostitutie' en ik had alle recht om hem in hechtenis te nemen.

Opdat hij niet er tussenuit zou knijpen, sloot ik het verhoor af op een toon die hem moest laten geloven dat zijn geld zijn werk gedaan had. Net voordat hij wegging, zei ik: 'Deze zaak is binnenkort opgehelderd. Maar jij mag niet gaan rondvertellen dat officieren van justitie geld hebben aangenomen, dat doet je zaak geen goed.'

Ya Lan en ik praatten er nog een tijd verontwaardigd over hoe erg het was met de samenleving. 'Als deze vent achter slot en grendel belandt, gaat hij ongetwijfeld alles onthullen.'

Ya Lan verzocht me wat voorzichtiger te worden. 'Als hij jou minacht, dan moet het lastig zijn de lui aan te pakken die dat geld hebben aangenomen. Als jij ze in de schijnwerpers trekt, gaan ze misschien wraak nemen.'

'Wat is hij eigenlijk voor een figuur? Moet ik me door hem laten vernederen? Moet ik hem toestaan zo arrogant te doen?'

Ik ondertekende het bevel tot inhechtenisneming en gaf dat ter goedkeuring aan adjunct-hoofdofficier Leng. Twee dagen later kwam Qi Ken mijn kamer binnen. 'Leng is van mening dat Qin Hais daden niet tegen de wet zijn en keurt inhechtenisneming niet goed.' Daarna wendde hij zich tot Ya Lan. 'Schrijf een attest dat hij de aanklacht seponeert en stuur dat naar de politie.'

'Maar het is een zonneklaar geval. Hoe kan iemand nou zeggen dat het niet tegen de wet is!' barsten Ya Lan en ik tegelijk uit.

'Dit is niet iets waar we over hoeven te discussiëren, de baas heeft het zo besloten!' Ik kon niet uitmaken of hij toneelspeelde of echt 'altijd orders gehoorzaamde'. Hij liet de map met stukken los zodat die met een harde klap voor me op mijn bureau viel. Daarna ging hij weg. Ya Lan en ik keken elkaar aan. Het was overduidelijk wie het geld had aangenomen, we hoefden niets te zeggen. Het maken van stilzwijgende afspraken was een specialiteit die je snel leerde binnen het rechtswezen.

'Daar zie je het verschil tussen leider zijn of niet,' zuchtte ik kwaad, maar ook een beetje berustend. 'Het is zinloos dat wij zuiver zijn als de anderen dat niet zijn. Het zou beter zijn als wij in de toekomst ook ons deel van de buit kregen. Het is maar beter als iedereen corrupt is.'

'Dat is het begin van het einde,' lachte Ya Lan. 'Weer een revolutionair die is weggerot en verteerd.' Aangezien zij niet tegen officieren van justitie kon die geen kennis hadden maar wel altijd hun contacten gebruikten om voordelen te krijgen, was ze een keer gedwongen tot zes maanden politieke scholing bij een van de buurtcomités. Daar is ze gaan inzien dat pretentieloosheid ook aanstootgevend kan zijn. Haar streven naar zuiverheid botste met het streven van de anderen om hun eigen belangen te bevorderen – men vond dat zij geen betrouwbare strijdsmakker was, iemand die haar collega's niet trouw was.

Ze stond op en haalde een dik formulier uit de archiefkast, gooide dat op tafel en schreef een attest uit dat Qin Hai niet in hechtenis genomen zou worden.

Ik was nog steeds verontwaardigd. 'Leng is mij ten minste een verklaring schuldig. Dat wij gewoon maar moeten doen wat hij zegt, dat is volslagen geschift.'

'Als jij niet je hoofd buigt, word je een keer gedwongen het kantoor voor een tijdje te verlaten, net als ik, om in alle rust tot het inzicht te komen dat je niet tegen je chefs in mag gaan.' Ze was nog steeds gegriefd.

Dat ik zo koppig was om Qin Hai in hechtenis te willen nemen, ondanks dat hij had uitgelegd dat hij zijn vrijheid had afgekocht, bewees dat ik degenen die corrupt waren wilde uitdagen en in de schijnwerpers zetten. Leng, die een ervaren chef was, begreep dat vanzelfsprekend.

Vanwege de veranderde economische wetten moest het arrondissementsparket de regels herschrijven zodat een officier van justitie tien procent als bonus mocht houden van het geld dat hij wist terug te vorderen door zijn onderzoek. De officieren van justitie van strafzakenafdeling één werd opgedragen om vijf zaken per maand te onderzoeken – als je er meer af kon krijgen, kreeg je extra betaald. Nu waren er zowel dienstpunten als geld te winnen. Op de afdelingsvergadering stelde ik voor dat we de zaken zouden verdelen in de volgorde waarin ze binnenkwamen. Sommige zaken omvatten hele groepen verdachten en kostten daarom tijd en moeite om te onderzoeken. In andere gevallen kon het om een simpele diefstal gaan. Als sommigen altijd de simpele zaken kregen en anderen altijd de gecompliceerde, zou het niet rechtvaardig zijn.

Qi Ken dacht dat ik geïrriteerd was omdat hij altijd de moeilijke zaken aan mij gaf en bovendien verdacht hij mij ervan dat ik hem als chef minachtte. Als de zaken zouden worden verdeeld in de volgorde waarin ze binnenkwamen, zou hij een deel van zijn macht verliezen en daarom ging hij meteen dwarsliggen: 'Zo gaat dat helemaal niet! Ik verdeel het werk!' Zijn bruuske antwoord maakte iedereen aan het schrikken en een ongewone stilte daalde neer over de afdeling. Omdat hij bekendstond om zijn heftige temperament, probeerde ik niet met hem te discussiëren, maar zei alleen: 'Zoals je wilt. Als je ze maar rechtvaardig verdeelt.'

Toen begon hij te schreeuwen. 'Waarom beweer jij dat ik niet rechtvaardig zou zijn? En waarom zou ik niet onrechtvaardig mogen zijn als ik dat wil?' Door zijn boze en harde stem kwam iedereen op de verdieping zijn kamer uit om te zien wat er aan de hand was. Met hem discussiëren was zinloos, maar ik kon zijn nare gedrag niet tolereren, dus stond ik op en ging weg zonder een woord te zeggen. Als hij helemaal geen tegenspraak duldde, was er ook geen reden om ons bij elkaar te roepen. Waarom zou ik gedwongen zijn te luisteren naar zijn gebrul?

Toen ik mijn hielen lichtte, werd hij razend en hij gooide me keihard allerlei scheldwoorden achterna. Eerst beweerde hij dat ik gewichtig en verwaand deed alleen maar omdat ik een opleiding had. 'Ze denkt dat ze wat is omdat ze toevallig een paar grote en lastige onderzoeken heeft gedaan.' Daarna volgde een rij grove scheldwoorden.

Ik ging in mijn kamer in mijn dagboek zitten schrijven. Ik wachtte geduldig tot Qi Ken klaar zou zijn met zijn uitbarsting en daarna ging ik naar hoofdofficier He Fei. Misschien had hij Qi Ken horen schreeuwen, want hij vroeg: 'Doet hij nu alweer zo? Wie heeft hem nou weer getergd?'

Ik vertelde wat er gebeurd was en deed hard mijn best om mijn verontwaardigde gevoelens aan banden te leggen toen ik vroeg: 'Waarom laten jullie het allemaal toe dat hij zo doordramt?'

'Hij is een oud-collega. We moeten hem zijn temperament maar vergeven.'

Ik was het niet met hem eens. 'Zijn temperament is een probleem en dat moet hij veranderen. Hij moet leren zijn collega's te respecteren. Niet iedereen kan zijn slechte humeur verdragen.'

'Hij is zo geworden in het leger. Daar moet je clementie mee hebben,' zei hij. 'Jij bent kundig en goed opgeleid en je moet geen ruziemaken met een oude rouwdouw als hij.'

'Dat pik ik niet. Hij moet mij zijn excuses aanbieden. Ik ben geen soldaat in zijn leger en ook niet een van zijn verdachten. Hij kan niet zomaar tegen iedereen gaan schreeuwen. Hij heeft geen greintje van de opleiding en de stijl die je van een officier van justitie mag eisen.'

He Fei was niet blij met mijn gedrag. 'Wij, oud-collega's kunnen hem verdragen, dus waarom jij niet? Als ik hem beveel jou excuses aan te bieden, gaat hij mij ook uitschelden. Je moet een beetje begrip hebben voor mijn situatie. Je denkt toch niet dat hij iemand is die je ertoe kunt bewegen om excuses aan anderen aan te bieden?'

'Als hij zijn excuses niet aanbiedt en we krijgen samenwerkingsproblemen op onze afdeling, dan is het niet alleen maar mijn fout!' zei ik kokend van woede. Mijn loon werd betaald met belastinggeld en ik werkte in dienst van de overheid – waarom zou ik Qi Kens uitbranders moeten tolereren? Hij was weliswaar benoemd tot afdelingschef, maar als arbeider en als mens waren we evenveel waard.

Maar gelijkwaardigheid kon niet op tegen de lange traditie van gehoorzaamheid die binnen de overheidsinstellingen heerste. Op een andere manier geformuleerd was ik simpelweg een ongehoorzame zonderling.

Omdat Qi Ken nog steeds chagrijnig was en niet met mij wilde praten, overhandigde Ya Lan de mishandelingszaak aan mij. De verdachte werkte op een fabriek die bij Hunans universiteit hoorde, waar zijn ouders administratief werk deden. Chinese intellectuelen zijn zorgvuldig met hun status en wijzen er graag op dat juist hun kind het meest succesvol is. Ze gebruiken ongewoon harde opvoedingsmethoden. De verdachte was een aardig en welgemanierd persoon, verlegen en introvert. Zijn lage loon maakte het onmogelijk voor hem om een appartement te kopen, dus woonde hij op zijn vierentwintigste nog steeds bij zijn ouders thuis. Op een dag hoorde hij praten over een oudere buurman op de tweede verdieping die alleen woonde. Zijn dochter stuurde hem vaak geld vanuit de Verenigde Staten, wat de man niet op de bank wilde zetten, maar in zijn appartement bewaarde. De oude man was altijd ongelooflijk gierig geweest. Hij weigerde om medicijnen weg te doen waarvan de houdbaarheidsdatum was overschreden en nam ze in ook al was hij niet ziek, omdat het verkwisting zou zijn om ze weg te gooien. Het resultaat was dat hij daadwerkelijk ziek werd en in het ziekenhuis belandde.

De verdachte was de gewoontes van de oude man gaan bestuderen en ontdekte dat hij elke avond na het eten een wandeling maakte van wel twee uur.

Op een regenachtige avond verschool hij zich in het fietsenhok bij de hoofdpoort en wachtte tot de oude man zijn wandeling ging maken met zijn radio in de handen. Hij klauterde langs de muur naar boven en via het raam naar binnen, maar hoe hij ook zocht, hij vond geen enkele dollar, alleen maar een paar honderd yuan in een bureaula. Op hetzelfde ogenblik hoorde hij dat de sleutel in het slot werd gestoken. De oude man was tegen zijn gewoonte in vroeg teruggekomen en de verdachte haastte zich om zich achter een deur te verstoppen met zijn nijptang in de hand.

De oude man mocht zijn gezicht niet zien. Dan zou hij bestempeld worden als dief. Zijn ouders zouden zich schamen en zich niet meer op straat durven vertonen. Hij sprong tevoorschijn en wierp zich op de oude man toen die zich omdraaide, legde zijn ene hand op diens ogen en sloeg hem verscheidene malen op het hoofd met de nijptang. Daarna droeg hij de man naar zijn slaapkamer, wikkelde een laken om zijn hoofd en knoopte het vast. Hij was van plan hem te wurgen, maar de oude man rukte als een bezetene aan het laken en bood flink weerstand. De verdachte werd bang dat de buren hen zouden horen als het gevecht te lang duurde, dus hij liet los en rende naar buiten; hij vloog naar de zesde etage en het appartement van zijn ouders in.

De politie loste de zaak op met behulp van de getuigenverklaring van de oude man en de vingerafdrukken die de verdachte had achtergelaten op de plaats van het misdrijf. Omdat de politie hem niet kon aanhouden op grond van diefstal – hij had niet meer dan die paar honderd yuan meegenomen – koos men ervoor hem mishandeling aan te rekenen. Volgens de gerechtsarts had de oude man slechts lichte verwondingen.

Ik legde aan Qi Ken uit dat ik wellicht de tenlastelegging kon veranderen, maar dat ik eerst zowel de plaats van het misdrijf als het huis van bewaring wilde bezoeken. Hij antwoordde meteen: 'Ik heb geen personeel om met je mee te sturen, we hebben allemaal veel te doen. Ga zelf maar.'

Ik nam mijn stukken mee naar het wijkbureau bij de universiteit. Het personeel was ongewoon vriendelijk. Toen ik uitlegde dat ik de plaats van delict wilde bezoeken en wilde praten met de oude man die overvallen was, probeerden ze ijverig om me over te halen te wachten: 'Heb niet zo'n haast. We gaan straks met u mee. We kunnen eerst wel even praten.'

Na een poosje kwamen een man en een vrouw van in de vijftig binnen en een agent leidde hen naar mij toe: 'Dit zijn de ouders van de verdachte.'

Ik vroeg de agenten rechtstreeks waarom ze de ouders daarheen hadden gehaald. De agenten waren verbijsterd door die vraag en antwoordden snel: 'We hebben een goede relatie nodig met de universiteitsmedewerkers zodat ons werk soepel verloopt. We hopen dat u kunt bekijken wat u kunt doen om hen te helpen, binnen de grenzen van de wet natuurlijk.' De ouders vielen hen meteen bij en vroegen om genade voor hun zoon.

'Op wat voor manier dan?' vroeg ik afwijzend.

Door mijn koele manier van doen veranderden ze meteen van toon. 'Vandaag willen we graag met u lunchen.'

'Doet u geen moeite, alstublieft,' antwoordde ik.

Ze werden verschrikkelijk nerveus. Dit kon betekenen dat ik me niet aan hun kant plaatste. Het hele personeel verzamelde zich om me heen. 'Maar natuurlijk bieden wij de lunch aan.'

Twee agenten gingen met me mee naar de plaats van het misdrijf, waar ik het materiaal kon verzamelen dat ik nodig had. Toen ik klaar was, was het halftwee. De bureauchef en de politieke instructeur namen me mee naar de dinerzaal van de universiteit, waar zo'n tien mensen wachtten. Er waren twee ronde tafels gedekt, elk met acht koude en twaalf warme gerechten. Ik begreep onmiddellijk dat de ouders van de verdachte de rekening zouden betalen. Omdat ze er niet gerust op waren dat het gezelschap goed genoeg zou zijn, hadden ze het universiteitsbestuur uitgenodigd en de bazen van de verdachte. Ik giste dat ze er veel moeite voor hadden moeten doen om alle aanwezigen over te halen om mij de hele tijd te vleien en me te smeken mild te zijn voor de jongen.

Na de maaltijd regelden de ouders van de verdachte een auto met chauffeur die me naar huis reed.

De ouders reden mee en toen ze me zouden afzetten, pakten ze een groot pak uit de bagageruimte dat ze mij in mijn handen drukten. Ik duwde het van me af terwijl ik zei: 'Ik kan uw genereuze giften niet aannemen.' Dit betekende dat ik besloten had deze zaak geen speciale behandeling te geven of de aanklacht in te trekken. Ze waren erg teleurgesteld.

De verdachte bleek vaker betrapt te zijn bij inbraken, waarbij hij zich niet had laten tegenhouden, maar de eigenaars met geweld had overmand waarna hij er met het geld vandoor ging. Ik veranderde de eis van de aanklager van mishandeling met hooguit drie jaar in beroving met hooguit vijf jaar gevangenschap.

Mijn man belde en toen hij hoorde dat ik thuis was, sloeg hij een aanbod voor een diner af en kwam naar huis. We gingen samen naar het kleine restaurant beneden, bestelden drie gerechten en vroegen de serveerster om ze thuis te laten brengen. We aten en praatten. In een klein restaurant als dit kostte het eten maar tien yuan en het smaakte bovendien erg goed, dus waarom moesten al die gedaagden en hun families duizenden yuan weggooien aan banketten? Die mensen raakten er volkomen uitgeput van om ons te bedienen, maar we spraken niet dezelfde taal en niemand durfde te zeggen wat hij eigenlijk dacht. Om op hun kosten te eten en te drinken voelde voor ons als een straf. Ik dacht terug aan de lunch en hoe moeilijk het was om nee te zeggen. Alle politiefunctionarissen die ik kende en allerlei chefs waren daar vanwege mij gekomen en als ik niet at, zouden zij hun gezicht verliezen. Ze zouden zich beledigd voelen en waarschijnlijk bij een latere gelegenheid proberen me te dwarsbomen.

Mijn man glimlachte en zei: 'Een paar dagen geleden hielden we een vergadering om de teugels van de discipline aan te trekken. De rechtbankpresident vertelde ons iets. Een rechter had tegen een advocaat die stukken kwam doorlezen, gezegd: 'Ik moet een pak kopen, maar ik weet niet wat voor mo-

del me past. Jij kunt me wel helpen kiezen.' De advocaat rook onderhande-
lingsruimte en ging meteen met de rechter mee naar het grootste warenhuis
van de stad. De rechter wees naar een erg duur pak en zei: 'Wat vind je daarvan? Dat staat me wel, toch?' De advocaat bekeek het prijskaartje. Het kostte
vijfduizend yuan. Hij vroeg aan de verkoper om het in te pakken en aan de
rechter te geven.'

Ik zuchtte. Een rechter die zijn mond maar open hoefde te doen om vijfduizend yuan te krijgen – dat was voor mij een half jaarloon. 'Jullie rechters
maken altijd misbruik van de advocaten. In vergelijking daarmee zijn wij,
officieren van justitie, bijna zuiver.'

Daar was hij het niet mee eens, hij lachte honend. 'Jullie hebben mogelijkheden genoeg om smeergeld te vragen.' Hij telde af op zijn vingers.
'Strafzakenafdeling één en twee kunnen een aanklacht seponeren en vrijlating van de verdachte eisen. Dat is een mogelijkheid om macht uit te oefenen. En jullie afdeling voor corruptie en discipline is nog erger – daar kan
een verantwoordelijke officier van justitie zelf beslissen of een zaak wordt
onderzocht of niet. Als hij afziet van onderzoek, kan de schuldige geheel
ontkomen aan de lange arm van de wet.'

Ik schudde mijn hoofd. 'Zo erg zijn wij niet. We zijn gebonden aan de
wet en de meeste officieren van justitie gebruiken hun macht op gepaste
wijze.' Maar op hetzelfde ogenblik moest ik denken aan Zhen, die onschuldig veroordeeld was, Yao die maar drie jaar had gekregen en Qin Hai die
openlijk de wet had overtreden maar toch aan straf ontkwam. Ik zweeg.

Mijn man glimlachte begrijpend.

'Maar kreeg die rechter geen straf?' vroeg ik.

'Hij kreeg een waarschuwing en moest zelfkritiek schrijven. Hij had geluk dat hij zijn baan mocht houden, maar promotie kan hij in de toekomst
wel vergeten. Tegenwoordig fungeren advocaten vooral als een soort tussen-
personen.'

'Wat bedoel je daarmee?'

'Tussenpersoon tussen rechter en gedaagde. Een rechter mag niet rechtstreeks giften of voordeeltjes aannemen van de familie van een gedaagde,
dat is een openlijke overtreding van de discipline, dus dat is heel gevaarlijk.
Maar dat een advocaat op een diner trakteert, wordt gezien als een normale
omgangsvorm. Als een advocaat met steekpenningen komt, durft een rechter ze aan te nemen omdat de advocaat dankbaar is voor zijn steun. Dat geldt
vooral bij civiele zaken.'

Ik lachte en plaagde hem. 'Waarom ben jij dan nooit thuisgekomen met
een heleboel geld om mij het leven van een luxepoppetje te laten leiden?'

'Ik heb nog geen geschikte advocaat gevonden,' grapte hij. 'De meeste rechters werken samen met een "eigen" advocaat en wanneer ze een zaak binnenkrijgen waarin de gedaagde nog geen eigen rechtshulp gevonden heeft, adviseert de rechter zijn advocaat. De gedaagde begrijpt dat het in zijn belang is om een advocaat te hebben om goed uit de rechtszaak te komen. Bovendien heb je een advocaat nodig om giften en geld over te dragen en een rechter kan nauwelijks nee zeggen tegen een samenwerkingspartner. Wanneer een rechter een bepaalde advocaat adviseert, durft geen enkele gedaagde daar nee tegen te zeggen als hij niet veroordeeld wil worden.'

'Oei, wat hebben jullie veel te doen! Ik geloof dat het wel klopt dat je niet zo goed hoeft te zijn in de wet of je beroep als je maar de juiste lelijke trucjes kent. De jongere ambtenaren zijn zo onbeschoft dat je er bang van wordt, die hebben helemaal geen moraal meer.'

We lieten het onderwerp maar rusten, het was zo deprimerend om erover door te gaan. We wisten niet wat we moesten doen – de wet volgen of met de stroom meedrijven, met andere woorden: ons laten corrumperen.

We hadden net afgeruimd toen er op de deur geklopt werd. Mijn man ging opendoen. 'Ben benieuwd of het voor jou of voor mij is,' zei hij.

'Het is zeker voor jou,' antwoordde ik zonder op te kijken. 'Mij durven ze niet te bezoeken.'

Hij bleef staan, draaide zich om en vroeg serieus: 'Bedoel je dat jij eerlijker zou zijn dan ik?'

'Onzin,' zei ik. 'Jij behandelt civiele zaken die gaan over geschillen tussen burgers. Ik behandel misdaadzaken die gaan over het onderscheid tussen goed en kwaad. Een misdadiger durft hier toch niet aan te kloppen? Waarom ben je zo lichtgeraakt?'

Toen hij opendeed, hoorde ik een mannenstem vragen: 'Pardon, woont officier van justitie Xiao hier?'

De zwakke lamp in de gang bescheen de vreemdeling voor onze deur. Hij was gekleed in een pak met das, hield een aktetas in zijn handen en zag er nederig, respectvol en netjes uit.

'Wie bent u?' vroeg ik. 'Waar komt u voor?' Ik was niet van plan hem binnen te laten. Er kwamen wel vaker ongenode gasten op bezoek – een van de partners die in scheiding lagen die iets wilde regelen over bezit of kind, broers of zussen die het oneens waren over de verdeling van een erfenis, zakenlui die een contract hadden afgesloten maar niet op tijd betaald kregen of helemaal niet – als ze in de rechtszaal niet bereikten wat ze wilden, zochten ze uit waar de rechter, mijn man, woonde. Ze kwamen altijd 's avonds, overdag waren eiser en gedaagde aanwezig en dan moest de rechter strikt rechtvaardig zijn. Ik hield er niet van dat ze kwamen storen, dat ik geen privéleven kon hebben en daarom hield ik ze meestal al tegen bij de deur.

De man zag er een beetje zenuwachtig uit en legde voorzichtig uit: 'Ik heet Kai Yue en ik ben beëdigd als advocaat. Ik ben onderzoeksstudent geweest aan Zuid-China's politieke en juridische instituut en na mijn promotie kreeg ik werk als lector in de rechten aan Zhongnans nijverheidshogeschool. Vandaag werd ik bezocht door een oude vriend uit mijn geboortestreek die mijn raad kwam vragen in een juridische kwestie, de zaak die u vandaag onderzocht hebt; het betrof zijn zoon. Mag ik even binnenkomen om met u te praten?'

Het was zo bijzonder dat een juridische docent ook advocaat was en hij zag er zo beleefd en fatsoenlijk uit dat ik antwoordde: 'Alstublieft, komt u binnen! Gaat u in de woonkamer zitten.'

Hij ging op de rand van de bank zitten, alsof hij niet achterover durfde te leunen, met zijn handen op zijn knieën.

Ik zei zonder omwegen: 'De zaak is nog niet zo ver dat we al naar de rechtbank gaan, u bent een beetje te vroeg. Zodra het tijd wordt voor de rechtszaak, zult u mijn collega ontmoeten.' Ik wees naar mijn man, die in een fauteuil zat.

Kai Yue knikte. 'Dat weet ik.' Toen ik niets meer zei, ging hij verder: 'Ik wilde de zaak eerst niet aannemen. Als ik verlies, worden ze boos op mij en raak ik de vriendschap kwijt. Maar toen hoorde ik dat uw man rechter is. Ik heb gezocht naar een rechter om mee samen te werken, maar ik had niet de juiste contacten of de gelegenheid.'

Hij pakte een dikke envelop uit zijn aktetas. 'Ik ben een hoogopgeleide intellectueel en ik hou er niet van te smeken, vooral niet als het gaat om dingen die niet helemaal correct zijn. U moet niet boos zijn dat ik u vraag dit aan te nemen, want ik doe het in opdracht van anderen en ik heb geen andere keus.' Hij reikte me de envelop aan.

Daarin zaten twee bundels met biljetten van honderd yuan. Ik woog ze in mijn hand, het moest samen minstens tienduizend yuan zijn. Ik gaf het terug en zei: 'Ik ben niet van plan u te bekritiseren. Maar er zijn grenzen aan het oprekken van de wet. U wilt toch niet dat ik een misstap bega?'

Kai Yue pakte de envelop niet aan, maar knikte. 'Ik begrijp het. We zouden u niet in zo'n situatie moeten brengen. Maar als u deze kleine gift niet aanneemt, weet ik niet wat ik ze moet zeggen.'

Ik legde het geld op de aktetas die hij op schoot had en zei: 'Ik kan in deze zaak geen gaten vinden in de bewijsvoering of de getuigenverklaringen. Ik zie wel hoe het geld tussen mijn vingers doorglipt, maar daar kan ik niets aan doen.'

Mijn man glimlachte en probeerde de stemming te verlichten om te zorgen dat onze gast zich niet hoefde te schamen: 'Ze is nog geen partijlid, maar toch kan ik de lucht van communistische rechtschapenheid in het appartement al ruiken.'

Misschien dacht Kai Yue dat een officier van justitie niet bereid was iets te riskeren voor een bedragje van tienduizend yuan, dus stopte hij ze opgelaten weer terug in zijn aktetas en zweeg toen een tijdje, tot hij de moed verzameld had om mijn man te vragen: 'Bij welke afdeling van de rechtbank werkt u?'

'Ik doe civiele zaken,' zei hij, 'dus ik ben niet zoals zij. Soms lijkt ze te denken dat ieder mens een klassenvijand is die haar omlaag wil trekken in de modder.'

De advocaat lachte en zakte onderuit op de bank. Hij vertelde dat hij bijverdiende als advocaat om het lage lectorsloon aan te vullen. Zijn vrouw werkte op een textielfabriek en verdiende niet zo veel. Binnenkort zouden ze een kind krijgen.

Er was niets mis mee om een vriend te krijgen met juridische kennis. 'U hebt een onderzoeksopleiding en geeft les in rechten, van zulke advocaten zijn er tegenwoordig niet zo veel meer,' zei ik. 'Wij maken vaak advocaten mee zonder kennis of goede manieren.'

Je kon merken dat hij bezorgd was over de wisselende kwaliteit van advocaten. 'Op dit moment hoef je het advocaatsexamen niet te halen of een advocaatlicentie te hebben om als jurist te kunnen werken. Als je maar een paar jaar aan een universiteit hebt gestudeerd, je verbindt aan een advocatenbureau dat bij een rechtbank op het tableau staat en een bijdrage hebt betaald, kun je in het vak gaan werken.'

'Hoeveel moet je dan betalen?' vroeg ik.

'Er zijn twee varianten: de ene is dat je jaarlijks een vastgestelde som betaalt, de andere dat je een percentage van je honorarium afdraagt. Ik heb al een licentie, dus ik heb me niet gelieerd aan een bureau.'

'Maar hoe kom je aan je opdrachten? Er is tegenwoordig toch een harde concurrentie onder advocaten.' Mijn man kwam met die kernvraag.

'Ja, dat is een van de redenen waarom ik mijn schaamte heb ingeslikt en u vanavond heb opgezocht.' Hij werd rood en leek bang dat we hem zouden wegsturen. Daarna ging hij snel verder: 'Ik hoorde dat u officier van justitie en rechter bent, dus ik nam aan dat u een breed contactnet heeft. Als u mij wellicht kunt aanraden bij uw vrienden of bij betrokkenen in uw onderzoeken, dan hoef ik me niet ongerust te maken dat ik geen opdrachten krijg. Ik weet dat we elkaar niet kennen, dus waarom zou u mij willen helpen? Er zijn een paar redenen: in de eerste plaats zou ik u dertig procent van mijn honorarium geven, in de tweede plaats kan ik strikte geheimhouding beloven en in de derde plaats ben ik kundiger en bekwamer dan de meeste andere advocaten...'

Mijn man keek alsof hij het voorstel overwoog, maar we zeiden geen ja of nee. Kai Yue leek te raden wat we dachten en zei: 'Ik vraag om betaling volgens landelijke regels. Mocht u me niet vertrouwen, dan kan ik u maandelijks mijn rekeningen tonen, zodat u kunt zien dat ik niet te veel vraag. En ik beloof om gewetensvol te zijn in mijn werk.' Hij was duidelijk bang dat we nog steeds ergens ongerust over waren en probeerde ons over te halen. 'Ik weet dat veel rechters al eigen advocaten aan zich hebben verbonden. Uw woning lijkt niet te passen bij een rechter en een officier van justitie zonder kind.'

'Wat?' Ik begreep niet waarom hij plotseling van onderwerp veranderde.

Hij wilde het niet rechtstreeks zeggen, dus hij glimlachte en zei: 'Ik ben bij heel wat rechters thuis geweest die alleen in het levensonderhoud van drie personen kunnen voorzien en bovendien mooie meubels hebben, een geïmporteerde kleurentelevisie, een koelkast en heel wat meer.'

Ik keek naar de kleine koelkast in de woonkamer en onze twintig jaar oude tweedehands televisie en kon niet nalaten te glimlachen. 'Wij eten niet zo vaak thuis, het zou verspilling van elektriciteit zijn om een grotere koelkast te hebben. We kijken ook nooit televisie.'

Hij wierp éen blik op onze twee volgepropte boekenkasten en riep uit: 'Nee, natuurlijk! Jullie zijn lezers! Het geestelijke leven is belangrijker dan het materiële. Dat zie je niet zo vaak bij overheidspersoneel.'

'Kwel jezelf niet zo,' plaagde ik hem, 'jullie intellectuelen zijn trots en niet gewend om voor anderen te kruipen. Je hoeft ons niet te vleien. Geef ons je telefoonnummer. Als een van onze kennissen een advocaat nodig heeft, zullen we jou aanraden.'

Hij stond op en nam verheugd afscheid.

'Als je het over de duivel hebt ...,' zei ik tegen mijn man. 'Zei jij niet net dat je nog geen geschikte advocaat had gevonden?'

Hij vond het ook een grappige samenloop van omstandigheden. 'Het lijkt me moeilijk om een beter opgeleide advocaat te vinden dan hij. Bovendien woont hij bij de universiteit en lijkt hij nauwelijks slechte gewoontes te hebben aangenomen.'

De zaak van de berover van de oude man bij Hunans universiteit had ik op Lengs tafel achtergelaten en ik had geen reactie van hem gekregen. Op een middag zag ik na mijn werk de ouders van de verdachte voor de voordeur. Ze hadden een aktetas in de hand en keken ongerust het parket binnen. Ik dacht dat ze misschien op mij wachtten, dus ik liep naar hen toe en suggereerde dat ze weer naar huis gingen: 'Het heeft geen zin om u ongerust te maken. Ga maar naar huis. Niemand hier durft de wet te omzeilen.'

Ze glimlachten verwachtingsvol en bedankten, maar gingen niet weg. Ik wist niet wat ik kon zeggen om hen te troosten, en na een ongemakkelijke stilte, brachten ze hakkelend uit: 'We wachten op hoofdofficier van justitie Leng.'

Nu begreep ik het ineens. Ze zouden hem trakteren op een diner.

Ik was dus niet verbaasd toen ik Lengs besluit onder ogen kreeg. Hij beweerde dat er geen reden was de jongen voor beroving aan te klagen en omdat de mishandelingen slechts lichte verwondingen hadden veroorzaakt, hoefde de verdachte niet in hechtenis genomen of aangeklaagd te worden, maar zou meteen op vrije voeten gesteld worden.

Ik vroeg me af hoeveel ze hadden moeten betalen om mijn superieur het risico te laten nemen dat ik er bezwaar tegen zou maken.

Waarom had ik het geld van advocaat Kai Yue niet aangenomen en hem vrijgelaten? Ik vroeg me af hoezeer die ouders mij haatten.

Een van mijn vrienden die van plan was een bedrijf voor de rechter te dagen dat hem geld schuldig was, zocht mij en mijn man op voor raad. Hij wilde dat wij hem een goede advocaat zouden aanraden. We vroegen Kai Yue om bij ons thuis te komen om mijn vriend te ontmoeten. Daarna nam ik contact op met mijn collega Hui San, die getrouwd was met een rechter die ging over bedrijfsgeschillen. Ze zei dat het niet moeilijk was iets te regelen en dat haar man me niet zou laten vallen.

Een maand later kwam advocaat Kai Yue op bezoek op het arrondissementsparket. Ik verliet net de vergaderzaal op de benedenverdieping toen hij me riep, een envelop uit zijn aktetas haalde en me die aanreikte. 'Dit is dertig procent van mijn honorarium,' zei hij, 'zoals ik u beloofd heb.'

Ik schrok me lam. Geld aanreiken op een openbare plaats was veel te gevaarlijk. Ik keek om me heen en zei: 'Ben je gek geworden? Weet je waar je je bevindt? Als iemand anders ons had gezien, was het afgelopen met me.'

Hij glimlachte verontschuldigend.

'Ik heb je bij mijn vrienden aangeraden toen ze advocatenhulp nodig hadden. Als ik dat geld aanneem, is het net of ik me door hen laat betalen. Dat kan ik niet doen.'

'Het maakt niet uit of het uw vrienden zijn. Als u mij aan hen hebt aangeraden, wil ik u dit geld geven. Anders schend ik immers onze afspraak.'

Terwijl we met elkaar praatten, passeerde er af en toe een collega. Het was niet zo slim om hier te blijven staan, dus stopte ik de envelop maar in mijn zak. Hij glimlachte tevreden en zei dat de zaak al opgelost was en zijn cliënten tevreden waren. Daarna voegde hij eraan toe: 'Maar dat spreekt natuurlijk voor zich, de rechters kenden jou. Anders was het niet zo vlot gelopen.'

Ik weet niet of mijn man later met hem samenwerkte, maar ze gingen veel met elkaar om. Een aantal maanden later merkte ik op dat Kai Yue een prachtige motor had aangeschaft.

Deel drie
1994 – 1998

Hoofdofficier van justitie He Fei ontbood mij voor een officieel gesprek. Hij was ernstig op een manier die ik niet eerder gezien had, ook al probeerde ik grappen met hem te maken. Hij zei dat het buitengewoon was wanneer een vrouwelijke officier van justitie artikelen kon schrijven, zich kon presenteren en zich bovendien had onderscheiden op verschillende gebieden in haar functie.

'Maar je bent toch niet van plan me te bevorderen?' gooide ik ertussendoor.

Hij glimlachte niet, maar zweeg een tijd. 'De partijgroep van het arrondissementsparket heeft geluisterd naar de mening van je collega's en omdat jij degene van ons bent die de meeste artikelen heeft gepubliceerd, willen we jou overplaatsen naar een administratieve betrekking zodat je je talenten kunt ontwikkelen.'

'Daar stem ik niet mee in.' Ik wist dat het een voorwendsel was om van mij af te komen. 'Al jaren ben ik degene die de meeste onderzoeken op het westelijke arrondissementsparket heeft voltooid. Waarom willen jullie mij overplaatsen naar een betrekking waarin ik me alleen maar kan wijden aan administratieve taken en papierwerk?'

Hij probeerde me gerust te stellen. 'Het is niet omdat je slecht werk levert, het is omdat je goed bent in schrijven. De anderen kunnen dat niet, dus hen kan ik niet overplaatsen. Dit kantoorwerk betekent dat je mijn assistent wordt, het is een eervolle opdracht.'

Het leek of de zaak al beslist was. Maar ik dacht er niet over nog langer een stil lammetje te spelen: 'Dit is geen kritiek op u persoonlijk, maar ik kan u vertellen dat ik dit besluit niet zal accepteren. Als u mij dwingt om propagandamateriaal te schrijven, zal ik geen enkel teken meer op papier zetten.'

Een enorme woede brandde in mijn borst. Terug in mijn kamer ging ik op de bank zitten, staarde naar de hemel buiten en dacht dat het onderzoek waar ik nu mee bezig was misschien wel mijn laatste zou zijn. Ya Lan zag mijn verontwaardiging en ik vertelde wat er gebeurd was.

Ze zette grote ogen op en haar twijfel maakte algauw plaats voor moedeloosheid. Ik peinsde er niet over om me door haar te laten troosten, dus zei ik plotseling: 'Is er niet toevallig een of andere lunch? Dan wil ik mee.'

Ze liep zacht de kamer uit en ik zat me een tijdje als verdoofd af te vragen of ik wat onnozeler, incompetenter en gecorrumpeerder moest worden om hier te passen.

Ya Lan kwam terug met de mededeling: 'Dong en Xi Hong van de afdeling vervolging nemen je mee uit lunchen vandaag. Ik kom later.'

Ook Hui San ging mee. Na haar examen aan de universiteit voor politiek en rechten had ze vier jaar met vervolgingen gewerkt. Met ons vijven gingen we naar een restaurant in de buurt waar de kelners al op ons wachtten. Ze groetten ons beleefd en vroegen ons te gaan zitten in de benedenzaal. Ik keek om me heen. Er waren vijf tafels in de ruimte en daar zaten politiefunctionarissen en rechters aan. We zwaaiden en glimlachten naar elkaar. De restauranteigenaar moest contacten hebben in het rechtswezen. Wanneer wij, rechtsdienaars, bestelden, keken we zelden naar de prijzen omdat anderen betaalden. De eigenaar kwam zelf langs de tafels om ons te begroeten en sigaretten aan te bieden.

Collega-officier van justitie Dong stelde ons voor aan de kelners. Ze legden ons meteen in de watten, schonken thee in, deelden servetten uit en hielpen met bestellen.

Juist op dat moment zag ik hoofdofficier van justitie Chen binnenkomen, gevolgd door een groep mensen die voor hem bogen en deuren openhielden. Hij was verantwoordelijk voor het werk tegen corruptie. Alle economische misdadigers met wie hij te maken had, waren rijk; als zij op eten trakteerden kostte het zeker een vermogen.

'Zagen jullie dat?' zei ik zachtjes met betekenisvolle blik tegen mijn collega's. 'Dat was Chen, hij ging boven eten.'

Ze keken allemaal naar de trap en Hui San vroeg ongerust: 'Denk je dat hij ons zag?'

Ik had zijn blik niet gekruist en wist niet of hij mij had gezien. 'Het maakt toch niet uit of wij een maaltijd gebruiken? Dat doet hij zelf toch ook, anders was hij hier niet opgedoken.'

Dong was het met me eens. 'Hij is onze baas en zou het goede voorbeeld moeten geven. Als hij zich laat trakteren op maaltijden en drank, kan hij niet verwachten dat wij diezelfde verleiding weerstaan.'

Ya Lan stelde voor dat Xi Hong naar boven zou lopen om te zien wat Chen aan het eten was. 'Juist,' zei ik, 'hij is zo egoïstisch dat het je doet walgen. Ga eens controleren wat hij eet.'

Xi Hong stond op en liep de trap op terwijl hij zijn hoofd draaide en dramatische grimassen trok die ons aan het lachen maakten. Een paar minuten later kwamen onze gerechten op tafel. Kort daarna kwam Xi Hong weer beneden en zonder een woord keek hij naar het eten dat wij hadden besteld. 'Kom, eet eens wat!' zei ik. 'Je kunt je maag niet vullen met kijken.' Hij schudde overdreven zijn hoofd. 'Wij hebben echt geen klasse. De baas eet schildpad en rundvlees; wij eten zoetwatervis en varkensvlees. Het is beter om baas te zijn.' Hij zuchtte theatraal.

's Middags hadden we een vergadering met het hele personeel. Meer dan honderd houten leunstoelen waren in rijen opgesteld in de vergaderzaal en de bazen gingen achter de lange tafel op het podium zitten.

Ik ging op de tweede rij van achteren zitten en wachtte ongeïnteresseerd tot de vergadering zou beginnen. De eerste rij was helemaal leeg, niemand wilde vooraan zitten vlak bij de blikken van de hoofdofficieren, waar je niet stiekem kon lezen of praten met je buren. Op de tweede rij zaten wat oudere collega's en afdelingschefs die het goede voorbeeld moesten geven in gehoorzaam luisteren naar de vermaningen en rapportages van de bazen. De derde rij werd gevuld met medewerkers van middelbare leeftijd die hun gebrek aan betrokkenheid niet durfden te tonen. Op de vierde en vijfde rij zaten de jongeren die niet in het minst geïnteresseerd waren in de vergadering. Toen ik merkte dat ik de enige was die op de zesde rij was gaan zitten, wilde ik een paar rijen opschuiven, maar nu waren de bazen gaan zitten en He opende de vergadering. Als ik nu opstond om van plaats te wisselen, zou iedereen naar me kijken en daar had ik geen zin in. Ik weifelde even, maar bleef zitten.

De halfkale Chen trok zijn magere en grimmige gezicht in de plooi, schraapte zijn keel een paar keer vlak voor de microfoon en zei: 'Wij werken op een gerechtelijke overheidsinstantie, we moeten ons er dus van bewust zijn hoe we ons gedragen. De heldere ogen van het volk zijn op ons gericht. Wanneer wij vechten tegen de corruptie van anderen, kunnen we zelf niet corrupt zijn...' Hij ging verder met deze lange verklaring vol onzin die we al oneindig vaak hadden gehoord. Ik was erg slaperig. Toen schroefde hij plotseling zijn toonhoogte omhoog en begon ons te bekritiseren, ook al noemde hij onze namen niet: 'Het gedrag van sommige jongere collega's laat heel wat te wensen over. Ik heb met eigen ogen gezien hoe vijf van onze belangrijkste medewerkers geen afstand namen, maar zich op eten lieten trakteren. Als jullie het accepteren getrakteerd te worden, hoe kun je dan de wet volgen in je werk?'

Al mijn moeheid was plotseling verdwenen en het bloed steeg naar mijn hoofd. Nu was hij echt schaamteloos – hij had zich nota bene zelf laten trakteren op veel verfijnder en duurder eten dan wij! Zijn egoïsme en gierigheid waren al lange tijd een vurig gespreksonderwerp onder de medewerkers.

Toen het arrondissementsparket appartementen uitdeelde, had hij beslag gelegd op een appartement voor zijn zoon, terwijl veel jongere medewerkers die geen eigen woning hadden, moesten blijven slapen bij familie of vrienden. En zijn zoon werkte niet eens bij ons! Iedereen was kwaad, maar niemand durfde iets te zeggen. Als je tegen hem inging, kreeg je het pas echt moeilijk.

Toen ik meemaakte hoe hij zo onbewogen anderen bekritiseerde zonder zich te schamen voor zijn eigen handelen, vlamde de woede in mij op, sterk en heftig. Rustig en met heldere stem brak ik hem af: 'Waarom begint u niet met uzelf te bekritiseren? Hoe kan een voormalig hoofdofficier van justitie en partijlid die duur rundvlees eet gewone officieren van justitie bekritiseren die varkensvlees eten? Is dat omdat we niet net zo verfijnd eten als u?'

Iemand had openlijk een van de bazen durven provoceren! Iedereen draaide zich om en keek naar mij. De bazen op het podium zaten er verstomd bij.

'Komen jullie in opstand hier op het arrondissementsparket?' vroeg He Fei.

Chen was zo kwaad dat de kleur van zijn gezicht verschoot van rood naar wit en weer terug terwijl hij naar mij wees en stamelde: 'Jij... jij... jij bent verschrikkelijk!'

Leng was de stoerste van hen. Juist op dit pijnlijkste moment veranderde hij van onderwerp, schraapte zijn keel en riep naar mij: 'Kom wat dichterbij zitten! Zit niet helemaal achteraan anarchie te bedrijven.' De woede in zijn stem was duidelijk te horen.

Ik bewoog niet en dat maakte hem nog kwader. Om mijn woede te smoren en om de andere officieren te waarschuwen verhief hij zijn stem en beval hij verbeten: 'Kameraad Xiao, kom alsjeblieft op een van de rijen vooraan zitten!'

Ik had me niets van hem hoeven aantrekken. Er waren geen disciplinaire regels die mij dwongen op een bepaalde rij te zitten. Maar ik zag de haat in zijn gezicht en werd plotseling gegrepen door een sterke afkeer: als hij niet van me af had gewild, was ik nooit overgeplaatst om een massa idiote teksten te moeten schrijven.

Het voelde niet als voldoende uitdrukking van mijn verachting als ik achteraan bleef zitten. Ik stond op en verliet langzaam mijn plaats. Ik liep voorbij de vijfde, vierde en derde rij zonder te blijven staan. Alle aanwezigen volgden mij met hun blik toen ik de tweede rij passeerde en naar het midden van de eerste rij stapte. De mannen op het podium keken op toen ze me zagen naderen. Het was zo stil in de zaal, dat je een speld kon horen vallen en de zenuwachtige blikken maakten mij blij. Ik bleef vlak voor Leng staan, draaide me langzaam om en ging zitten, mijn gezicht was nu maar een halve meter van het zijne en ik keek hem recht aan.

Zo zaten we een poosje, niemand durfde de stilte te verbreken. Uiteindelijk wendde Leng zijn blik af, keek He Fei aan en zei: 'De vergadering gaat verder.'

Na een vergadering van drie uur ging ik terug naar mijn kantoor. Ya Lan zat me op de hielen en deed de deur achter ons dicht. 'Ben jij gek geworden? Chen zal je levend villen!'

Toen de werkdag ten einde was stonden een paar collega's van mij bij de poort grapjes te maken. Dong kreeg me in de gaten en zei: 'We gaan naar Zhi's huis om te kaarten, ga je mee?'

'Nee, ik heb geen zin. Ik verlies toch alleen maar.'

Xi Hong glimlachte blij en zei: 'We willen je een beetje opbeuren, daarom hadden we bedacht te gaan kaarten. Als je zo kwaad naar huis gaat, ga je maar ruzie maken met je man.'

Zou ik echt alleen naar huis gaan en proberen mijn woede in te houden?

Zhi was een vrouwelijke officier van justitie die op de afdeling tegen corruptie werkte. Na haar examen had ze eerst werk gekregen bij de plantsoenendienst. Toen haar vader bevorderd werd tot secretaris van het politieke en juridische comité, kreeg Zhi een baan bij het arrondissementsparket. Ze had eerst twee jaar als secretaris gewerkt voordat ze benoemd werd tot assistent-officier van justitie. Haar man werkte op het stadsdeelkantoor. Oorspronkelijk was hij onderwijzer. Hij en zijn collega's waren zulke verwoede kaartspelers geweest dat ze de kinderen zelf hadden laten studeren in lestijd terwijl zij zaten te kaarten in de lerarenkamer. Wanneer hij vertelde over die absurde toestanden, schaamde hij zich en zei: 'We hebben die kinderen echt in de steek gelaten, ze leerden helemaal niks.'

Kaarten was een goede manier om je contacten te smeren. De grappen en de discussies waren uitstekend om de vriendschap te versterken. Als een buitenstaander de gelegenheid had om met ons te spelen en aan de speeltafel om hulp vroeg bij een of andere zaak, dan beloofden de officieren van justitie en rechters, die dan in een goed humeur waren, bijna altijd dat ze zouden helpen in plaats van het officiële antwoord te geven. Maar over het algemeen waren de deelnemers beperkt tot politiefunctionarissen, officieren van justitie en rechters.

We hadden al genoeg grapjes gemaakt en geklaagd toen Dong heel terloops aan mij vroeg: 'Ga jij ermee door om de eerlijke officier van justitie te spelen? Mensen zeggen dat het moeilijk is om met jou om te gaan.'

'Jij gaat toch op dit moment met mij om? De getijdengolven stromen binnen, maar ik blijf overeind en denk dat ik ze kan stoppen. De enige die daaronder lijdt ben ik zelf.'

Hij glimlachte en zei daarna met luide stem: 'Hoorden jullie dat? Weer een collega die besloten heeft om corrupt te worden!'

Iedereen lachte.

'De bazen proberen me te dwingen om hun schrijfslaaf te worden. Hoe kan ik corrupt worden als ik geen onderzoeken behandel?' vroeg ik ironisch. 'Jullie mogen wel eens aan me denken als je je in de toekomst laat corrumperen.'

Nog meer gelach.

Zhi had een heleboel om over te klagen. Ze had een heel jaar lang ongewoon hard gewerkt aan een grote zaak, alleen maar om de schuldigen vrijgelaten te zien worden door de bazen. Zodra ze erover begon, werd ze kwaad: 'Het is vreselijk! Ik heb nachtenlang doorgewerkt en wanneer ik eindelijk een grote vis aan de haak heb, laten ze hem lopen. Het ging om steekpenningen van achthonderdduizend yuan, dus dat had minstens vijftien jaar gevangenis kunnen worden!' De laatste tijd had Zhi vaak ronde kringen rond haar ogen en ze leek elke dag magerder te worden. Je kon je wel voorstellen hoeveel moeite het kostte om een grote economische wirwar te ontrafelen, vooral als de verdachten goed opgeleid en intelligent waren.

'Laten we raden wat die verdachte vrouw betaald moet hebben om zich eruit te redden!' We wilden al een weddenschap gaan afsluiten.

'Het ging niet om geld. Het was een hoofdofficier bij het provinciale ressortsparket die het regelde. Toen ze vrijgelaten werd, grijnsde ze voldaan tegen mij. Al toen ik haar verhoorde, zei ze hooghartig dat ik geen waardige tegenstander voor haar was. Ik werd zo kwaad dat ik haar verrot had kunnen slaan,' zei Zhi.

Zhi's man lachte en schudde zijn hoofd. 'Nu begin je weer. Heb ik je niet gezegd dat je er niet zo verontwaardigd over moet worden? Je wordt er alleen maar ziek van en dan moet ik voor je zorgen, terwijl die verdachte tevreden rondloopt. Neem in het vervolg geen nachtverhoren meer aan, je krijgt toch maar een paar yuan als overurentoeslag. Na een etmaal werken ben je dagenlang kapot.'

'Werk jij niet aan die zaak met Wong?' vroeg Dong aan mij.

'Ja. Dat is mogelijk mijn laatste. Als je van plan bent me om te kopen kun je maar beter opschieten. Als ik mijn macht nu niet gebruik, dan verstrijkt de "tenminste houdbaar tot"-datum,' zei ik.

Dong schikte de kaarten in zijn hand. 'Ik ben nu serieus.'

'Nu kan ik niet anders dan mezelf verkopen,' zei ik. 'Zeg maar wat je wilt, dan regel ik het.'

Dong vroeg of iemand met de naam Shanshan betrokken was bij de zaak die ik onderzocht. Zijn vriend had hem om hulp gevraagd.

'Ja, die zit erbij. De politie heeft niet ontdekt dat hij medeplichtig is, maar uit wat ik in het proces-verbaal lees, maak ik op dat hij ook de wet heeft overtreden en ik denk erover hem in hechtenis te laten nemen.'

'Als de politie dat niet ontdekt heeft, kun je dat toch wel laten,' zei Dong. 'Vanwege onze vriendschap. Ik zal hem later ook niet aanklagen, dus niemand zal iets te weten komen.' Het gebrek aan juridische kennis bij onze bazen was niet altijd een nadeel, bedacht ik, omdat het ons de mogelijkheid gaf om onze onderzoeken ongeveer zo te doen zoals we wilden.

'Wat bedoel je ermee dat niemand iets te weten mag komen?' kwam Zhi's man ertussen. 'Ik zit hier en hoor alles.'

Dong, Hui San en ik lachten. 'Jij luistert vertrouwelijke gesprekken tussen officieren van justitie af. Als jij iets durft te zeggen, zul je de bak indraaien voor het lekken van staatsgeheimen,' zei ik.

Zhi's man lachte hard. Hij had een jaar op het parket gewerkt en kon als een collega beschouwd worden. Zaken als deze waren voor hem niets nieuws.

'Vooruit dan maar,' zei ik tegen Dong, 'ik laat hem wel gaan.'

De volgende middag liep ik Dong tegen het lijf in de gang, vlak bij de trap. Hij drukte me vijfhonderd yuan in de hand. Ik vroeg hem waarom en hij antwoordde: 'Je hebt mij geholpen, dus ik moet je op een of andere manier bedanken.' Hij knipoogde. 'Je mag het bedrag aan mij verliezen de volgende keer dat we kaarten.'

Er werd binnen het arrondissementsparket met mensen geschoven en in maart 1994 kreeg ik een andere functie. Ik legde nog maar eens mijn opvatting aan He Fei uit. 'Het heeft geen enkele logica om een professionele officier van justitie juridische propaganda te laten schrijven. Als ik geen onderzoeken doe, heb ik bovendien niets om over te schrijven. Moet ik alles bij elkaar fantaseren?'

He Fei deed net of hij het niet hoorde.

Toen ik me op de administratieve afdeling meldde, bleek dat de kantoorchef net aangesteld was – hij was overgeplaatst van de afdeling discipline. Hij was een typisch voorbeeld van iemand die zo weinig mogelijk doet. Wellicht was dat een methode die hij in het leger geleerd had. Hij bemoeide zich niet met andermans zaken en sprak ook geen kwaad over anderen. Daarom noemden we hem meneer Ja-natuurlijk.

Zijn directe ondergeschikte, adjunct-kantoorchef Tan Ming, zat tegenover mij in de kamer. We konden het privé al goed met elkaar vinden. Ik had een paar geweldige jaren gehad op het werk, hij was daarentegen een pas afgestudeerde secretaris die niet kon tippen aan mijn kwalificaties qua ervaring of schrijfvermogen. Op mijn eerste dag op het kantoor dacht hij lang na voordat hij voorzichtig zei: 'Ik ben niet van plan jou bepaalde opdrachten te geven. Ik kan alle zaken hier wel alleen aan. Jij mag doen wat je wilt.'

Ik had niet verwacht dat hij mij zo veel respect zou tonen en moest erom lachen. Het berustte volledig op de traditie binnen het rechtswezen van eerbied voor oudere collega's.

We bleven goede vrienden. Tan Ming was pas zesentwintig en een heel knappe man die ook nog ongewoon attent was en gehecht aan mij. Ik bracht mijn dagen door verzonken in juridische tijdschriften en boeken. Als ik moe was van het zitten op een kantoorstoel ging ik op de bank hangen en soms sliep ik in met het boek dat ik aan het lezen was boven op me. Wanneer het op de grond viel, pakte hij het op en legde hij een deken over me heen, zodat ik het niet koud zou krijgen. We gingen meestal samen ergens lunchen. Hij zei dat ik de enige op het parket was tegen wie hij eerlijk kon zijn, voor de anderen was hij op zijn hoede. Een keer toen hij wat meer had gedronken dan gewoonlijk, luchtte hij zijn hart tegenover mij: 'Wanneer je leest, wordt je geweten wakker en ondervraag je jezelf, dan kun je niet meer kil en ongevoelig blijven. Hoe meer ik lees, hoe meer pijn ik krijg. In ons echte leven – en vooral hier op het arrondissementsparket – houdt men niet van lezende mensen, die worden verstoten.' Hij zei dat voor hem, als man, zijn carrière het belangrijkste van alles was. Als hij geen promotie maakte, kon hij zijn vrouw en kind geen leven met genoeg geld geven en zijn ouders zouden niet trots op hem worden. Ik glimlachte en tikte tegen mijn hoofd. 'Ik begrijp het. Zo dacht ik vroeger ook, maar ik heb ervoor gekozen niet te buigen en daar heb ik een hoge prijs voor betaald. Kijk maar, ik ben zo ver gezonken dat ik jouw ondergeschikte ben geworden,' grapte ik.

Lin belde op en vroeg of ik mee uitging. Dat betekende dat ze in een slechte bui was en zich moest afreageren. Toen we elkaar ontmoetten, zag ik tot mijn schrik dat ze op haar armen blauwe plekken had.

'Heb jij met iemand gevochten?' vroeg ik.

Ze wreef over haar bovenarmen en trok een bitter gezicht zonder iets te zeggen.

'Ben je ontrouw geweest, waardoor je man uit zijn vel is gesprongen en je heeft mishandeld?' plaagde ik om haar in een betere bui te krijgen.

'Je gokt het goed,' zei ze en ze keek me recht aan, zonder mijn verbaasde blik te ontwijken. Toen glimlachte ze verdrietig. 'Ik ben verliefd geworden op een hooggeplaatste baas.'

Ik sloeg mijn ogen ten hemel. 'Hemeltjelief! Je mag verliefd worden op wie je wilt, maar niet op een koudbloedig politiek monster.'

'Mijn man vermoedde waarschijnlijk iets, want gisteravond zat hij in de woonkamer te wachten. Toen ik rond twaalf uur thuiskwam, begon hij tegen me te schreeuwen. Na maar een paar zinnen rukte hij zijn riem los en begon me af te ranselen.'

'Wat? Maar hij is toch officier van justitie, hij zou zich toch niet mogen gedragen als een ongeciviliseerd wild dier.'

'Eerst sloeg ik terug, maar daarna gaf ik het op. Ik had spijt, het voelde of ik hem verraden had.'

'Als je het hem deze keer vergeeft, zal hij het weer doen.'

Ze glimlachte alleen maar en zei dat ik me niet onnodig ongerust hoefde te maken. 'Veel van onze collega's krijgen slaag van hun man. Dat jij daaraan ontkomt, komt doordat jouw man een ongewoon soort gentleman is.'

'Onzin. Jullie lijken zo stoer aan de buitenkant. Eigenlijk hebben jullie helemaal geen kracht.'

Ze haalde haar schouders op en vroeg: 'Wat moet ik dan doen?'

'Als je elkaar slaat, dan kun je niet beweren dat er nog liefde over is. Ga scheiden, zou ik zeggen.' Ik was er goed in om snelle oplossingen te vinden voor anderen.

'Ik hou van je,' zei ze en ze klopte me op mijn wang. 'Jij bent degene die mij het best begrijpt.'

'Doe niet zo,' zei ik en ik duwde haar hand weg. 'Als je zo teder doet, gaan mensen denken dat we lesbisch zijn. Je denkt er toch niet echt over om te gaan scheiden vanwege die ellendige politicus?'

Lin bestelde nog een glas. Het leek alsof ze vanavond dronken wilde worden om te kunnen ontspannen. Ze haalde een pakje sigaretten van het merk Yves Saint Laurent uit haar tas en gaf er ook een aan mij, fronste haar wenkbrauwen en zei: 'Ik voel me zo rot. Hoe kon ik nou verliefd worden op een getrouwde man? Ik wist van het begin af aan best dat het een hopeloze liefde zou zijn.' Ze zoog wild aan de sigaret. 'En toch kon ik het niet weerstaan.'

'Je lost je probleem niet op door te zuipen. Hoe hoger zijn positie, hoe lastiger jullie verhouding wordt.' Ik blies een rookring uit.

Lin nam een grote slok whisky, sloeg zichzelf voor het hoofd en zei somber: 'Waarom is er geen hertog van Windsor in China? Wat denk je, zou hij alles kunnen opofferen voor mij en onze liefde?'

'Wie is het?'

'Hoofdofficier Tao Yong.'

'Dat had je gedroomd! Zijn carrière staat in zijn leven op nummer één! Ik heb geen idee op welke plaats liefde komt voor een politiek leider.' Ik staarde naar de agaatkleurige vloeistof in mijn glas en bedacht hoe hopeloos Chinese mannen zijn.

Ze rookte als een bezetene en sprak me niet tegen. Na een lange stilte vertelde ik dat mijn man en ik in het weekeinde met een groep schrijversvrienden mee waren geweest naar een camping buiten de stad. Terwijl mijn man aan het zwemmen was, had ik zijn portemonnee opengedaan om wat geld te lenen en toen vond ik een papiertje – een liefdesgedicht geschreven door een vrouw.

'Heb je geen ruzie met hem gemaakt? Een tijd geleden kwamen jij en je collega's hem toch een keer tegen in het park toen hij met een vrouw liep te wandelen? Je deed net of er niets aan hand was.'

'Toen vertrouwde ik hem nog.'

'Je hebt hem laten ontglippen.'

'Ik bracht het niet op om het hem te vragen. Hij is charmant, heeft een goede baan en een hoog salaris. Het zou toch vreemd zijn als er niet een paar jonge vrouwen achter hem aan zouden zitten.'

'Wees niet zo zelfverzekerd. Je moet hem in de gaten houden. De meiden van tegenwoordig zijn gelukszoekers. Ze zijn niet zoals onze generatie.'

'Ik heb een eigen baan. Ik kan niet de hele tijd mijn man in de gaten houden.'

Ze antwoordde niet. De muziek stond hard en in het discolicht dansten jonge mannen en vrouwen vrijuit alsof de dag van morgen niet bestond.

'Als je nog meer sigaretten rookt, verander je in een stuk gerookt vlees.' Ik pakte de sigaret uit haar hand.

Ze glimlachte geforceerd en zei: 'Ik ben zwaar in mijn hoofd maar licht in mijn voeten. Dan kun je het beste gaan dansen.'

We sprongen als idioten op de dansvloer rond en onze wilde schreeuwen verdronken in het oorverdovende geluid van de muziek.

Toen ik tegen tweeën 's nachts naar huis wankelde, ontdekte ik dat er een Harley Davidsonmotor in de garage stond. De volgende ochtend vroeg ik mijn man van wie die was.

'Een eiser in een lopende zaak heeft hem aan mij uitgeleend, ik mag hem vrij gebruiken,' antwoordde hij. Na een controverse van een jaar had mijn man de eiser geholpen om tachtig procent van zijn verloren geld terug te krijgen.

De motor mocht hij twee jaar lenen.

Een paar dagen later nam Lin me mee om me voor te stellen aan hoofdofficier Tao Yong en daarna maakten ze er een gewoonte van mij mee te vragen als ze koffie gingen drinken of naar een bar gingen. Er waren veel te veel vrienden en kennissen in de stad die hen konden zien en eventuele geruchten konden hun toekomstige carrièremogelijkheden beïnvloeden. Ik fungeerde lange tijd als hun chaperonne. Daardoor kreeg ik ook een goede relatie met Tao Yong.

Toen het weer zonniger werd, besloot ik om vakantie te nemen. Het aantal vakantiedagen was gebaseerd op het aantal dienstjaren en ik had tien dagen per jaar. Ik vroeg de kantoorchef om mijn vakantieaanvraag te ondertekenen. Dat deed hij meteen, maar hij voegde eraan toe: 'Je moet dit inleveren bij de hoofdofficier.'

Ik liep weg terwijl ik in mezelf mopperde: 'Moet je zo'n ingewikkelde procedure doorlopen om een beetje vakantie te krijgen?'

Hoofdofficier He Fei keek naar het formulier en gaf het terug met een kort: 'Dat keur ik niet goed.'

'Ik heb hier tien jaar gewerkt en dit is de eerste keer dat ik om vakantie vraag. Waarom zou dat niet mogen?'

'Rond 4 juni mag niemand vrij zijn.'

Op de vergadering die middag legde He uit: 'De gebeurtenissen op 4 juni 1989 zijn dit jaar vijf jaar geleden. Om herdenkingsceremonies te verhinderen hebben onze superieuren besloten dat alle rechtsdienaars orders moeten opvolgen, geen vakantie mogen opnemen en de stad niet mogen verlaten. Alle communicatiekanalen moeten open blijven en iedereen die een vergunning heeft om een wapen te dragen, moet dat ook doen. Als iemand deze regels overtreedt, zal hij of zij zwaar gestraft worden!

Aangezien er een groot aantal scholen in ons district ligt, hebben wij een enorme verantwoordelijkheid. Als de studenten weer gaan demonstreren, moeten wij de ongeregeldheden onmiddellijk neerslaan.'

Op 3 juni plaatste de gewapende politie wegversperringen rond het universiteitsterrein en controleerde alle voetgangers die passeerden. Alleen studenten mochten zich op het terrein begeven. Mijn vrienden in het politiekorps waren erg zenuwachtig en ze legden alle onderzoeken terzijde om zich met hart en ziel te concentreren op de opdracht om de ontwikkelingen nauwkeurig te bewaken.

Op 7 juni kregen wij van hogerhand de opdracht om de verscherpte bewaking af te blazen en terug te keren naar ons normale werk. Ik kreeg vakantie vanaf 10 juni.

De dagen waren rustig en saai, als een poel stilstaand water. Nu ik zo abrupt van mijn onderzoeken af was gehaald, vond ik het moeilijk om een doel en een zin in het leven te zien. Ik was eraan gewend geraakt het altijd heel druk te hebben en kon niet werkloos stilzitten, het was niet om uit te houden. Als reactie liet ik me compleet opslokken door het kaartspel. Of dat een uiting was van de geestelijke leegte die ik voelde, een manier om een uitlaatklep te vinden voor mijn opgekropte energie of een methode om mijn gemoed te verdoven, dat wist ik niet. Ik wist wel dat ik langzamerhand bergafwaarts gleed en dat ik mijn tijd verkwistte.

Mijn collega's leken het net zo saai te hebben als ik. Zij ontvluchtten vaak het kantoor. Soms zeiden ze dat ze naar het huis van bewaring moesten voor een verhoor of naar een plaats van delict om bewijs te zoeken. In feite waren ze ergens aan het kaarten. Toen de bazen er langzamerhand achter begonnen te komen dat de medewerkers de discipline aan hun laars lapten door te spijbelen en te doen alsof ze werkten, besloten ze met harde hand in te grijpen.

's Winters regende en sneeuwde het bijna de hele tijd. Het kostte dertig minuten om van mijn woning naar mijn werk te lopen en elke dag sjokte ik langs de vieze straten vol kuilen. Als ik tegen de ijskoude wind in liep, onder een donkere hemel die zwaar was van de regen, vroeg ik me af waarom ik eigenlijk zo veel moeite deed voor die paar schamele yuan aan loon. Ik had tien jaar aan de communistische partij gegeven en nog niet eens een auto als vergoeding gekregen.

Op een dag vlak na Nieuwjaar, net toen ik van mijn werk naar huis zou gaan, begon de kantoorchef onverwacht tegen me te praten en hij legde langzaam uit: 'De bazen hebben me gevraagd jou een opdracht te geven. Je moet vanavond met de bazen van publieke werken gaan dansen in hotel Lushan.'

Ik lachte hard omdat ik dacht dat hij te lang had doorgezakt en mij voor de gek hield. 'Welke rang hebben die bazen dat ze denken dat ze een officier van justitie als gezelschapsdame kunnen ronselen?'

'Het is geen grap,' antwoordde hij. 'De hoofdofficier van justitie heeft de districtschefs voor een feest uitgenodigd en een aantal jonge, mooie vrouwelijke officieren van justitie als gezelschapsdames uitgekozen. Het wordt als avondwerk gerekend, je krijgt er vijf yuan extra voor.' Hij kon het ook niet laten om erom te grinniken. 'Stel je voor dat je zo'n hooggeplaatste gezelschapsdame kunt krijgen voor maar vijf yuan! Dan wil ik ook wel districtschef worden en zo'n behandeling krijgen!'

We kwamen bij Zhi thuis bij elkaar voor een spelletje kaart. Zij en Hui San waren ook uitgekozen om mee te doen aan die dansavond en onze mannelijke collega's Dong en Xi Hong grepen de gelegenheid aan om grappen te maken: 'Ze respecteren jullie niet als officieren van justitie en degraderen jullie tot gezelschapsdames. Hoewel jullie eigenlijk nog slechter behandeld worden, want als gezelschapsdame mag je meestal meedoen met het eten, drinken, dansen en slapen, jullie mogen niet eens naar het diner. Daarom komen ze er zo goedkoop vanaf, met maar vijf yuan overurentoeslag!'

Zhi sloeg hen met de kaarten op het hoofd. 'Ben je soms jaloers op onze overurentoeslag? Dit is een eervolle politieke opdracht, mocht je dat nog niet snappen – wie niet flink of mooi is komt niet in aanmerking. Jullie zien er zo alledaags uit dat je waarschijnlijk nooit iemand gezelschap zult mogen houden.'

Iedereen lachte hard en Dong zei: 'Zou ik die vette marxistenwijven gezelschap moeten houden? Mooi niet. Ik verkoop mijn lichaam niet!'

We speelden van het eind van de ochtend tot acht uur 's avonds. Om halfnegen gingen Hui San, Zhi en ik met de chefs dansen.

Dat was niet de laatste keer dat we zulke 'politieke opdrachten' kregen!

Na het Chinese Nieuwjaar besliste het College van procureurs-generaal dat we een experiment zouden uitvoeren met 'concurrentie om functies', wat democratische verkiezingen voor de posten van afdelingschefs betekende. Degenen die afdelingschef wilden worden, mochten een verkiezingstoespraak houden op een podium en als de partijorganisatie en de leiders van mening waren dat ze politiek gekwalificeerd waren, werden ze als kandidaten geregistreerd. Wanneer een afdelingschef gekozen was, kon hij zelf zijn medewerkers uitkiezen. In het begin dachten we echt dat er wat democratie kwam, maar toen we merkten dat de resultaten van de verkiezingen niet onmiddellijk werden medegedeeld, maar pas een paar dagen later, nadat de partij in het geheim de stemmen had geordend, begrepen we dat dit alleen maar een nieuwe manier voor de hoofdofficieren was om hun macht uit te oefenen.

Ik vertelde aan Lee, mijn collega uit Wangcheng, over een komische situatie waarbij een van degenen die aan de verkiezing deelnam op het podium was gekomen voor zijn verkiezingstoespraak en toen een hoop vulgaire frases had uitgebraakt, zoals 'scrotumhaar is langer dan wimpers'. Lee vertelde dat op haar werk een van de juridische agenten, een gewezen soldaat, had besloten zich kandidaat te stellen voor de post van administratief chef. Het eerste wat hij deed toen hij het podium opklom, was zijn keel keihard schrapen waarna hij een brok groengeel slijm uitspuugde midden op het podium. Alle aanwezigen zagen hoe de slijmbrok uit zijn mond vloog en hoe hij erop trapte en zijn schoenen op de vloer afveegde voordat hij onbewogen aan zijn toespraak begon. Lee was zo misselijk geworden dat ze naar buiten moest gaan om frisse lucht te happen en toen kreeg ze kritiek omdat ze niet geïnteresseerd genoeg had geluisterd.

De nieuwe chef voor de disciplinaire afdeling koos mij uit en daardoor kwam ik terug in het onderzoekswerk.

De afdeling voor discipline werd ook wel het Bureau voor ambtsovertreding genoemd. We kregen onze zaken niet van de politie, maar startten zelf onze eigen onderzoeken. We richtten ons op ambtenaren bij de rijksoverheidsdiensten en hun nalatigheden in het werk. Als er bijvoorbeeld een bank werd beroofd, ging de politie op zoek naar de dief, terwijl wij onderzochten of de verantwoordelijke functionarissen bij de bank tekort waren geschoten in hun veiligheidsmaatregelen en het op die manier gemakkelijk hadden gemaakt voor de rover. Wanneer een brug instortte, onderzochten wij hoe die was geconstrueerd en of het ongeluk te wijten was aan een fout bij de bouw. Het werk op de afdeling voor discipline was veelzijdig en voor wie slim was, waren er genoeg mogelijkheden om de wet te omzeilen.

Ya Lan werd overgeplaatst van haar oude afdeling naar de receptie. Daar nam ze aangiftes en schriftelijke aanklachten aan, maar ze deed helemaal geen onderzoeken meer.

In verband met de internationale vrouwendag op 8 maart kregen alle acht vrouwelijke medewerkers van het parket twee dagen vakantie in een kuuroord met bronnen met heet, mineraalrijk water. Omdat wij allemaal jonger waren dan dertig, werd er een vijftigjarige partijrepresentant meegestuurd om over ons te waken. We aten, baadden, zongen karaoke en dansten.

Het was al over tweeën 's nachts en ik was nog niet in slaap gevallen. Om de twee collega's die in dezelfde kamer sliepen niet te wekken, sloop ik in het donker naar het balkon om wat frisse lucht te krijgen. Daar bleek al iemand te zijn. Dat was de chef van de afdeling dagvaarding, Lun. Haar bliksemcarrière was een beetje mysterieus. Ze was in 1991 op het parket begonnen, waar ze op dezelfde afdeling werkte als ik. In die tijd was ze zwanger en daarom moest ze een beetje ontzien worden, dus ze behandelde maar half zo veel onderzoeken als ik. Na haar verlof ging ze weer werken, maar omdat ze voor het kind moest zorgen, werkte ze nooit over en deed ze nog steeds niet zoveel zaken. Daarom kwam ze ook nooit in de buurt van een onderscheiding voor belangrijke prestaties. In haar derde jaar werd ze geheel onverwacht bevorderd tot afdelingschef. Er werd gefluisterd dat de baas van de partijafdeling van het district uit dezelfde stad kwam als zij en dat haar man er erg goed in was om zijn contacten te gebruiken. Aangezien de afdeling dagvaarding de sleutelafdeling van het arrondissementsparket was, was het ongebruikelijk dat de chef een jonge vrouw was. Omdat ze er bovendien goed uitzag, ontstond het gerucht dat zij en hoofdofficier He Fei meer dan alleen maar vrienden waren. Het gerucht verspreidde zich onder de officieren van justitie in de stad en haar man, die op een ander parket werkte, werd razend en begon een verhouding met een vrouwelijke collega. Die vrouw werd verliefd op hem en hielp mee om geruchten te verspreiden over Lun en He Fei, en bovendien vertelde ze anderen over hun verhouding om de man ertoe aan te zetten om te gaan scheiden. Lun beet op haar tanden en verdroeg de schaamte onder het mom nergens van af te weten. Haar man was geroerd door haar grootmoedigheid en toen ze jarig was, organiseerde hij een overdadig feest. De minnares werd furieus en zij stuurde een grafkrans met witte bloemen naar het feest.

'Slaap jij ook nog niet?' vroeg ik verbaasd.

'Ik kan niet slapen.' Ze had haar armen om zich heen geslagen en keek naar de donkere bergen.

De blaadjes aan de bomen ritselden zachtjes in de wind. Ik ging op het balkon zitten en ademde de schone nachtlucht in. 'Vroeger, toen ik net was aangesteld, maakte het niet uit hoe hard het bed was of hoe sterk een lamp scheen, ik sliep toch wel,' zei ik. 'Nu worden de bedden alleen maar groter en zachter, terwijl ik steeds moeilijker kan inslapen.'

Ze keek me aan en glimlachte flauw. 'Ja. Ik had vroeger nooit problemen met inslapen, maar sinds ik afdelingschef ben, wordt het erger en erger. El-ke avond pieker ik erover hoe ik de volgende dag het werk zal regelen en maak ik me ongerust dat we onze onderzoeken niet op tijd af zullen krijgen. De chef van de afdeling dagvaarding heeft veel te veel verantwoordelijkheid, de besluiten die wij nemen beïnvloeden de levens van andere mensen. En de juridische kennis van de hoofdofficieren is zwaar ontoereikend. Als ik mijn grip op de zaken verlies, kunnen we zomaar onschuldigen gaan veroorde-len.' Ze zuchtte.

'De anderen zijn jaloers op je dat je chef bent en macht hebt. Ik dacht dat je wel tevreden was met je promotie?'

'Ik ben helemaal geen carrièrejager. Ik weet dat mijn kennis en compe-tentie niet genoeg zijn en dat ik het werk niet aankan, maar ik heb geen keu-ze. Mijn man manipuleert me omdat hij wil dat ik promotie maak.' Zo open-lijk zouden we op het parket nooit met elkaar hebben kunnen praten. Mis-schien kwam het doordat we ver verwijderd waren van al onze onderzoeken en omdat het nacht was dat we onze echte gevoelens tevoorschijn lieten ko-men.

'Het zijn nu toch moderne tijden, dus hoe kan je man zo over jou beslis-sen? Je kunt toch nee zeggen?' zei ik.

'Hij heeft er zo veel energie in gestopt om mij omhoog te drijven en ik wil hem niet teleurstellen. Hij komt uit een boerenfamilie die afschuwelijk arm was en zijn grootste verlangen is om hoger te klimmen dan alle ande-ren.' Geen wonder dat ik ze thuis bij He Fei had gezien toen ze giften kwa-men aanbieden. Jie Lia had ook verteld dat ze had gehoord hoe Luns man He Fei een keer had uitgenodigd voor een vistochtje.

'Heeft hij je naar deze positie geloodst zonder te begrijpen hoe jij je eron-der voelt?' Ik had net de vraag gesteld toen de lamp in de kamer aan werd gedaan en Din Weng het balkon op kwam. 'Ik kan ook niet slapen,' zei ze.

Lun en ik zetten ons gesprek voort. 'Ben je niet blij om chef te zijn?' kwam Din Weng ertussen. 'Wat ben jij een zeur, zeg. Het is toch fantastisch om chef te zijn, dat je macht hebt en gehoor kunt geven aan je verlangen om anderen te bevelen. Soms kan macht aanlokkelijker zijn dan geld. Over de verantwoordelijkheid hoef je niet na te denken, je kunt je zo indekken dat je geen probleem te vrezen hebt.'

Din Weng had een grof, mannelijk gezicht dat er krachtig uitzag, ook als ze niet boos was. Ze stond bekend om haar enorme koppigheid, zelfs agenten en collega's op het parket vonden haar een harde. Ze was erg trots op zichzelf en vond dat ze 'onverschrokken' was, omdat agressieve mensen bewonderd werden binnen het politieke en juridische systeem. Na haar middelbare school was ze naar het platteland gestuurd en was ze getrouwd met de idioot verklaarde zoon van een president van een rechtbank. Haar schoonvader gebruikte zijn macht en contacten om haar een baan te bezorgen op een parket en zodra ze een aanstelling kreeg, ging ze scheiden. Ze hield er niet van als er over dat gedeelte van haar leven werd gesproken.

'Het is wel zo dat veel mensen nu bij mij in de gunst proberen te komen,' zei Lun. 'Macht brengt natuurlijk voordelen mee. Maar de druk die je dagelijks voelt is ook niet mals. Als mijn man me niet min of meer had gedwongen om chef te worden, zou ik veel liever als een gewone officier van justitie werken.' Ze zuchtte nog eens diep.

'Wie volgegeten is, weet niet hoe het is om honger te hebben,' zei Din Wang voor de grap. 'Ik ben onverschrokken en slim, maar de bazen geven me helaas nooit promotie.'

We namen nog maar een bad in de warme bronnen, waarna we in slaap vielen.

Een jaar later gaf Lun haar baan als afdelingschef op.

De onderzoeken die door onze afdeling werden opgepakt, kwamen uit drie bronnen: aangiftes van het publiek, aangiftes van verantwoordelijken op een werkplek waar een ernstig ongeluk was gebeurd en zaken waar we zelf lucht van kregen via onze eigen bronnen en contacten.

In de zomer van 1995 vielen er twee keer ergens bouwvakkers van een hoge steiger naar beneden. Na zulke ongelukken rapporteerden de politie en de leidinggevenden in het bedrijf de zaak onmiddellijk aan het arrondissementsparket, waarop wij bliksemsnel naar de plaats van het ongeluk moesten. Sterfgevallen prikkelden de volksmassa's nogal snel. De verantwoordelijken in de bouw waren bang dat de familieleden van de overledenen heibel zouden maken. Het opduiken van officieren van justitie liet zien dat het rechtswezen, dat het rijk vertegenwoordigde, aan de kant van de gerechtigheid stond en zijn plicht zou doen om het gebeuren te analyseren. Dat betekende dat de staat belang hechtte aan het leven van het volk en dat had een geruststellende uitwerking. In feite waren er geen concrete wetsartikelen die de grondslag konden vormen voor het onderzoeken van zulke ongevallen. Of het bouwbedrijf en de opdrachtgever een schadeloosstelling betaalden, hing helemaal af van de eis van de verwanten en hoe eigenwijs of verontwaardigd die waren. Slechts een paar Chinezen hebben een levensverzekering, dus de schadeloosstelling die het bouwbedrijf betaalde was de enige vergoeding die de familie kreeg. De meeste bouwvakkers waren voormalige boeren die naar de stad waren getrokken om werk te vinden en als er een ongeluk gebeurde, dan kwam de hele familie van het platteland daarheen gereisd. Als het er veel waren en ze maakten veel heibel, moesten we hun eisen wel inwilligen, zodat ze niet nog verder zouden gaan of bijvoorbeeld het lijk zouden meenemen naar het arrondissementsparket of het politiebureau om te demonstreren.

De twee ongelukken gebeurden kort na elkaar. Het ene ging om een man die een raamkozijn had geschilderd op de zevende verdieping, gevallen was en gestorven. Het andere betrof een man die zijn houvast had verloren op een steiger op de negende verdieping. Omdat er geen valnet was, viel hij te pletter. In het eerste geval zorgden wij er na ons onderzoek voor dat het bouwbedrijf en de opdrachtgever vijfduizend yuan aan de familie betaalden. In de andere zaak doken enorm veel familieleden op die zich verzamelden voor de poort van het arrondissementsparket zodat niemand meer naar binnen kon. 'Als wij niet ten minste honderdduizend krijgen, kunnen jullie je rust wel vergeten,' riepen ze. Om hen tot bedaren te brengen en om normaal te kunnen werken, zorgden we dat het verantwoordelijke bedrijf de vergoeding betaalde die ze verlangden.

De bouwbedrijven en aannemers wendden alle middelen aan om ons te vriend te houden. Ze nodigden onze afdeling uit voor etentjes en vroegen ons om de onderhandelingen te voeren met de families. Aangezien er altijd tekortkomingen waren in de veiligheid op de bouwplaats was het niet moeilijk om hen verantwoordelijk te stellen voor wat er gebeurd was. Maar ondanks dat ik tien maanden op de afdeling had gewerkt, had ik nooit gezien dat iemand verantwoordelijk werd gesteld voor een dergelijk ongeval. In plaats daarvan was de conclusie altijd dat de dode zelf onvoorzichtig was geweest of een veiligheidsvoorschrift had overtreden. De familie moest maar genoegen nemen met die analyse van een rijksinstelling in combinatie met een financiële vergoeding. Wij, medewerkers op de afdeling, hadden daardoor goede relaties met bouwbedrijven en opdrachtgevers. Als we een baantje wilden regelen voor een familielid of wanneer ons eigen huis aan een reparatie toe was, kregen we altijd gratis hulp.

Omdat de centrale personen in onze onderzoeken rijksambtenaren en partijleden waren, hadden we wel grote woorden, maar bereikten we niets. Degenen die door het rijk werden aangesteld, konden altijd wel een of ander contact bij een parket vinden dat ervoor kon zorgen dat hun verantwoordelijkheid kleiner werd of geheel verdween. En als wij geen aanklacht opstelden, kwam de zaak nooit voor de rechter.

Ik deed altijd veel moeite voor mijn onderzoeken en werd dus ook altijd even kwaad over het resultaat. Onze meerderen bemoeiden zich met elke zaak en konden dan veelbetekenend zeggen: 'Deze zaak kun je laten zitten.' En dan had het geen zin om verder te gaan. Je wist nooit wat ze anderen achter je rug hadden beloofd. Als ik niet me schikte, kon ik eruit liggen.

Het bracht me in de war en ik kon niet zien waar mijn weg in de toekomst naartoe leidde.

Een van mijn vriendinnen had zo haar eigen problemen. Rongrong, die bij de rechtbank in Wangcheng werkte, werd eerst verliefd op een getrouwde man met kind en hoewel ze verschrikkelijk dol op hem was, protesteerde haar familie heftig. Om ze van elkaar te scheiden zorgde haar zus, die bij de provinciale regering werkte, dat ze overgeplaatst werd naar een rechtbank honderd kilometer van haar geboortestad af. Het duurde drie jaar voordat ze over haar verliefdheid heen was en in die tijd was ze vaak ziek, ze leed aan hoofdpijn en moest veel thuisblijven. Lee zei dat ze ziek was van het gemis. De oudere zus was bang dat Rongrong psychisch ziek zou worden en zocht wanhopig naar een geschikte partner voor haar. Rongrong was fragiel en volgzaam, dus uiteindelijk trouwde ze. Ze zei dat ze helemaal niet van haar man hield en dat hun seksleven een kwelling was.

Ze begon met een administratieve baan, maar kreeg toen een plek op de afdeling dagvaarding. Soms werd ze bont en blauw geslagen door haar man en moest ze gedaagde en eiser meedelen dat de datum voor de rechtszaak was veranderd. Bij de rechtbank vonden ze dat dat familiezaken waren waar ze zich niet mee moesten bemoeien. De vrouwenbond vond dat een paar oorvijgen niets was om je druk om te maken en omdat ze niet ernstig gewond raakte, was er niemand die het interesseerde. Als Rongrong een collega had gevraagd om haar te helpen met een scheiding, dan had ze die heel eenvoudig gekregen, maar haar man geloofde niet in wetten, alleen in geweld. Hij dreigde haar te doden, haar gezicht te verminken en haar de rest van haar leven te laten lijden als ze van hem ging scheiden.

Op een keer, toen hij haar erg geslagen had, kocht ze een speelgoedpistool dat ze in haar riem stopte, ze deed haar uniform aan en probeerde er dreigend uit te zien. 'Als je mij nog een keer aanraakt, dood ik je!' zei ze tegen hem. 'En je moeder!' Daarna knoopte ze haar uniform open en liet hem het pistool zien. De man en zijn moeder geloofden dat de rechtbank haar bewapend had en ze werden een stuk aardiger. Maar na een tijdje ontdekten ze dat het pistool niet echt was en toen kreeg ze onmiddellijk een enorm pak slaag.

Ze kwam vaak bij mij klagen. 'Ik heb er genoeg van om je gejammer te horen,' zei ik uiteindelijk. 'Waarom kun je hem niet een lesje leren? Bedreig hem echt!'

Ze vroeg verdrietig hoe ze dat dan zou moeten doen.

'Als ik jou was, zou ik met hem om de tafel gaan zitten en hem serieus waarschuwen: "Wij hebben drie alternatieven. Of je doodt mij. Dan word je zelf tot de doodstraf veroordeeld en heeft je moeder niemand meer die voor haar zorgt en belandt ze op straat. Onze dochter wordt geadopteerd en wellicht verkracht door haar adoptievader en mishandeld door haar adoptiemoeder. Het tweede alternatief is dat je mijn gezicht verminkt. Dan word je tot vijftien jaar gevangenis veroordeeld. Ik zal al mijn contacten gebruiken om te zorgen dat je naar het meest afgelegen en hardste werkkamp wordt gestuurd. Ik zal de gevangenbewaarders vragen je slecht te behandelen en je medegevangenen om je te kwellen en ik kan er zelfs voor zorgen dat je nooit meer vrijkomt. Dan gooi ik je moeder er ook uit en laat haar verhongeren. Ik zal onze dochter vertellen hoe slecht je mij hebt behandeld en dat je mijn leven hebt verpest. Ik zal haar leren je te haten en je de hel in te wensen. De derde mogelijkheid is dat je mij met rust laat."'

Rongrong zat met open mond met haar armen om zich heen. Ze trilde helemaal toen ze zei: 'Dat klinkt angstaanjagend. Zulke verschrikkelijke dingen heb je nog nooit gezegd.'

Ik glimlachte. 'Eén ding heb ik mezelf in die tien jaar hier geleerd: je moet niet bang zijn om grof of stoer te zijn. Als hij hard is, moet jij harder worden. Bescherm jezelf! Als jij als rechter niet eens zo'n appeltje kunt schillen, zal de partij of de samenleving jou ook niet beschermen. Onze samenleving gelooft niet in tranen, alleen maar in macht.'

Een week later belde ze en vertelde ze opgewonden dat ze mijn raad had opgevolgd en haar man had bedreigd. Het werkte heel goed. De man was zo kwaad geworden dat hij ervan beefde, maar hij durfde geen vinger meer naar haar uit te steken.

'Zo zie je maar hoe je wat kunt leren! Als je niet stoer bent, kom je nergens,' zei ik opbeurend.

Mijn vriendin Yin was hoofd verkoop bij een kledingbedrijf. Yins baas Hong had een opleiding gevolgd tot modeontwerper voordat ze een fabriekje begon om haar zelf ontworpen kleding te produceren. Toen de zaken floreerden, kreeg ze problemen in haar huwelijk. Een scheiding zou inhouden dat ze de helft van haar bezit aan haar man zou moeten geven. Ze was van plan te verhuizen naar een kantoorgebouw van drie verdiepingen en de kleren te gaan verkopen in de vijf grootste warenhuizen van de stad. Daarvoor had ze kapitaal nodig, maar als ze de helft kwijtraakte, zou het onmogelijk worden om die plannen uit te voeren.

Toen Hong totaal wanhopig was, stelde Yin voor dat ze naar mij toe zou gaan. Ze nam me mee naar een restaurant en vroeg me daar om hulp. Nadat ik er een tijdje over nagedacht had, zei ik: 'Je moet een attest zien te krijgen dat je schulden hebt. Of je die echt hebt, maakt niet uit. De man van een collega van mij is rechter in jouw district en als hij besluit het attest te vertrouwen, hoef je je kapitaal niet met je man te delen. De schulden worden namelijk afgetrokken voordat de boedel wordt verdeeld.'

Ze had niet verwacht dat ik haar hoofdbrekens zo simpel zou kunnen oplossen en ze zei blij: 'Als we klaar zijn met eten, dan wil ik dat jij kleren komt passen. Wat je bevalt, krijg je.' Na een poosje vroeg ze: 'Kan ik verzoeken om de voogdij over mijn kind te krijgen?'

'Wat zegt je man daarover?'

'Hij wil onze zoon zeker hebben.'

'Wat je kind betreft, vind ik dat jullie het samen eens moeten proberen te worden. Ik kan je helpen met de financiële problemen.'

Ik raadde haar ook aan om mijn vriend de rechter bij de juiste gelegenheid te belonen zodra de scheiding uitgesproken was. Tijdens ons gesprek begreep ze dat ik vrienden had die in de tijdschriftenbranche werkten en ze vroeg of ik kon regelen dat ze een gratis advertentie kon plaatsen.

'Een gratis advertentie kan ik niet voor je regelen,' antwoordde ik, 'maar als jij elke week zorgt voor wat mooie foto's van kledingmodellen, dan kan ik er gedichten of kort proza bij schrijven en dan publiceren we ze als een vorm van kunst. Dan hoef jij geen advertentiekosten te betalen, maar bereik je hetzelfde effect. Bovendien geeft het een kunstzinnige *touch* aan jouw kleding.'

Ze was verbaasd dat een serieuze officier van justitie zoals ik geïnteresseerd kon zijn in fotografie en poëzie. 'Wat fantastisch!' zei ze. 'Ik laat het helemaal aan jou over. Kun jij niet voor een fotograaf en modellen zorgen? Dan kun je er daarna passende gedichten bij maken. Voor jou is het vast geen probleem om dat gepubliceerd te krijgen.'

Ik glimlachte maar antwoordde niet. Ik dacht: jij geeft mij een paar kledingstukken en dan wil je dat ik je met van alles en nog wat ga helpen. Denk je dat ik nog nooit geld heb gezien?

Ze merkte wel dat ik niet zo van harte reageerde en ging verder: 'Ik zou wel willen dat je voor mij ging werken. Je kunt adjunct-directeur worden en een maandloon krijgen.'

Ik schudde mijn hoofd. 'De regering heeft als regel dat rijksambtenaren zich niet mogen bezighouden met zakendoen. Ik ben niet van plan mijn baan op te zeggen om voor jou te gaan werken, ik geloof niet dat je je dat kunt veroorloven.'

De meeste particuliere bedrijven zouden geen geld genoeg hebben om mij aan te stellen. Mijn loon was weliswaar niet zo hoog, bij elkaar niet meer dan dertigduizend yuan per jaar, maar ik had een hoop extra voordelen. Ziektekosten, pensioen en huur werden door het rijk betaald. Bovendien had ik een aanstelling voor het leven. Als ik niet zelf bedankte, kon ik dagelijks naar feesten en amusement, niet alleen vanwege de zaak waar ik aan werkte, maar ook omdat mijn maatschappelijke positie meebracht dat mijn vrienden en de vrienden van mijn vrienden zowel rijk als machtig waren.

Hong kwam nu met een nieuw voorstel. 'Ik heb een juridisch adviseur nodig en bovendien iemand die me kan helpen met de contacten met de werkgeversvereniging, de belastingdienst, de politie en andere instanties. Als jij dat op je wilt nemen, zou het zowel eenvoudiger als goedkoper worden. Als er iets gebeurt, bel ik jou en jij maakt tussen je onderzoeken door tijd om mij te helpen met mijn acute problemen.'

Ik moet zeggen dat het voorstel aanlokkelijk was. Op de afdeling discipline hadden we vaak periodes dat er niets te doen was, dan lazen we, dronken we thee, soms speelden we zelfs kaart. Noch de afdelingschef, noch een van mijn collega's zou het merken als ik er een paar uur per dag tussenuit kneep.

Algauw vond ik een fotograaf die zelf model geweest was voordat hij zijn studio begon. Ik koos een paar foto's uit die hij gemaakt had, schreef er een tekst bij en gaf dat aan twee vrienden die bij tijdschriften werkten. Het duurde niet lang voordat het gepubliceerd werd. De fotograaf en ik werden goede vrienden. Hij vertelde dat hij nog geen kapitaal of contacten genoeg had om een goede plek te krijgen of de studio die hij had uit te bouwen. Ik werd overvallen door een plotselinge interesse en zei: 'Ik kan je wel helpen om een goede plek te vinden en ik kan ook wel wat geld investeren.' Hij zei dat als ik kon bijdragen met veertigduizend yuan, ik mede-eigenaar kon worden. Maar dan moest ik de verantwoordelijkheid op me nemen voor de contacten met de belastingdienst, de politie en andere instanties.

Hij stelde een grimeuse aan en iemand die hielp om de foto's te ontwikkelen. Ik hoefde alleen maar eens per dag de inkomsten en uitgaven te controleren om aan het eind van de maand mijn deel van de winst te mogen opnemen.

Nu was ik officier van justitie en mede-eigenaar van een fotostudio en zelfs adjunct-directeur van een modebedrijf. Als het arrondissementsparket daar achter kwam, zou ik zeker gestraft worden. Dat baarde me zorgen.

Ik weet niet meer waarom ik op een avond werd uitgenodigd in Changsha's beste restaurant en daarna naar een club ging om karaoke te zingen. De gastheer had een enorm grote karaokeruimte gereserveerd die luxueus ingericht was. Alle aanwezigen waren hooggeplaatst: succesvolle zakenlui, politici en juristen.

De directeur van een bedrijf besteedde duidelijk aandacht aan mij. Hij heette Qu Jan, was over de vijftig, erg klein van stuk en trots op zijn uiterlijk. De hele avond converseerde hij met mij en wilde hij duetten zingen. Hij gaf me zijn visitekaartje en vroeg om mijn telefoonnummer. Hij bestelde fruit en wijn en riep met luide stem dat hij vanavond de rekening betaalde. Hij moet die avond een heel jaarloon van een gewone arbeider zijn kwijtgeraakt. Ik had een vermoeden dat hij meer van me wilde.

Toen we na dit alles nog wat aten, vertelde hij over zijn bedrijf. Qu Jan had door een afspraak met de veiligheidsdienst van de provincie Hunan hun naam mogen lenen voor zijn bedrijf, waarvoor hij jaarlijks een bedrag betaalde. Als er een probleem zou zijn, dan zou de veiligheidsdienst dat oplossen. De adjunct-directeur van de veiligheidsdienst, de politiecommissaris, Changsha's burgemeester en de secretaris van de adjunct-chef van de provincie waren allemaal adviseur van de firma. Dat betekende kortweg dat hij hun allerlei voordelen gaf, met als tegenprestatie dat zij zouden ingrijpen wanneer hij hen nodig had, zodat het bedrijf niet getroffen kon worden door tegenslag.

De hele avond pochte hij dat de burgemeester en hij elkaar tutoyeerden. Hun vriendschap was meer dan tien jaar geleden begonnen, toen de burgemeester nog een gewone ambtenaar was geweest op het landbouwdepartement van de provincie.

Dagenlang belde Qu Jan om mij mee uit eten te vragen of om te dansen. Ik bedankte elke keer, maar hij gaf niet op. Ten slotte had ik het gevoel dat ik niet langer kon weigeren en accepteerde ik zijn uitnodiging. Ik nam mijn vriendin Xia Yin mee.

Qu Jan had alweer een erg chic restaurant uitgezocht en trakteerde op zowel karaoke als borrelhapjes. Als gezelschap had hij een jonge chef van het politiedepartement meegenomen. Toen hij ons na afloop naar huis reed, kwam hij eindelijk ter zake: 'Ik wil jou vragen om adjunct-directeur te worden in mijn bedrijf. Ik ben net bezig om een vijftien verdiepingen hoog driesterrenhotel te bouwen. Als het klaar is, heb ik iemand nodig die daarvoor kan zorgen.'

Dat was een nogal wonderlijke wens. Ik was juriste en wist absoluut niet hoe je een hotel bestiert. Het was helemaal geen probleem voor hem geweest om iemand te vinden die professioneel was. Werkte hij misschien voor de veiligheidsdienst en verhulde hij zijn werkelijke identiteit wanneer hij in het geheim bezig was om vrouwelijke spionnen te werven? Zijn bedrijf was door de naam verbonden aan de veiligheidsdienst, dus ik werd een beetje wantrouwend. Als antwoord op mijn verwondering zei hij: 'Jij hebt een heleboel contacten en hier in China doen we zaken via contacten en gevoelsmatige banden, niet door te vertrouwen op kennis en vaardigheden.'

Ik vond zijn uitleg erg vergezocht. 'Zodra ik mijn baan op het arrondissementsparket opzeg, verlies ik mijn contacten onmiddellijk.'

Dat geloofde hij niet. 'Jouw man is toch rechter, hij heeft ook contacten. Je vrienden en collega's zullen het contact met jou ook niet helemaal verbreken, dus die heb je ook.'

Het kledingbedrijf, waar ik bijkluste, verhuisde naar een nieuw gebouw en opende tegelijkertijd vijf boetieks in verschillende warenhuizen. Omdat Hong niet genoeg kapitaal had, werkte ze vaak tot vier uur 's nachts.

Ik had met haar te doen en omdat ik nu adjunct-directeur van het bedrijf was, besloot ik haar te helpen. 'Ik ben van plan om een vriend te vragen om jou honderdduizend yuan te lenen zodat je je boetieks kunt opstarten,' zei ik tegen haar, 'maar je moet me vertellen wanneer je het denkt te kunnen terugbetalen.'

Hong beloofde om de schuld binnen een maand terug te betalen. Ze zou geld krijgen van de verkoop van haar oude winkel en bovendien een voorschot op bestelde kleren.

Ik accepteerde een nieuwe uitnodiging van Qu Jan en nam Hong en Xia Lin mee naar het diner. Tijdens het eten vertelde ik over de moeilijkheden van Hong. Qu snapte meteen waar ik op uit was: 'Ik zal haar het geld lenen, ter wille van jou.' Maar toen nam hij de gelegenheid te baat: 'Je kunt toch ook voor mijn bedrijf werken en ervoor betaald krijgen. Je hoeft er niet heen te gaan, het is genoeg als ik je kan bellen als er problemen zijn, dan kun jij die oplossen.'

'Dat gaat niet,' antwoordde ik. 'Als je in een hotel werkt, dan moet je daar toch ook zijn?'

Na de maaltijd wilde hij dat we mee gingen zingen. 'Je hoeft je niet te ruïneren,' lachte ik, 'zeg nou maar eerlijk wat je in je hoofd hebt.'

Hij weifelde een ogenblik. 'Het gaat om mijn dochter,' begon hij, maar hij hield zich plotseling in en vroeg: 'Kan ik je vertrouwen?'

'Als ik kan helpen, dan doe ik dat. Als ik niet kan helpen, dan beloof ik het geheim te houden.'

Hij vatte de situatie van de jonge vrouw eenvoudig samen: 'Zes jaar geleden, toen ze als boekhouder werkte, leerde ze een man kennen uit Guangzhou. Het was een elegante man die elke week helemaal naar Changsha vloog met een vers bloemetje om haar te zien. In die tijd was er nauwelijks iemand die het geld had om op die manier heen en weer te vliegen. Toen mijn dochter zag hoe hij met geld strooide, dacht zij dat hij een bedrijf had en goede inkomsten. Betoverd door zijn tedere woorden en overtuigende frasen werd ze blind verliefd.

Op een dag vertelde de man plotseling dat zijn bedrijf wat problemen had en dat hij geld nodig had om de situatie in orde te brengen. Hij vroeg mijn dochter om wat geld van haar werkgever te gebruiken om hem door de moeilijkheden heen te helpen. Hij was zo terneergeslagen dat hij huilde en hij beloofde om alles binnen een maand terug te betalen. Uiteindelijk ging ze akkoord. Ze haalde zeshonderdduizend yuan van de rekening van het bedrijf en gaf die aan hem. Zodra hij het geld had, verdween hij en hij liet nooit meer iets van zich horen. Mijn dochter werd heel ongerust en ze reisde naar zijn huis in Guangzhou om met hem te praten, maar zijn vader zei dat hij geen idee had waar zijn zoon naartoe was.

Korte tijd later ontdekte het bedrijf dat er geld was verdwenen van de rekening en deed aangifte bij de politie. Agenten van het politiebureau in het zuidelijke district kwamen naar ons huis om haar te verhoren. Ze vonden dat het ging om verduistering en droegen de zaak over aan het arrondissementsparket. Mijn dochter, die begreep dat het er slecht voor haar voorstond, is gevlucht en heeft zich sindsdien ergens schuilgehouden. Zes jaar lang heeft ze haar echte identiteit verborgen, terwijl de officieren van justitie een aantal keren bij ons thuis zijn geweest om haar te zoeken.'

Ik begreep waar hij heen wilde en onderbrak hem: 'Heb jij haar stiekem geholpen in de periode dat ze op de vlucht was?'

Qu Jan schrok en kreeg ineens een besliste blik in zijn ogen. 'Ja,' zei hij eerlijk. 'Ze is mijn dochter en ze is op de vlucht, ze zit ondergedoken in een andere plaats en ze is bang. Al die jaren heb ik haar geld gegeven zodat ze kan overleven.'

'Waar is ze nu?'

'In Shenzhen.'

'Weet je of het arrondissementsparket een aanklacht heeft voorbereid?'

Dat wist hij niet. 'Dat hadden ze moeten doen, anders zouden ze geen razzia's houden in ons huis om haar te pakken te krijgen.'

'Dan kun jij je schuldig hebben gemaakt aan het beschermen van een misdadiger.' Ik praatte met aangeleerde kilte.

'Je klinkt alsof je me verhoort,' zei hij. 'Ik trek me er niets van aan of ik de wet overtreed. Ik ben al oud, ik wil haar helpen om weer een normaal leven te krijgen.'

'Dat gaat helaas niet. Zij heeft de staat een verlies van zeshonderdduizend yuan bezorgd. Eerst was het eigenmachtig handelen en toen ze het geld niet terug kon betalen, werd het verduistering. Als je zo veel hebt verduisterd, dan word je veroordeeld tot ten minste vijftien jaar gevangenisstraf en in het ergste geval tot de dood.'

'Ik ben zakenman en ik weiger te geloven dat er geen oplossing is,' zei hij eigenwijs.

'Je kunt je niet van alle misdrijven vrijkopen,' zei ik. 'In zo'n ernstig geval zal geen enkele officier van justitie je willen helpen.'

'Daarom vraag ik het jou.' Hij weigerde om op te geven, het was duidelijk dat hij wat dan ook voor zijn dochter wilde opofferen.

Ik lachte hard. 'Dacht je dat het genoeg was dat je mij een paar keer mee uit eten hebt genomen?' Ik begon er echt aan te twijfelen of hij wel helemaal goed bij zijn hoofd was.

'Mijn dochter is ook een slachtoffer,' zei hij. 'Het was iemand anders die haar had bedrogen en vanwege hem heeft ze nu zes jaar rondgezworven. Als je mij hiermee helpt, dan mag je vragen wat je wilt, ik stem overal mee in onder een half miljoen. Ik vraag niet dat ze de hele straf ontloopt, maar als ze een voorwaardelijke straf krijgt of de straf buiten de gevangenis mag uitzitten, dan ben ik al blij.'

Het choqueerde me dat hij zo recht op zijn doel afging en over geld sprak.

'Een voorwaardelijke straf gaat niet, die wordt alleen maar gegeven voor misdrijven waarvoor de straf minder is dan drie jaar,' antwoordde ik. 'En of ze haar straf buiten een gevangenis mag uitzitten is aan de rechtbank.'

Hij zag er wanhopig uit. 'Bedoel je dat er geen hoop meer is? Ik heb zitten zoeken in wetboeken en gezien dat de verjaringstermijn voor zulke misdrijven twintig jaar is. Dat betekent dat ze zich nog veertien jaar moet verbergen voordat ze zich weer durft te vertonen. Dan is ze al over de veertig en heeft ze geen mogelijkheid meer om te trouwen en een kind te krijgen.' Hij zuchtte.

'Maar jij bent toch zo goed bevriend met de burgemeester? Vraag hem om hulp, dat levert meer op dan het mij te vragen. We hebben vergelijkbare zaken bij ons parket gehad waarbij ze mensen lieten lopen die wel achthonderdduizend yuan verduisterd hadden.'

Qu Jan schudde zijn hoofd en zei twijfelend: 'Nee, dat gaat niet. Aan de burgemeester kan ik zo'n pijnlijke kwestie niet vertellen. Als hij probeert te helpen, wordt het zeker alleen maar erger. Die politici zijn altijd bang dat iemand grip op hen krijgt. Het gaat veel gemakkelijker en sneller als jij rechtstreeks met een van die vrienden van je praat die verantwoordelijk is voor mijn dochters zaak.' Hij had kennelijk goed door hoe dingen in onze kringen functioneerden.

'Ik durf jouw geld niet aan te nemen. Als het niet lukt, kan ik zelf in de gevangenis belanden en dat is het mij niet waard,' stelde ik. Hij gaf nog niet op, maar verzocht me er een nacht over te slapen.

In deze periode had ik drie lonen: van het arrondissementsparket, van de kledingfabriek en van de fotostudio. Ik verscheen steeds minder op kantoor en op de lange duur was de situatie onhoudbaar, maar ik had geen zin om op te houden als officier van justitie. Ik wilde de koek zowel eten als bewaren.

Toen Qu Jan dat te horen kreeg, begon hij hard te lachen en beweerde hij dat ik gierig was.

'Ik zou je willen vragen om me voor te stellen aan de burgemeester,' zei ik, 'ik denk dat ik hem kan overhalen.'

'Juist op dit moment gaat dat niet. Zijn zestienjarige zoon heeft pas zelfmoord gepleegd en hij is gebroken.' Ondanks dat plaagde hij: 'Hij is een echte vrouwenverslinder, dus ik zou maar oppassen.'

Ik vroeg hoe hij dat nou weer wist, of dat niet zomaar een speculatie was. Hij antwoordde: 'Nee, ik heb één keer een meisje aan hem voorgesteld dat niet uit Changsha kwam. Korte tijd later heeft hij haar verleid.'

Ik hield niet van de ondertoon waarmee hij dit zei en gaf hem een speciale blik: 'Jij weet niet wie wie verleidde! Misschien wilde die meid de burgemeester gebruiken en heeft ze hem daarom verleid. Hij is nou eenmaal een machtige man. Jonge meiden van tegenwoordig stappen in bed met iedereen als ze maar krijgen wat ze willen.'

'Hij heeft met alle vrouwen geslapen die ik aan hem heb voorgesteld.' Qu Jan glimlachte. 'Maar dat is geheim, dat weet alleen ik. En dat zou jou niet gebeuren, jij hebt een andere positie, dus jou durft hij vast niet te pakken.'

'Dan kunnen we wel een afspraak maken voor een ontmoeting,' drong ik aan en ik dacht bij mezelf dat Qu Jan eigenlijk een pooier was.

'Als ik jou de eer bewijs om hem te mogen ontmoeten, dan mag je er wel voor zorgen dat je mij helpt,' zei hij.

'Als het loopt zoals ik hoop, dan beloof ik dat ik voor jouw bedrijf ga werken,' zei ik, 'en dan vind ik vast een manier om je dochter te helpen.'

Eindelijk een glimpje hoop! Hij stemde meteen verheugd in met mijn verzoek. 'Goed, dan spreken we dat af!'

Hij nam me mee naar het huis van burgemeester Lang Fan, die net zijn zoon begraven had en nog het bed hield. Zijn vrouw lag ook in bed in een andere kamer en twee bedienden deden alles om hen te verzorgen. Qu Jan pakte een envelop met zijn naam erop en tienduizend yuan erin, die hij aan de secretaresse van de burgemeester gaf. Het hele appartement was vol met mensen die waren gekomen om condoléancegiften te overhandigen: ambtenaren en partijrepresentanten op districts- en stedelijk niveau en directeuren en bestuursleden van verschillende bedrijven, vooral bouwbedrijven. In China vormen huwelijken en begrafenissen goede gelegenheden om je vriendschap te betuigen. Qu Jan vertelde dat particuliere ondernemers zonder nadenken een- of tweehonderd yuan weggaven. Het was voor hen van het grootste belang om goede contacten met de machthebbers te hebben.

Er waren veel bezoekers en de burgemeester voelde zich erg slecht. Qu Jan en ik schudden hem de hand, hij knikte bij wijze van groet en toen namen we alweer afscheid.

Een paar dagen later belde Qu Jan. 'De burgemeester is tijdelijk verhuisd naar een hotelsuite en is weer een beetje begonnen met werken.' 's Avonds gingen we erheen om hem te begroeten. Hij zat in de zitkamer en praatte met een aantal mensen die allemaal vol achting leken te zijn. Qu Jan en Lang Fan maakten grappen met elkaar – het was te zien dat ze goede vrienden waren. Lang Fan deed alsof hij verbaasd was toen hij vroeg: 'Zijn er zulke jonge en mooie officieren van justitie?'

Qu Jan glimlachte veelbetekenend en antwoordde: 'Zij wil graag iets met u bespreken.'

Lang Fan kwam overeind. 'Dan gaan we even naar de kamer hiernaast, daar kunnen we praten.' Hij liet zijn gasten achter en we gingen naar de aangrenzende ruimte.

'Qu Jan heeft me al over jouw situatie verteld,' zei Lang Fan simpelweg.

'Ook al heb ik macht, ik durf niet tegen de regels in te gaan die de landsregering heeft opgesteld.'

'Als het niet mogelijk zou zijn om iets te doen, was ik niet naar u toegekomen,' antwoordde ik. 'Ik weet dat u een machtige man bent en er is niets wat u niet kunt doen in deze stad.'

Hij glimlachte tevreden over mijn vleiende woorden. 'Maar waarom zou jij je in de zakenwereld willen begeven?'

Ik antwoordde naar waarheid: 'Ik heb niet het temperament dat past bij een rijksambtenaar, daarom wil ik van omgeving veranderen.'

Hij dacht een paar seconden na. 'Als je van omgeving wilt veranderen, dan is dat niet zo moeilijk. Er zijn drie alternatieven waar ik je mee kan helpen. Ten eerste kan ik je laten overplaatsen naar het arrondissementsparket van de stad, ten tweede kan ik je een plaats bezorgen bij een rechtbank en ten derde kan ik je bij de veiligheidsdienst plaatsen. Je bent mooi en hebt geen kinderen. Bovendien heb ik gehoord dat je Engels kent, dus de veiligheidsdienst kan je opleiden tot spion of contraspion.'

Dat was niet wat ik in mijn hoofd had, dus ik antwoordde meteen: 'Ik wil niet overgeplaatst worden naar het stedelijke arrondissementsparket, want daar heb je niet zo veel gelegenheid om met concrete onderzoeken te werken, daar zit je vooral op kantoor rapporten te schrijven en werk te leiden. Dat is oersaai. De president van het gerechtshof is een vriend van me, dus als ik voor een rechtbank zou willen werken, dan had ik u niet lastig hoeven vallen, hij hoeft zijn mond maar open te doen om mij te helpen. Voor de veiligheidsdienst durf ik niet te gaan werken. Al die geheime intriges, dat vind ik doodeng en gevaarlijk. Op een dag word je misschien gedood zonder te weten waarom. Ik ben niet zo edel dat ik mijn leven wil opofferen voor wat lege, mooi klinkende frasen.'

Lang Fan moest lachen omdat ik niet klonk als een oude, ervaren ambtenaar. 'De opleiding van de communistische partij is aan jou werkelijk verspild, ze hebben je tien jaar getraind en toch bewijs je in wat je zegt niet de minste trouw aan de partij.'

Ik kon maar beter vertellen waar ik op uit was. 'Ik zal eerlijk tegen u zijn,' zei ik, 'ik heb genoeg van dat stomme werk bij een overheidsinstantie. Daarom wil ik eens iets anders proberen. Maar ik wil mijn baan behouden, zodat ik terug kan keren naar het arrondissementsparket als ik uitgekeken raak op het zakenleven.'

'Ik wil dat wel eens met de hoofdofficier van justitie van de stad bespreken en met jouw baas He,' zei hij zonder te laten blijken wat hij dacht. 'We zullen zien of we tot een goede oplossing kunnen komen.'

Ik bedankte hem meteen. Hij nam de gelegenheid om mijn hand te pakken en te schudden, terwijl hij over de rug van mijn hand aaide. Geschrokken trok ik mijn hand terug en ik liep naar de zitkamer. De mannen daar keken me verwonderd aan. Het gebeurde niet zo vaak dat de burgemeester een stel bezoekers verliet om onder vier ogen met een jonge vrouw te gaan praten.

Met zoveel verschillende taken was het niet verwonderlijk dat ik een beetje verstrooid werd. Op een avond onderweg naar huis ontdekte ik dat ik mijn tas op kantoor was vergeten. Ik belde Xia Yin en vroeg of ze hem mee naar huis kon nemen en de volgende morgen langs kon brengen, omdat ze toch vlakbij woonde.

Omdat mijn portefeuille, sleutels, mobiele telefoon en zo allemaal in de tas zaten, stond ik de volgende morgen met lege handen op haar te wachten. Het werd tien over acht en ze was nog niet in zicht. Toen ik ongerust werd dat ik te laat op mijn werk zou komen, besloot ik haar te bellen. Vlakbij aan de straatkant was een kleine kiosk waar sigaretten, aanstekers en kauwgom werden verkocht, en bovendien stond er een telefoon op de toonbank. Het was een klein bouwwerkje van golfplaat en de telefoon stond vlak bij de verkoper zodat hij kon zien welk nummer je draaide en alles kon horen wat je zei. Naast de telefoon hing een tikker. Elke tik kostte vijf jiao (5 cent), maar als er niet werd opgenomen, hoefde je niet te betalen. Wij kregen vaak meldingen binnen van telefoontikkers, taxameters, weegschalen en andere meetinstrumenten die gemanipuleerd waren zodat ze de foute waarde aangaven.

In China vragen veel overheidsdiensten om een vergoeding van kleine zelfstandigen: het zakenbureau, de belastingdienst, de stedelijke gebouwendienst, de gezondheidsinspectie, de politie, het tabaksbureau, de telefoondienst, de afdeling publieke werken – allemaal willen ze hun deel van de koek hebben. Als de eigenaar van de kiosk al die vergoedingen zou betalen en alle vergunningen zou aanschaffen die hij eigenlijk nodig had, dan was het niet mogelijk om zijn zaakje in stand te houden; de weinige inkomsten die hij had waren nauwelijks genoeg om de administratiekosten te dekken. Alleen door een aantal formaliteiten aan zijn laars te lappen en er stiekem van af te zien om sommige bijdragen te betalen kon hij de eindjes aan elkaar knopen. De meeste kioskeigenaars gaven nooit een bonnetje en betaalden nooit belasting. Elke keer dat publieke werken zich in het hoofd haalde om de vergunningen van alle ondernemers te controleren, vergrendelden ze hun kioskje weer en verdwenen. Na een paar dagen, als de actie voorbij was, kwamen ze terug en begonnen ze opnieuw. Als de kioskeigenaars de verschillende administrateurs maar wat voordeeltjes gaven, of zelfs wat geld, knepen ze een oogje toe.

Er nam niemand op toen ik belde en ik mopperde waar ze toch kon zijn. Ik had nog geen jiao bij me.

Toen ik de hoorn oplegde, zei de man achter de balie: 'Dat wordt dan vijf jiao.'

'Er werd niet opgenomen,' zei ik. 'Je hoorde toch zelf dat ik niets zei. Waarom zou ik dan moeten betalen?'

De man werd ongeduldig en brulde kwaad: 'De meter geeft vijf jiao aan en dan moet jij vijf jiao betalen. Wat zit je te zeuren!'

Ik begreep niet waarom hij zo snel boos werd. 'Wacht tot ik klaar ben met mijn gesprekken, dan betaal ik alles tegelijk,' zei ik rustig.

Hij antwoordde niet, hij keek alleen chagrijnig naar me en ging door met het afvegen van de toonbank. Ik belde nog een keer, maar niemand nam op. Ik legde op en nu werd er geen tik geregistreerd. De man had wel gemerkt dat ik met niemand gepraat had, maar hij zeurde toch: 'En nu betalen! Betalen!' Hij gedroeg zich alsof ik hem een vermogen schuldig was.

Ik begreep niet waarom hij zo onaardig was tegen zijn klanten. Voor mij, met een maandloon van achtduizend yuan, was vijf jiao (een halve yuan) natuurlijk niets. Maar ik had net nu geen geld bij me en ik deed dus ook niet of ik geld tevoorschijn ging halen. De man dacht dat ik niet wilde betalen en ineens stormde hij naar me toe en schreeuwde in mijn gezicht: 'Denk maar niet dat je hem kunt smeren! Eerst betalen en dan pas bellen!'

Ik voelde hoe de stank uit zijn mond mijn gezicht raakte, dus ik boog achterover terwijl ik uitlegde: 'Ik heb geen geld bij me. Ik moet een vriendin bellen om haar te vragen mijn tas te brengen, zodat ik je kan betalen.'

'Waarom bel je als je geen geld hebt?' brulde hij. 'Hier met dat geld, nu!' Het vlees in zijn gezicht bewoog mee op zijn woorden.

'Ik probeer je niet te misleiden,' probeerde ik hem duidelijk te maken, 'je krijgt je vijf jiao, ook al werd er niet opgenomen.'

De man was nu zo kwaad dat de aderen op zijn voorhoofd opzwollen. 'Jij verdomde hoer!' schreeuwde hij. 'Als je niet meteen betaalt, sla ik je tot moes!' Hij hief zijn hand op en zwaaide hem, buigend over de toonbank, voor mijn gezicht heen en weer terwijl hij allerlei krachttermen uitbraakte en mijn hele familie vervloekte. Er was een bushalte net naast de kiosk en de passagiers die hem hoorden schreeuwen, stroomden toe om te kijken. De man had zijn zelfbeheersing totaal verloren en ik zag wel in dat als ik nog een woord zei, hij me in mijn gezicht zou meppen. Ik hield mezelf in toom en stond een tijdje zwijgend zijn onbeschoftheden te verdragen. Vanbinnen was ik verschrikkelijk kwaad. Ten slotte had hij zich moe gevloekt, kwam hij wat tot bedaren en toen zei ik: 'Laat me nou nog een keer bellen, dan krijg jij vijf yuan.'

Dat was tien keer de eigenlijke prijs, zodat hij snoof en me chagrijnig aanstaarde. Omdat hij niet reageerde, pakte ik de hoorn weer en belde mijn mans mobiel. 'Kom snel hierheen,' zei ik, 'er staat hier een man die beweert dat ik hem vijf jiao schuldig ben en daarom vervloekt hij me en dreigt hij me te doden.'

Mijn man was zo verbaasd dat hij de draak met me stak: 'Ik geloof niet dat er iets is in deze stad wat jij niet zelf kunt oplossen.'

Vijf minuten later was hij ter plekke en kreeg te horen wat er gebeurd was. Hij kon het niet hebben dat een arme kioskeigenaar mij een hoer genoemd had en me had proberen te slaan. Zonder een woord te zeggen draaide hij zich om en liep hij recht op de eigenaar af. Toen die een lange en krachtige man zag aankomen, kokend van woede, stapte hij instinctief een paar passen achteruit, maar toch nam hij alvast een vechthouding aan.

Mijn man wees naar hem en zei woedend: 'Jij bedriegt vrouwen, verdorie! En jij probeert haar zelfs te slaan? Kom naar buiten en vecht met mij, dan kan ik zien wat je waard bent! Verdraaide schurk! Ik ga dit vervloekte schuurtje afbreken!' Met de ene hand rukte hij de telefoondraad van de muur af en daarna pakte hij de telefoon om die op de grond te smijten.

De man wilde niet zwak overkomen. 'Als jij mijn telefoon kapot gooit, dan zal ik jou eens een pak rammel geven!' riep hij.

Ik hield de telefoon vast. 'Doe nou niks overhaasts,' zei ik tegen mijn man, 'geef mij je mobieltje, dan krijg ik hem wel stil.'

Mijn man belde een collega. 'Ik ben een echte klootzak tegen het lijf gelopen vandaag,' zei hij. 'Neem een paar van de jongens mee en kom hierheen, dan kunnen we hem een lesje leren.' Daarna gaf hij mij de telefoon.

Ik belde een heleboel vrienden bij de politie, het zakenbureau, de belastingdienst en publieke werken en vroeg hun allemaal over twintig minuten hier bij elkaar te komen om mij te helpen met een privéaangelegenheid. Terwijl ik praatte, ruziede mijn man met de kioskeigenaar, ze waren allebei erg verontwaardigd, vloekten en sloegen met hun handen op de toonbank. Ik wees naar de kioskeigenaar en zei: 'Jij bent ook nooit tevreden, verdomde bastaard! Ik vind je nogal een opschepper dat je mij durft aan te vallen! Ik ga je kiosk vandaag afbreken, je toonbank omverwerpen en je telefoon weggooien. En jij gaat om vergiffenis vragen en niet meer zeuren.'

Hij legde uit dat hij zo kwaad werd omdat mensen vaak de telefoon gebruikten zonder te betalen. Nu waren een paar van onze vrienden gearriveerd en toen ze te horen kregen dat ik een scheldkanonnade over me heen had gekregen, lachten ze om de man en zeiden: 'Nu ben je ergens aan begonnen wat je niet kunt aankunt, je lijkt wel gek!'

'Ik wil graag dat jullie nauwkeurige controleren of al zijn vergunningen in orde zijn,' zei ik tegen hen. 'Als er ook maar eentje ontbreekt, dan breken we dit tentje vandaag nog af! Als ik hier morgen langskom, zal er geen spoor meer van over zijn. En ik wil hier in de toekomst nooit meer zo'n kiosk zien!'

Daarna gaf ik de man vijf yuan plus vijf jiao. Toen hij zag hoe allerlei mensen in verschillende uniformen kwamen aanlopen, schrok hij zo dat hij mijn geld niet eens durfde aan te nemen. Hij kwam de kiosk uit en smeekte me om genade, hij beloofde om nooit meer zoiets te doen en zei dat de kiosk zijn enige bron van inkomsten was. Hij wist dat hij veel te grove taal gebruikte en te veel vloekte. Hij had net nog negentig generaties voorouders van me vervloekt en me bijna een vuistslag in mijn gezicht gegeven. Moest ik me wat aantrekken van zo'n gewelddadig mens? 'Denk jij dat je nog een kans krijgt?' bracht ik uit.

De volgende dag was de kiosk weg en hij kwam nooit meer terug.

Ik belde burgemeester Lang Fan op om te vragen of alles goed ging. Hij zei dat hij al met de hoofdofficier van justitie van de stad had gepraat. 'Dat heeft niet zo veel zin,' zei ik. 'Als u niet direct met mijn baas He Fei praat, gaat hij er nooit mee akkoord om mij verlof te geven.'

De burgemeester verspilde er geen woorden aan, maar zei vol verachting: 'Om hem maal ik niet, hij is twee rangen lager dan ik.'

Het gerucht ging algauw dat He Fei overgeplaatst zou worden om hoofdofficier te worden in een klein stadje ver weg en dat hij daarom bezig was feesten gefinancierd te krijgen voor de leiding en de hoofdofficier van justitie van de stad. Daarmee wilde hij hen overhalen hem in Changsha te laten blijven.

Een paar dagen later vroeg hij me om naar zijn kantoor te komen. Het eerste wat hij zei, was: 'De burgemeester heeft geen recht om mij leiding te geven of te bevelen.' Het klonk alsof hij mij een verwijt maakte, maar ik besloot stommetje te spelen. Als zelfs de chefs van stadsbeheer je zover kunnen krijgen dat je voor ze kruipt en je laat inzetten als gezelschapsdame, hoe durf je je dan te verzetten tegen de burgemeester? Je probeert alleen maar je zelfrespect te bewaren.

'Waarom wil jij zaken gaan doen?' vroeg hij.

'Dat past misschien beter bij mij. Iedereen wil toch rijk worden?'

'We hebben jouw wens een paar keer onderzocht. Het is niet mogelijk om een officier van justitie toe te staan om zaken te doen naast haar werk, omdat dat een duidelijke overtreding is van de disciplinaire regels. Daarom hebben we besloten dat jij incognito gaat werken en dat je niemand mag onthullen dat je officier van justitie bent. Als je op verdachte handelingen in de zakenwereld stuit, moet je die onmiddellijk aan ons rapporteren en ons helpen om de misdadigers te grijpen. Wanneer wij belangrijke vergaderingen of activiteiten organiseren, dan laten we het je weten zodat je eraan mee kunt doen.'

Hij had het echt sluw aangepakt. Op deze manier hoefde hij niet tegen de order van de burgemeester in te gaan en ook de regels niet te overtreden. Hij hoefde mij geen loon te betalen, maar ik was gedwongen om voor het arrondissementsparket te blijven werken. Wat me een beetje angst aanjoeg was dat incognito werken betekende dat je mensen hun vertrouwen won en daarna weer beschaamde. Dat kon ook levensgevaarlijk zijn. Als ik te veel vijanden maakte, kon het lastig worden en ronduit gevaarlijk om in de stad te blijven wonen.

Ik belde een collega bij het provinciale ressortsparket om te vragen of er andere officieren van justitie geweest waren in het land die incognito werkten. Zij zei dat ze daarover nooit een rapport had gezien van het College van procureurs-generaal. Ik vroeg een andere collega van hetzelfde kantoor mee uit op kroegentocht en vroeg hem hoe het College van procureurs-generaal zijn geheim agenten beschermde. Hij zei dat hij daar nog nooit iets over had gelezen en zelfs nooit had gehoord dat zoiets zou bestaan. Vermoedelijk was ik het enige geval.

Ik accepteerde het aanbod van Qu Jan en begon als adjunct-directeur in zijn bedrijf. Hij begon meteen weer over de zaak van zijn dochter. Ik vertelde aan hoofdofficier Tao Yong, die de minnaar was van mijn vriendin Lin, dat het Qu Jan was die mij had geïntroduceerd bij de burgemeester en dat het diens verdienste was dat ik dienstverlof had gekregen. Tao Yong klonk een beetje jaloers. 'Ik heb gehoord dat de burgemeester je vaak belt en dat jullie dan vaak wel een uur kletsen.'

De burgemeester had me een aantal keren gebeld toen ik met Lin aan het wandelen was. Hij was een vlotte prater en ik vond het moeilijk om hem af te breken, dus ik luisterde meestal en liet hem maar babbelen. Lin plaagde me vaak: 'Wat zijn dat voor gewichtige rapporten die 's avonds en in het weekeinde moeten worden uitgebracht? Een gesprek van een uur! Geeft hij je soms persoonlijke instructies of zo?' Ik kon onze gecompliceerde relatie niet uitleggen, dus antwoordde ik ontwijkend. Misschien dacht zij wel dat we een verhouding hadden en vertelde ze haar vermoedens aan haar minnaar Tao Yong, zodat hij ook dacht dat ik de minnares van de burgemeester was. Als je iets van je hoogste baas gedaan wilt krijgen, dan is het tegenwoordig het meest effectief om bij zijn minnares te beginnen.

Ik vertelde Tao Yong over het probleem van Qu Jans dochter en vroeg of hij haar kon helpen.

'Morgen hebben we een vergadering met alle hoofdofficieren in het stedelijke parket,' zei Tao Yong. 'Dan zie ik ook de hoofdofficier van het zuidelijke district, Son. Ik regel wel een afspraak tussen jullie twee, dan kun je direct over de zaak praten.'

We ontmoetten elkaar al de volgende dag in de bar van een hotel. Qu Jans dochter was erg zenuwachtig; ze wachtte een eindje verderop op het bericht dat haar lot zou bepalen. Ik had me nogal elegant gekleed – mannen in een hoge positie willen graag hun macht en prestige aan een mooie vrouw tonen om haar bewondering te krijgen.

Toen Son aan kwam lopen, glinsterden zijn ogen. Hij knikte glimlachend, pakte mijn hand, keek naar Tao Yong en zei: 'Hoe is het mogelijk dat ik deze mooie officier van justitie nooit eerder ontmoet heb? Dat is heel jammer.'

Tao Yong glimlachte breed, trots op het feit dat ik ervoor kon zorgen dat Son met complimenten strooide.

Ik heb nooit van zulke uitspraken gehouden, ik voel me daardoor als een soort bloemenvaas. Maar nu moest ik er wel een glimlach uit persen en net doen alsof ik verrukt was over wat ze zeiden.

Ik herinnerde hen eraan waarvoor we bij elkaar gekomen waren en Son wist meteen over welke zaak het ging. De laatste jaren hadden ze zo veel te doen gehad dat hij niemand Qu Jans dochter had kunnen laten opsporen. Nu waren er zes jaar voorbij en hij had niet gehoord dat ze nog meer misdaden had begaan.

'Ze houdt zich schuil in een andere plaats en durft niet naar huis terug te keren,' zei ik. 'Ze is bang dat jullie haar zullen grijpen. Zou je daar eventueel van af kunnen zien en de zaak afsluiten?'

Son glimlachte opgewekt, hij was in een goed humeur. We waren hier als twee hoofdofficieren en een gewone officier van justitie die over privéaangelegenheden praatten. 'Ik zal het doen voor jou en voor mijn oude vriend Tao Yong,' beloofde Son. 'Omdat we haar toch niet hebben kunnen aanhouden, zal ik de zaak seponeren. We zullen haar niet meer proberen te pakken. Maar ze mag het niet bekendmaken.'

Daarna praatten ze de hele tijd over burgemeester Lang Fan en vroegen me hem de groeten te doen.

Om zijn dochters grote dag te vieren wilde Qu Jan mij mee uit eten nemen. Ik zei dat ik naar de beste bar van de stad wilde met een aantal vriendinnen. Hij mocht niet mee, maar hij mocht best de rekening betalen.

Lin, Xia Yin, Ran en ik vonden een plek aan de bar en dronken naar hartenlust, tot ik plotseling naar de jonge, charmante barman wees en zei: 'Ik ga jou vanavond mee naar huis nemen.'

Hij liet een verblindende glimlach zien en zei: 'Oké, dan ga ik met je mee.' Lin schrok zich rot en legde meteen uit dat ik een glaasje te veel op had. Xia Yin lachte hard. 'Als zij morgen weer nuchter is, word jij van haar bed meteen overgeplaatst naar een politiecel.'

De jongen stak zijn tong uit en deed of hij bang was.

Lin stootte me met haar schouder aan: 'Luister eens, je wilde toch niet echt ontrouw zijn?'

De muziek stond heel hard, dus ik moest tegen haar schreeuwen: 'Ik niet, maar mijn vent wel.'

'Wat? Heb je getuigen en bewijs?' vroeg Ran, die al jaren met aanklachten werkte.

Xia Yin kon het niet geloven. 'Hij is toch zo'n *gentleman*, echt een voorbeeldige echtgenoot.'

'Om de duvel niet! Gisteren zou mijn moeder helpen om alle kleren weer eens te wassen en toen we zijn broekzakken leegmaakten, vonden we twee condooms. Wij hebben al twee jaar het bed niet gedeeld.'

'Als hij condooms op zak heeft, dan is het bijna zeker dat hij vreemdgaat,' zei Lin rustig.

'En daarom ben ik van plan om vanavond een mooie jonge man mee te nemen. Hij moet niet denken dat hij met anderen naar bed kan gaan zonder dat ik dat ook doe!'

'Je bent dronken,' zei Ran, 'doe nou niks overhaasts. Jullie hadden het zo goed samen.'

Ik wilde meer drank hebben en belde naar Qu Jan om hem te vragen een kamer in orde te maken in zijn hotel.

'Ik peins er niet over naar huis te gaan vanavond. Jullie kunnen met me meegaan naar het hotel om lekker verder te zuipen. Ik trakteer!' Ik wees naar hen en klopte op mijn borst.

Xia Yin zei dat ik dood zou gaan als ik doorging met drinken. Ik wierp tegen dat dat beter was dan te stikken in dat communistische klotewerk.

Toen ik de volgende dag weer nuchter was, vroegen ze of ik echt de waarheid had gezegd. Ik vertelde hoe er langzaam gaten waren gevallen in ons huwelijk. Ik was behoorlijk radicaal en kon niet tegen onrechtvaardigheden, terwijl mijn man, die meer gematigd was, daar wel mee om kon gaan. Zo langzamerhand werd ik vervuld van afschuw door de corruptie van ambtenaren en hun verachting voor de wet, en ik had het gevoel dat de partij zo ziek was dat ze geen toekomst meer had. Mijn man vond het niet fijn als ik zulke dingen zei. Hij vond het belangrijker dat de mensen het materieel beter hadden gekregen en dat de samenleving vol hoop was.

Op een dag zaten we in een taxi. De chauffeur was zo verontwaardigd over de corruptie en de manier waarop de communistische partij haar burgers het vet van de buik sneed, dat de partij vroeg of laat wel ten onder moest gaan. Ik was het met hem eens. Zodra we uitgestapt waren, begon mijn man tegen me uit te varen dat ik geen principes had en dat ik er maar van alles uitgooide zonder over de consequenties na te denken. Mijn weerwoord was dat hij telkens maar trouwer werd aan de partij.

'We hadden al jaren geen ruzie meer gemaakt over China's toekomst of de problemen in de samenleving, maar nu deden we dat des temeer en het werd alleen maar erger. Of misschien werd ik wel steeds kritischer.'

Lin en Ran waren al gescheiden, nu was ik ook een eind op weg.

Xia Yin lachte hees en wees naar ons drieën: 'Jullie hebben zo lang met politiek gewerkt dat je overgevoelig bent geworden. Als het zo doorgaat, worden jullie nog geschift.'

In november 1995 verliet ik het arrondissementsparket en werkte ik vermoedelijk als eerste officier van justitie incognito tot augustus 1997.

Mijn man begon hele nachten weg te blijven. Hij vertelde nooit waar hij geweest was, misschien omdat ik het nooit vroeg. Ik vond dat ik het niet hoefde te vragen. Hij zou het initiatief moeten nemen. Zelfs een leugen dat hij had gekaart met zijn vrienden, zou een teken van respect zijn geweest. Op zijn verjaardag organiseerde ik een feest voor hem en toen we uitgegeten waren, wilde hij naar een bar met een paar vrouwelijke collega's. Ik kon alleen naar huis.

In de zomer van 1996 meldde ik me aan voor een cursus Engels. Het waren buitenlanders uit de Verenigde Staten en Canada die ons met hun eigen leerboeken onderwezen. In een tekstboek konden we lezen over het dagelijks leven, de plaatselijke gewoontes en de culturele waarden in Noord-Amerika. Een van de leraren was een jonge man van zesentwintig die Dana heette. Hij vertelde dat hij het hele jaar gespaard had om in de zomer hierheen te kunnen komen om les te geven. Ik dacht dat ze geld verdienden aan het onderwijs, want wij betaalden best een hoge bijdrage, maar de inkomsten gingen naar de plaatselijke organisatoren. Zoiets onzelfzuchtigs had ik nog nooit gezien bij mijn Chinese vrienden, die de hele dag praatten over opofferingen. Toen het een van de vrouwelijke studenten niet lukte het 'th'-geluid uit te spreken, kwam Dana bij haar staan om eindeloos met haar te oefenen. Toen het haar toen nog steeds niet wilde lukken, ging hij op zijn hurken naast haar zitten met één knie op de vloer, zodat zij beter zou kunnen zien hoe hij zijn tong tegen zijn tanden hield wanneer hij het uitsprak. Ik had nog nooit zo'n geduldige leraar ontmoet en ik vroeg me af onder welke omstandigheden je moest opgroeien om zo vriendelijk te worden.

Een van de lessen ging over christelijke goedheid. Die ochtend stond Dana midden in de klas, maar een klein stukje van mij af, met een boek in zijn handen te vertellen over de zo wonderbaarlijke persoon Jezus. 'En Jezus zei: "Als jij anderen niet vergeeft, hoe kun je dan verwachten zelf vergeven te worden?"' Het zonlicht stroomde binnen door het raam en zijn bruine haar glansde. De frisse geur van zijn aftershave kringelde af en toe mijn neus in. Ik voelde plotseling dat ik een openhartig gesprek wilde hebben met die

Amerikaanse man. Wij, die met leugens en haat waren opgevoed, ontbeerden de eerlijkheid van het christendom en het vermogen tot vergeving. En wie van ons in het rechtswezen had niet de behoefte aan de vergeving van het volk? Wie zou er durven beweren dat hij of zij alle onderzoeken op een rechtvaardige wijze had behandeld?

Maar uiteindelijk hield ik mezelf in toom.

Een halfjaar later, toen ik thuiskwam van een zakenreis, ontdekte ik dat mijn man zijn spullen had gepakt en was verhuisd zonder zelfs maar vaarwel te zeggen. Dus nu zouden we gescheiden gaan wonen. Ik ging zwijgend zitten. Een maand later vertelde Xia Yin dat hij haar appartement had geleend, waar hij samenwoonde met de vrouw die de liefdesbrief aan hem had geschreven. Ik zweeg nog steeds. Ik werd ziek en moest een maand in het ziekenhuis blijven. Het lag maar vijf minuten lopen van het arrondissementsparket en de rechtbank af, dus mijn vrienden en collega's kwamen vaak op bezoek, maar mijn man dook nooit op. Nog steeds zweeg ik. Op een dag belde hij me op en het enige wat hij zei was dat ik de aanvraag tot echtscheiding moest ondertekenen. Hij noemde geen enkele reden of verklaring voor zijn handelen en ik hing op. En bleef zwijgen.

Op een dag ging ik na het werk naar het zwembad en nadat ik in de sauna was geweest, had ik zo'n honger dat ik het Duitse bierhuis naast het zwembad binnenglipte om wat te eten. Het was een groot restaurant, maar er was maar één gast, een man met bruine ogen en bruin haar die bier dronk. De serveerster vroeg me te gaan zitten. Ik bestelde en terwijl ik verveeld op mijn eten zat te wachten, nam ik de man op, die even verveeld uit zijn glas dronk. Ik zei 'Goedendag' tegen hem terwijl ik een bundel yuanbiljetten en munten tevoorschijn haalde waarmee ik wilde betalen. Hij keek naar de bankbiljetten, die verspreid op tafel lagen, en vroeg ineens in het Engels: 'Welke bank heb jij beroofd?'

Ik glimlachte en vroeg: 'Drink jij alleen maar? Moet je niet eten?'

Hij haalde zijn schouders op. 'Het menu is niet in het Engels en die serveerster verstaat ook geen Engels. Meestal wijs ik op iets wat andere gasten eten, zodat ze begrijpen wat ik wil hebben. Maar vandaag zijn hier geen andere gasten, dus moet ik maar verhongeren.'

Ik glimlachte nog maar eens. 'Wat wil je eten? Ik kan je helpen.'

Daarna aten we allebei onze maaltijd, zittend aan onze eigen tafel, en praatten we. Hij vertelde dat hij Duitser was en Ralf heette. Hij was technisch expert bij een fabriek. De serveerster liep heen en weer en ze vroeg vriendelijk of we misschien de tafels tegen elkaar aan wilden schuiven zodat we onze stem niet zo hoefden te vermoeien.

Ik vertelde dat de meeste Chinezen de nauwkeurigheid en discipline van de Duitsers waarderen.

'Waarom dan?' vroeg hij.

'Omdat Duitsers effectief zijn, hun woord houden en een goede zelfdiscipline hebben. Hun producten zijn van de beste kwaliteit. Mijn vrienden zeggen dat als je een auto koopt, het een BMW of een Mercedes moet zijn. Ze gebruiken bijna alleen maar Duitse huishoudelijke apparaten, omdat dat een symbool is voor hoge levensstandaard.' Het weinige dat ik wist over Duitsland, had ik gelezen in Chinese tijdschriften of gehoord van vrienden.

'Dan moet jij rijke vrienden hebben,' glimlachte hij trots.

'Wat wij, Chinezen, het meest bewonderen is dat jullie uit de ruïnes van de Tweede Wereldoorlog overeind zijn gekomen en in maar een paar decennia de economie hebt opgekrikt tot een van de meest vooraanstaande economieën in de wereld,' zei ik. 'Is het niet zo dat Duitsers graag denken? Jullie hebben toch zoveel bekende filosofen, zoals Nietzsche en Hegel? Toen ik jong was, las ik *Het lijden van de jonge Werther* – jullie moeten erg romantisch zijn!'

Hij knipoogde en glimlachte vriendelijk. 'Als jij en ik vrienden worden, dan zul je merken dat wij een hoop andere goede kanten hebben.'

Toen we hadden betaald, pakte hij een roos uit de vaas op tafel en gaf die met een glimlachende buiging aan het meisje bij de kassa. 'Zij is nog serieuzer dan wij, Duitsers,' zei hij tegen mij. Het meisje verstond geen Engels, maar zijn grapje lokte een glimlach tevoorschijn op haar ernstige gezicht. Op weg naar buiten bleef hij staan voor een zwart-witfoto uit de jaren twintig van de vorige eeuw die aan de muur hing. Hij wees op een jonge man op de foto en zei: 'Weet je wie dat is?'

'Ik was nooit geïnteresseerd in buitenlandse geschiedenis, dus ik heb geen idee.'

Hij haalde zijn schouders op en glimlachte. 'Dat is mijn oom.'

Ik lachte. Hoe kon hij zo ontspannen en humoristisch zijn? Hij was helemaal niet zoals wij, Chinezen, die ons altijd maar ongerust maken en uitgeput zijn van de onzekerheid van het leven.

Een paar dagen later wilde Ralf dat ik met hem koffie zou gaan drinken. Hij zei dat er zo weinig buitenlanders in Changsha waren en nauwelijks iemand van de autochtone bevolking Engels sprak. Op de televisie was maar één Engelstalige zender. Ik begreep dat hij zich eenzaam voelde in een vreemd land, dus we begonnen met elkaar op te trekken. Zijn stem was altijd zacht, zo verschillend van de altijd harde Chinese stemmen. Hij bedankte zelfs de serveerster met een glimlach als ze thee kwam brengen, water bijvulde of de deur openhield. Voor ons was het werk van serveersters iets alledaags en normaals, wij namen nooit de moeite om naar hen te glimlachen of hen te bedanken. Als we uit eten gingen, trok hij altijd de stoel voor me achteruit en wilde hij dat ik eerst ging zitten, voordat hij tegenover mij ging zitten. Hij hield de deur voor me open en zorgde dat ik me vrouwelijk en verzorgd voelde. Bovendien was hij uiterst punctueel en betrouwbaar. In al die dingen was hij zo veel beter dan Chinese mannen en dat voelde nieuw en spannend.

Soms huurden we een Engelstalige film en na afloop beschreef hij vaak het mooie Duitse landschap, het rustige veilige leven en de beroemde 'Romantische Strasse' die tussen sprookjesachtig mooie burchten slingert. Hij vertelde over de Duitse geschiedenis en cultuur en over de Europese humanistische cultuur en levensbeschouwing. Ik was benieuwd naar Duitse wetten en Duitse gevangenissen en hij vertelde over de rechten en vrijheden van Duitse gevangenen. Ze kregen bijvoorbeeld zowel loon als vakantie als ze in de gevangenis werkten, de cellen waren verwarmd en er was televisie en een badkamer. Ik zat als verbijsterd te luisteren: Duitse misdadigers hadden een hogere levensstandaard dan de officieren van justitie in Wangcheng. En toch was ik vaak door mijn bazen gemaand om hard te werken om mijn loon van een paar honderd yuan waard te zijn.

Het voelde goed om met Ralf om te gaan, een contrast met mijn huwelijksproblemen en het veeleisende werk.

Op een dag belde mijn vader en vroeg me om meteen te komen. Mijn moeder zat op de bank stil haar tranen te drogen. Mijn vader zei zuchtend: 'Je man is hier geweest en hij bedreigde ons. Hij zei dat ook al heb jij de macht om hem als rechter te laten afzetten, hij toch van je gaat scheiden. Ben ik niet aardig genoeg tegen hem geweest? Om hem aan die baan te helpen, heb ik mijn trots aan de kant gezet en hoge omes om hulp gesmeekt en een heleboel giften aan de rechtbankpresident gegeven. Ik heb gezorgd dat hij eten kreeg dat ik mezelf niet eens permitteerde. Ik heb hem beter behandeld dan mijn eigen zoon. Waarom doet hij zo tegen ons?'

Ik belde hem op zijn mobiel. 'Jij klootzak!' brulde ik. 'Denk jij dat mijn zwijgen betekent dat ik zwak ben? Je moest eens durven! Denk je dat je mij kunt bedreigen? Ben je van plan je carrière op te offeren voor een vrouw? Dan beloof ik dat ik er morgen meteen voor zal zorgen dat je die verliest!' Daarna hing ik op zonder op antwoord te wachten.

Nog diezelfde avond kwam Xia Yins vroegere echtgenoot met hem mee naar mijn huis om uit te leggen dat mijn man was gekomen om een vriendschappelijke overeenkomst te sluiten en vroeg hij me om niet boos te worden. Ik glimlachte spottend: 'Na alle echtscheidingen die hij heeft uitgesproken, zou hij moeten begrijpen dat er geen sprake kan zijn van onderhandelingen als hij mij niet eens wil ontmoeten.'

Hij gaf te kennen dat mijn man zo bang was geweest voor mijn kwaadheid dat hij niet had gedurfd.

'Had je ingezien dat je te ver was gegaan? Zeg nou eens, wanneer ben je begonnen mijn vertrouwen te beschamen?' vroeg ik aan mijn man.

Hij zweeg een poosje terwijl hij zijn bril hoger op zijn neus schoof. 'Jij bent veel te knap,' zei hij zacht, 'ik heb een huisvrouw nodig.'

'Heb je bedacht waarom ik dat niet ben? Toen wij trouwden had jij macht noch geld. De giften voor jouw overplaatsing en het geld voor jouw geelzuchtmedicijnen heb ik moeten verdienen. Ons appartement, de meubels, de apparaten, alles moest ik bij elkaar verdienen en kopen. Jij kon dat niet en daarom moest ik extra hard werken om te zorgen dat we een goed leven hadden. En na een heleboel van zulke jaren ben ik een sterke vrouw geworden. Nu gaat het jou beter en nu begin je te klagen dat je in mijn schaduw moet leven. Wat een grap! Toen je van mijn geld leefde, dacht je er toch niet aan hoe hard ik moest zwoegen om in ons levensonderhoud te voorzien. Dacht je dat ik zo hard wilde ploeteren? Geloof je niet dat ik best thuis had willen blijven om rustig bloemetjes te kweken zoals andere vrouwen? Kon jij mij zo'n leven geven? Ik heb jarenlang als officier van justitie gewerkt, maar ik kan geen merkkleding of geïmporteerde make-up kopen zonder te bedenken of ik het me wel kan veroorloven. Heb je er ooit wel eens over nagedacht hoe het voor mij is?'

Hij kon geen woorden vinden en pas na een hele tijd bracht hij uit: 'Zelfs jouw baas kan geen woordenwisseling met je winnen, dus wat heb ik voor kans?'

Ik hield me in en dempte mijn stem. 'We zijn nu niet in de rechtbank. Als je wat te zeggen hebt, dan zal ik luisteren. Je mag best vertellen wat ik fout heb gedaan, zodat ik dat kan rechtzetten. Dat komt mijn volgende huwelijk ten goede.'

Hij trok zijn wenkbrauwen op en keek een tijdje stil voor zich uit. Toen zei hij dat hij moe was en hij ging weg. Ik rolde me op de bank op en staarde de kamer in. Ik was psychisch uitgeput en voelde me leeg.

Ik nam een taxi naar Ralfs hotel en toen hij opendeed, keek hij me verbaasd aan en vroeg: 'Heb je ruzie met iemand gemaakt?'

Ik schudde mijn hoofd, deed een stap naar hem toe en legde mijn hoofd tegen zijn brede borst. 'Laat me hier vanavond blijven.'

Daarna kwamen we steeds dichter bij elkaar en hielpen we elkaar uit de eenzaamheid. Op een dag vertelde ik hem wat mijn ware identiteit was, maar hij was niet zo verbaasd. Dat onthutste mij! Hij keek me lang aan en zei toen zacht: 'Weet je, jouw handelen en denken laten heel duidelijk zien dat je gehersenspoeld bent door de communistische partij.'

'Wat is er mis met de communistische partij? Als het Rode Leger zijn bloed niet had opgeofferd in de oorlog door de hele weg van Stalingrad naar Berlijn te vechten, dan waren we allemaal nazi's geweest. Alleen de communistische partij kon zulke geharde strijders met zo'n doodsverachting opkweken. Daarom hebben de geallieerden de oorlog gewonnen. Van jullie westerlingen word ik misselijk! Als jullie over de oorlog praten, gaat het alleen maar over Engeland en de Verenigde Staten. Je kijkt naar foto's van Roosevelt en Churchill die tevreden het vredesverdrag hebben ondertekend, maar jullie verachten Stalin omdat hij miljoenen soldaten uit het Rode Leger heeft opgeofferd. Vergeet niet dat het een jonge Sovjetsoldaat was die de Sovjetvlag op de Rijksdag in Berlijn heeft geplaatst.'

Hij schrok, nam me in zijn armen en aaide over mijn haar. 'Wat is er met jou? Vergeef me als ik je kwaad gemaakt heb.'

Ik duwde zijn hand weg. 'Ik hou er niet van als westerlingen huichelen en vals doen.'

'Had je het nou over Engeland en de Verenigde Staten? Waarom schiet je nu op iedereen?' Hij hield me stevig vast en zoende mijn nek. 'Ik ben geen Engelsman en ook geen Amerikaan, geen huichelaar en geen valsaard. Ik ben een overwonnen Duitser die capituleert voor jou en je partij. Met mij samen ben jij altijd een overwinnaar. Ben je nu tevreden?'

Ik glimlachte maar antwoordde niet.

'Als je nu nog steeds chagrijnig bent, dan bel ik Stalin, Roosevelt en Churchill om ze te vragen om hier te komen en dat verdrag nogmaals te ondertekenen aangezien hier een Chinese officier van justitie zit die niet tevreden is met hun gedrag.'

Toen begon ik te giechelen en ik gaf hem een tikje tegen zijn voorhoofd. 'Maak je maar niet ongerust. Ik ben niet gehersenspoeld. Ik ben volwassen en ik denk zelfstandig, niemand houdt me voor de gek.'

's Nachts werd ik wakker uit een droom, kletsnat van het zweet.

Ralf hielp me het zweet af te drogen. 'Ik begrijp dat je veel geheimen meedraagt,' zei hij. 'Je ontspant nooit helemaal, je glimlacht zelden en je weet niet van het leven te genieten. Een mens moet niet leven voor zijn werk, werk is alleen maar een middel om van het leven te kunnen genieten.'

'Mijn werk is mijn leven. Streven naar genot is een kapitalistische manier van denken.'

Hij kuste me op mijn voorhoofd. 'Ga nu maar slapen. Wees niet bang. Ik ben bij je.'

'Ralf, jij geeft mij een soort liefde waar ik naar heb verlangd sinds ik klein was, maar die ik nooit heb gekregen. Samen met jou voel ik me veilig.'

Op een dag gingen we naar het restaurant van een vijfsterrenhotel. De serveerster was erg moe. Een paar geïrriteerde gasten riepen keihard naar haar, waarop ze zich haastte om de borden van de tafel af te nemen. Ze maakte een onvoorzichtige beweging waarbij ze een rijstschaal liet vallen, die op de vloer in stukken viel. Daarop ging ze op haar hurken op de grond zitten om de stukken op te rapen terwijl ze haar tranen droogde.

'Zij heeft vandaag voor niets gewerkt,' zei ik tegen Ralf. 'Nou is ze hier de hele dag geweest en krijgt ze helemaal geen loon.'

'Waarom dan niet?' vroeg hij verwonderd.

'Ze verdient niet meer dan twintig yuan per dag en dat kan nauwelijks genoeg zijn om die schaal te vergoeden.' Ik had zoiets wel vaker gezien.

Hij keek een tijdje naar het meisje. 'Meen je dat serieus?' vroeg hij.

'Natuurlijk.'

Hij keek nog eens naar de serveerster die de scherven bij elkaar veegde en riep toen de hoofdkelner bij zich. 'Schrijft u de kosten van die schaal op mijn rekening. En trek niets af van haar loon.' Ik hielp hem met vertalen.

De hoofdkelner schrok, twijfelde even en zei toen: 'Dat gaat helaas niet. We hebben strikte regels in dit hotel. Als zij niet voorzichtig is, dan moet ze een straf krijgen.'

Ralf drong aan: 'Ze werkt toch heel goed, ze is erg vlijtig. Dat die schaal kapot viel, was een ongeluk. Als jullie dat van haar loon aftrekken, dan heeft ze de hele dag hard gewerkt zonder daar iets voor te krijgen. Dat is toch nogal onmenselijk?' Dat laatste vertaalde ik niet.

De hoofdkelner hield vol dat ze nooit zoiets gedaan hadden en dat het slecht zou zijn voor de arbeidsmoraal.

'Kunnen jullie niet wat medeleven tonen? Waarom mag ik niet met die meid te doen hebben?'

Als ik zijn woorden letterlijk had vertaald, hadden ze de hoofdkelner heel erg in zijn Chinese trots kunnen kwetsen, hij had kunnen denken dat die buitenlander heel wat was omdat hij geld had. Dus in plaats daarvan zei ik: 'Alstublieft, u kunt toch wel een uitzondering maken? Als dat niet gaat, dan mogen wij haar toch wel een fooi geven?'

De hoofdkelner riep onwillig de serveerster bij zich en las haar serieus de les. 'Deze buitenlandse heer wil de schaal voor jou betalen. Bedank hem onmiddellijk. En wees de volgende keer voorzichtiger. En het is niet toegestaan te huilen in het bijzijn van de gasten!'

Het meisje met de rode, betraande ogen bedankte vele malen.

Na het eten gingen we naar boven, naar de bar op de bovenste verdieping, om koffie te drinken en daarna namen we de lift naar beneden. Het was er nauw en toen we op de begane grond kwamen, begonnen mensen naar binnen te dringen voordat wij naar buiten hadden kunnen komen. Ik knokte om naar buiten te komen en klaagde luid: 'Gedraag je een beetje! Kunnen jullie niet wachten tot wij eruit zijn?'

Niet dat iemand zich iets aantrok van wat ik zei. Het lukt me om me naar buiten te dringen, maar Ralf bleef achter in de lift. Voordat de deuren voor mijn ogen dichtgingen, zwaaide hij naar me en zei: 'Ik zie je zo. Ik moet nog even mee naar boven om hen gezelschap te houden.' Dat hij zo luchtig kon zijn.

Ik dacht aan die keer dat een hoofdcommissaris zo kwaad was geworden op allerlei onopgevoede misdadigers dat hij riep dat de helft van de Chinezen in de zee gegooid zou moeten worden als voer voor de vissen. Ik antwoordde dat de vissen hen niet zouden eten, omdat ze bang waren om vergiftigd te worden.

Ik wachtte een ogenblik in de lobby, de lift kwam weer beneden en hij kwam eruit. Hij schudde zijn hoofd en glimlachte, maar was niet kwaad.

'Waarom kunnen mijn landgenoten niet leren om eerst de mensen naar buiten te laten voordat ze zelf naar binnen gaan?' siste ik. 'En dat vrouwen en kinderen voorgaan? Wij zijn zo onopgevoed!'

Hij klopte me op de schouder. 'Word nou niet boos, daar word je sneller oud van. Kom eens kijken!'

Hij trok me mee naar de grote spiegel in de lobby en wees op de drie verticale rimpels in mijn voorhoofd.

Ik wreef erover, maar ze verdwenen niet.

'Ik frons mijn voorhoofd nogal vaak, hè?'

'Alle mensen hebben hun vast gewoontes. Vertel eens, wat heb jij voor hobby's?'

Ik dacht lang na maar kon niet op iets komen wat me interesseerde. Vroeger, op de middelbare school, had ik gedroomd van allerlei vrijetijdsactiviteiten, maar omdat ik geld noch tijd had gehad om ze te verwerkelijken, had ik die gedachtes laten varen. 'Ik heb geen hobby's.'

'Denk eens goed na. Waar word jij blij en ontspannen van?'

'Misschien een reis naar het buitenland. Maar daar heb ik geen toestemming voor.'

'Muziek dan? Tekenfilms? Hou je daarvan?'

'Misschien. Ik kan me voorstellen dat ik piano leer spelen.'

Hij kocht een paar tekenfilms van Tom en Jerry en ik moest erg lachen toen ik ze zag, waardoor hij tevreden was. Hij zocht een avondschool waar pianoles werd gegeven, betaalde het cursusgeld en gaf me de lessen cadeau.

Toen ik voor de piano zat en een simpele melodie oefende, was ik zo geconcentreerd dat de uren omvlogen en ik al mijn zorgen vergat.

Ik werd steeds afhankelijker van hem. Uiteindelijk durfde ik hem openlijk te vertellen over mijn verleden en zodra ik op problemen of moeilijkheden stuitte, kon ik daar met hem over praten. Op een dag vertelde hij over zijn Duitse vriend die ook in China werkte en hier een vrouw had leren kennen. Hij scheidde van zijn Duitse vrouw en trouwde met die Chinese. Ik glimlachte misnoegd. 'Jouw vriend miste zeker zelfvertrouwen in de relatie met zijn vrouw en dacht misschien dat een Chinese vrouw meegaander is jegens haar man en zich door hem laat leiden.'

Hij keek me verbaasd aan. 'Denk je niet dat ze gelukkig werd in Duitsland?'

'Waarom dan? Alleen maar omdat wij Chinezen arm zijn, willen we toch niet veracht worden? Als een man mij niet respecteert en als een gelijke behandelt, waarom zou ik dan naar het Westen willen gaan?'

Hij ging niet tegen mijn uitspraak in, maar zei rustig: 'Ja, jij bent officier van justitie, dus jij hebt je trots.' Als ik bedenk wat voor soort mens hij was, denk ik niet dat dit ironisch bedoeld was.

'Zou jij bereid zijn om als een minderwaardig wezen behandeld te worden alleen maar om materiële voordelen te krijgen?'

'Jij bent geen minderwaardig wezen. Integendeel, ik heb de indruk dat jij jezelf ziet als iemand die wat meer waard is dan anderen,' zei hij glimlachend, nog steeds in een goed humeur.

'Dat vind ik niet. Ik vind juist dat ik in vergelijking met mijn collega's eerlijk gezegd erg rechtvaardig ben.'

'Maar je voelt je toch superieur. Ik heb gemerkt hoe je met anderen over de telefoon praat, jouw manier van doen en je taal zijn best arrogant. Ik denk dat je in je werk je macht weet te gebruiken om de tegenpartij in de val te laten lopen, wat die ook gedaan heeft. Maar de tegenpartij is ook een mens. Jij eist waardigheid en respect, maar die heeft de tegenpartij ook nodig.'

Ik wist niet wat ik moest antwoorden. Hij had gelijk in wat hij zei, maar het was zo moeilijk om de theorie in praktijk te brengen. Ik moest de spelregels van de partij volgen.

Op een dag bracht het nieuws op de televisie een rapportage over een Australiër die in levensgevaar was geraakt tijdens een bergbeklimming. Ze lieten zien hoe hun overheid soldaten en helikopters had gestuurd om hem te redden. Terwijl ik naar het televisiescherm staarde, dacht ik bij mezelf: 'Het leven van mensen in het buitenland lijkt verdraaid veel waard te zijn – hun regeringen vinden het leven van een gewone burger zo veel waard dat ze politie en een klein vermogen uittrekken om hem te redden. Op het bruggetje hier vlakbij is geen hek en je kunt niet eens bijhouden hoeveel mensen daar zijn afgevallen en verdronken. En toch doet onze regering of ze nergens van weet. Er is twaalf jaar voorbijgegaan en er is een reling noch licht aangebracht. Het leven van een gewone Chinees is geen cent waard. Verdomme!' Ik zuchtte diep.

Ralf merkte dat ik in een slecht humeur raakte, dus zette hij de televisie uit, schonk een glas wijn in en gaf me dat. 'Als jij naar Duitsland wilt om daar te studeren, dan help ik je,' zei hij.

Ik had al vaak gespeeld met de gedachte om mijn benijdenswaardige baan op te geven. Maar als ik dat deed, waar moest ik me dan aan wijden? En het Chinese rechtssysteem en de rechten van de burgers zouden niet veranderen alleen maar omdat ik er in mijn eentje niet meer aan mee wilde doen. Ik zou algauw worden vervangen door een ander. Het zou geen zinvolle daad zijn.

'Als iedere nazistische officier die Hitlers bevel had gekregen om Joden te doden zijn eigen hersens had gebruikt en had geweigerd het bevel uit te voeren, dan hadden miljoenen mensen niet hoeven sterven. Als jij begint met jezelf en al je collega's doen hetzelfde, dan zal alles veranderen,' beantwoordde hij mijn gedachten.

Ik zat een tijdje te hummen en zei toen: 'Het maakt niet uit hoe goed het in Duitsland is, ik peins er niet over een tweedeklas allochtoon te worden. Hier heb ik mijn carrière, mijn familie en mijn vrienden. Ik heb een goed leven.'

'Als dat echt is wat je wilt, prima.' Hij praatte er verder niet over en we maakten grapjes over andere dingen. Hij vertelde me een parabel: 'Op een dag stroomde de zee over zodat een heleboel vissen op het strand spoelden. Een zevenjarige jongen en zijn vader liepen langs het water en omdat de jongen niet kon aanzien hoe die vissen stierven, pakte hij ze op, een voor een, en gooide ze terug in het water. Zijn vader bekeek hoeveel vissen er lagen te vechten voor hun leven en zei gelaten tegen zijn zoon: "Hou toch op! Je kunt ze niet allemaal redden." De jongen hield een vis omhoog en zei: "Deze vis wil gered worden." Daarna pakte hij een andere en zei: "Voor deze vis is het ook belangrijk."'

Toen ik te horen kreeg dat Ralf was overleden nadat hij door een auto was aangereden, werd het zwart voor mijn ogen. Wekenlang deed ik voor niemand open, ik legde de telefoon ernaast, ik isoleerde me van de buitenwereld. Meestal lag ik op de vloer in de woonkamer naar het plafond te staren. Elke keer dacht ik aan zijn laatste woorden: 'Pas wanneer je mensen overwint met medeleven en liefde in plaats van met macht, win je hun respect in plaats van hun vijandschap.' Ik dacht aan hem tot ik zo moe werd dat ik in slaap viel. Ik voelde geen honger, ik was als een slaapwandelaar, ik wist niet eens of ik dood was of levend. De enige levenslust die ik had gehad, was nu verdwenen.

Midden in de nacht zat ik tegen het hoofdeinde van mijn bed de ene sigaret na de andere te roken in het donker. De zwakke gloed van de sigaret leek op de flakkerende vlam van een grafkaars. In die eenzame donkere nachten was ik niet meer bang dat Yans geest me zou komen bezoeken. Ik begon er zelfs naar te verlangen dat hij zou komen en me mee zou nemen, zodat ik Ralf kon zien – in de hemel of in de hel.

De zwangerschap maakte me verschrikkelijk misselijk. Xia Yin klopte om de dag bij me aan met wat eten. Ik was ongeveer zestig dagen zwanger toen ik er uiteindelijk mee instemde om met haar naar een café te gaan om te praten. Die avond was de sterrenhemel helemaal helder. De jasmijnbloemen om ons heen verspreidden een betoverende geur. Terug in de levendige, bruisende wereld voelde ik me toch verschrikkelijk eenzaam. Ik was moe en zei niet veel. Xia Yin bestelde twee koppen jasmijnthee en ik stak een sigaret aan.

'Iedereen weet dat het ongezond is om te roken, maar misschien doen we dat wel omdat we het nodig hebben,' zei Xia Yin kalm.

Ik deed mijn best om tegen haar te glimlachen. We zaten een tijdje te zwijgen en toen zei ze: 'Huil nou maar. Het is het beste voor je om te huilen, zowel lichamelijk als geestelijk.'

Ik blies een rookring uit en vroeg onomwonden: 'Wat voelde jij toen je erachter kwam dat je zwanger was van je zoon?'

'Geluk. Ik was erg uitgelaten door de gedachte dat ik moeder werd.' Ze glimlachte en haar gezicht kreeg een moederlijke uitdrukking.

'Ben je daarna nooit meer zwanger geweest?'

'Ja. Ik heb een miskraam gehad,' zei ze eenvoudigweg.

'Wat voelde je toen?'

'Niets speciaals. Mijn eerste gedachte toen ik mijn zwangerschap ontdekte, was dat ik abortus moest plegen. De regering heeft tenslotte gezegd dat je geen tweede kind mag krijgen en dat heeft zich nou eenmaal heel diep in iedereens geest vastgezet.'

Ik herinnerde me dat Lin en Ran allebei een abortus hadden ondergaan. Ze dachten dat de tweede zwangerschap ontstaan was omdat ze iets fout hadden gedaan met hun voorbehoedmiddel en lieten de foetus weghalen alsof het een vanzelfsprekendheid was. 'Wij zijn rijksambtenaren en moeten het goede voorbeeld geven om het vertrouwen van de massa te winnen,' zeiden ze alsof ze voorbeeldige partijleden waren.

'Ik ben zwanger,' zei ik plotseling.

'Echt waar?' Ze werd buitengewoon opgewonden. 'Dat is fantastisch! Het wordt vast een mooi kind van gemengd ras dat wij vriendinnen lekker kunnen verwennen.' Haar stem was zo vol geluk en blijdschap over mijn aanstaande moederschap. Xia Yins naïviteit lag aan het feit dat zij nooit bij een overheidsdienst had gewerkt. Voor haar was het krijgen van kinderen een eenvoudige zaak.

'Maar ik kan het niet houden,' zei ik zacht.

De teleurstelling was duidelijk in haar ogen te zien. 'Waarom niet? Als je het financieel niet redt, kunnen ik en je andere vriendinnen je helpen. Dan kopen we maar een paar kleren minder per maand, zodat we genoeg hebben voor melkpoeder.' Mooie kleren waren net zo belangrijk voor Xia Yin als eten en slapen, zonder modieuze kleren en make-up ging ze de deur niet uit.

Het enige waar zij zich zorgen over maakte, was mijn financiële situatie, want ze wist wel dat ik ontslagen zou worden op moment dat ik een kind baarde. Eigenlijk was de financiële druk voor mij geen probleem en ik wilde dit kind wanhopig graag houden. Omdat mijn Duitse minnaar in hem of haar verder zou leven, zou het kind mij altijd aan hem doen denken.

'Maar het gaat niet,' zei ik tegen mezelf. 'Het gaat niet. Ik moet abortus plegen.' Ik moest mijn mooie droom opgeven, er was geen andere oplossing.

'Nee, doe dat niet!' Haar reactie kwam instinctief. 'Het doet ontzettend pijn, dat kun je niet verdragen. Ik moest twee operaties ondergaan voor mijn abortus.'

'Waarom twee?'

'De eerste keer lukte het hun niet om de baarmoeder helemaal schoon te schrapen zodat ik twee maanden lang bloedingen had. Toen ik op controle kwam, zei de arts dat ze de procedure over moesten doen omdat er resten van de foetus achtergebleven waren op de baarmoederwand.'

'Wat een pech had je dan, dat je twee keer die kwelling hebt moeten doorstaan. Dat je zo'n beroerde arts trof.' Het was ongelooflijk.

'Ik werd heel kwaad en vroeg die arts waarom ze het de eerste keer niet helemaal schoon had gemaakt. Toen begon ze over mij te klagen: "Jij lag te draaien als een varken op de slachtbank, we hadden twee verpleegsters nodig om je vast te houden. En jij riep: 'Hou op! Ik hou het niet uit!' en toen ben ik opgehouden."'

'Die arts had geen beroepstrots. Stomme trut!' schold ik.

'Ik schreeuwde omdat het zo'n pijn deed. Ik dacht helemaal niet dat ze zou ophouden. Maar zij stopte er gewoon mee, midden in de operatie.' De herinnering leek haar niet erg kwaad te maken, ze glimlachte bedroefd en schudde haar hoofd.

'En daarna dan?'

'Toen ze het gynaecologische onderzoek deed, zei ze al tegen me dat ik niet mocht schreeuwen. "De lul van een man is veel grover dan mijn vinger en die heb je kennelijk ook overleefd." Toen durfde ik niet meer te schreeuwen. Die arts bleef me verwijten maken terwijl ze aan het schrapen was: "Waarom heb je er niet aan gedacht hoe erg een abortus is voordat je plezier ging maken. Nu is het te laat." Sindsdien breekt het koude zweet me uit zodra ik het woord abortus maar hoor.'

'Maak je maar niet ongerust. Dat zal mij niet gebeuren. Ik kan een van mijn bevriende artsen vragen om de operatie uit te voeren. Dat gaat vast snel en veilig,' zei ik terwijl ik de as van mijn sigaret tikte.

Xia Yin vond het moeilijk om me te begrijpen. 'Dat kleine leventje is de enige herinnering die hij heeft achtergelaten. Hoe kun je die nou weggooien?'

'Als het krijgen van kinderen iets was waar ik zelf over kon beslissen, dan zou ik daar toch niet hier met jou over zitten praten?'

Haar mening was dat als mijn liefde maar sterk genoeg was, armoede noch slavenwerk een obstakel zou kunnen zijn voor deze liefdesvrucht.

Ik stak nog maar een sigaret aan en blies de rook langzaam uit. 'Weet je, toen ik twintig was, werd ik aangewezen om te helpen met het werk van kinderbegrenzing. Ik word nog bang als ik bedenk hoe wreed wij die stakkers behandelden die te veel kinderen kregen. Nu is het mijn beurt om gestraft te worden. Hoe slim ik ook ben, ik kan niet aan de landelijke regels ontkomen.'

Ik vertelde in detail over mijn verleden en ze huiverde, maar toch hield ze vol: 'Hoe het ook zij, ze kunnen jou toch niet weigeren om een kind te krijgen?'

Dat was waar.

Maar ik was onwettig zwanger geworden zonder getrouwd te zijn, waardoor ik nooit toestemming zou krijgen om te baren. Zonder die toestemming kon de kinderbegrenzingsgroep mij elk moment ontdekken en dwingen tot abortus. En als het me al zou lukken om me gedeisd te houden, dan zou nog geen enkele arts het aandurven om een alleenstaande moeder zonder toestemming te helpen. In dat geval moest ik me verborgen houden op het platteland en me wenden tot een onopgeleide vroedvrouw, wat het leven van het kind in gevaar zou brengen. En zodra het kind geboren was, zou ik zeker mijn baan verliezen.

Hoewel ze geen enkele oplossing kon verzinnen, was zij er duidelijk op tegen dat ik me van het embryo zou ontdoen. 'Wat ga je nu doen?' stamelde ze. 'Wat ga je doen? Mijn moeder is arts, maar helaas niet gespecialiseerd in gynaecologie. Anders had ze je particulier kunnen helpen.'

Als het kind onwettig geboren werd en niet bij de politie werd geregistreerd, zou het voor altijd een 'zwarte' persoon zijn zonder identiteitsnummer en nooit op een school terecht kunnen. Wellicht kon ik geld bij elkaar schrapen voor een particuliere school, maar een kind zonder vader, een kind dat bovendien half-Duits was, zou altijd blootstaan aan verachting en vernedering.

Xia Yin liet haar hoofd zakken en dacht een tijdje na. Toen begonnen haar ogen ineens te glimmen. 'Er is een manier,' zei ze enthousiast. 'We vinden een man voor je, je trouwt met hem en dan krijg je toestemming.'

Ze leek nog steeds niet te beseffen dat het toekomstige leven van dit kind een hardere noot om te kraken was dan de verlossing. 'Ik heb ontelbaar veel wetsovertreders in de gevangenis laten belanden en de enige reden waarom ik niet gebukt ga onder de dreigementen, is dat ik de macht van de staat in mijn rug heb. Als ik het arrondissementsparket verlaat, komen ze allemaal wraak nemen. Financiële verliezen en persoonlijk letsel kan ik nog op de koop toe nemen, maar hoe kan ik mijn kind beschermen tegen dat gevaar? Als ik een kind baar dat moet leven met de angst en de bedreiging die mijn werk mee heeft gebracht, dan heb ik niet verantwoordelijk gehandeld.'

Als ik in een menselijker samenleving had geleefd, dan was er niets tegen geweest om het kind te baren en door te gaan met werken. Wat was dat mooi geweest! Alleenstaande moeders, onechte kinderen, kinderen van gemengd ras... al die begrippen waren in Chinese ogen shockerende misdaden. Niemand zou accepteren dat die begrippen gebruikt zouden worden voor een rechtsdienares. 'Een immorele vrouw die slaapt met buitenlanders past niet als medewerkster in een rechtswezen gestuurd door de communistische partij.' Ik was me er veel te goed van bewust dat dat allemaal werkelijkheid zou worden als ik het lot tartte door het kind te baren.

Ik schudde mijn hoofd en zei berustend: 'Als er een manier was, dan was ik daar allang opgekomen.'

De gloed verdween uit Xia Yins gezicht. Ze deed haar best om een lichter gespreksonderwerp te verzinnen, maar midden in het gesprek kneep ze plotseling haar lippen op elkaar. Ze had rode ogen en haar neusvleugels trilden. We zaten zwijgend bij elkaar. Ik rookte als een bezetene, zij dronk grote slokken van haar thee.

Van het arrondissementsparket kwam de mededeling dat mijn incognitoopdracht als officier van justitie voorbij was. Er was namelijk een nieuwe hoofdofficier van justitie aangetreden die de touwtjes strakker aan wilde trekken.

Ik kon niet meer aarzelen. Bij het onderzoek voor de abortus vroeg de arts vriendelijk hoe oud ik was: 'Eenendertig,' antwoordde ik. Het medelijden in haar blik was ik niet gewend en ik voelde me gekwetst in mijn trots. Het was dezelfde blik die ik jarenlang had getoond aan iedereen die mij smeekte om genade te betrachten tegenover een of andere misdadiger. Nu het mijn beurt was om medelijden te ontvangen, kon ik het niet verdragen.

'Wees maar niet ongerust,' zei ik gemaakt vrolijk. 'Ik ben niet de ongelukkigste mens ter wereld.'

Ze vroeg me op de operatietafel te gaan liggen en mijn benen op te trekken. Toen het harde en ijskoude metalen instrument mijn baarmoeder in werd geduwd, wist ik dat de kleine foetus – het kind dat een verlenging van het leven van mijn liefde had kunnen zijn – nu met korte stoten de machine in werd gezogen zoals een stofzuiger vuil van de grond zuigt. Het uiteengescheurde voorwerp dat mijn schoot verliet, was niet slechts een onvoldragen foetus, maar ook mijn enige hoop, de enige tastbare herinnering die ik had van de man die mij had overgehaald de weg van de liefde en de medemenselijkheid op te gaan.

De pijn was hartverscheurend. Maar die was alleen maar lichamelijk.

De tranen stroomden zachtjes over mijn wangen en lippen. Toen ik de zoute smaak in mijn mond voelde, zag ik in dat ik helemaal niet zo sterk was. Yans lijk had me niet laten huilen van schrik, het zien van zijn twee kinderen die voor het laatst afscheid namen van hun vader bij de executiearena had me niet doen huilen van smart, de liefde van Hangs oude vader voor zijn zoon had me niet aan het huilen gemaakt van medelijden, door

Zhens onterechte veroordeling had ik niet hoeven huilen van schaamte, en toen de zussen Dai gek werden van vreugde bij hun vrijlating had dat me niet doen huilen van blijdschap. Maar nu huilde ik wel om een klein leven dat niet eens tot volle wasdom was gekomen in mijn eigen lichaam. Wie was ik? Ik had geploeter verdragen, me tot het uiterste ingespannen en twaalf jaar de partij gediend, maar uiteindelijk had ik niet eens het recht en de vrijheid om moeder te worden.

Ik dacht aan de vrouw die we lang geleden naar de operatietafel hadden gesleept. Zij had nog maar een maand te gaan. Zij lag – precies zoals ik nu – uitgeput en in elkaar gekropen op een eenvoudige houten brits buiten de operatiezaal. Haar woede en pijn moesten even sterk geweest zijn als de mijne. Nee, nog sterker, de vrucht die zij verloor was al acht maanden oud. In die tijd representeerde ik de macht van de staat en zag ik niet in wat zij voelde. Nu was ik een van degenen geworden over wie macht werd uitgeoefend. Was het mijn eigen fout? Ik had dit beroep gekozen, dit leven, en ik dwong mezelf steeds om ermee door te gaan – ik weigerde stil te blijven staan, ook al was ik nog zo in de war en besluiteloos. Had ik eigenlijk wel een keuze?

Eenmaal thuis huilde ik ongecontroleerd zonder te kunnen ophouden. Ik werd huilend wakker en begon even later alweer te janken. Het was ongelooflijk dat een mens zoveel tranen kon hebben. Ik lag de hele dag in bed, verzonken in een droomtoestand. Wat was er met me? Ik had dagen- en nachtenlang gewerkt, telkens mijn natuurlijke medeleven verdrongen tot ik koud en wreed was geworden, steeds gewelddadiger en onmenselijker. Ik had niet mogen huilen of lachen als ik wilde, kon niemand vertrouwen en had niet eens de vrijheid om zelf te beslissen met wie ik wilde leven en of ik moeder wilde worden. Er was geen plaats voor compassie in mijn leven, alleen maar voor compromissen – eindeloze compromissen en concessies. Wanneer was ik werkelijk vrij en gelukkig geweest? Zou ik zo doorgaan met leven?

In een week maakte ik bijna een levensvoorraad aan tranen op.

Op de achtste morgen werd ik wakker zonder te huilen en voelde ik me beter. Glimlachend troostte ik me met de gedachte: wat er ook gebeurd is, ik ben in elk geval niet vergeten hoe je huilt.

Ik keerde terug naar de afdeling discipline van het arrondissementsparket. Ik voelde me vanbinnen dood. Elke dag was een herhaling van de vorige.

Afdelingschef Mei gaf mij een zaak van het anticorruptiebureau waar niemand enige orde in had weten te scheppen.

'Lees het materiaal door en schrijf een eindrapport,' beval hij. 'Anders blijven ze er eeuwig over doorzeuren.'

Terwijl ik het futloos doorlas, kon ik de geur van 'geld' ruiken. Degene die het aangegeven had, wilde dat er een aanklacht werd ingediend voor dienstverzuim, maar daarvoor was niet genoeg bewijs. Uit het ongestructureerde materiaal bleek echter duidelijk dat iemand zich onwettig tweehonderdduizend yuan had toegeëigend. We hadden het recht om te proberen dat geld terug te vorderen voor de staat. Onze afdeling zou twintig procent van dat geld krijgen als vergoeding voor het werk en de verantwoordelijke onderzoeker zou op zijn of haar beurt twintig procent van dat bedrag krijgen als bonus.

Ik begon geïnteresseerd te raken en ik zei tegen mijn collega Jie Lia, die tegenover me zat: 'Mogelijk kan ik wat geld uit deze zaak peuteren. Als jij me helpt, kunnen we allebei vierduizend yuan krijgen.'

Ik vertelde dat een aantal medewerkers van Changsha's textielfabriek de chef van het verkoopbureau hadden aangemeld wegens nalatigheid, omdat door zijn slechte werk de fabriek meer dan zeshonderdduizend yuan verlies had geleden. Het was overduidelijk dat de aanmelders ontevreden waren met de buitenproportionele representatiekosten van het verkoopbureau en van mening waren dat het verloren geld door het personeel over de balk was gegooid. In de stukken stond de volgende frase: 'Zij namen geld van het bedrijf om naar Shenzhen te reizen waar ze onroerend goed kochten.' Klopte dat wel? Leverde dat winst of verlies op? En hoe dan? Hier viel informatie te halen.

Ik riep eerst de chef van het verkoopbureau bij me voor een gesprek. 's Middags praatte ik met de boekhouder en de financieel assistente. Een andere medewerker, Nan, was al naar Shenzhen verhuisd, waar hij op het kantoor van Air China was gaan werken.

Uit de gesprekken begreep ik dat het bedrijf helemaal geen winst maakte door China rond te reizen in een poging zijn textielwaren te verkopen. Omdat ze verbonden waren aan een staatstextielbedrijf, was hun door de fabriek zeshonderdduizend yuan gegeven als startkapitaal en vlottende activa. Nan was met het voorstel gekomen dat geld te gebruiken om onroerend goed te kopen in Shenzhen. Zijn zus Nin kende de onroerendgoedmarkt daar en beweerde dat die in trek was en zich snel ontwikkelde. De chef van het verkoopbureau en Nan reisden samen naar Shenzhen, waar Nin hen hielp om een bepaald gebied te bekijken. Omdat het in een district lag dat ontwikkeld zou worden, was het goed mogelijk dat bouwbedrijven het zouden opkopen of dat de staat het zou onteigenen om een nieuwe wijk te bouwen.

De chef kocht twee stukken grond voor zeshonderdduizend yuan. Enkele maanden later hielp Nin hem die te verkopen met een winst van tweehonderdduizend. Nin wilde ook haar aandeel hebben, zij had hard gewerkt voor zowel de aan- als de verkoop. De chef gaf haar daarom honderdduizend en zei haar dat ze door kon gaan met kopen en verkopen naar eigen inzicht. Zij hielp het bedrijf om nog eens ruim tweehonderdduizend te verdienen en als provisie kreeg ze ongeveer hetzelfde bedrag. Tot slot kocht ze een stuk grond voor een miljoen. Op dat moment werd het beleid gewijzigd, waardoor de grond niet meer in de planning zat om geëxploiteerd te worden. Iedereen in de branche kreeg onmiddellijk koudwatervrees, de prijs zakte dramatisch en de grond was onverkoopbaar geworden.

Jie en ik trokken de conclusie dat de chef van het verkoopbureau niet verantwoordelijk gehouden kon worden, omdat in het contract met de fabriek stond dat zijn bedrijf het recht had om zelf zaken te doen, zolang die wettelijk correct waren. Nergens in de stukken stond dat ze niet met onroerend goed mochten handelen. Maar het kapitaal dat gebruikt was voor die handel was een staatsbijdrage en de provisie van tweehonderdduizend yuan die Nin had ontvangen, had de staat rente op moeten leveren. Dat geld konden wij terugvorderen, aangezien zij geen formeel contract had dat haar het recht op provisie gaf.'

Ik rapporteerde het voorlopige onderzoeksresultaat aan Mei. Toen hij hoorde dat ik geld zou kunnen binnenslepen, werd hij heel blij.

'Eerst moet ik naar Shenzhen om Nan en Nin te verhoren, daarna kunnen we geld gaan terugvorderen,' zei ik.

Jie wees erop dat twee studiegenoten van haar op het arrondissementsparket in Shenzhen werkten. Als zij meehielpen met alle verhoren en om het geld te vorderen, dan zou dat een enorme hulp zijn. Mei straalde van blijdschap toen hij rapport uitbracht aan onze nieuwe hoofdofficier van justitie Kung Guan.

Kung Guan was ongerust omdat wij als vrouwen in moeilijkheden konden raken als we naar Shenzhen reisden om verhoren te houden en geld te
vorderen, dus hij beval adjunct-adelingschef Liu Ming om met ons mee te
gaan.

'Hij wordt jullie lijfwacht,' zei Mei tegen ons.

Jie Lia belde een van haar studiegenoten op Shenzhens arrondissementsparket en vroeg hem ons een politieauto te lenen. Hij had zijn hoofdofficieren meegedeeld dat wij assistentie nodig hadden en ze hadden twee kantoorruimtes vrijgemaakt die we konden gebruiken voor de verhoren.

Ik ondertekende een oproep en Jie Lia's studiegenoot haalde ons op bij
ons hotel en reed ons naar Shenzhens vliegveld. Hij liet zijn legitimatie zien
aan de veiligheidsdienst en vroeg aan de dienstdoende agent om Nan te halen. De agent vroeg ongerust wat we van Nan wilden, maar we zeiden
slechts dat we met hem moesten praten.

Toen Nan uit de werkruimte kwam en ons met ernstige gezichten zag
staan wachten, kreeg zijn gezicht die uitdrukking vol bange voorgevoelens
die ik al zo vaak had gezien.

'Heet jij Nan?' vroeg ik. Hij knikte. Ik overhandigde hem de oproep en
zei: 'Wij komen van het arrondissementsparket en zijn hier in die hoedanigheid. Wil je alsjeblieft met ons meekomen?'

We namen hem mee naar het arrondissementsparket, waar Liu Ming en
ik hem bewaakten. Jie Lia en haar studiegenoot reden naar Shenzhens mi-
lieubureau om Nin te halen.

Ik begon haar om twee uur 's middags te verhoren. Op hetzelfde moment dat Jie Lia met haar binnenkwam, hadden we haar geïsoleerd van de
buitenwereld. Haar pieper piepte onafgebroken, ik raakte geïrriteerd en
vroeg wie dat kon zijn. Ze bekeek het nummer en zei dat het haar werk was.
Maar ik liet haar natuurlijk niet opbellen.

Ze vertelde snel en duidelijk over de procedure rond onroerendgoedhan-
del. Toen ik vragen stelde over het geld, viel ze stil en ik praatte door met het
aloude liedje over mildheid en hardheid. Om tien uur 's avonds aarzelde ze
nog steeds en de pieper klonk aan één stuk door. Uiteindelijk zei ik: 'Als het
nu je chef is die belt, mag je wel antwoorden.' Dit was eigenlijk niet toegestaan, maar ik wilde dat ze zou denken dat ik redelijk was, waardoor ze misschien de waarheid ging vertellen.

Toen ze opbelde, werd haar gevraagd waar ze was en waarom de officieren van justitie haar mee hadden genomen. Ze zag dat ik goed oplette en ze
fluisterde in de hoorn: 'Ik ben op het arrondissementsparket.' Daarna antwoordde ze: 'Nee, dat ben ik niet. Het maakt niet uit.'

Nu kwam Jie Lia binnen om te vertellen dat het verhoor met Nan klaar was en dat hij had bekend dat zijn zus twintigduizend yuan had ontvangen. 'Dat is een leugen,' zei ik zonder een seconde te twijfelen. 'Ga maar door met het verhoor.'

'Jij hebt je broer hierin meegetrokken en hij heeft bekend dat jij geld hebt gekregen van het verkoopbureau,' zei ik.

'Hij liegt,' zei Nin meteen. 'Hij kan onmogelijk weten dat ik geld heb aangenomen.' Ze zweeg even en zei toen: 'Misschien zegt hij dat om mij te beschermen.'

'Hij heeft het net bekend aan officier van justitie Jie Lia, hij heeft zelfs een concreet bedrag genoemd.'

Nin dacht even na en vroeg voorzichtig: 'Als ik geld had aangenomen, zou dat dan tegen de wet zijn? Word ik dan naar de gevangenis gestuurd? Mijn broer weet echt niet hoeveel geld ik heb gekregen.'

'Ik zal eerlijk tegen je zijn. Ik ben niet van plan je veroordeeld te krijgen, maar je moet vertellen hoeveel je hebt ontvangen. Als je het geld terugbetaalt, beloof ik op mijn erewoord dat jij en je broer onmiddellijk worden vrijgelaten.'

'Maar deze kwestie heeft niets met mijn broer te maken. Laat hem toch gaan, alstublieft. Dan zal ik de waarheid vertellen.'

Ik stemde in met haar verzoek.

Ze nam me een tijdje op en kreeg kennelijk vertrouwen in me, want toen zei ze: 'Tweehonderdduizend yuan.'

Ik ademde uit.

Later vroeg ik Nan: 'Waarom loog je toen je bekende?'

Ik zal nooit zijn antwoord vergeten: 'Aangezien jullie de hele weg naar Shenzhen waren gevlogen om ons te verhoren, moest mijn zus wel iets gedaan hebben, want zelf was ik onschuldig. Toen ik tijdens het verhoor onder druk werd gezet, dacht ik dat als ik een laag bedrag noemde, zij misschien vrijgesproken werd. Bovendien zou ik laten zien dat ik meewerkte en daardoor zouden jullie een goede indruk van me krijgen. Op die manier zou ik mijn baan kunnen behouden. Ze is pas vierentwintig, ze zou vast niet meer provisie durven vragen dan twintigduizend.'

We sloten de verhoren niet eerder af dan twaalf uur 's nachts. Jie Lia's studiegenoot kwam terug op het parket en vertelde: 'Een van mijn collega's vroeg me net of het parket in Changsha mensen hierheen had gestuurd om een zaak te onderzoeken.' Hij glimlachte ironisch en ging verder: 'Dat het zo snel is gegaan, wijst erop dat deze broer en zus contacten hebben.' Hij wilde ons waarschuwen dat we vanaf de volgende dag zouden blootstaan aan alle mogelijke vormen van pressie en smeekbeden.

'Dat geeft niet. We zijn toch van plan ze naar huis te laten gaan en niet te vervolgen. Over uiterlijk drie dagen moeten ze bij ons hotel komen met tweehonderdduizend yuan,' zei ik.

De volgende avond overhandigden Nan en Nin vijftigduizend yuan. De rest van het geld moesten ze nog ergens vandaan zien te halen en ze vroegen om nog een paar dagen respijt.

Op de vierde dag kregen Liu Ming en ik een telefoontje van onze chef in Changsha: 'Zorg dat je mobiel altijd aanstaat en wacht op orders.'

We hadden de schuldigen gevonden en zij waren ermee akkoord gegaan het geld terug te betalen, dus wat voor orders hadden we nodig? Zodra Jie Lia en ik dit hoorden, vermoedden we dat er iets verdachts ophanden was – broer en zus hadden zeker contact gehad met het parket via hun contacten. We begonnen er spijt van te krijgen dat we Liu Ming mee hadden laten komen naar Shenzhen. Als hij niet was meegegaan, hadden we gedaan zoals we altijd deden en omdat geen van ons een mobiele telefoon had, zou het parket ons niet hebben kunnen controleren.

We waren tamelijk verontwaardigd, maar zagen ook wel in dat onze bazen hadden berekend hoe wij zouden reageren. Ze begrepen dat wij niet hadden zullen gehoorzamen aan de orders en daarom hadden ze expres Liu Ming meegestuurd om ons te bewaken.

Algauw kwam er nog een telefoontje van het parket. Hoofdofficier Kung Guan had de situatie nog eens overdacht en was tot de slotsom gekomen dat Nin en Nan niet het gehele bedrag hoefden terug te betalen. Ze gaven ons nog eens vijftigduizend.

'We kunnen niet meer lenen. Dit is alles wat we hebben. Is het mogelijk om kwijtschelding te krijgen voor de rest?' vroegen ze nerveus.

Zonder te wachten wat Liu Ming zou antwoorden, riep ik: 'Dat gaat niet! Ik heb jullie laten ontkomen aan een rechtszaak, dat is al heel genereus.'

Toen ze een tijdje hadden gesmeekt, beloofde Liu Ming: 'Kom morgen terug, dan zal ik het arrondissementsparket om instructies vragen.'

De bazen oefenden opnieuw hun macht uit: 'Eis nog wat meer, dan is het genoeg.' Toen broer en zes de volgende dag kwamen, zei Liu Ming dat het genoeg was met veertigduizend extra. Nin en Nan bedankten hem meteen voor zijn generositeit en beloofden terug te komen met het bedrag.

Jie Lia en ik waren niet blij, maar we zeiden niets. Liu Ming wist wel dat wij chagrijnig waren omdat hij de hele tijd met de baas had gepraat en had ingestemd met een compromis. Jie Lia en ik mochten alleen maar het werk zelf uitvoeren en als de nare schuldeisers optreden.

Tegen deze tijd waren Nan en Nin vrienden geworden en ze namen ons een paar keer mee naar een restaurant. Toen we naar huis zouden gaan, zorgde Nan voor goedkopere tickets en reed hij ons naar het vliegveld in zijn auto.

Nu was de afdeling voor discipline echt vermogend geworden en Mei keek continu tevreden.

Mijn man had het verzoek tot echtscheiding ingeleverd bij de afdeling voor politiek werk van de rechtbank en de chef daarvan belde me op en vroeg me op gesprek te komen.

Ze nam ons teleurgesteld op: 'Jullie waren zo'n mooi paar. Kunnen jullie het niet weer goedmaken?'

Ik glimlachte verdrietig en schudde mijn hoofd. Ik had alles gezegd wat ik te zeggen had en bracht het niet meer op om mijn mond open te doen.

'Xiao,' zei de afdelingschef, 'ik begrijp hoe bedroefd je moet zijn. Als jij niet wilt scheiden, dan kunnen we ervoor zorgen dat je man zijn verzoek tot echtscheiding niet ingewilligd krijgt.' Ze leek te sympathiseren met vrouwelijke kameraden die door hun man in de steek werden gelaten zodra ze zich in de wereld omhoogwerkten. Ze stond aan mijn kant, net zoals de partijafdeling van de rechtbank zou doen.

Mijn man zat gegeneerd en een beetje beschaamd op de bank zonder iets te zeggen.

'Je hoeft geen medelijden met me te hebben,' zei ik tegen de afdelingschef, 'mijn waarde gaat niet omlaag omdat ik me van hem laat scheiden. Ik stem in met een echtscheiding.'

Ze keek nog steeds vol medelijden naar me. 'Denk er nog eens over,' maande ze mij. 'Gescheiden vrouwen hebben het moeilijk, ze zijn erg eenzaam en het is niet zo makkelijk voor ze om een geschikte partner te vinden.'

Ik zweeg. Ze belde de chef voor politiek werk van het arrondissementsparket en discussieerde met hem over de negatieve invloed die een echtscheiding zou hebben op de andere medewerkers. Ze kwamen tot de conclusie dat ze het ons moesten afraden. Ze zei dat mijn chef met me wilde praten en gaf me de hoorn.

'Xiao,' zei hij, 'we begrijpen dat je bedroefd bent. Als jij nee zegt, staan we je man niet toe jou te verlaten voor een nieuwe vrouw. Hij is een partijrepresentant die zich heeft laten corrumperen door kapitalistisch denken en daardoor immoreel en onverantwoordelijk handelt. Wij gaan met hem praten, hem verzoeken zich te herbezinnen en we weigeren onze goedkeuring te geven aan een echtscheiding. Dan kun jij rustig verder werken.'

'Ik dank jullie voor jullie bezorgdheid,' antwoordde ik. 'Ik heb er goed over nagedacht. 'Als jullie hem verbieden om te scheiden, zou dat alleen maar betekenen dat hij fysiek bij me blijft wonen, terwijl zijn hart elders verkeert. Ik wil geen liefdeloos huwelijk. Het is genoeg nu. Ik wens hem een gelukkiger leven.'

Ik hoorde de chef voor politiek werk aan de andere kant van de lijn zuchten en hij zei: 'Ik begrijp de jeugd niet meer.'

Ik legde op. De afdelingschef voor politiek werk van de rechtbank klopte me op mijn schouder en zei: 'Ben jij echt zo grootmoedig en ruimhartig dat je je huwelijk aan iemand anders kunt geven zonder te protesteren?'

Ik knikte. Ze schreef 'bekrachtigd' onder het echtscheidingsrapport en zette er een stempel op. Daarna gingen we naar het huwelijksbureau om een overeenkomst te regelen. Toen alles klaar was, gaf mijn ex-man me een lift naar mijn kantoor, waar hoofdofficier Kung Guan me opwachtte. Hij zond mijn ex-man een ijskoude blik en weigerde zijn groet te beantwoorden. Mijn ex wilde me op een lunch trakteren, maar ik zei: 'Nee, dankjewel, ik heb niets te vieren.' Hij ging gegeneerd weg.

Ik belde Lin en schreeuwde: 'Vanavond gaan we naar de discotheek om te zuipen! Hoofdofficier Tao Yong en ik hebben het uitgemaakt!'

Ik vroeg een andere vriendin mee, een werkloze alleenstaande moeder die een paar maanden geleden een abortus had ondergaan. Ze was bleek en toen ik vroeg hoe het ging, schudde ze haar hoofd en zei dat het niet best was. 'Ik moet geld lenen voor eten. Als ik een maaltijd eet, weet ik niet of ik er daarna nog wel een zal krijgen.'

'Maar jij had toch zo'n rijke vriend uit Taiwan?'

Ze vroeg me om een sigaret voordat ze antwoordde: 'Een naarling! Een gierigaard! Ik zei dat ik niet nog een kind kon krijgen en vroeg hem om geld voor een abortus. Hij heeft een vermogen van verscheidene miljoenen, maar weigerde me een biljet van honderd. Ik moest geld lenen en alleen naar de operatie toe.'

Ik wist dat ze goed moest eten na de abortus, dus ik bestelde extra voedzame gerechten. Zij zette alle beleefdheid opzij en at naar hartenlust. Lin en ik dronken glas na glas en rookten sigaret na sigaret, terwijl we stil toekeken hoe zij schrokte. Lin vertelde dat Tao Yong geen echtscheiding durfde aan te vragen, want als dat bekend werd, zou zijn carrière in gevaar zijn. Daarom had hij haar zomaar in de steek gelaten.

'Dat is het toppunt! Mannen die voor de rijksoverheid werken zijn wrede zwijnen!' riep ik kwaad.

Lin sperde ineens haar grote, door de alcohol wat mistige ogen open en lalde: 'Vertel nou eens wat jij te zeuren hebt?'

'Ik ben vandaag gescheiden. Punt uit. Een acht jaar lange toewijding naar de kloten!'

Mijn vriendin liet een boer en zuchtte teleurgesteld om het feit dat goede Chinese mannen een uitgeroeide soort waren. Niet een van hen was goed of rechtvaardig, zij was gewond in haar ziel en bezwoer ons om nooit meer een man te vertrouwen.

Ik glimlachte naar haar. 'Als ik de perfecte man ontmoette, zou ik met hem meegaan naar het eind van de wereld zonder me er iets van aan te trekken of hij ook maar een jiao had.'

Lin schudde haar hoofd. 'Jij hebt echt niets geleerd van je lijden.'

'Maar hallo, ga je je niet wreken op je ex-man en die hoer?' stookte mijn vriendin.

'Ik laat ze. Politieke mannen zijn vies en zakenmannen zijn glad. Ik wou dat ik een van die jonge mooie kerels hier kon neuken!'

'Dat zijn alleen maar woorden. Ik wil wat actie zien vanavond!' Lin zei het met luide stem in een poging mij aan te sporen.

De jonge mannen en vrouwen die in het licht van de spotjes dansten, leken op spoken. Ik sloeg de inhoud van mijn glas in één keer achterover. Het voelde alsof ik op een drijfeiland balanceerde toen ik naar de dansvloer wankelde en een mooie jongeman vastpakte. 'Wil jij met mij mee naar huis?' Begeleid door Lins schaterlach namen we een taxi naar mijn appartement.

'Schrok hij niet van je?' vroeg Lin de volgende ochtend.

'Hij was pas negentien en toen hij hoorde dat ik dertig was en bovendien officier van justitie, werd hij zo bang dat hij hem niet meer omhoog kreeg, hoe hij ook probeerde.'

Op een avond even na elven belde Lin hijgend en puffend bij me aan. Ze vertelde dat Weis moeder net bij haar geweest was. De politie had vierhonderdduizend yuan in een muur in Weis appartement gevonden en haar aangehouden. Haar moeder wist niet meer dan dat en hoopte dat we haar konden helpen.

Wei was een jeugdvriendin en klasgenote van de middelbare school. Ook na het eindexamen hadden we een hecht contact gehad. Weis moeder was een warm en goed mens die ons behandelde alsof we haar eigen dochters waren. Toen ik in het ziekenhuis lag, had zij mijn favoriete gerecht klaargemaakt en Wei gevraagd dat naar me toe te brengen.

De dag erop ging ik met mijn parketlegitimatie naar het huis van bewaring om haar te bezoeken. Toen ze mij zag, werden haar bange en hulpeloze ogen gevuld met tranen.

'Wat is er gebeurd?' vroeg ik.

'Ik heb een vriend die vestigingschef van een bank is. Een van de klanten had 860.000 yuan op zijn rekening gestort, die hij twee jaar lang niet aanraakte. De vestigingschef wist ook dat ik op een visum naar Australië zat te wachten. Hij stelde voor dat ik me zou voordoen als de boekhouder van die klant en het geld zou opnemen, dan konden we het verdelen. Hij gaf mij de code en ik nam het in drie keer op.'

Wei had een Australisch-Chinese vriend en ze had net een visum aange-vraagd om naar hem toe te mogen gaan om met hem te gaan samenwonen. De vestigingschef wist dat ze binnenkort het land zou verlaten. Hij wilde zelf een deel van het geld van de klant hebben en had gedacht dat de politie de zaak niet zou kunnen oplossen als Wei in het buitenland zat.

'Wat deed je met dat geld dan?' vroeg ik.

'Ik had een gat gemaakt in de muur van mijn appartement en het daarin gestopt. Gisteren heeft de politie het geld gevonden en me hier opgesloten. Toen ik zag dat zich twintig gevangenen verdrongen om een houten brits en dat het zo donker, vochtig en vies was, wilde ik alleen nog maar huilen. Maar ik beet op mijn tanden om het uit te houden. Ik moet zorgen dat ik er sterk en onbewogen uitzie, anders gaan de ervaren gevangenen ruzie met me maken. Er is een luchtplaats buiten. Iedereen mag water pakken uit een gezamenlijke ton, maar het is hier zo krap en er zijn geen scheidingswan-den, dus als je je wast, krijg je vaak het water van een ander over je heen of je gooit je eigen water over een ander heen.'

Ik wilde haar verder uithoren, dus ik onderbrak haar. 'Hoe kon je nou zoiets stoms doen zonder eerst met Lin of mij te praten? We zijn zo lang vriendinnen geweest en toch heb je ons hier niets over verteld!'

'Ik heb er echt spijt van. Nu kan ik alleen maar hopen dat jullie me hel-pen. Mijn ouders zijn buiten zichzelf van ongerustheid.'

'Natuurlijk doen we alles wat we kunnen.' Ik ging snel weer weg. Vol-gens de regels mocht je gevangenen helemaal niet zo vroeg in het proces be-zoeken.

's Avonds kwamen de ouders van Wei op bezoek en ik vertelde over de si-tuatie in het huis van bewaring. Haar moeder begon onmiddellijk te huilen en haar vader zuchtte en vroeg: 'Wat kunnen we doen om haar dit te bespa-ren?'

'Ik heb wel gehoord dat er cellen zijn waar de omstandigheden ietsje be-ter zijn,' zei ik. 'Daar zitten maar acht gevangenen per cel, maar dan moet je zelf twintig yuan per nacht betalen. Dan deel je ook een televisie en een ven-tilator met de anderen in de cel.'

Ze twijfelden geen moment, maar besloten meteen dat hun dochter naar die andere cel zou gaan, hoewel de kosten best hoog waren voor een gepen-sioneerd paar met maar achthonderd yuan in de maand.

Lin en ik gebruikten ons hele netwerk binnen de politieke en juridische kringen, en we praatten met de leidinggevenden van de afdeling die de zaak onderzocht. Maar dit gebeurde net in de tijd dat Zhu Rongji was aangetre-den als minister-president, die de economische misdaad met harde hand wilde aanpakken. Het onderzoek naar de zaak kostte meer dan acht maanden en uiteindelijk werd ze veroordeeld als medeplichtige aan verduistering tot dertien jaar gevangenis. In de loop van het onderzoek zagen haar ouders er steeds ouder en meer uitgemergeld uit elke keer dat ik ze zag. Ze vertelden steeds hoeveel cadeaus ze hadden gegeven en voor welke belangrijke personen ze diners hadden georganiseerd, maar nooit zagen ze resultaat. Tien jaar spaargeld ging eraan op en uiteindelijk was er toch geen enkele hoop.

In de winter vroegen Lin en ik een studiegenote bij de gevangenisafdeling van het parket om hulp om toestemming te krijgen voor een bezoek in het huis van bewaring. Weis mentale toestand was beduidend slechter geworden en aangezien ze zelden in het daglicht kwam, was ze erg bleek. We hadden al lang geleden met de leiding van het huis van bewaring gepraat en haar medegevangenen wisten dat ze een vrouw met contacten was, dus die durfden haar niet te treiteren.

We vroegen hoe het met haar ging en ze schudde haar hoofd en zei: 'Ik had nooit kunnen denken dat ik zo'n hel zou beleven als dit. We hebben geen warm water nu, in de winter. Een van mijn medegevangenen liep rond te springen over de kleine luchtplaats tot ze doorweekt was van het zweet, daarna heeft ze het ijskoude water over zich heen gegoten om zich te wassen. Toen werd ze uiteraard ontzettend ziek. Ik heb me al in geen weken gewassen. Het is onder nul buiten, ons water bevriest, je kunt de kou tot in je botten voelen. Als ik ziek zou worden, zou ik mijn ouders nog meer tot last moeten zijn omdat ze dan medicijnen moeten sturen.'

'Ik heb fruit en koekjes meegenomen. Ze liggen bij de wachters, je mag ze straks ophalen,' zei ik.

'Altijd als jullie of mijn ouders iets voor me meenemen, moet ik de wachters de helft geven,' zei ze zacht. 'En dat wordt dan nog gezien als geluk hebben, omdat jullie met de gevangenisleiding hebben gepraat. Het gebeurt de andere gevangenen wel eens dat ze helemaal niets krijgen van wat hun families ze komt brengen, dat de wachters beslag leggen op alles.'

'Wat?' Ik kon het niet geloven. 'Leggen de gevangenbewaarders beslag op eten van de gevangenen? Terwijl die het al zo moeilijk hebben?'

'Als wij niet met de wachters delen, dan doorzoeken ze onze cel en veroorzaken ze allemaal problemen. Om te overleven moeten we ons wel aanpassen aan de situatie,' antwoordde ze rustig. De onmacht die ze had gevoeld toen ze net in het huis van bewaring kwam, was helemaal verdwenen, ze leek zich helemaal in haar lot te voegen.

'Het arrondissementsparket heeft een afdeling voor de controle van gevangenissen die zulke onwettige praktijken die jij beschrijft kan aanpakken. Ik zal dit aan de betreffende chefs rapporteren,' zei ik.

'Nee, alsjeblieft, doe dat niet!' Ze werd lijkbleek en haastte zich me tegen te houden. 'Er zal toch niets ten goede veranderen, integendeel – als zij erachter komen dat iemand hierover gepraat heeft tegen de officieren van justitie, zullen ze ons nog slechter behandelen.'

'Maak je maar niet ongerust. Ik zorg ervoor dat ze niet weten dat jij het was.'

Ze schudde haar hoofd. 'Jij kunt je de hel hierbinnen niet voorstellen. Ze zullen iedereen hier doodmartelen zonder te vragen wie de schuldige is. Iedereen zal verantwoordelijk worden gesteld. En als ze toch te weten komen wie het lek is, zullen zelfs de gevangenen zich tegen de verklikker richten. Ik moet het gewoon verdragen. Het is maar het beste dat ik de werkelijkheid onder ogen zie. Ik wil de dingen niet onnodig gecompliceerder maken, daar ben ik te moe voor.' Ze sprak zacht en ernstig.

Door haar verhaal dacht ik aan de ongeruste gezichten van haar ouders en de enorme verandering die de hele familie had ondergaan. Plotseling moest ik aan Zhen denken, de student aan de lerarenopleiding, en zijn vertwijfelde gezicht kwam me steeds duidelijker voor ogen. Ik vraag me af in welk werkkamp hij zit, dacht ik. Hij en zijn familie moeten hetzelfde hebben doorgemaakt als Wei en haar ouders. Misschien was het voor hem nog erger, want hij wist dat hij volkomen onschuldig was.

Plotselinge angstgevoelens maakten me zenuwachtig. Ik had nooit echt goed nagedacht over Zhens gevoelens en welke tragedie hem en zijn familie had getroffen door mijn handelen. Pas nu ik zelf zag en hoorde wat mijn vriendin en haar familie moesten doormaken vanwege haar misdaad, begreep ik pas echt dat de catastrofe die ik over Zhen en zijn familie had uitgeroepen door te zwichten voor besluiten van anderen, niet zo klein en verwaarloosbaar was als ik mezelf eerder had wijsgemaakt. Als ik dit beroep niet opgaf, was het onvermijdelijk dat zulke dingen weer zouden gebeuren. Zou ik als ik oud was op mijn leven kunnen terugkijken en mijn daden kunnen goedpraten door te zeggen dat ik slechts bevelen uitvoerde?

Ik kreeg de hele tijd te horen dat mijn klasgenoten uit 1985 bevorderd waren tot adjunct-hoofdofficier, afdelingschef of hoofd van een anticorruptiebureau. Ze reden rond in dienstauto's, woonden in grote dienstwoningen en hadden hogere lonen dan ik, terwijl ze tegelijkertijd van alle privileges genoten die die hogere posities meebrachten.

Eenzaamheid. Twijfel. Zou ik het allergrootste compromis sluiten en mijn menselijkheid compleet opgeven om hoe dan ook geld en een hoge positie te proberen te verwerven? Of zou ik de gedachte laten varen aan de voorrechten van de machthebbers om een rechtvaardig en gewetensvol mens te worden?

De dagen waren zwaar. In de loop van de jaren had ik Ran, Lin en Yin zien scheiden, ik had gezien hoe andere vriendinnen mishandeld waren door hun man of in de steek gelaten door hun vriendjes en ik had mijn vriendinnen horen vertellen over de ontrouw van hun man. Nadat ik Ralf had ontmoet, had ik besloten nooit meer te gaan samenwonen of trouwen met een Chinese man, liever zou ik de rest van mijn leven alleen blijven.

We werkten vaak over, maar sloten doorgaans de verhoren af voor middernacht om de verdachte naar huis te laten gaan. De andere afdelingen waren niet zo menselijk als de onze.

Sinds Kung Guan was aangetreden, was Chou benoemd tot chef voor de afdeling dagvaarding. Iedereen die maar in een aangifte was genoemd, had hij voor verhoor laten komen. 'Misschien slachten we soms de verkeerde persoon, maar er ontkomt tenminste geen enkele schuldige.' Zijn verhoren gingen de hele nacht door. Mentaal zwakke personen konden verhoren van twee, drie nachten niet aan en bekenden alles. Als men niets verdachts kon vinden, dan liet men hen na een paar dagen weer los. Met die methode loste Chou verscheidene gevallen van economische misdaad op en vorderde hij honderdduizenden yuan terug. Het arrondissementsparket prijsde zijn afdeling omdat die de traditie voortzette om te vechten voor de partij en het leger. Toen hadden ze net zes nachten achter elkaar doorgewerkt.

Door het halfopen raam konden Jie Lia en ik auto's horen aankomen op de binnenplaats. Zodra het geluid van hees geroep en rennende voetstappen ons bereikte, keek Jie Lia naar buiten en ze zei: 'Daar hebben we Chou weer die iemand gegrepen heeft.'

Algauw kon je de stemmen uit zijn kantoor horen: 'Denk maar niet dat je een heilige bent, zouden wij je soms oppakken als je niets onwettigs had gedaan? Vertel het nu maar, anders kom je hier niet vandaan!'

'Ik begrijp de wet anders ook wel, hoor. Jullie kunnen mij maar vierentwintig uur vasthouden, daarna moet je mij laten gaan,' protesteerde de verdachte.

'Hou op met dat ik-ben-nergens-bang-voor-spelletje! Ik heb ergere types gezien dan jij. Wou jij me de wet leren? Dat dacht ik toch niet. Na vierentwintig uur zorg ik gewoon voor een nieuw aanhoudingsbevel die weer vierentwintig uur geldig is. Heb jij niet bekend, dan zorg ik gewoon voor een nieuwe en een nieuwe en een nieuwe. We zullen eens zien hoe lang jij het uithoudt.'

In deze periode begon ik ook de economische overtredingen na te lopen die ik had opgespaard toen ik incognito als officier van justitie werkte. Een vanuit het buitenland gefinancierde bouwfirma had een serie exclusieve villa's gebouwd. Het kapitaal kwam eigenlijk van de provincie Fujian, maar met behulp van contacten in Hongkong hadden ze daar het geld op de bank gezet en vervolgens overgemaakt naar Changsha. Op die manier werd het geld veranderd in een buitenlandse investering en kreeg het bedrijf belastingverlagingen en andere voordelen. We haalden de boekhoudster van het bedrijf op voor verhoor.

De boekhoudster luisterde stil terwijl ze ons kantoor bekeek. Ze voelde zich duidelijk ongemakkelijk en was erg nerveus, waarschijnlijk was ze nog nooit bij een officier van justitie geweest.

Om acht uur begonnen we de boeken door te nemen. Ik praatte met de boekhoudster en maakte aantekeningen. Toen het over elven was, dook hoofdofficier Kung Guan in de deuropening op. Hij controleerde waar we mee bezig waren en vroeg mij even mee te komen.

'Wat is dit voor een zaak waar jullie aan werken?' vroeg hij.

Ik legde het uit. Hij dacht even na en zei een beetje bezwaard: 'Je hebt zeker al geraden waarom ik hier zo laat heen kom?'

Ik glimlachte. 'Natuurlijk. Je had er vast geen idee van dat ik iemand voor verhoor had meegenomen?'

Hij bekende meteen kleur. 'Ik ben gebeld door de stadsdeelchef, die vroeg of wij de boekhoudster van het bedrijf Fazhang en hun boekhouding hadden meegenomen. Hij zegt dat het een bedrijf is met buitenlands kapitaal en dat jullie er voorzichtig mee moeten omgaan.'

Het was overduidelijk wat hij bedoelde. Als de stadsdeelchef iets beval, dan kon hij niet weigeren.

'De man van de boekhoudster is erg ongerust over haar,' voegde Kung Guan eraan toe. Hoe kon hij dat weten?

Mijn ervaring zei me dat het bedrijf heel goede contacten moest hebben in politieke kringen. Nu was het genoeg – ik had al zo vaak dezelfde vergissing begaan, het was tijd om slimmer te reageren dan toen. Ik spreidde mijn armen en zei: 'Ik doe wat u wilt.'

'Laat die boekhoudster meteen maar naar huis gaan,' zei hij.

Ik ging terug naar mijn kantoor, waar Jie Lia haar hoofd optilde en me aankeek in afwachting van een antwoord.

'Je mag nu naar huis,' zei ik tegen de boekhoudster. 'Als ik je hulp in de toekomst nodig heb, dan neem ik wel contact met je op. Maar de boeken moet je nog even hier laten, ik wil ze nauwkeurig kunnen bekijken.'

De boekhoudster stond verheugd op, boog, zei 'bedankt' en ging weg. Ik ging midden tegenover Jie Lia zitten, schudde stil mijn hoofd en glimlachte bitter. Daarna gingen wij ook naar huis.

Toen we de dag daarop de boeken door gingen nemen, was Jie Lia teleurgesteld. 'Moeten we dit echt doen? Zelfs als we iets vinden, zullen ze zich er toch wel uitkletsen. Dan hebben we voor niks zitten werken en de bazen de gelegenheid gegeven om te laten zien wat ze kunnen.'

Ze had gelijk. Ik legde de boeken terug in de archiefkast en probeerde uit te rekenen hoeveel het bedrijf aan de stadsdeelchef betaald moest hebben om hem zover te krijgen zich ermee te bemoeien. Maar ik had geen zin om de boeken meteen naar het bedrijf terug te sturen, dat zou de indruk wekken dat het eenvoudig was om pressie uit te oefenen, en bovendien zou het het bewijs zijn van mijn totale nederlaag.

Twee dagen later belde de boekhoudster om me heel netjes en voorzichtig te vragen of ik de boeken kon teruggeven. 'Kom ze hier maar halen,' antwoordde ik. Ze was verbaasd dat ik zo rechttoe rechtaan was.

Toen zij een halfuur later stralend de kamer binnenstapte, zei ik: 'Je mag ze zelf pakken, ze liggen in die archiefkast.'

Ze vroeg aan haar chauffeur om de boeken naar de auto te dragen en haalde twee brieven uit haar tas. Die legde ze eerbiedig op de bureaus van Jie Lia en mij met de woorden: 'Dit is een vergoeding voor jullie nachtelijke arbeid van laatst. Ons bedrijf betaalt. Jullie hebben zo hard moeten zwoegen. We willen ons verontschuldigen voor het temperament van onze bestuursvoorzitter.' Daarna glimlachte ze en ze nam afscheid.

We deden de brieven open, er zat driehonderd yuan in. We staarden elkaar aan. 'Het is in elk geval driehonderd,' zei ik uiteindelijk. 'Laten we dat maar zien als overurentoeslag.'

Hoofdofficier Kung Guan voerde een grootschalige reorganisatie van het personeel op het arrondissementsparket door, die erin resulteerde dat zijn handlanger de totale macht kreeg. Hij bevorderde Chou, die negenentwintig was en acht jaar als officier van justitie had gewerkt, tot adjunct-hoofdofficier. De goede en betrouwbare adjunct-hoofdofficier Hua werd adjunct-hoofdrechter bij de districtsrechtbank. De reden was dat Hua een groep trouwe en deskundige aanhangers had en Kung Guan was bang dat die anders zijn eigen macht konden verzwakken.

Op zijn afscheidsfeest sprak een verdrietige Hua vrijuit met een groep oudere collega's. 'Jullie moeten buigen en slijmen wanneer dat nodig is. Ik ben altijd recht door zee geweest en daarom zal ik nooit carrière maken. Maar dat zag ik pas in toen ik achtendertig was.'

Op een bepaald moment was Hua verbannen van het arrondissementsparket naar een vastgoedkantoor, waar hij de bouwactiviteiten in de oudere delen van de stad zou leiden. Daar was hij twee jaar geweest. Toen hij terugkeerde, werd hij afdelingschef van strafzakenafdeling twee en om zijn ongekunstelde en nooit kruiperige gedrag te veranderen, begon hij zich te schikken in wat de bazen zeiden en bekritiseerde hij hen nooit vanwege zelfzuchtigheid of egoïsme. Tijdens onderzoeken kon het gebeuren dat familieleden van verdachten wilden trakteren op een diner en dan zorgde hij er altijd voor dat ook de bazen werden uitgenodigd. Na de diners organiseerde men vermaak in een of andere modieuze karaoketent en dan gaf Hua de gastheren te verstaan dat ze 'gezelschapsdames' (dat wil zeggen prostituees) moesten uitnodigen. Wanneer alles klaar was, zei hij dat hij wat anders te doen had en ging weg. Zelfs al kon hij heel goed inschatten wat anderen wilden en gaf hij hun wijn, vrouwen en gezang, zelf bewaarde hij een laatste greintje trots.

Op die manier had hij zijn lang begeerde post als adjunct-hoofdofficier gekregen.

Jie Lia en ik, die een perfect koppel gevormd hadden, werden gescheiden. Kung Guan vond dat wij de steunpilaren waren van het arrondissementsparket en dat het 'verkwisting van begaafdheid' zou zijn om ons op de

afdeling discipline te houden. Jie Lia werd teruggezet op de afdeling dagvaarding. Ik werd geplaatst op het bureau voor werk tegen corruptie en omkoping.

Na het Chinese Nieuwjaar hadden de bazen hun handen er vol aan om alle
invitaties aan te nemen voor banketten die hun werden aangeboden door
ondernemers en overheidsinstellingen. Ze gingen er vooral heen om de 'rode envelop' in ontvangst te nemen, dat wil zeggen de steekpenningen. Alle
bedrijven namen de gelegenheid te baat om geld aan de uitgenodigde bazen
en partijleden te geven, met Nieuwjaar als voorwendsel; het bedrag lag tussen de honderd en duizend yuan. De viering ging door tot de vijftiende dag
van de maand en toen was er een imponerend aantal enveloppen van hand
tot hand gegaan. Dit was een typisch Chinese manier om smeergeld uit te
delen.

Wij hadden geen zin om te werken en gingen daarom bij elkaar op bezoek om te eten en te kaarten. Tegen die tijd was Hui San tot inzicht gekomen en ze zei dat ze carrière ging maken. Daarom verlangde ze dat wij zouden meedoen aan een afscheidsspel dat zij noemde 'je handen wassen in
een teil met goud'.

'Je moet een gouden teil aanschaffen voordat je je erin kunt wassen,'
plaagde Dong en toen spoorde natuurlijk iedereen haar aan om steekpenningen aan te nemen en een gouden teil te kopen. Toen we genoeg grappen
hadden gemaakt, gingen we naar het huis van Ya Lan, waar we twee speel-
borden opstelden.

Dong, die chef was van de afdeling dagvaarding, vertelde wat onze collega San Yu was gebeurd in de rechtszaal. De gedaagde had ineens zijn bekentenis ingetrokken en San Yu had haar hoofd helemaal verloren, had op de tafel gebonkt en geschreeuwd: 'Probeer je de spot met mij te drijven, jij gore
klootzak? Ik zal er wel voor zorgen dat je een keurige dood krijgt!' De rechter was geschokt, maar omdat ze vrienden waren en elkaar dagelijks zagen,
wilde hij haar niet in verlegenheid brengen met een berisping. Toen de toehoorders dat merkten, begonnen ze boe te roepen. Korte tijd later liep die
rechter Dong tegen het lijf en vroeg hij hoofdschuddend of de hoofdofficier
van justitie er niet voor kon zorgen beter gekwalificeerd personeel naar de
rechtszaal te sturen.

San Yu was de dochter van een adjunct-hoofdofficier die na haar middelbare school werk voor haar had geregeld als typiste op het arrondissementsparket. Drie jaar later werd ze bevorderd tot ambtenaar en mocht ze dag-
vaardingen behandelen.

Toen Ya Lan het verhaal hoorde, zuchtte ze. 'Je weet niet hoeveel zaken ze heeft behandeld, maar ik heb medelijden met die gedaagden.'

'Al die kinderen van de bobo's zijn niet beter gekwalificeerd dan dat. Het is zielig voor een verdachte die zo iemand treft,' zei ik en vroeg toen met luide stem: 'Wie onderzoekt de beschuldiging van diefstal van Chen Ja?'

Jie Lia antwoordde dat zij dat deed. 'Hoezo? Wil je dat ik een beetje aardig voor hem ben? Dat hoef je me niet te vragen, de waarde van het gestolene was zo gering dat ik hem waarschijnlijk toch laat gaan.'

'Nee, helemaal niet,' viel ik haar haastig in de rede. 'Ik wil juist dat je hem dagvaardt.'

De anderen begonnen schaterend te lachen. 'Jij wordt steeds verwarder. Waar slaat dat nou weer op?'

'De familie van de verdachte heeft me gevraagd om met de officier van justitie te praten zodat de verdachte in de rechtszaal belandt,' legde ik uit.

Iedereen begon grappen te maken. 'Misschien heeft zijn vrouw een verhouding en wil ze dat die vent in de nor belandt, dan kan zij zich net zo veel amuseren als ze wil!'

Ik vertelde hun dat mensen tegenwoordig veel meer weten van de wet. De familie van de verdachte zei dat als de man gedagvaard werd, zijn misdrijf zo licht zou worden bevonden dat hij hooguit een halfjaar voorwaardelijk zou krijgen en dus niet in de gevangenis zou belanden. Maar als de officier van justitie ervoor koos om de zaak te seponeren, kon de politie hem, omdat er feitelijk wel een misdrijf was gepleegd, voor drie jaar naar een omscholingskamp sturen. Ze hielden dus koppig vol dat hij een dagvaarding wenste om zijn vrijheid te behouden in plaats van aan een rechtszaak ontkomen en zijn vrijheid te verliezen. Zulke nieuwe zwarte humor maakte ons allemaal aan het lachen.

'Goed dan,' zei Jie Lia, 'ik zal aardig voor je zijn en hem dagvaarden.'

Een paar dagen later kwam ineens de net benoemde adjunct-hoofdofficier Chou mijn kantoor binnen om wat te praten. Dat was ongewoon, omdat wij niet goed met elkaar overweg konden, dus als hij naar mij toe kwam, dan moest hij iets op zijn lever hebben.

Chou nam geen notitie van mijn kille begroeting, maar liep naar mijn bureau en zei: 'Ik heb een aanleiding voor een zaak, kun jij die onderzoeken?'

'Natuurlijk,' zei ik. 'Geef me het materiaal maar, dan zal ik kijken of het de moeite waard is. In dat geval zal ik vanzelfsprekend de zaak oppakken.'

Hij zag er bezwaard uit en zei met zachte stem: 'Ik heb helemaal geen materiaal. Ik weet alleen dat de baas van ziekenhuis nummer vier van Changsha steekpenningen aanneemt.'

'Hoe weet je dat?'

Hij zag er beschaamd uit. 'De kaartvrienden van mijn vrouw praatten erover toen ze speelden. Ze vinden hem niet aardig en willen hem in de val laten lopen. Ze zeiden dat hij zeker steekpenningen aanneemt aangezien hij zo'n stijlvol huis heeft. Zelfs als er niets gevonden wordt, schrikt hij in elk geval – onderzocht worden door een officier van justitie levert niet bepaald een goede naam op.'

Chou had zijn macht gebruikt en zijn vrouw, die eerst typiste was, laten bevorderen tot rechter.

'Maar hoe moet ik een onderzoek starten als we geen aangifte hebben?' vroeg ik. 'Hoe zou ik dat kunnen uitleggen?'

Het antwoord van Chou had ik niet verwacht. 'Je kunt toch zelf wel een aangifte schrijven. Een aangifte mag anoniem zijn en we zoeken nooit uit wie die heeft ingediend. En dan heb je alle recht om de jacht op hem te openen.'

Als adjunct-hoofdofficier dacht hij dus aangiftes te vervalsen, feiten te fabriceren en mij bovendien te dwingen alles uit te voeren. Ik weigerde. 'Dat doe ik niet, dat is veel te onethisch! Dat komt namelijk neer op een valse beschuldiging.'

Ik had geen zin om er verder over te praten, dus ik wendde mijn blik af en staarde naar de krant in mijn hand.

'Maar dat heb ik zo vaak gedaan toen ik grote zaken onderzocht op de afdeling aangifte. In bijna alle gevallen vonden we genoeg bewijs om de zaak voort te zetten, maar een enkele keer was de verdachte onschuldig. Dat bewijst dat het een praktisch bruikbare methode is.'

Ik vond het moeilijk om mijn afschuw niet te laten blijken. 'Zoek het zelf dan uit, als je dat zo graag wilt. Of hij nou schuldig is of niet, ik wil mijn werk niet doen op de manier die jij voorstelt.'

Weer had ik hem beledigd. Hij snoof en zijn gezichtsuitdrukking veranderde bliksemsnel. 'Als jij het niet doet, dan vind ik wel een ander!' riep hij en hij beende de kamer uit.

Nadat ik op die manier had geweigerd om samen te werken met Chou, besteedde hij steeds meer tijd aan het controleren van mijn werk en hij bekritiseerde me de hele tijd. 'Jij hebt helemaal niets bereikt, geen enkele zaak voor de rechter gekregen.' Zelfs de airconditioning in mijn kamer werd weggehaald omdat ik daar kennelijk geen recht op had. In de zomer was het er overdag 39 graden en zat ik te hijgen als een hond terwijl ik in die hete kamer probeerde te werken.

Adjunct-hoofdofficier Gu zorgde ervoor dat zijn vrouw – een veertigjarige noedelverkoopster die alleen basisschool had – een baan kreeg als ambtenaar bij het stadsdeelkantoor. De dochter van de chef van de plantsoenen-

dienst kreeg een plek als rechter en het arrondissementsparket stelde de ne-
gentienjarige dochter van de baas van de rechtbank, die net van de middelbare school kwam, aan als officier van justitie. Door die driehoeksruil hadden ze hun familieleden allemaal een droombaan bezorgd bij een overheidsinstelling. Dat was overigens niets nieuws – wat mensen dwarszat was dat
Gu er altijd trots op was dat hij schoon was en ons dus recht in het gezicht
voorloog alsof we idioten waren.

Ik zag niet langer een toekomst.

Ik herinner me een lenteavond in 1997 toen Ralf, zijn Duitse vriend en ik
discussieerden over de Chinese censuur op de massamedia. Ralfs vriend
vertelde dat hij zonder problemen nieuwsberichten in het Duits op internet
kon lezen, hij merkte niets van censuur. Bij een latere gelegenheid vroeg ik
mijn vrienden bij de politie eens over internetcensuur en zij antwoordden
dat de politie op dat moment nog geen middelen had om het verkeer te controleren en een speciale internetpolitie was nog niet ingesteld aangezien het
gebruik van internet nog in een beginstadium verkeerde. Negenennegentig
procent van de politieagenten verstond geen Engels en ook geen andere
vreemde taal.

Er waren een paar internetcafés in de stad waar ik af en toe naartoe ging
om Engels nieuws te lezen. Op een eenzame dag in de herfst leerde ik hoe je
via internet moet chatten. Wat een fantastische manier om met mensen over
de hele wereld te communiceren! Een man uit Zweden, Ola, werd mijn nieuwe vriend. We chatten bijna elke dag en langzamerhand werd ik opener tegen hem. Ik wist dat dit de veiligste manier was om contact met een buitenlandse man te hebben. Als je brieven schreef, konden die blijven steken in
de censuur, of wegraken op een postkantoor.

Op een dag vertelde ik aan Ola dat ik in mijn vrije tijd als vrijwilliger in
een gemeentelijk weeshuis werkte. Ik beschreef uitvoerig hoe het leefmilieu
in het weeshuis was en hoe de kinderen het daar hadden. Na een maand
ontving ik een groot pak met onder andere dertig knuffeldieren. Ola vroeg
me die aan de kinderen te geven en ze van hem ook een knuffel te geven. Ik
was geroerd door zijn warmte. Mijn chef wist dat ik als vrijwilliger in een
weeshuis werkte, wat in zijn ogen een ideologisch correcte opoffering was
voor een gezagsdrager in dienst van de overheid, maar toen ik op een dag
voorstelde dat de jonge officieren van justitie een bijdrage konden leveren
door op een vrije dag op bezoek te komen, aarzelde hij en wist hij een hele
reeks slechte smoezen op te dissen: er was geen geld om fruit en snoep voor
de kinderen te kopen, iedereen had het zo druk, enzovoort.

Ola was erg nieuwsgierig naar China, dus toen we via internet zeven

maanden contact hadden gehad, nodigde ik hem uit om mij te bezoeken en
het echte China te ontdekken. In juli 1998 moest ik vrij nemen van mijn
werk om hem gezelschap te kunnen houden. Het was officieren van justitie
verboden om met buitenlanders om te gaan en ik was heel bang dat een of
andere collega of kennis ons samen zou zien. We brachten de vakantie daarom op het platteland door en in verschillende toeristische plaatsen ver van
Changsha.

De liefde groeide.

Lin kwam erachter dat ze was uitgekozen om een speciale opdracht uit te
voeren. Ze vroeg of ik wist wat Falun Gong voor iets was. Ze vertelde dat de
regering net bezig was om die gigantische organisatie te onderzoeken en
haar bazen hadden haar gewaarschuwd dat ze wel eens heel veel avondwerk
kon krijgen waarbij ze vaak plotseling moest uitrukken. Ik zei dat het ongeveer hetzelfde soort werk was als ik ooit had gedaan voor de kinderbegrenzingsgroep. Ze schudde haar hoofd en vertelde dat ze had gehoord dat het
ging om een onwettige ondergrondse organisatie.

Ik greep naar mijn hoofd. Als ze de stabiliteit van de regering bedreigde,
zouden de acties tegen de organisatie nog erger worden dan die welke hadden plaatsgevonden in het kader van de kinderbegrenzing. En als mijn chef
mij op die klus zou zetten, dan zou ik voor de allermoeilijkste keuzes gesteld
kunnen worden.

Nadat Ola naar Zweden was teruggekeerd, nodigde hij me uit om de
Zweedse kerst en het Zweedse Nieuwjaar mee te vieren en te beleven. Ik aarzelde eerst, maar nu had ik er genoeg van. Ik moest mijn leven veranderen
en niet mezelf en anderen nog langer in het ongeluk storten, niet mijn innerlijke strijd me nog langer laten kwellen. Ik nam Ola's uitnodiging aan.
Met behulp van contacten bij de politie lukte het me een pas aan te schaffen.
De week voordat ik het land zou verlaten, verkocht ik mijn appartement en
meubels.

Toen mijn moeder hoorde dat ik van plan was in mijn eentje naar een ver
land te reizen, werd ze erg ongerust en ze zeurde: 'Als je daar geen leven
kunt opbouwen, moet je terugkomen. Papa en ik hebben genoeg pensioen
om ook jou te kunnen voeden.' Toen ze dat zei, begonnen de tranen te stromen. 'Stel je voor dat je daar ziek wordt, dan moet je eraan denken aan de
artsen te vertellen dat je nooit waterpokken hebt gehad.'

Mijn vader vulde aan: 'Als je niet genoeg te eten hebt in Zweden, dan
moet je het ons schrijven. We kunnen rijst en gedroogde rode peper sturen.
Hoe moeilijk het ook wordt, we zullen wel een manier vinden om je te redden.'

Plotseling kwam er een zwak gesnik uit zijn keel. Verwonderd zag ik voor het eerst hoe mijn vaders ogen zich vulden met tranen.

Door hun witte haar en gerimpelde gezichten schaamde ik me dat ik niet voor hen kon zorgen en dat zij zich zorgen over mij moesten maken. Dus ik probeerde overtuigend te klinken toen ik zei: 'Zoals jullie huilen, lijkt het wel alsof ik naar de hel ga. Hou nou op, dit is niet de laatste keer dat we elkaar zien. Ik heb toch verteld dat Zweden veel mooier en rijker is dan China. Ik krijg het daar heel goed.'

Ik nam afscheid van Lee, Lin en Xia Yin. Ze maakten zich erge zorgen over mij, omdat ik alles op één kaart zette en om mijn toekomst die ze niet konden voorspellen. Zelf was ik lang niet zo pessimistisch.

Lee geloofde er niet in dat het leven in het buitenland een hemel zou zijn. De Chinese kranten beschreven vaak de donkere kanten van de westerse samenleving, zoals armoede, geweld en misdaad. Ze waren zelf natuurlijk niet in het buitenland geweest en hadden van kleins af aan blootgestaan aan communistische propaganda. Ze geloofden daarom dat het Westen een wereld was vol van materialistische begeerte en slechte moraal. Lee keek om zich heen in mijn grote vijfkamerappartement alsof ze het niet op kon brengen om er weg te gaan.

'Hoe hard je daarginds ook werkt, je zult nooit zo'n leven krijgen als je hier hebt: je hebt een groot en mooi appartement, je hebt een hulp in de huishouding die voor je schoonmaakt en je eten kookt, je hebt macht en je hebt vrienden – in deze stad kun je zelfs bijna over het weer beslissen. En nu wil je dit goede leven verlaten, dat bepaald niet gemakkelijk te krijgen is, en naar een vreemd land gaan waar je niemand kent om er opnieuw te beginnen. Ik heb geen idee wat voor toekomst en wat voor lot jou wacht.' Ze maakte zich al net zo veel zorgen als mijn ouders.

Ze praatte lang en openhartig. Natuurlijk probeerde ze me over te halen te blijven – ooit hadden we vier jaar in dezelfde kamer doorgebracht. En als ik eenmaal weg was, wist niemand wanneer ik terug zou komen.

Maar ik had vrijheid voor mijn geest nodig. Ik kon niet langer de ellende in de ogen van gewone mensen zien.

'Jij kunt als immigrant uit het arme China nooit meer dan een tweederangsburger worden in die snobistische landen in het Westen,' zei Lee. 'We hebben een heleboel rapporten gelezen over de verachting van de westerlingen voor de Aziaten. Je zult blootgesteld worden aan een enorme psychische druk omdat zij vinden dat je minder waard bent.'

Daar geloofde ik niet in. 'Jij en ik zijn allebei juristen. Wat we niet met eigen ogen hebben gezien, moeten we niet geloven. Er is een oude Chinese zegswijze die luidt: "Je moet de zeden aanvaarden van de plek waar je komt." Als je hun gewoontes en tradities respecteert en genoeg opleiding en opvoeding hebt gekregen, zou je hun gelijke moeten zijn. Ik geloof niet dat een goed opgeleide westerling mij zomaar zou verachten op racistische gronden.'

Lin probeerde niet om me over te halen, ze wilde alleen maar dat ik er goed over na zou denken voordat ik een zo levensbepalend besluit nam. Ik was erg geroerd en luisterde naar al hun waarschuwingen. Om een sentimenteel afscheid te ontwijken, zei ik: 'In de toekomst kan Yan niet meer bij mij gaan spoken. Als hij met me mee wil naar de andere kant van de zee, moet hij eerst bij de koning van het Zweedse dodenrijk een visum aanvragen.'

Lee giechelde. 'Ik hoop dat hij een afwijzing krijgt zodat jij eeuwig mag rusten.'

Eindelijk lachten we.

Die avond maakte ik een tocht op de motor om voor de laatste keer naar de stad te kijken: het huis waar ik was geboren en opgegroeid, mijn school, het café en de bioscoop waar ik zo vaak geweest was, de berg achter mijn appartement, de rivier ervoor – al die plekjes in de stad die sporen van mij droegen, zouden in de toekomst alleen nog maar in mijn herinnering bestaan.

Om weer een mens te kunnen worden die haar eigen geweten respecteert, een mens van vlees en bloed die openlijk blijdschap en verdriet kan tonen, en woede en geluk, moest ik heel ver weg van mijn vaderland en mijn moedertaal gaan, ver van mijn vrienden en familie, en bij nul beginnen. Een vaag gevoel van pijn en verdriet welde in me op, ik nam een paar slaaptabletten, streelde het bed dat acht jaar bij me was geweest en sliep in.

Epiloog

Om drie uur 's middags op 17 november 1998 landde een vliegtuig van Air China op Arlanda vlak bij Stockholm. Ik kwam zonder problemen door de veiligheidscontrole en eindelijk stond ik op Zweedse bodem – in een vreedzaam, democratisch land. Ik slaakte een zucht van verlichting waarmee ik veertien jaar vervuilde lucht uitblies.

Terwijl ik de luchthaven uitliep, belde ik naar China. 'Ik ben al in Zweden geland,' zei ik tegen Lin. 'Je kunt mijn ontslagbrief inleveren bij de hoofdofficier.'

Een rode officier van justitie had in alle stilte het land verlaten, het zou de Chinese elite een schok bezorgen. Maar voor mij maakte dat niet meer uit.

Chronologisch overzicht

1966 Geboren in de stad Changsha in de provincie Hunan in Zuid-China.

1969 Verhuist naar haar oom in de Hanshou-regio, 300 kilometer van Changsha.

1973 Begint op school in Changsha.

1984 Doet eindexamen aan de middelbare school, doet toelatings-examen bij het Openbaar Ministerie en wordt aangenomen.

1985-1987 Parketsecretaris in de regio Wangcheng.

1988-1989 Hulpofficier van justitie in de regio Wangcheng.

1989 Verhuist terug naar Changsha, wordt hulpofficier van justitie in Changsha's westelijke district.

1991 Officier van justitie in Changsha, behandelt misdaden.

1994 Officier van justitie in Changsha, houdt zich bezig met propaganda op een administratieve afdeling.

1995 Officier van justitie in Changsha bij de afdeling discipline, behandelt delicten van rijksambtenaren.

1995-1996 Officier van justitie onder dekmantel.

1997-1998 Officier van justitie in Changsha, houdt zich bezig met zaken rond corruptie en economische delicten.

1998 Verhuist naar Zweden.

1966-1976 Culturele Revolutie. Openbaar Ministerie afgeschaft. Militairen nemen de macht en de verantwoordelijkheid voor het rechtswezen.

1976 Zhou Enlai en Mao Zedong overlijden. De bende van vier, die Deng Xiaopings voornaamste tegenstanders waren geweest in de partij, wordt gearresteerd.

1978 Het Openbaar Ministerie wordt opnieuw opgericht. Deng Xiaoping maakt zich definitief meester van de macht en voert een gedeeltelijke markteconomie in onder het motto 'politiek van de open deur'.

1983 De eerste landelijke 'Sla hard toe'-campagne, die zich richt op de krachtig groeiende criminaliteit.

1989 4 juni, democratiebeweging van studenten op het plein van de Hemelse Vrede in Peking. In de herfst vaardigen de Hoge Raad en het College van procureurs-generaal een aankondiging uit betreffende de strijd tegen de economische misdaad. Jiang Zemin wordt de nieuwe secretaris-generaal van de communistische partij.

1990 Deng Xiaoping treedt af als leider van de staatscommissie voor de strijdkrachten. De jaren erna wordt hij politiek steeds meer gemarginaliseerd.

1994 De afdeling voor economische misdaad van het Openbaar Ministerie verandert van naam in Anticorruptiebureau.

1997 Deng Xiaoping overlijdt.